अमावस्या की रात्रि

तथा

अन्य कहानियाँ

अमावस्या की रात्रि
तथा
अन्य कहानियाँ

प्रेमचंद

किताबवाला
दिल्ली - ११०००६

अमावस्या की रात्रि तथा अन्य कहानियाँ

ISBN - 978-81-933354-5-1

प्रथम संस्करण : 2018, 2023

प्रकाशक : **किताबवाला**
2356, हडसन लाईन,
गुरू तेग बहादुर नगर,
नई दिल्ली – 110009
ई–मेल : kitabwallah@gmail.com
फोन: 9811179864

लेज़र टाईपसैटिंग : सान्या कम्प्यूटर्स, दिल्ली

मुद्रक : बालाजी ऑफसेट, दिल्ली

विषय सूची

यह मेरी मातृभूमि है

आज पूरे 60 वर्ष के बाद मुझे मातृभूमि—प्यारी मातृभूमि के दर्शन प्राप्त हुए हैं। जिस समय मैं अपने प्यारे देश से विदा हुआ था और भाग्य मुझे पश्चिम की ओर ले चला था, उस समय मैं पूर्ण युवा था। मेरी नसों में नवीन रक्त संचालित हो रहा था। हृदय उमंगों और बड़ी-बड़ी आशाओं से भरा हुआ था। मुझे अपने प्यारे भारतवर्ष से किसी अत्याचारी के अत्याचार या न्याय के बलवान हाथों ने नहीं जुदा किया था। अत्याचारी के अत्याचार और कानून की कठोरताएँ मुझसे जो चाहे सो करा सकती हैं, मगर मेरी प्यारी मातृभूमि मुझसे नहीं छुड़ा सकती। वे मेरी उच्च अभिलाषाएँ और बड़े-बड़े ऊँचे विचार ही थे, जिन्होंने मुझे देश-निकाला दिया था।

मैंने अमेरिका जा कर वहाँ खूब व्यापार किया और व्यापार से धन भी खूब पैदा किया तथा धन से आनंद भी खूब मनमाने लूटे। सौभाग्य से पत्नी भी ऐसी मिली, जो सौंदर्य में अपना सानी आप ही थी। उसकी लावण्यता और सुन्दरता की ख्याति तमाम अमेरिका में फैली। उसके हृदय में ऐसे विचार की गुंजाइश भी न थी, जिसका सम्बन्ध मुझसे न हो, मैं उस पर तन-मन से आसक्त था और वह मेरी सर्वस्व थी। मेरे पाँच पुत्र थे जो सुन्दर, हृष्ट-पुष्ट और ईमानदार थे। उन्होंने व्यापार को और भी चमका दिया था। मेरे भोले-भाले नन्हें-नन्हें पौत्र गोद में बैठे हुए थे, जब कि मैंने प्यारी मातृभूमि के अंतिम दर्शन करने को अपने पैर उठाये। मैंने अनंत धन, प्रियतमा पत्नी, सपूत बेटे और प्यारे-प्यारे जिगर के टुकड़े नन्हें-नन्हें बच्चे आदि अमूल्य पदार्थ केवल इसीलिए परित्याग कर दिया कि मैं प्यारी भारत-जननी का अंतिम दर्शन कर लूँ। मैं बहुत बूढ़ा हो गया हूँ; दस वर्ष के बाद पूरे सौ वर्ष का हो जाऊँगा। अब मेरे हृदय में केवल एक ही अभिलाषा बाकी है कि मैं अपनी मातृभूमि का रजकण बनूँ।

यह अभिलाषा कुछ आज ही मेरे मन में उत्पन्न नहीं हुई, बल्कि उस समय भी थी जब मेरी प्यारी पत्नी अपनी मधुर बातों और कोमल कटाक्षों से मेरे हृदय को प्रफुल्लित किया करती थी। और जब कि मेरे युवा पुत्र प्रातःकाल आ कर अपने वृद्ध पिता को सभक्ति प्रणाम करते, उस समय भी मेरे हृदय में एक काँटा-सा खटखता रहता था कि मैं अपनी मातृभूमि से अलग हूँ। यह देश मेरा देश नहीं है और मैं इस देश का नहीं हूँ।

मेरे पास धन था, पत्नी थी, लड़के थे और जायदाद थी, मगर न मालूम क्यों, मुझे रह-रह कर मातृभूमि के टूटे झोंपड़े, चार-छै बीघा मौरूसी जमीन और बालपन के लँगोटिया यारों की याद अक्सर सता जाया करती। प्रायः अपार प्रसन्नता और आनंदोत्सवों

के अवसर पर भी यह विचार हृदय में चुटकी लिया करता था कि "यदि मैं अपने देश में होता"

2

जिस समय मैं बम्बई में जहाज से उतरा, मैंने पहिले काले कोट-पतलून पहने टूटी-फूटी अँग्रेजी बोलते हुए मल्लाह देखे। फिर अँगरेजी दूकान, ट्राम और मोटरगाड़ियाँ दीख पड़ीं। इसके बाद रबरटायरवाली गाड़ियों की ओर मुँह में चुरट दाबे हुए आदमियों से मुठभेड़ हुई। फिर रेल का विक्टोरिया टर्मिनस स्टेशन देखा। बाद में मैं रेल में सवार होकर हरी-भरी पहाड़ियों के मध्य में स्थित अपने गाँव को चल दिया। उस समय मेरी आँखों में आँसू भर आये और मैं खूब रोया, क्योंकि यह मेरा देश न था। यह वह देश न था, जिसके दर्शनों की इच्छा सदा मेरे हृदय में लहराया करती थी। यह तो कोई और देश था। यह अमेरिका या इंगलैंड था; मगर प्यारा भारत नहीं था।

रेलगाड़ी जंगलों, पहाड़ों, नदियों और मैदानों को पार करती हुई मेरे प्यारे गाँव के निकट पहुँची, जो किसी समय में फूल, पत्तों और फलों की बहुतायत तथा नदी-नालों की अधिकता से स्वर्ग की होड़ कर रहा था। मैं उस गाड़ी से उतरा, तो मेरा हृदय बाँसों उछल रहा था—अब अपना प्यारा घर देखूँगा—अपने बालपन के प्यारे साथियों से मिलूँगा। मैं इस समय बिल्कुल भूल गया था कि मैं 90 वर्ष का बूढ़ा हूँ। ज्यों-ज्यों मैं गाँव के निकट आता था, मेरे पग शीघ्र-शीघ्र उठते थे और हृदय में अकथनीय आनंद का स्रोत उमड़ रहा था। प्रत्येक वस्तु पर आँखें फाड़-फाड़ कर दृष्टि डालता। अहा ! यह वही नाला है, जिसमें हम रोज घोड़े नहलाते थे और स्वयं भी डुबकियाँ लगाते थे, किंतु अब उसके दोनों ओर काँटेदार तार लगे हुए थे। सामने एक बँगला था, जिसमें दो अँग्रेज बंदूकें लिये इधर-उधर ताक रहे थे। नाले में नहाने की सख्त मनाही थी।

गाँव में गया और निगाहें बालपन के साथियों को खोजने लगीं, किन्तु शोक ! वे सब के सब मृत्यु के ग्रास हो चुके थे। मेरा घर—मेरा टूटा-फूटा झोपड़ा—जिसकी गोद में मैं बरसों खेला था, जहाँ बचपन और बेफिक्री के आनंद लूटे थे और जिनका चित्र अभी तक मेरी आँखों में फिर रहा था, वही मेरा प्यारा घर अब मिट्टी का ढेर हो गया था।

यह स्थान गैर-आबाद न था। सैकड़ों आदमी चलते-चलते दृष्टि आते थे, जो अदालत-कचहरी और थाना-पुलिस की बातें कर रहे थे, उनके मुखों से चिंता, निर्जीवता और उदासी प्रदर्शित होती थी और वे सब सांसारिक चिंताओं से व्यथित मालूम होते थे। मेरे साथियों के समान हृष्ट-पुष्ट, बलवान, लाल चेहरे वाले नवयुवक कहीं न देख पड़ते थे। उस अखाड़े के स्थान पर जिसकी जड़ मेरे हाथों ने डाली थी, अब एक टूटा-फूटा स्कूल था। उसमें दुर्बल तथा कांतिहीन, रोगियों की-सी सूरतवाले बालक फटे कपड़े पहिने बैठे ऊँघ रहे थे। उनको देख कर सहसा मेरे मुख से निकल पड़ा कि नहीं-नहीं, यह मेरा प्यारा देश नहीं है। यह देश देखने मैं इतनी दूर से नहीं आया हूँ—यह मेरा प्यारा भारतवर्ष नहीं है।

बरगद के पेड़ की ओर मैं दौड़ा, जिसकी सुहावनी छाया में मैंने बचपन के आनंद उड़ाये थे, जो हमारे छुटपन का क्रीड़ास्थल और युवावस्था का सुखप्रद वासस्थान था। आह ! इस प्यारे बरगद को देखते ही हृदय पर एक बड़ा आघात पहुँचा और दिल में महान् शोक उत्पन्न हुआ। उसे देख कर ऐसी-ऐसी दुःखदायक तथा हृदय-विदारक स्मृतियाँ ताजी हो गयीं कि घंटों पृथ्वी पर बैठे-बैठे मैं आँसू बहाता रहा। हाँ ! यही बरगद है, जिसकी डालों पर चढ़ कर मैं फुनगियों तक पहुँचता था, जिसकी जटाएँ हमारी झूला थीं और जिसके फल हमें सारे संसार की मिठाइयों से अधिक स्वादिष्ट मालूम होते थे। मेरे गले में बाँहें डाल कर खेलनेवाले लँगोटिया यार, जो कभी रूठते थे, कभी मनाते थे, कहाँ गये ? हाय, बिना घरबार का मुसाफिर अब क्या अकेला ही हूँ ? क्या मेरा कोई भी साथी नहीं ? इस बरगद के निकट अब थाना था और बरगद के नीचे कोई लाल साफा बाँधे बैठा था। उसके आस-पास दस-बीस लाल पगड़ीवाले करबद्ध खड़े थे ! वहाँ फटे-पुराने कपड़े पहने, दुर्भिक्षग्रस्त पुरुष, जिस पर अभी चाबुकों की बौछार हुई थी, पड़ा सिसक रहा था। मुझे ध्यान आया कि यह मेरा प्यारा देश नहीं है, कोई और देश है। यह योरोप है, अमेरिका है, मगर मेरी प्यारी मातृभूमि नहीं है–कदापि नहीं है।

3

इधर से निराश हो कर मैं उस चौपाल की ओर चला, जहाँ शाम के वक्त पिता जी गाँव के अन्य बुजुर्गों के साथ हुक्का पीते और हँसी-कहकहे उड़ाते थे। हम भी उस टाट के बिछौने पर कलाबाजियाँ खाया करते थे। कभी-कभी वहाँ पंचायत भी बैठती थी, जिसके सरपंच सदा पिताजी ही हुआ करते थे। इसी चौपाल के पास एक गोशाला थी, जहाँ गाँव भर की गायें रखी जाती थीं और बछड़ों के साथ हम यहीं किलोलें किया करते थे। शोक ! कि अब उस चौपाल का पता तक न था। वहाँ अब गाँवों में टीका लगाने की चौकी और डाकखाना था।

उस समय इसी चौपाल से लगा एक कोल्हवाड़ा था, जहाँ जाड़े के दिनों में ईख पेरी जाती थी और गुड़ की सुगंध से मस्तिष्क पूर्ण हो जाता था। हम और हमारे साथी वहाँ गंडरियों के लिए बैठे रहते और गंडरियाँ करनेवाले मजदूरों के हस्तलाघव को देख कर आश्चर्य किया करते थे। वहाँ हजारों बार मैंने कच्चा रस और पक्का दूध मिला कर पिया था और वहाँ आस-पास के घरों की स्त्रियाँ और बालक अपने-अपने घड़े ले कर आते थे और उनमें रस भर कर ले जाते थे। शोक है कि वे कोल्हू अब तक ज्यों के त्यों खड़े थे, किन्तु कोल्हवाड़े की जगह पर अब एक सन लपेटनेवाली मशीन लगी थी और उसके सामने एक तम्बोली और सिगरेटवाले की दुकान थी। इन हृदय-विदारक दृश्यों को देखकर मैंने दुखित हृदय से, एक आदमी से, जो देखने में सभ्य मालूम होता था, पूछा, ''महाशय, मैं एक परदेशी यात्री हूँ। रात भर लेट रहने की मुझे आज्ञा दीजिएगा ?'' इस आदमी ने मुझे सिर से पैर तक गहरी दृष्टि से देखा और कहने लगा कि ''आगे जाओ, यहाँ जगह नहीं है।'' मैं आगे गया और वहाँ से भी यही उत्तर मिला ''आगे

जाओ।" पाँचवीं बार एक सज्जन से स्थान माँगने पर उन्होंने एक मुट्ठी चने मेरे हाथ पर रख दिये। चने मेरे हाथ से छूट पड़े और नेत्रों से अविरल अश्रु-धारा बहने लगी। मुख से सहसा निकल पड़ा कि "हाय ! यह मेरा देश नहीं है, यह कोई और देश है। यह हमारा अतिथि-सत्कारी प्यारा भारत नहीं है–कदापि नहीं।"

मैंने एक सिगरेट की डिबिया खरीदी और एक सुनसान जगह पर बैठकर सिगरेट पीते हुए पूर्व समय की याद करने लगा कि अचानक मुझे धर्मशाला का स्मरण हो आया, जो मेरे विदेश जाते समय बन रही थी; मैं उस ओर लपका कि रात किसी प्रकार वहीं काट लूँ, मगर शोक ! शोक !! महान् शोक !!! धर्मशाला ज्यों की त्यों खड़ी थी, किंतु उसमें गरीब यात्रियों के टिकने के लिए स्थान न था। मदिरा, दुराचार और द्यूत ने उसे अपना घर बना रखा था। यह दशा देख कर विवशतः मेरे हृदय से एक सर्द आह निकल पड़ी और मैं जोर से चिल्ला उठा कि "नहीं, नहीं, नहीं और हजार बार नहीं है"–यह मेरा प्यारा भारत नहीं है। यह कोई और देश है। यह योरोप है, अमेरिका है; मगर भारत कदापि नहीं है।

4

अँधेरी रात थी। गीदड़ और कुत्ते अपने-अपने कर्कश स्वर में उच्चारण कर रहे थे। मैं अपना दुखित हृदय ले कर उसी नाले के किनारे जा कर बैठ गया और सोचने लगा–अब क्या करूँ ! फिर अपने पुत्रों के पास लौट जाऊँ और अपना यह शरीर अमेरिका की मिट्टी में मिलाऊँ। अब तक मेरी मातृभूमि थी, मैं विदेश में जरूर था किंतु मुझे अपने प्यारे देश की याद बनी थी, पर अब मैं देश-विहीन हूँ। मेरा कोई देश नहीं है। इसी सोच-विचार में मैं बहुत देर तक घुटनों पर सिर रखे मौन रहा। रात्रि नेत्रों में ही व्यतीत की। घंटेवाले ने तीन बजाये और किसी के गाने का शब्द कानों में आया। हृदय गद्गद हो गया कि यह तो देश का ही राग है, यह तो मातृभूमि का ही स्वर है। मैं तुरंत उठ खड़ा हुआ और क्या देखता हूँ कि 15-20 वृद्धा स्त्रियाँ, सफेद धोतियाँ पहिने, हाथों में लोटे लिये स्नान को जा रही हैं और गाती जाती हैं :

"हमारे प्रभु, अवगुन चित्त न धरो..."

मैं इस गीत को सुन कर तन्मय हो ही रहा था कि इतने में मुझे बहुत से आदमियों की बोलचाल सुन पड़ी। उनमें से कुछ लोग हाथों में पीतल के कमंडलु लिये हुए शिव-शिव, हर-हर, गंगे-गंगे, नारायण-नारायण आदि शब्द बोलते हुए चले जाते थे। आनंददायक और प्रभावोत्पादक राग से मेरे हृदय पर जो प्रभाव हुआ, उसका वर्णन करना कठिन है।

मैंने अमेरिका की चंचल से चंचल और प्रसन्न से प्रसन्न चित्तवाली लावण्यवती स्त्रियों का आलाप सुना था, सहस्रों बार उनकी जिह्वा से प्रेम और प्यार के शब्द सुने थे,

हृदयाकर्षक वचनों का आनंद उठाया था, मैंने सुरीले पक्षियों का चहचहाना भी सुना था, किंतु जो आनंद, जो मजा और जो सुख मुझे इस राग में आया, वह मुझे जीवन में कभी प्राप्त नहीं हुआ था। मैंने खुद गुनगुना कर गाया :

"हमारे प्रभु, अवगुन चित न धरो..."

मेरे हृदय में फिर उत्साह आया कि ये तो मेरे प्यारे देश की ही बातें हैं। आनंदातिरेक से मेरा हृदय आनंदमय हो गया। मैं भी इन आदमियों के साथ हो लिया और 6 मील तक पहाड़ी मार्ग पार करके उसी नदी के किनारे पहुँचा, जिसका नाम पतित-पावनी है, जिसकी लहरों में डुबकी लगाना और जिसकी गोद में मरना प्रत्येक हिंदू अपना परम सौभाग्य समझता है। पतित-पावनी भागीरथी गंगा मेरे प्यारे गाँव से छे-सात मील पर बहती थी। किसी समय में घोड़े पर चढ़ कर गंगा माता के दर्शनों की लालसा मेरे हृदय में सदा रहती थी। यहाँ मैंने हजारों मनुष्यों को इस ठंडे पानी में डुबकी लगाते हुए देखा। कुछ लोग बालू पर बैठे गायत्री-मंत्र जप रहे थे। कुछ लोग हवन करने में संलग्न थे। कुछ माथे पर तिलक लगा रहे थे और कुछ लोग सस्वर वेदमंत्र पढ़ रहे थे। मेरा हृदय फिर उत्साहित हुआ और मैं जोर से कह उठा—"हाँ, हाँ, यही मेरा प्यारा देश है, यही मेरी पवित्र मातृभूमि है, यही मेरा सर्वश्रेष्ठ भारत है और इसी के दर्शनों की मेरी उत्कट इच्छा थी तथा इसी की पवित्र धूलि के कण बनने की मेरी प्रबल अभिलाषा है।"

5

मैं विशेष आनंद में मग्न था। मैंने अपना पुराना कोट और पतलून उतार कर फेंक दिया और गंगा माता की गोद में जा गिरा, जैसे कोई भोलाभाला बालक दिन भर निर्दय लोगों के साथ रहने के बाद संध्या को अपनी प्यारी माता की गोद में दौड़ कर चला आये और उसकी छाती से चिपट जाय। हाँ, अब मैं अपने देश में हूँ। यह मेरी प्यारी मातृभूमि है। ये लोग मेरे भाई हैं और गंगा मेरी माता है।

मैंने ठीक गंगा के किनारे एक छोटी-सी कुटी बनवा ली है। अब मुझे सिवा राम-नाम जपने के और कोई काम नहीं है। मैं नित्य प्रातः-सायं गंगा-स्नान करता हूँ और मेरी प्रबल इच्छा है कि इसी स्थान पर मेरे प्राण निकलें और मेरी अस्थियाँ गंगा माता की लहरों की भेंट हों।

मेरी स्त्री और मेरे पुत्र बार-बार बुलाते हैं; मगर अब मैं यह गंगा माता का तट और अपना प्यारा देश छोड़ कर वहाँ नहीं जा सकता। अपनी मिट्टी गंगा जी को ही सौपूँगा। अब संसार की कोई आकांक्षा मुझे इस स्थान से नहीं हटा सकती, क्योंकि यह मेरा प्यारा देश और यही प्यारी मातृभूमि है। बस, मेरी उत्कट इच्छा यही है कि मैं अपनी प्यारी मातृभूमि में ही अपने प्राण विसर्जन करूँ।

राजा हरदौल

बुंदेलखंड में ओरछा पुराना राज्य है। इसके राजा बुंदेले हैं। इन बुंदेलों ने पहाड़ों की घाटियों में अपना जीवन बिताया है। एक समय ओरछे के राजा जुझारसिंह थे। ये बड़े साहसी और बुद्धिमान थे। शाहजहाँ उस समय दिल्ली के बादशाह थे। जब लोदी ने बलवा किया और वह शाही मुल्क को लूटता-पाटता ओरछे की ओर आ निकला, तब राजा जुझारसिंह ने उससे मोरचा लिया। राजा के इस काम से गुणग्राही शाहजहाँ बहुत प्रसन्न हुए। उन्होंने तुरंत ही राजा को दक्खिन का शासन-भार सौंपा। उस दिन ओरछे में बड़ा आनंद मनाया गया। शाही दूत खिलअत और सनद ले कर राजा के पास आया। जुझारसिंह को बड़े-बड़े काम करने का अवसर मिला। सफर की तैयारियाँ होने लगीं, तब राजा ने अपने छोटे भाई हरदौलसिंह को बुला कर कहा, "भैया, मैं तो जाता हूँ। अब यह राज-पाट तुम्हारे सुपुर्द है। तुम भी इसे जी से प्यार करना ! न्याय ही राजा का सबसे बड़ा सहायक है। न्याय की गढ़ी में कोई शत्रु नहीं घुस सकता, चाहे वह रावण की सेना या इन्द्र का बल लेकर आये; पर न्याय वही सच्चा है, जिसे प्रजा भी न्याय समझे। तुम्हारा काम केवल न्याय ही करना न होगा बल्कि प्रजा को अपने न्याय का विश्वास भी दिलाना होगा और मैं तुम्हें क्या समझाऊँ, तुम स्वयं समझदार हो।"

यह कह कर उन्होंने अपनी पगड़ी उतारी और हरदौलसिंह के सिर पर रख दी। हरदौल रोता हुआ उनके पैरों से लिपट गया। इसके बाद राजा अपनी रानी से विदा होने के लिए रनिवास आये। रानी दरवाजे पर खड़ी रो रही थी। उन्हें देखते ही पैरों पर गिर पड़ी। जुझारसिंह ने उठा कर उसे छाती से लगाया और कहा, "प्यारी, यह रोने का समय नहीं है। बुंदेलों की स्त्रियाँ ऐसे अवसर पर रोया नहीं करतीं। ईश्वर ने चाहा, तो हम-तुम जल्द मिलेंगे। मुझ पर ऐसी ही प्रीति रखना। मैंने राज-पाट हरदौल को सौंपा है, वह अभी लड़का है। उसने अभी दुनिया नहीं देखी है। अपनी सलाहों से उसकी मदद करती रहना।"

रानी की जबान बंद हो गयी। वह अपने मन में कहने लगी, "हाय यह कहते हैं, बुंदेलों की स्त्रियाँ ऐसे अवसरों पर रोया नहीं करतीं। शायद उनके हृदय नहीं होता, या अगर होता है तो उसमें प्रेम नहीं होता !" रानी कलेजे पर पत्थर रख कर आँसू पी गयी और हाथ जोड़ कर राजा की ओर मुस्कराती हुई देखने लगी; पर क्या वह मुस्कराहट थी। जिस तरह अँधेरे मैदान में मशाल की रोशनी अँधेरे को और भी अथाह कर देती है, उसी तरह रानी की मुस्कराहट उसके मन के अथाह दुःख को और भी प्रकट कर रही थी।

जुझारसिंह के चले जाने के बाद हरदौलसिंह राज करने लगा। थोड़े ही दिनों में उसके न्याय और प्रजावात्सल्य ने प्रजा का मन हर लिया। लोग जुझारसिंह को भूल गये। जुझारसिंह के शत्रु भी थे और मित्र भी; पर हरदौलसिंह का कोई शत्रु न था, सब मित्र ही थे। वह ऐसा हँसमुख और मधुरभाषी था कि उससे जो बातें कर लेता, वही जीवन भर उसका भक्त बना रहता। राज भर में ऐसा कोई न था जो उसके पास तक न

पहुँच सकता हो। रात-दिन उसके दरबार का फाटक सबके लिए खुला रहता था। ओरछे को कभी ऐसा सर्वप्रिय राजा नसीब न हुआ था। वह उदार था, न्यायी था, विद्या और गुण का ग्राहक था; पर सबसे बड़ा गुण जो उसमें था, वह उसकी वीरता थी। उसका वह गुण हद दर्जे को पहुँच गया था। जिस जाति के जीवन का अवलम्ब तलवार पर है, वह अपने राजा के किसी गुण पर इतना नहीं रीझती जितना उसकी वीरता पर। हरदौल अपने गुण से अपनी प्रजा के मन का भी राजा हो गया, जो मुल्क और माल पर राज करने से भी कठिन है। इस प्रकार एक वर्ष बीत गया। उधर दक्खिन में जुझारसिंह ने अपने प्रबंध से चारों ओर शाही दबदबा जमा दिया, इधर ओरछे में हरदौल ने प्रजा पर मोहन-मंत्र फूँक दिया।

2

फाल्गुन का महीना था, अबीर और गुलाल से जमीन लाल हो रही थी। कामदेव का प्रभाव लोगों को भड़का रहा था। रबी ने खेतों में सुनहला फर्श बिछा रखा था और खलिहानों में सुनहले महल उठा दिये थे। संतोष इस सुनहले फर्श पर इठलाता फिरता था और निश्चिंतता इस सुनहले महल में तानें अलाप रही थी। इन्हीं दिनों दिल्ली का नामवर फेकैत कादिरखाँ ओरछे आया। बड़े-बड़े पहलवान उसका लोहा मान गये थे। दिल्ली से ओरछे तक सैकड़ों मर्दानगी के मद से मतवाले उसके सामने आये; पर कोई उससे जीत न सका। उससे लड़ना भाग्य से नहीं, बल्कि मौत से लड़ना था। वह किसी इनाम का भूखा न था। जैसा ही दिल का दिलेर था, वैसा ही मन का राजा था। ठीक होली के दिन उसने धूम-धाम से ओरछे में सूचना दी कि "खुदा का शेर दिल्ली का कादिरखाँ ओरछे आ पहुँचा है। जिसे अपनी जान भारी हो, आ कर अपने भाग्य का निपटारा कर ले।" ओरछे के बड़े-बड़े बुंदेले सूरमा वह घमंड-भरी वाणी सुन कर गरम हो उठे। फाग और डफ की तान के बदले ढोल की वीर-ध्वनि सुनायी देने लगी। हरदौल का अखाड़ा ओरछे के पहलवानों और फेकैतों का सबसे बड़ा अड्डा था। संध्या को यहाँ सारे शहर के सूरमा जमा हुए। कालदेव और भालदेव बुंदेलों की नाक थे, सैकड़ों मैदान मारे हुए। ये ही दोनों पहलवान कादिरखाँ का घमंड चूर करने के लिए गये।

दूसरे दिन किले के सामने तालाब के किनारे बड़े मैदान में ओरछे के छोटे-बड़े सभी जमा हुए। कैसे-कैसे सजीले, अलबेले जवान थे,–सिर पर खुशरंग बाँकी पगड़ी, माथे पर चंदन का तिलक, आँखों में मर्दानगी का सरूर, कमर में तलवार। और कैसे-कैसे बूढ़े थे–तनी हुई मूँछें, सादी पर तिरछी पगड़ी, कानों में बँधी हुई दाढ़ियाँ, देखने में तो बूढ़े, पर काम में जवान, किसी को कुछ न समझनेवाले। उनकी मर्दाना चाल-ढाल नौजवानों को लजाती थी। हर एक के मुँह से वीरता की बातें निकल रहीं थीं। नौजवान कहते थे–देखें आज ओरछे की लाज रहती है या नहीं। पर बूढ़े कहते–ओरछे की हार कभी नहीं हुई, न होगी। वीरों का यह जोश देख कर राजा हरदौल ने बड़े जोर से कह दिया–"खबरदार, बुंदेलों की लाज रहे या न रहे; पर उनकी प्रतिष्ठा

में बल न पड़ने पाये—यदि किसी ने औरों को यह कहने का अवसर दिया कि ओरछेवाले तलवार से न जीत सके तो धाँधली कर बैठे, वह अपने को जाति का शत्रु समझे।''

सूर्य निकल आया था। एकाएक नगाड़े पर चोट पड़ी और आशा तथा भय ने लोगों के मन को उछाल कर मुँह तक पहुँचा दिया। कालदेव और कादिरखाँ दोनों लँगोट कसे शेरों की तरह अखाड़े में उतरे और गले मिल गये। तब दोनों तरफ से तलवारें निकलीं और दोनों के बगलों में चली गयीं। फिर बादल के दो टुकड़ों से बिजलियाँ निकलने लगीं। पूरे तीन घंटे तक यही मालूम होता रहा कि दो अँगारे हैं। हजारों आदमी खड़े तमाशा देख रहे थे और मैदान में आधी रात का सा सन्नाटा छाया हुआ था। हाँ, जब कभी कालदेव गिरहदार हाथ चलाता या कोई पेंचदार वार बचा जाता, तो लोगों की गर्दन आप ही आप उठ जाती; पर किसी के मुँह से एक शब्द भी नहीं निकलता था। अखाड़े के अंदर तलवारों की खींचतान थी; पर देखनेवालों के लिए अखाड़े से बाहर मैदान में इससे भी बढ़ कर तमाशा था। बार-बार जातीय प्रतिष्ठा के विचार से मन के भावों को रोकना और प्रसन्नता या दुःख का शब्द मुँह से बाहर न निकलने देना तलवारों के वार बचाने से अधिक कठिन काम था। एकाएक कादिरखाँ 'अल्लाहो-अकबर' चिल्लाया, मानो बादल गरज उठा और उसके गरजते ही कालदेव के सिर पर बिजली गिर पड़ी।

कालदेव के गिरते ही बुंदेलों को सब्र न रहा। हर एक के चेहरे पर निर्बल क्रोध और कुचले हुए घमंड की तस्वीर खिंच गयी। हजारों आदमी जोश में आ कर अखाड़े पर दौड़े, पर हरदौल ने कहा—खबरदार ! अब कोई आगे न बढ़े। इस आवाज ने पैरों के साथ जंजीर का काम किया। दर्शकों को रोक कर जब वे अखाड़े में गये और कालदेव को देखा, तो आँखों में आँसू भर आये। जख्मी शेर जमीन पर पड़ा तड़प रहा था। उसके जीवन की तरह उसकी तलवार के दो टुकड़े हो गये थे।

आज का दिन बीता, रात आयी; पर बुंदेलों की आँखों में नींद कहाँ। लोगों ने करवटें बदल कर रात काटी जैसे दुःखित मनुष्य विकलता से सुबह की बाट जोहता है, उसी तरह बुंदेले रह-रह कर आकाश की तरफ देखते और उसकी धीमी चाल पर झुंझलाते थे। उनके जातीय घमंड पर गहरा घाव लगा था। दूसरे दिन ज्यों ही सूर्य निकला, तीन लाख बुंदेले तालाब के किनारे पहुँचे। जिस समय भालदेव शेर की तरह अखाड़े की तरफ चला, दिलों में धड़कन-सी होने लगी। कल जब कालदेव अखाड़े में उतरा था, बुंदेलों के हौसले बढ़े हुए थे; पर आज वह बात न थी। हृदय में आशा की जगह डर घुसा हुआ था। कादिरखाँ कोई चुटीला वार करता तो लोगों के दिल उछल कर होंठों तक आ जाते। सूर्य सिर पर चढ़ा जाता था और लोगों के दिल बैठ जाते थे। इसमें कोई संदेह नहीं कि भालदेव अपने भाई से फुर्तीला और तेज था। उसने कई बार कादिरखाँ को नीचा दिखलाया; पर दिल्ली का निपुण पहलवान हर बार सँभल जाता था। पूरे तीन घंटे तक दोनों बहादुरों में तलवारें चलती रहीं। एकाएक खटाके की आवाज हुई

और भालदेव की तलवार के दो टुकड़े हो गये। राजा हरदौल अखाड़े के सामने खड़े थे। उन्होंने भालदेव की तरफ तेजी से अपनी तलवार फेंकी। भालदेव तलवार लेने के लिए झुका ही था कि कादिरखाँ की तलवार उसकी गर्दन पर आ पड़ी। घाव गहरा न था, केवल एक 'चरका' था; पर उसने लड़ाई का फैसला कर दिया।

हताश बुंदेले अपने-अपने घरों को लौटे। यद्यपि भालदेव अब भी लड़ने को तैयार था; पर हरदौल ने समझा कर कहा कि "भाइयो, हमारी हार उसी समय हो गयी जब हमारी तलवार ने जवाब दे दिया। यदि हम कादिरखाँ की जगह होते तो निहत्थे आदमी पर वार न करते और जब तक हमारे शत्रु के हाथ में तलवार न आ जाती, हम उस पर हाथ न उठाते; पर कादिरखाँ में यह उदारता कहाँ ? बलवान् शत्रु का सामना करने में उदारता को ताक पर रख देना पड़ता है। तो भी हमने दिखा दिया है कि तलवार की लड़ाई में हम उसके बराबर हैं और अब हमको यह दिखाना है कि हमारी तलवार में भी वैसा ही जौहर है !" इसी तरह लोगों को तसल्ली दे कर राजा हरदौल रनिवास को गये।

कुलीना ने पूछा–लाला, आज दंगल का क्या रंग रहा ?

हरदौल ने सिर झुका कर जवाब दिया–आज भी वही कल का-सा हाल रहा।

कुलीना–क्या भालदेव मारा गया ?

हरदौल–नहीं, जान से तो नहीं पर हार हो गयी।

कुलीना–तो अब क्या करना होगा ?

हरदौल–मैं स्वयं इसी सोच में हूँ। आज तक ओरछे को कभी नीचा न देखना पड़ा था। हमारे पास धन न था, पर अपनी वीरता के सामने हम राज और धन कोई चीज न समझते थे। अब हम किस मुँह से अपनी वीरता का घमंड करेंगे ? ओरछे की और बुन्देलों की लाज अब जाती है।

कुलीना–क्या अब कोई आस नहीं है ?

हरदौल–हमारे पहलवानों में वैसा कोई नहीं है जो उससे बाजी ले जाय। भालदेव की हार ने बुंदेलों की हिम्मत तोड़ दी है। आज सारे शहर में शोक छाया हुआ है। सैकड़ों घरों में आग नहीं जली। चिराग रोशन नहीं हुआ। हमारे देश और जाति की वह चीज जिससे हमारा मान था, अब अंतिम साँस ले रही है। भालदेव हमारा उस्ताद था। उसके हार चुकने के बाद मेरा मैदान में आना धृष्टता है; पर बुंदेलों की साख जाती है, तो मेरा सिर भी उसके साथ जायगा। कादिरखाँ बेशक अपने हुनर में एक ही है, पर हमारा भालदेव कभी उससे कम नहीं। उसकी तलवार यदि भालदेव के हाथ में होती तो मैदान जरूर उसके हाथ रहता। ओरछे में केवल एक तलवार है जो कादिरखाँ की तलवार का मुँह मोड़ सकती है वह भैया की तलवार है। अगर तुम ओरछे की नाक रखना चाहती हो तो उसे मुझे दे दो। यह हमारी अंतिम चेष्टा होगी। यदि इस बार भी हार हुई तो ओरछे का नाम सदैव के लिए डूब जायगा।

कुलीना सोचने लगी, तलवार इनको दूँ या न दूँ। राजा रोक गये हैं। उनकी आज्ञा थी कि किसी दूसरे की परछाहीं भी उस पर न पड़ने पाये। क्या ऐसी दशा में मैं उनकी

आज्ञा का उल्लंघन करूँ तो वे नाराज होंगे ? कभी नहीं। जब वे सुनेंगे कि मैंने कैसे कठिन समय में तलवार निकाली है, तो उन्हें सच्ची प्रसन्नता होगी। बुंदेलों की आन किसको इतनी प्यारी नहीं है ? उनसे ज्यादा ओरछे की भलाई चाहने वाला कौन होगा ? इस समय उनकी आज्ञा का उल्लंघन करना ही आज्ञा मानना है। यह सोच कर कुलीना ने तलवार हरदौल को दे दी।

सबेरा होते ही यह खबर फैल गयी कि राजा हरदौल कादिरखाँ से लड़ने के लिए जा रहे हैं। इतना सुनते ही लोगों में सनसनी-सी फैल गयी और चौंक उठे। पागलों की तरह लोग अखाड़े की ओर दौड़े। हर एक आदमी कहता था कि जब तक हम जीते हैं, महाराज को लड़ने नहीं देंगे; पर जब लोग अखाड़े के पास पहुँचे तो देखा कि अखाड़े में बिजलियाँ-सी चमक रही हैं। बुंदेलों के दिलों पर उस समय जैसी बीत रही थी, उसका अनुमान करना कठिन है। उस समय उस लम्बे-चौड़े मैदान में जहाँ तक निगाह जाती थी, आदमी ही आदमी नजर आते थे; पर चारों तरफ सन्नाटा था। हर एक आँख अखाड़े की तरफ लगी हुई थी और हर एक का दिल हरदौल की मंगल-कामना के लिए ईश्वर का प्रार्थी था। कादिरखाँ का एक-एक वार हजारों दिलों के टुकड़े कर देता था और हरदौल की एक-एक काट से मनों में आनन्द की लहरें उठती थीं। अखाड़ों में दो पहलवानों का सामना था और अखाड़े के बाहर आशा और निराशा का। आखिर घड़ियाल ने पहला पहर बजाया और हरदौल की तलवार बिजली बन कर कादिर के सिर पर गिरी। यह देखते ही बुन्देले मारे आनन्द के उन्मत्त हो गये। किसी को किसी की सुधि न रही। कोई किसी से गले मिलता, कोई उछलता और कोई छलाँगें मारता था। हजारों आदमियों पर वीरता का नशा छा गया। तलवारें स्वयं म्यान से निकल पड़ीं, भाले चमकने लगे। जीत की खुशी में सैकड़ों जानें भेंट हो गयीं। पर जब हरदौल अखाड़े से बाहर आये और उन्होंने बुन्देलों की ओर तेज निगाहों से देखा तो आन-की-आन में लोग सँभल गये। तलवारें म्यान में जा छिपीं। खयाल आ गया, यह खुशी क्यों, यह उमंग क्यों और यह पागलपन किस लिए ? बुन्देलों के लिए यह कोई नयी बात नहीं हुई। इस विचार ने लोंगों का दिल ठंडा कर दिया। हरदौल की इस वीरता ने उसे हर एक बुन्देले के दिल में मान-प्रतिष्ठा की ऊँची जगह पर बिठाया, जहाँ न्याय और उदारता भी उसे न पहुँचा सकती थी। वह पहले ही से सर्वप्रिय था और अब वह अपनी जाति का वीरवर और बुन्देला दिलावरी का सिरमौर बन गया।

3

राजा जुझारसिंह ने भी दक्षिण में अपनी योग्यता का परिचय दिया। वे केवल लड़ाई में ही वीर न थे, बल्कि राज्य-शासन में भी अद्वितीय थे। उन्होंने अपने सुप्रबन्ध से दक्षिण प्रांतों को बलवान राज्य बना दिया और वर्ष भर के बाद बादशाह से आज्ञा ले कर वे ओरछे की तरफ चले। ओरछे की याद उन्हें सदैव बेचैन करती रही। आह ओरछा ! वह दिन कब आयेगा कि फिर तेरे दर्शन होंगे ! राजा मंजिलें मारते चले आते थे, न भूख

थी, न प्यास, ओरछेवालों की मुहब्बत खींचे लिये आती थी। यहाँ तक कि ओरछे के जंगलों में आ पहुँचे। साथ के आदमी पीछे छूट गये। दोपहर का समय था। धूप तेज थी। वे घोड़े से उतरे और एक पेड़ की छाँह में जा बैठे। भाग्यवश आज हरदौल भी जीत की खुशी में शिकार खेलने निकले थे। सैकड़ों बुंदेला सरदार उनके साथ थे। सब अभिमान के नशे में चूर थे। उन्होंने राजा जुझारसिंह को अकेले बैठे देखा; पर वे अपने घमंड में इतने डूबे हुए थे कि इनके पास तक न आये। समझा कोई यात्री होगा। हरदौल की आँखों ने भी धोखा खाया। वे घोड़े पर सवार अकड़ते हुए जुझारसिंह के सामने आये और पूछना चाहते थे कि तुम कौन हो कि भाई से आँख मिल गयी। पहचानते ही घोड़े से कूद पड़े और उनको प्रणाम किया। राजा ने भी उठ कर हरदौल को छाती से लगा लिया; पर उस छाती में अब भाई की मुहब्बत न थी। मुहब्बत की जगह ईर्ष्या ने घेर ली थी और वह केवल इसीलिए कि हरदौल दूर से नंगे पैर उनकी तरफ न दौड़ा, उसके सवारों ने दूर ही से उनकी अभ्यर्थना की। संध्या होते-होते दोनों भाई ओरछे पहुँचे। राजा के लौटने का समाचार पाते ही नगर में प्रसन्नता की दुंदुभी बजने लगी। हर जगह आनंदोत्सव होने लगा और तुरती-फुरती शहर जगमगा उठा।

आज रानी कुलीना ने अपने हाथों भोजन बनाया। नौ बजे होंगे। लौंडी ने आ कर कहा—महाराज, भोजन तैयार है। दोनों भाई भोजन करने गये। सोने के थाल में राजा के लिए भोजन परोसा गया और चाँदी के थाल में हरदौल के लिए। कुलीना ने स्वयं भोजन बनाया था, स्वयं थाल परोसे थे और स्वयं ही सामने लायी थी; पर दिनों का चक्र कहो, या भाग्य के दुर्दिन, उसने भूल से सोने का थाल हरदौल के आगे रख दिया और चाँदी का राजा के सामने। हरदौल ने कुछ ध्यान न दिया, वह वर्ष भर से सोने के थाल में खाते-खाते उसका आदी हो गया था, पर जुझारसिंह तिलमिला गये। जबान से कुछ न बोले; पर तीवर बदल गये और मुँह लाल हो गया। रानी की तरफ घूरकर देखा और भोजन करने लगे। पर ग्रास विष मालूम होता था। दो-चार ग्रास खा कर उठ आये। रानी उनके तीवर देख कर डर गयी। आज कैसे प्रेम से उसने भोजन बनाया था, कितनी प्रतीक्षा के बाद यह शुभ दिन आया था, उसके उल्लास का कोई पारावार न था; पर राजा के तीवर देख कर उसके प्राण सूख गये। जब राजा उठ गये और उसने थाल को देखा, तो कलेजा धक् से हो गया और पैरों तले से मिट्टी निकल गयी। उसने सिर पीट लिया—ईश्वर ! आज रात कुशलतापूर्वक कटे, मुझे शकुन अच्छे दिखायी नहीं देते।

राजा जुझारसिंह शीश महल में लेटे। चतुर नाइन ने रानी का शृंगार किया और मुस्करा कर बोली कल महाराज से इसका इनाम लूँगी। यह कह कर वह चली गयी; परंतु कुलीना वहाँ से न उठी। वह गहरे सोच में पड़ी हुई थी। उनके सामने कौन-सा मुँह ले कर जाऊँ ? नाइन ने नाहक मेरा शृंगार कर दिया। मेरा शृंगार देख कर वे खुश भी होंगे ? मुझसे इस समय अपराध हुआ है, मैं अपराधिनी हूँ, मेरा उनके पास इस समय बनाव-शृंगार करके जाना उचित नहीं। नहीं, नहीं; आज मुझे उनके पास भिखारिनी के भेष में जाना चाहिए। मैं उनसे क्षमा माँगूँगी। इस समय मेरे लिए यही उचित है। यह

सोच कर रानी बड़े शीशे के सामने खड़ी हो गयी वह अप्सरा-सी मालूम होती थी। सुंदरता की कितनी ही तसवीरें उसने देखी थीं; पर उसे इस समय शीशे की तसवीर सबसे ज्यादा खूबसूरत मालूम होती थी।

सुंदरता और आत्मरुचि का साथ है। जल्दी बिना रंग के नहीं रह सकती। थोड़ी देर के लिए कुलीना सुंदरता के मद से फूल उठी। वह तन कर खड़ी हो गयी। लोग कहते हैं कि सुंदरता में जादू है और वह जादू, जिसका कोई उतार नहीं। धर्म और कर्म, तन और मन सब सुंदरता पर न्योछावर है। मैं सुंदर न सही, ऐसी कुरूपा भी नहीं हूँ। क्या मेरी सुंदरता में इतनी भी शक्ति नहीं है कि महाराज से मेरा अपराध क्षमा करा सके ? ये बाहु-लताएँ जिस समय उनके गले का हार होंगी, ये आँखें जिस समय प्रेम के मद से लाल हो कर देखेंगी, तब क्या मेरे सौंदर्य की शीतलता उनकी क्रोधाग्नि को ठंडा न कर देगी ? पर थोड़ी देर में रानी को ज्ञात हुआ। आह यह मैं क्या स्वप्न देख रही हूँ ! मेरे मन में ऐसी बातें क्यों आती हैं ! मैं अच्छी हूँ या बुरी हूँ उनकी चेरी हूँ। मुझसे अपराध हुआ है, मुझे उनसे क्षमा माँगनी चाहिए। यह शृंगार और बनाव इस समय उपयुक्त नहीं है। यह सोच कर रानी ने सब गहने उतार दिये। इतर में बसी हुई रेशम की साड़ी अलग कर दी। मोतियों से भरी माँग खोल दी और वह खूब फूट-फूट कर रोयी। हाय ! यह मिलाप की रात वियोग की रात से भी विशेष दुःखदायिनी है। भिखारिनी का भेष बना कर रानी शीश महल की ओर चली। पैर आगे बढ़ते थे, पर मन पीछे हटता जाता था। दरवाजे तक आयी, पर भीतर पैर न रख सकी। दिल धड़कने लगा। ऐसा जान पड़ा मानो उसके पैर थर्रा रहे हैं। राजा जुझारसिंह बोले, "कौन है ?–कुलीना ! भीतर क्यों नहीं आ जाती ?"

कुलीना ने जी कड़ा करके कहा–महाराज, कैसे आऊँ ? मैं अपनी जगह क्रोध को बैठा पाती हूँ।

राजा–यह क्यों नहीं कहती कि मन दोषी है, इसीलिए आँखें नहीं मिलने देतीं।

कुलीना–निस्संदेह मुझसे अपराध हुआ है, पर एक अबला आपसे क्षमा का दान माँगती है।

राजा–इसका प्रायश्चित करना होगा।

कुलीना–क्योंकर ?

राजा–हरदौल के खून से।

कुलीना सिर से पैर तक काँप गयी। बोली–क्या इसलिए कि आज मेरी भूल से ज्योनार के थालों में उलटफेर हो गया ?

राजा–नहीं, इसलिए कि तुम्हारे प्रेम में हरदौल ने उलटफेर कर दिया।

जैसे आग की आँच से लोहा लाल हो जाता है, वैसे ही रानी का मुँह लाल हो गया। क्रोध की अग्नि सद्भावों को भस्म कर देती है, प्रेम और प्रतिष्ठा, दया और न्याय सब जल के राख हो जाते हैं। एक मिनट तक रानी को ऐसा मालूम हुआ, मानो दिल और दिमाग दोनों खौल रहे हैं, पर उसने आत्मदमन की अंतिम चेष्टा से अपने को

सँभाला, केवल इतना बोली—हरदौल को अपना लड़का और भाई समझती हूँ।

राजा उठ बैठे और कुछ नर्म स्वर से बोले—नहीं, हरदौल लड़का नहीं है, लड़का मैं हूँ, जिसने तुम्हारे ऊपर विश्वास किया। कुलीना मुझे तुमसे ऐसी आशा न थी। मुझे तुम्हारे ऊपर घमंड था। मैं समझता था, चाँद-सूर्य टल सकते हैं, पर तुम्हारा दिल नहीं टल सकता, पर आज मुझे मालूम हुआ कि वह मेरा लड़कपन था। बड़ों ने सच कहा है कि स्त्री का प्रेम पानी की धार है, जिस ओर ढाल पाता है, उधर ही बह जाता है। सोना ज्यादा गरम होकर पिघल जाता है।

कुलीना रोने लगी। क्रोध की आग पानी बन कर आँखों से निकल पड़ी। जब आवाज वश में हुई, तो बोली—आपके इस सन्देह को कैसे दूर करूँ ?

राजा—हरदौल के खून से।

रानी—मेरे खून से दाग न मिटेगा ?

राजा—तुम्हारे खून से और पक्का हो जायगा।

रानी—और कोई उपाय नहीं है ?

राजा—नहीं।

रानी—यह आपका अंतिम विचार है ?

राजा—हाँ, यह मेरा अन्तिम विचार है। देखो, इस पानदान में पान का बीड़ा रखा है। तुम्हारे सतीत्व की परीक्षा यही है कि तुम हरदौल को इसे अपने हाथों खिला दो। मेरे मन का भ्रम उसी समय निकलेगा जब इस घर से हरदौल की लाश निकलेगी।

रानी ने घृणा की दृष्टि से पान के बीड़े को देखा और वह उलटे पैर लौट आयी।

रानी सोचने लगी—क्या हरदौल के प्राण लूँ ? निर्दोष, सच्चरित्र वीर हरदौल की जान से अपने सतीत्व की परीक्षा दूँ ? उस हरदौल के खून से अपना हाथ काला करूँ जो मुझे बहन समझता है ? यह पाप किसके सिर पड़ेगा ? क्या एक निर्दोष का खून रंग न लायेगा ? आह ! अभागी कुलीना ! तुझे आज अपने सतीत्व की परीक्षा देने की आवश्यकता पड़ी है और वह ऐसी कठिन ? नहीं, यह पाप मुझसे न होगा। यदि राजा मुझे कुलटा समझते हैं, तो समझें, उन्हें मुझ पर संदेह है, तो हो। मुझसे यह पाप न होगा। राजा को ऐसा संदेह क्यों हुआ ? क्या केवल थालों के बदल जाने से ? नहीं, अवश्य कोई और बात है। आज हरदौल उन्हें जंगल में मिल गया। राजा ने उसकी कमर में तलवार देखी होगी। क्या आश्चर्य है, हरदौल से कोई अपमान भी हो गया हो। मेरा अपराध क्या है ? मुझ पर इतना बड़ा दोष क्यों लगाया जाता है ? केवल थालों के बदल जाने से ? हे ईश्वर ! मैं किससे अपना दुःख कहूँ ? तू ही मेरा साक्षी है। जो चाहे सो हो; पर मुझसे यह पाप न होगा।

रानी ने फिर सोचा—राजा, क्या तुम्हारा हृदय ऐसा ओछा और नीच है ? तुम मुझसे हरदौल की जान लेने को कहते हो ? यदि तुमसे उसका अधिकार और मान नहीं देखा जाता, तो क्यों साफ़-साफ़ ऐसा नहीं कहते ? क्यों मरदों की लड़ाई नहीं लड़ते ? क्यों स्वयं अपने हाथ से उसका सिर नहीं काटते और मुझसे वह काम करने को कहते

हो ? तुम खूब जानते हो, मैं यह नहीं कर सकती। यदि मुझसे तुम्हारा जी उकता गया है, यदि मैं तुम्हारी जान की जंजाल हो गयी हूँ, तो मुझे काशी या मथुरा भेज दो। मैं बेखटके चली जाऊँगी, पर ईश्वर के लिए मेरे सिर इतना बड़ा कलंक न लगने दो। पर मैं जीवित ही क्यों रहूँ, मेरे लिए अब जीवन में कोई सुख नहीं है। अब मेरा मरना ही अच्छा है। मैं स्वयं प्राण दे दूँगी, पर यह महापाप मुझसे न होगा। विचारों ने फिर पलटा खाया। तुमको पाप करना ही होगा। इससे बड़ा पाप शायद आज तक संसार में न हुआ हो, पर यह पाप तुमको करना होगा। तुम्हारे पतिव्रत पर संदेह किया जा रहा है और तुम्हें इस संदेह को मिटाना होगा। यदि तुम्हारी जान जोखिम में होती, तो कुछ हर्ज न था। अपनी जान देकर हरदौल को बचा लेती; पर इस समय तुम्हारे पतिव्रत पर आँच आ रही है। इसलिए तुम्हें यह पाप करना ही होगा, और पाप करने के बाद हँसना और प्रसन्न रहना होगा। यदि तुम्हारा चित्त तनिक भी विचलित हुआ, यदि तुम्हारा मुखड़ा जरा भी मद्धिम हुआ, तो इतना बड़ा पाप करने पर भी तुम संदेह मिटाने में सफल न होगी। तुम्हारे जी पर चाहे जो बीते, पर तुम्हें यह पाप करना ही पड़ेगा। परंतु कैसे होगा ? क्या मैं हरदौल का सिर उतारूँगी ? यह सोच कर रानी के शरीर में कँपकँपी आ गयी। नहीं, मेरा हाथ उस पर कभी नहीं उठ सकता। प्यारे हरदौल, मैं तुम्हें खिला सकती। मैं जानती हूँ, तुम मेरे लिए आनंद से विष का बीड़ा खा लोगे। हाँ, मैं जानती हूँ तुम 'नहीं' न करोगे, पर मुझसे यह महापाप नहीं हो सकता। एक बार नहीं, हजार बार नहीं हो सकता।

4

हरदौल को इन बातों की कुछ भी खबर न थी। आधी रात को एक दासी रोती हुई उसके पास गयी और उसने सब समाचार अक्षर-अक्षर कह सुनाया। वह दासी पानदान ले कर रानी के पीछे-पीछे राजमहल के दरवाजे पर गयी थी और सब बातें सुन कर आयी थी। हरदौल राजा का ढंग देख कर पहले ही पड़ता गया था कि राजा के मन में कोई-न-कोई काँटा अवश्य खटक रहा है। दासी की बातों ने उसके संदेह को और भी पक्का कर दिया। उसने दासी से कड़ी मनाही कर दी कि सावधान ! किसी दूसरे के कानों में इन बातों की भनक न पड़े और वह स्वयं मरने को तैयार हो गया।

हरदौल बुंदेलों की वीरता का सूरज था। उसकी भौंहों के तनिक इशारे से तीन लाख बुंदेले मरने और मारने के लिए इकट्ठे हो सकते थे, ओरछा उस पर न्योछावर था। यदि जुझारसिंह खुले मैदान उसका सामना करते तो अवश्य मुँह की खाते, क्योंकि हरदौल भी बुंदेला था और बुंदेला अपने शत्रु के साथ किसी प्रकार की मुँहदेखी नहीं करते, मारना-मरना उनके जीवन का एक अच्छा दिलबहलाव है। उन्हें सदा इसकी लालसा रही है कि कोई हमें चुनौती दे, कोई हमें छेड़े। उन्हें सदा खून की प्यास रहती है और वह प्यास कभी नहीं बुझती। परंतु उस समय एक स्त्री को उसके खून की जरूरत थी और उसका साहस उसके कानों में कहता था कि एक निर्दोष और सती

अबला के लिए अपने शरीर का खून देने में मुँह न मोड़ो। यदि भैया को यह संदेह होता कि मैं उनके खून का प्यासा हूँ और उन्हें मार कर राज पर अधिकार करना चाहता हूँ, तो कुछ हर्ज न था। राज्य के लिए कत्ल और खून, दगा और फरेब सब उचित समझा गया है, परंतु उनके इस संदेह का निपटारा मेरे मरने के सिवा और किसी तरह नहीं हो सकता। इस समय मेरा धर्म है कि अपना प्राण दे कर उनके इस संदेह को दूर कर दूँ। उनके मन में यह दुखानेवाला संदेह उत्पन्न करके भी यदि मैं जीता ही रहूँ और अपने मन की पवित्रता जनाऊँ, तो मेरी ढिठाई है। नहीं, इस भले काम में अधिक आगा-पीछा करना अच्छा नहीं। मैं खुशी से विष का बीड़ा खाऊँगा। इससे बढ़ कर शूरवीर की मृत्यु और क्या हो सकती है ?

क्रोध में आकर मारू के भय बढ़ानेवाले शब्द सुन कर रणक्षेत्र में अपनी जान को तुच्छ समझना इतना कठिन नहीं है। आज सच्चा वीर हरदौल अपने हृदय के बड़प्पन पर अपनी सारी वीरता न्योछावर करने को उद्यत है।

दूसरे दिन हरदौल ने खूब तड़के स्नान किया। बदन पर अस्त्र-शस्त्र सजा मुस्कराता हुआ राजा के पास गया। राजा भी सोकर तुरंत ही उठे थे, उनकी अलसायी हुई आँखें हरदौल की मूर्ति की ओर लगी हुई थीं। सामने संगमरमर की चौकी पर विष मिला पान सोने की तश्तरी में रखा हुआ था। राजा कभी पान की ओर ताकते और कभी मूर्ति की ओर, शायद उनके विचार ने इस विष की गाँठ और उस मूर्ति में एक सम्बन्ध पैदा कर दिया था। उस समय जो हरदौल एकाएक घर में पहुँचे तो राजा चौंक पड़े। उन्होंने सँभल कर पूछा, ''इस समय कहाँ चले ?''

हरदौल का मुखड़ा प्रफुल्लित था। वह हँस कर बोला, ''कल आप यहाँ पधारे हैं, इसी खुशी में मैं आज शिकार खेलने जाता हूँ। आपको ईश्वर ने अजित बनाया है, मुझे अपने हाथ से विजय का बीड़ा दीजिए।''

यह कह कर हरदौल ने चौक पर से पानदान उठा लिया और उसे राजा के सामने रख कर बीड़ा लेने के लिए हाथ बढ़ाया। हरदौल का खिला हुआ मुखड़ा देख कर राजा की ईर्ष्या की आग और भी भड़क उठी। दुष्ट, मेरे घाव पर नमक छिड़कने आया है ! मेरे मान और विश्वास को मिट्टी में मिलाने पर भी तेरा जी न भरा ! मुझसे विजय का बीड़ा माँगता है ! हाँ, यह विजय का बीड़ा है; पर तेरी विजय का नहीं, मेरी विजय का।

इतना मन में कहकर जुझारसिंह ने बीड़े को हाथ में उठाया। वे एक क्षण तक कुछ सोचते रहे, फिर मुस्करा कर हरदौल को बीड़ा दे दिया। हरदौल ने सिर झुका कर बीड़ा लिया, उसे माथे पर चढ़ाया, एक बार बड़ी ही करुणा के साथ चारों ओर देखा और फिर बीड़े को मुँह में रख लिया। एक सच्चे राजपूत ने अपना पुरुषत्व दिखा दिया। विष हलाहल था, कंठ के नीचे उतरते ही हरदौल के मुखड़े पर मुर्दनी छा गयी और आँखें बुझ गयीं। उसने एक ठंडी साँस ली, दोनों हाथ जोड़ कर जुझारसिंह को प्रणाम किया और जमीन पर बैठ गया। उसके ललाट पर पसीने की ठंडी-ठंडी बूँदें दिखायी दे रही थीं और साँस तेजी से चलने लगी थी; पर चेहरे पर प्रसन्नता और संतोष की झलक दिखायी

देती थी।

जुझारसिंह अपनी जगह से जरा भी न हिले। उनके चेहरे पर ईर्ष्या से भरी हुई मुस्कराहट छायी हुई थी; पर आँखों में आँसू भर आये थे। उजेले और अँधेरे का मिलाप हो गया था।

त्यागी का प्रेम

लाला गोपीनाथ को युवावस्था में ही दर्शन से प्रेम हो गया था। अभी वह इंटरमीडियट क्लास में थे कि मिल और बर्कले के वैज्ञानिक विचार उनको कंठस्थ हो गये थे। उन्हें किसी प्रकार के विनोद-प्रमोद से रुचि न थी। यहाँ तक कि कालेज के क्रिकेट-मैचों में भी उनको उत्साह न होता था। हास-परिहास से कोसों भागते और उनसे प्रेम की चर्चा करना तो मानो बच्चे को जूजू से डराना था। प्रातःकाल घर से निकल जाते और शहर से बाहर किसी सघन वृक्ष की छाँह में बैठ कर दर्शन का अध्ययन करने में निरत हो जाते। काव्य, अलंकार, उपन्यास सभी को त्याज्य समझते थे। शायद ही अपने जीवन में उन्होंने कोई किस्से-कहानी की किताब पढ़ी हो। इसे केवल समय का दुरुपयोग ही नहीं, वरन् मन और बुद्धि-विकास के लिए घातक ख्याल करते थे। इसके साथ ही वह उत्साहहीन न थे। सेवा-समितियों में बड़े उत्साह से भाग लेते। स्वदेशवासियों की सेवा के किसी अवसर को हाथ से न जाने देते। बहुधा मुहल्ले के छोटे-छोटे दुकानदारों की दुकान पर जा बैठते और उनके घाटे-टोटे, मंदे-तेजे की रामकहानी सुनते।

शनैः-शनैः कालेज से उन्हें घृणा हो गयी। उन्हें अब अगर किसी विषय से प्रेम था, तो वह दर्शन था। कालेज की बहुविषयक शिक्षा उनके दर्शनानुराग में बाधक होती। अतएव उन्होंने कालेज छोड़ दिया और एकाग्रचित्त हो कर विज्ञानोपार्जन करने लगे। किंतु दर्शनानुराग के साथ ही साथ उनका देशानुराग भी बढ़ता गया और कालेज छोड़ने के थोड़े ही दिनों पश्चात् वह अनिवार्यतः जाति-सेवकों के दल में सम्मिलित हो गये। दर्शन में भ्रम था, अविश्वास था, अंधकार था, जाति-सेवा में सम्मान था, यश था और दोनों की सदिच्छाएँ थीं। उनका वह सदनुराग जो बरसों से वैज्ञानिक वादों के नीचे दबा हुआ था; वायु के प्रचंड वेग के साथ निकल पड़ा। नगर के सार्वजनिक क्षेत्र में कूद पड़े। देखा तो मैदान खाली था। जिधर आँख उठाते, सन्नाटा दिखाई देता। ध्वजाधारियों की कमी न थी; पर सच्चे हृदय कहीं नजर न आते थे। चारों ओर से उनकी खींच होने लगी। किसी संस्था के मंत्री बने, किसी के प्रधान, किसी के कुछ, किसी के कुछ। इसके आवेश में दर्शनानुराग भी विदा हुआ। पिंजरे में गानेवाली चिड़िया विस्तृत पर्वतराशियों में आ कर अपना राग भूल गयी। अब भी वह समय निकाल कर दर्शनग्रंथों के पन्ने उलट-पलट लिया करते थे, पर विचार और अनुशीलन का अवकाश कहाँ ! नित्य मन में यह संग्राम होता रहता कि किधर जाऊँ ? उधर या इधर ? विज्ञान अपनी ओर खींचता, देश अपनी ओर खींचता।

एक दिन वह इसी उलझन में नदी के तट बैठे हुए थे। जलधारा तट के दृश्यों और वायु के प्रतिकूल झोंकों की परवा न करते हुए बड़े वेग के साथ अपने लक्ष्य की ओर बढ़ी चली जाती थी; पर लाला गोपीनाथ का ध्यान इस तरफ न था। वह अपने स्मृतिभंडार से किसी ऐसे तत्त्वज्ञानी पुरुष को खोज निकालना चाहते थे, जिसने जाति-सेवा के साथ विज्ञान-सागर में गोते लगाये हों। सहसा उनके कालेज के एक अध्यापक पंडित अमरनाथ अग्निहोत्री आ कर समीप बैठ गये और बोले—कहिए लाला गोपीनाथ, क्या खबरें हैं ?

गोपीनाथ ने अन्यमनस्क हो कर उत्तर दिया—कोई नयी बातें तो नहीं हुईं। पृथ्वी अपनी गति से चली जा रही है।

अमरनाथ—म्युनिसिपल-वार्ड नम्बर 21 की जगह खाली है, उसके लिए किसे चुनना निश्चित किया है ?

गोपी—देखिए, कौन होता है। आप भी खड़े हुए हैं ?

अमर—अजी मुझे तो लोगों ने जबरदस्ती घसीट लिया। नहीं तो मुझे इतनी फुर्सत कहाँ।

गोपी—मेरा भी यही विचार है। अध्यापकों का क्रियात्मक राजनीति में फँसना बहुत अच्छी बात नहीं।

अमरनाथ इस व्यंग्य से बहुत लज्जित हुए। एक क्षण के बाद प्रतिकार के भाव से बोले—तुम आजकल दर्शन का अभ्यास करते हो या नहीं ?

गोपी—बहुत कम। इसी दुविधा में पड़ा हुआ हूँ कि राष्ट्रीय सेवा का मार्ग ग्रहण करूँ या सत्य की खोज में जीवन व्यतीत करूँ।

अमर—राष्ट्रीय संस्थानों में सम्मिलित होने का समय अभी तुम्हारे लिए नहीं आया। अभी तुम्हारी उम्र ही क्या है ? जब तक विचारों में गाम्भीर्य और सिद्धांतों पर दृढ़ विश्वास न हो जाय, उस समय तक केवल क्षणिक आवेशों के वशवर्ती हो कर किसी काम में कूद पड़ना अच्छी बात नहीं। राष्ट्रीय सेवा बड़े उत्तरदायित्व का काम है।

2

गोपीनाथ ने निश्चय कर लिया कि मैं जाति-सेवा में जीवनक्षेप करूँगा। अमरनाथ ने भी यही फैसला किया कि मैं म्युनिसिपैलिटी में अवश्य जाऊँगा। दोनों का परस्पर विरोध उन्हें कर्म-क्षेत्र की ओर खींच ले गया। गोपीनाथ की साख पहले ही से जम गयी थी। घर के धनी थे। शक्कर और सोने-चाँदी की दलाली होती थी। व्यापारियों में उनके पिता का बड़ा मान था। गोपीनाथ के दो बड़े भाई थे। वह भी दलाली करते थे। परस्पर मेल था, धन था, संतानें थीं। अगर न थी तो शिक्षा और शिक्षित समुदाय में गणना। वह बात गोपीनाथ की बदौलत प्राप्त हो गयी। इसलिए उनकी स्वच्छंदता पर किसी ने आपत्ति नहीं की, किसी ने उन्हें धनोपार्जन के लिए मजबूर नहीं किया। अतएव गोपीनाथ निश्चिंत और निर्द्वन्द्व होकर राष्ट्र-सेवा में कहीं किसी अनाथालय के लिए चंदे

जमा करते, कहीं किसी कन्या-पाठशाला के लिए भिक्षा माँगते फिरते। नगर की काँग्रेस कमेटी ने उन्हें अपना मंत्री नियुक्त किया। उस समय तक काँग्रेस ने कर्मक्षेत्र में पदार्पण नहीं किया था। उनकी कार्यशीलता ने इस जीर्ण संस्था का मानो पुनरुद्धार कर दिया। वह प्रातः से संध्या और बहुधा पहर रात तक इन्हीं कामों में लिप्त रहते थे। चंदे का रजिस्टर हाथ में लिये उन्हें नित्यप्रति साँझ-सवेरे अमीरों और रईसों के द्वार पर खड़े देखना एक साधारण दृश्य था। धीरे-धीरे कितने ही युवक उनके भक्त हो गये। लोग कहते, कितना निःस्वार्थ, कितना आदर्शवादी, त्यागी, जाति-सेवक है। कौन सुबह से शाम तक निःस्वार्थ भाव से केवल जनता का उपकार करने के लिए यों दौड़-धूप करेगा ? उनका आत्मोत्सर्ग प्रायः द्वेषियों को भी अनुरक्त कर देता था। उन्हें बहुधा रईसों की अभद्रता, असज्जनता, यहाँ तक कि उनके कटु शब्द भी सहने पड़ते थे। उन्हें अब विदित हो गया था कि जाति-सेवा बड़े अंशों तक केवल चंदे माँगना है। इसके लिए धनिकों की दरबारदारी या दूसरे शब्दों में खुशामद भी करनी पड़ती थी, दर्शन के उस गौरवयुक्त अध्ययन और इस दानलोलुपता में कितना अंतर था ? कहाँ मिल और केंट; स्पेन्सर और किड़ के साथ एकांत में बैठे हुए जीव और प्रकृति के गहन गूढ़ विषय पर वार्तालाप और कहाँ इन अभिमानी, असभ्य, मूर्ख व्यापारियों के सामने सिर झुकाना ! वह अंतःकरण में उनसे घृणा करते थे। वह धनी थे और केवल धन कमाना चाहते थे। इसके अतिरिक्त उनमें और कोई विशेष गुण न था। उनमें अधिकांश ऐसे थे जिन्होंने कपट-व्यवहार से धनोपार्जन किया था। पर गोपीनाथ के लिए वह सभी पूज्य थे, क्योंकि उन्हीं की कृपादृष्टि पर उनकी राष्ट्र-सेवा अवलम्बित थी।

इस प्रकार कई वर्ष व्यतीत हो गये। गोपीनाथ नगर के मान्य पुरुषों में गिने जाने लगे। वह दीनजनों के आधार और दुखियारों के मददगार थे। अब वह बहुत कुछ निर्भीक हो गये थे और कभी-कभी रईसों को भी कुमार्ग पर चलते देख कर फटकार दिया करते थे। उनकी तीव्र आलोचना भी अब चंदे जमा करने में उनकी सहायक हो जाती थी।

अभी तक उनका विवाह न हुआ था। वह पहले ही से ब्रह्मचर्य व्रत धारण कर चुके थे। विवाह करने से साफ इन्कार किया। मगर जब पिता और अन्य बंधुजनों ने बहुत आग्रह किया, और उन्होंने स्वयं कई विज्ञान-ग्रंथों में देखा कि इन्द्रिय-दमन स्वास्थ्य के लिए हानिकारक है, तो असमंजस में पड़े। कई हफ्ते सोचते हो गये और वह मन में कोई बात पक्की न कर सके। स्वार्थ और परमार्थ में संघर्ष हो रहा था। विवाह का अर्थ था अपनी उदारता की हत्या करना, अपने विस्तृत हृदय को संकुचित करना, न कि राष्ट्र के लिए जीना। वह अब इतने ऊँचे आदर्श का त्याग करना निंद्य और उपहासजनक समझते थे। इसके अतिरिक्त अब वह अनेक कारणों से अपने को पारिवारिक जीवन के अयोग्य पाते थे। जीविका के लिए जिस उद्योगशीलता, जिस अनवरत परिश्रम और जिस मनोवृत्ति की आवश्यकता है, वह उनमें न रही थी। जाति-सेवा में भी उद्योगशीलता और अध्यवसाय की कम जरूरत न थी; लेकिन उसमें

आत्म-गौरव का हनन न होता था। परोपकार के लिए भिक्षा माँगना दान है, अपने लिए पान का एक बीड़ा भी भिक्षा है। स्वभाव में एक प्रकार की स्वच्छंदता आ गयी थी। इन त्रुटियों पर परदा डालने के लिए जाति-सेवा का बहाना बहुत अच्छा था।

एक दिन वह सैर करने जा रहे थे, कि रास्ते में अध्यापक अमरनाथ से मुलाकात हो गयी। यह महाशय अब म्युनिसिपल बोर्ड के मंत्री हो गये थे और आजकल इस दुविधा में पड़े हुए थे कि शहर में मादक वस्तुओं के बेचने का ठीका लूँ या न लूँ। लाभ बहुत था, पर बदनामी भी कम न थी। अभी तक कुछ निश्चय न कर सके थे। इन्हें देख कर बोले—कहिए लाला जी, मिजाज अच्छा है न ! आपके विवाह के विषय में क्या हुआ ?

गोपीनाथ ने दृढ़ता से कहा—मेरा इरादा विवाह करने का नहीं है।

अमरनाथ—ऐसी भूल न करना। तुम अभी नवयुवक हो, तुम्हें संसार का कुछ अनुभव नहीं है। मैंने ऐसी कितनी मिसालें देखी हैं, जहाँ अविवाहित रहने से लाभ के बदले हानि ही हुई है। विवाह मनुष्य को सुमार्ग पर रखने का सबसे उत्तम साधन है, जिसे अब तक मनुष्य ने आविष्कृत किया है। उस व्रत से क्या फायदा जिसका परिणाम छिछोरापन हो।

गोपीनाथ ने प्रत्युत्तर दिया—आपने मादक वस्तुओं के ठीके के विषय में क्या निश्चय किया ?

अमर—अभी तक कुछ नहीं। जी हिचकता है। कुछ न कुछ बदनामी तो होगी ही।

गोपी—एक अध्यापक के लिए मैं इस पेशे को अपमान समझता हूँ।

अमर—कोई पेशा खराब नहीं है, अगर ईमानदारी से किया जाय।

गोपी—यहाँ मेरा आपसे मतभेद है। कितने ही ऐसे व्यवसाय हैं जिन्हें एक सुशिक्षित व्यक्ति कभी स्वीकार नहीं कर सकता। मादक वस्तुओं का ठीका उनमें एक है।

गोपीनाथ ने आ कर अपने पिता से कहा—मैं कदापि विवाह न करूँगा। आप लोग मुझे विवश न करें, वरना पछताइएगा।

अमरनाथ ने उसी दिन ठीके के लिए प्रार्थनापत्र भेज दिया और वह स्वीकृत भी हो गया।

3

दो साल हो गये हैं। लाला गोपीनाथ ने एक कन्या-पाठशाला खोली है और उसके प्रबंधक हैं। शिक्षा की विभिन्न पद्धतियों का उन्होंने खूब अध्ययन किया है और इस पाठशाला में वह उनका व्यवहार कर रहे हैं। शहर में यह पाठशाला बहुत ही सर्वप्रिय है। उसने बहुत अंशों में उस उदासीनता का परिशोध कर दिया है जो माता-पिता को पुत्रियों की शिक्षा की ओर होती है। शहर के गण्यमान्य पुरुष अपनी लड़कियों को सहर्ष पढ़ने

भेजते हैं। वहाँ की शिक्षा-शैली कुछ ऐसी मनोरंजक है कि बालिकाएँ एक बार जा कर मानो मंत्रमुग्ध हो जाती हैं। फिर उन्हें घर पर चैन नहीं मिलता। ऐसी व्यवस्था की गयी है कि तीन-चार वर्षों में ही कन्याओं का गृहस्थी के मुख्य कामों से परिचय हो जाय। सबसे बड़ी बात यह है कि यहाँ धर्म-शिक्षा का भी समुचित प्रबंध किया गया है। अबकी साल से प्रबंधक महोदय ने अँग्रेजी की कक्षाएँ भी खोल दी हैं। एक सुशिक्षित गुजराती महिला को बम्बई से बुला कर पाठशाला उनके हाथ में दे दी है। इन महिला का नाम है आनंदी बाई। विधवा हैं। हिंदी भाषा से भली-भाँति परिचित नहीं हैं; किंतु गुजराती में कई पुस्तकें लिख चुकी हैं। कई कन्या-पाठशालाओं में काम कर चुकी हैं। शिक्षा-सम्बन्धी विषयों में अच्छी गति है। उनके आने से मदरसे में और भी रौनक आ गयी है। कई प्रतिष्ठित सज्जनों ने जो अपनी बालिकाओं को मंसूरी और नैनीताल भेजना चाहते थे, अब उन्हें यहीं भरती करा दिया है। आनंदी रईसों के घरों में जाती हैं और स्त्रियों में शिक्षा का प्रचार करती हैं। उनके वस्त्राभूषणों से सुरुचि का बोध होता है। हैं भी उच्चकुल की, इसलिए शहर में उनका बड़ा सम्मान होता है। लड़कियाँ उन पर जान देती हैं, उन्हें माँ कह कर पुकारती हैं। गोपीनाथ पाठशाला की उन्नति देख-देख कर फूले नहीं समाते। जिससे मिलते हैं, आनंदी बाई का ही गुणगान करते हैं। बाहर से कोई सुविख्यात पुरुष आता है, तो उससे पाठशाला का निरीक्षण अवश्य कराते हैं। आनंदी की प्रशंसा से उन्हें वही आनंद प्राप्त होता है, जो स्वयं अपनी प्रशंसा से होता। बाई जी को भी दर्शन से प्रेम है, और सबसे बड़ी बात यह है कि उन्हें गोपीनाथ पर असीम श्रद्धा है। वह हृदय से उनका सम्मान करती हैं। उनके त्याग और निष्काम जाति-भक्ति ने उन्हें वशीभूत कर लिया है। वह मुँह पर उनकी बड़ाई नहीं करतीं; पर रईसों के घरों में बड़े प्रेम से उनका यशोगान करती हैं। ऐसे सच्चे सेवक आजकल कहाँ ? लोग कीर्ति पर जान देते हैं। जो थोड़ी-बहुत सेवा करते हैं, दिखावे के लिए। सच्ची लगन किसी में नहीं। मैं लाला जी को पुरुष नहीं देवता समझती हूँ। कितना सरल, संतोषमय जीवन है। न कोई व्यसन, न विलास। भोर से सायंकाल तक दौड़ते रहते हैं, न खाने का कोई समय, न सोने का समय। उस पर कोई ऐसा नहीं, जो उनके आराम का ध्यान रखे। बेचारे घर गये, जो कुछ किसी ने सामने रख दिया, चुपके से खा लिया, फिर छड़ी उठायी और किसी तरफ चल दिये। दूसरी औरत कदापि अपनी पत्नी की भाँति सेवा-सत्कार नहीं कर सकती।

दशहरे के दिन थे। कन्या-पाठशाला में उत्सव मनाने की तैयारियाँ हो रही थीं। एक नाटक खेलने का निश्चय किया गया था। भवन खूब सजाया गया था। शहर के रईसों को निमंत्रण दिये गये थे। यह कहना कठिन है कि किसका उत्साह बढ़ा हुआ था, बाई जी का या लाला गोपीनाथ का। गोपीनाथ सामग्रियाँ एकत्र कर रहे थे, उन्हें अच्छे ढंग से सजाने का भार आनंदी ने लिया था, नाटक भी इन्हीं ने रचा था। नित्य प्रति उसका अभ्यास कराती थीं और स्वयं एक पार्ट ले रखा था।

विजयादशमी आ गयी। दोपहर तक गोपीनाथ फर्श और कुर्सियों का इंतजाम

करते रहे। जब एक बज गया और अब भी वह वहाँ से न टले तो आनंदी ने कहा—लाला जी, आपको भोजन करने को देर हो रही है। अब सब काम हो गया है। जो कुछ बच रहा है, मुझ पर छोड़ दीजिए।

गोपीनाथ ने कहा—खा लूँगा। मैं ठीक समय पर भोजन करने का पाबंद नहीं हूँ। फिर घर तक कौन जाय। घंटों लग जायेंगे। भोजन के उपरान्त आराम करने का जी चाहेगा। शाम हो जायगी।

आनंदी—भोजन तो मेरे यहाँ तैयार है, ब्राह्मणी ने बनाया है चल कर खा लीजिए और यहीं जरा देर आराम भी कर लीजिए।

गोपीनाथ—यहाँ क्या खा लूँ ! एक वक्त न खाऊँगा, तो ऐसी कौन-सी हानि हो जायगी ?

आनंदी—जब भोजन तैयार है, तो उपवास क्यों कीजिएगा।

गोपीनाथ—आप जायें, आपको अवश्य देर हो रही है। मैं काम में ऐसा भूला कि आपकी सुधि ही न रही।

आनंदी—मैं भी एक जून उपवास कर लूँगी तो क्या हानि होगी ?

गोपीनाथ—नहीं-नहीं, इसकी क्या जरूरत है ? मैं आपसे सच कहता हूँ, मैं बहुधा एक ही जून खाता हूँ।

आनंदी—अच्छा, मैं आपके इनकार का माने समझ गयी। इतनी मोटी बात अब तक मुझे न सूझी।

गोपीनाथ—क्या समझ गयीं? मैं छूतछात नहीं मानता। यह तो आपको मालूम ही है।

आनंदी—इतना जानती हूँ, किंतु जिस कारण से आप मेरे यहाँ भोजन करने से इनकार कर रहे हैं, उसके विषय में केवल इतना निवेदन है कि मुझे आपसे केवल स्वामी और सेवक का सम्बन्ध नहीं है। मुझे आपसे आत्मीयता का सम्बन्ध है। आपका मेरे पान-फूल को अस्वीकार करना अपने एक सच्चे भक्त के मर्म को आघात पहुँचाना है। मैं आपको इसी दृष्टि से देखती हूँ।

गोपीनाथ को अब कोई आपत्ति न हो सकी। जा कर भोजन कर लिया। वह जब तक आसन पर बैठे रहे, आनंदी बैठी पंखा झलती रही।

इस घटना की लाला गोपीनाथ के मित्रों ने यों आलोचना की, "महाशय जी अब तो वहीं ("वहीं" पर खूब जोर दे कर) भोजन भी करते हैं।"

4

शनैः-शनैः परदा हटने लगा। लाला गोपीनाथ को अब परवशता ने साहित्य-सेवी बना दिया था। घर से उन्हें आवश्यक सहायता मिल जाती थी; किंतु पत्रों और पत्रिकाओं तथा अन्य अनेक कामों के लिए उन्हें घरवालों से कुछ माँगते हुए बहुत संकोच होता था। उनका आत्म-सम्मान जरा-जरा सी बातों के लिए भाइयों के सामने हाथ फैलाना

अनुचित समझता था। वह अपनी जरूरतें आप पूरी करना चाहते थे। घर पर भाइयों के लड़के इतना कोलाहल मचाते कि उनका जी कुछ लिखने में न लगता। इसलिए जब उनकी कुछ लिखने की इच्छा होती तो बेखटके पाठशाला में चले जाते। आनंदी बाई वहीं रहती थीं। वहाँ न कोई शोर था, न गुल। एकांत में काम करने में जी लगता। भोजन का समय आ जाता तो वहीं भोजन भी कर लेते। कुछ दिनों के बाद उन्हें बैठ कर लिखने में कुछ असुविधा होने लगी (आँखें कमजोर हो गयी थीं) तो आनंदी ने लिखने का भार अपने सिर ले लिया। लाला साहब बोलते थे, आनंदी लिखती थीं। गोपीनाथ की प्रेरणा से उन्होंने हिंदी सीखी थी और थोड़े ही दिनों में इतनी अभ्यस्त हो गयी थीं कि लिखने में जरा भी हिचक न होती। लिखते समय कभी-कभी उन्हें ऐसे शब्द और मुहावरे सूझ जाते कि गोपीनाथ फड़क-फड़क उठते, उनके लेख में जान-सी पड़ जाती। वह कहते, यदि तुम स्वयं कुछ लिखो तो मुझसे बहुत अच्छा लिखोगी। मैं तो बेगारी करता हूँ। तुम्हें परमात्मा की ओर से यह शक्ति प्रदान हुई है। नगर के लाल-बुझक्कड़ों में इस सहकारिता पर टीका-टिप्पणियाँ होने लगीं पर विद्वज्जन अपनी आत्मा की शुचिता के सामने ईर्ष्या के व्यंग्य की कब परवाह करते हैं। आनंदी कहतीं—यह तो संसार है, जिसके मन में आये, कहे; पर मैं उस पुरुष का निरादर नहीं कर सकती जिस पर मेरी श्रद्धा है। पर गोपीनाथ इतने निर्भीक न थे। उनकी सुकीर्ति का आधार लोकमत था। वह उसकी भर्त्सना न कर सकते थे। इसलिए वह दिन के बदले रात को रचना करने लगे। पाठशाला में इस समय कोई देखनेवाला न होता था। रात की नीरवता में खूब जी लगता। आराम-कुरसी पर लेट जाते। आनंदी मेज के सामने कलम हाथ में लिये उनकी ओर देखा करतीं। जो कुछ उनके मुख से निकलता तुरंत लिख लेतीं। उनकी आँखों से विनय और शील, श्रद्धा और प्रेम की किरण-सी निकलती हुई जान पड़ती। गोपीनाथ जब किसी भाव को मन में व्यक्त करने के बाद आनंदी की ओर ताकते कि वह लिखने के लिए तैयार है या नहीं, तो दोनों व्यक्तियों की निगाहें मिलतीं और आप ही झुक जातीं। गोपीनाथ को इस तरह काम करने की ऐसी आदत पड़ती जाती थी कि जब किसी कार्यवश यहाँ आने का अवसर न मिलता तो वह विकल हो जाते थे।

आनंदी से मिलने के पहले गोपीनाथ को स्त्रियों का कुछ जो ज्ञान था, वह केवल पुस्तकों पर अवलम्बित था। स्त्रियों के विषय में प्राचीन और अर्वाचीन, प्राच्य और पाश्चात्य, सभी विद्वानों का एक ही मत था—यह मायावी, आत्मिक उन्नति की बाधक, परमार्थ की विरोधिनी, वृत्तियों को कुमार्ग की ओर ले जानेवाली, हृदय को संकीर्ण बनानेवाली होती है। इन्हीं कारणों से उन्होंने इस मायावी जाति से अलग रहना ही श्रेयस्कर समझा था; किंतु अब अनुभव बतला रहा था कि स्त्रियाँ सन्मार्ग की ओर भी ले जा सकती हैं, उनमें सद्गुण भी हो सकते हैं। वह कर्त्तव्य और सेवा के भावों को जागृत भी कर सकती हैं। तब उनके मन में प्रश्न उठता कि यदि आनंदी से मेरा विवाह होता तो मुझे क्या आपत्ति हो सकती थी। उसके साथ तो मेरा जीवन बड़े आनंद से कट

जाता। एक दिन वह आनंदी के यहाँ गये तो सिर में दर्द हो रहा था। कुछ लिखने की इच्छा न हुई। आनंदी को इसका कारण मालूम हुआ तो उसने उनके सिर में धीरे-धीरे तेल मलना शुरू किया। गोपीनाथ को उस समय अलौकिक सुख मिल रहा था। मन में प्रेम की तरंगें उठ रही थीं–नेत्र, मुख, वाणी–सभी प्रेम में पगे जाते थे। उसी दिन से उन्होंने आनंदी के यहाँ आना छोड़ दिया। एक सप्ताह बीत गया और न आये। आनंदी ने लिखा–आपसे पाठशाला सम्बन्धी कई विषयों में राय लेनी है। अवश्य आइए। तब भी न गये। उसने फिर लिखा–मालूम होता है आप मुझसे नाराज हैं ! मैंने जानबूझ कर तो कोई ऐसा काम नहीं किया, लेकिन यदि वास्तव में आप नाराज हैं तो मैं यहाँ रहना उचित नहीं समझती। अगर आप अब भी न आयेंगे तो मैं द्वितीय अध्यापिका को चार्ज दे कर चली जाऊँगी। गोपीनाथ पर इस धमकी का भी कुछ असर न हुआ। अब भी न गये। अंत में दो महीने तक खिंचे रहने के बाद उन्हें ज्ञात हुआ कि आनंदी बीमार है और दो दिन से पाठशाला नहीं आ सकी। तब वह किसी तर्क या युक्ति से अपने को न रोक सके। पाठशाला में आये और कुछ झिझकते, सकुचाते, आनंदी के कमरे में कदम रखा। देखा तो चुपचाप पड़ी हुई थी। मुख पीला था, शरीर घुल गया था। उसने उनकी ओर दयाप्रार्थी नेत्रों से देखा। उठना चाहा पर अशक्ति ने उठने न दिया। गोपीनाथ ने आर्द्र कंठ से कहा–लेटी रहो, लेटी रहो, उठने की जरूरत नहीं, मैं बैठ जाता हूँ। डाक्टर साहब आये थे ?

मिश्राइन ने कहा–जी हाँ, दो बार आये थे। दवा दे गये हैं।

गोपीनाथ ने नुसखा देखा। डाक्टरी का साधारण ज्ञान था। नुसखे से ज्ञात हुआ–हृदयरोग है। औषधियाँ सभी पुष्टिकर और बलवर्द्धक थीं। आनंदी की ओर फिर देखा। उसकी आँखों से अश्रुधारा बह रही थी। उनका गला भी भर आया। हृदय मसोसने लगा। गद्‌गद् हो कर बोले–आनंदी, तुमने मुझे पहले इसकी सूचना न दी, नहीं तो रोग इतना न बढ़ने पाता।

आनंदी–कोई बात नहीं है, अच्छी हो जाऊँगी, जल्दी ही अच्छी हो जाऊँगी। मर भी जाऊँगी तो कौन रोनेवाला बैठा हुआ है। यह कहते-कहते वह फूट फूट कर रोने लगी।

गोपीनाथ दार्शनिक थे, पर अभी तक उनके मन के कोमल भाव शिथिल न हुए थे। कम्पित स्वर से बोले–आनंदी, संसार में कम-से-कम एक ऐसा आदमी है जो तुम्हारे लिए अपने प्राण तक दे देगा। यह कहते-कहते वह रुक गये। उन्हें अपने शब्द और भाव कुछ भद्दे और उच्छृङ्खल से जान पड़े। अपने मनोभावों को प्रकट करने के लिए वह इन सारहीन शब्दों की अपेक्षा कहीं अधिक काव्यमय, रसपूर्ण, अनुरक्त शब्दों का व्यवहार करना चाहते थे; पर वह इस वक्त याद न पड़े ?

आनंदी ने पुलकित हो कर कहा–दो महीने तक किस पर छोड़ दिया था ?

गोपीनाथ–इन दो महीनों में मेरी जो दशा थी, वह मैं ही जानता हूँ। यही समझ लो कि मैंने आत्महत्या नहीं की, यही बड़ा आश्चर्य है। मैंने न समझा था कि अपने व्रत

पर स्थिर रहना मेरे लिए इतना कठिन हो जायगा।

आनंदी ने गोपीनाथ का हाथ धीरे से अपने हाथ में लेकर कहा—अब तो कभी इतनी कठोरता न कीजियेगा ?

गोपीनाथ—(सचिंत होकर) अंत क्या है ?

आनंदी—कुछ भी हो !

गोपी.—कुछ भी हो ! अपमान, निंदा, उपहास, आत्मवेदना।

आनंदी—कुछ भी हो, मैं सब कुछ सह सकती हूँ, और आपको भी मेरे हेतु सहना पड़ेगा।

गोपी.—आनंदी, मैं अपने को प्रेम पर बलिदान कर सकता हूँ, लेकिन अपने नाम को नहीं। इस नाम को अकलंकित रखकर मैं समाज की बहुत कुछ सेवा कर सकता हूँ।

आनंदी—न कीजिए। आपने सब कुछ त्याग कर यह कीर्ति लाभ की है, मैं आपके यश को नहीं मिटाना चाहती (गोपीनाथ का हाथ हृदयस्थल पर रख कर), इसको चाहती हूँ। इससे अधिक त्याग की आकांक्षा नहीं रखती ?

गोपी.—दोनों बातें एक साथ संभव हैं ?

आनंदी—संभव है। मेरे लिए संभव है। मैं प्रेम पर अपनी आत्मा को भी न्योछावर कर सकती हूँ।

5

इसके पश्चात् लाला गोपीनाथ ने आनंदी की बुराई करनी शुरू की। मित्रों से कहते, उनका जी अब काम में नहीं लगता। पहले की-सी तनदेही नहीं है। किसी से कहते, उनका जी अब यहाँ से उचाट हो गया है, अपने घर जाना चाहती है, उनकी इच्छा है कि मुझे प्रति वर्ष तरक्की मिला करे और उसकी यहाँ गुंजाइश नहीं। पाठशाला को कई बार देखा और अपनी आलोचना में काम को असंतोषजनक लिखा। शिक्षा, संगठन, उत्साह, सुप्रबंध सभी बातों में निराशाजनक क्षति पायी। वार्षिक अधिवेशन में जब कई सदस्यों ने आनंदी की वेतन-वृद्धि का प्रस्ताव उपस्थित किया तो लाला गोपीनाथ ने उसका विरोध किया। उधर आनंदी बाई भी गोपीनाथ के दुखड़े रोने लगी। यह मनुष्य नहीं है, पत्थर का देवता है। उन्हें प्रसन्न करना दुस्तर है, अच्छा ही हुआ कि उन्होंने विवाह नहीं किया, नहीं तो दुखिया इनके नखरे उठाते-उठाते सिधार जाती। कहाँ तक कोई सफाई और सुप्रबंध पर ध्यान दे ! दीवार पर एक धब्बा भी पड़ गया, किसी कोने-खुतरे में एक जाला भी लग गया, बरामदों में कागज का एक टुकड़ा भी पड़ा मिल गया तो आपके तीवर बदल जाते हैं। दो साल मैंने ज्यों-त्यों करके निबाहा; लेकिन देखती हूँ तो लाला साहब की निगाह दिनोंदिन कड़ी होती जाती है। ऐसी दशा में मैं यहाँ अधिक नहीं ठहर सकती। मेरे लिए नौकरी में कल्याण नहीं है, जब जी चाहेगा, उठ खड़ी हूँगी। यहाँ आप लोगों से मेल-मुहब्बत हो गयी है, कन्याओं से ऐसा प्यार हो गया है कि छोड़ कर जाने

को जी नहीं चाहता। आश्चर्य था कि और किसी को पाठशाला की दशा में अवनति न दीखती थी, वरन् हालत पहले से अच्छी थी।

एक दिन पंडित अमरनाथ की लाला जी से भेंट हो गयी। उन्होंने पूछा—कहिए, पाठशाला खूब चल रही है न ?

गोपी—कुछ न पूछिए। दिनोंदिन दशा गिरती जाती है।

अमर—आनंदी बाई की ओर से ढील है क्या ?

गोपी—जी हाँ, सरासर। अब काम करने में उनका जी नहीं लगता। बैठी हुई योग और ज्ञान के ग्रन्थ पढ़ा करती हैं। कुछ कहता हूँ तो कहती हैं, मैं अब इससे और अधिक कुछ नहीं कर सकती। कुछ परलोक की भी चिन्ता करूँ कि चौबीसों घंटे पेट के धंधों में ही लगी रहूँ ? पेट के लिए पाँच घंटे बहुत हैं। पहले कुछ दिनों तक बारह घण्टे करती; पर वह दशा स्थायी नहीं रह सकती थी। यहाँ आ कर मैंने स्वास्थ्य खो दिया। एक बार कठिन रोगग्रस्त हो गयी। क्या कमेटी ने मेरा दवा-दर्पन का खर्च दे दिया ? कोई बात पूछने भी आया ? फिर अपनी जान क्यों दूँ ? सुना है, घरों में मेरी बदगोई भी किया करती है। अमरनाथ मार्मिक भाव से बोले—यह बातें मुझे पहले ही मालूम थीं।

दो साल और गुजर गये। रात का समय था। कन्या-पाठशाला के ऊपर वाले कमरे में लाला गोपीनाथ मेज के सामने कुरसी पर बैठे हुए थे, सामने आनंदी कोच पर लेटी हुई थी। मुख बहुत म्लान हो रहा था। कई मिनट तक दोनों विचार में मग्न थे। अंत में गोपीनाथ बोले—मैंने पहले ही महीने में तुमसे कहा था कि मथुरा चली जाओ।

आनंदी—वहाँ दस महीने क्योंकर रहती। मेरे पास इतने रुपये कहाँ थे और न तुम्हीं ने कोई प्रबन्ध करने का आश्वासन दिया। मैंने सोचा, तीन-चार महीने यहाँ और रहूँ। तब तक किफायत करके कुछ बचा लूँगी, तुम्हारी किताब से भी कुछ मिल जायेंगे। तब मथुरा चली जाऊँगी; मगर यह क्या मालूम था कि बीमारी भी इसी अवसर की ताक में बैठी हुई है। मेरी दशा दो-चार दिन के लिए भी सँभली और मैं चली। इस दशा में तो मेरे लिए यात्रा करना असम्भव है।

गोपी—मुझे भय है कि कहीं बीमारी तूल न खींचे। संग्रहणी असाध्य रोग है। महीने दो महीने यहाँ और रहने पड़ गये तो बात खुल जायगी।

आनंदी—(चिढ़ कर) खुल जायगी, खुल जाय। अब इससे कहाँ तक डरूँ ?

गोपी—मैं भी न डरता अगर मेरे कारण नगर की कई संस्थाओं का जीवन संकट में न पड़ जाता। इसलिए मैं बदनामी से डरता हूँ। समाज के यह बन्धन निरे पाखंड हैं। मैं उन्हें सम्पूर्णतः अन्याय समझता हूँ। इस विषय में तुम मेरे विचारों को भली-भाँति जानती हो; पर करूँ क्या ? दुर्भाग्यवश मैंने जाति-सेवा का भार अपने ऊपर ले लिया है और उसी का फल है कि आज मुझे अपने माने हुए सिद्धांतों को तोड़ना पड़ रहा है और जो वस्तु मुझे प्राणों से भी प्रिय है, उसे यों निर्वासित करना पड़ रहा है।

किन्तु आनंदी की दशा सँभलने की जगह दिनोंदिन गिरती ही गयी। कमजोरी से

उठना-बैठना कठिन हो गया था। किसी वैद्य या डाक्टर को उसकी अवस्था न दिखायी जाती थी। गोपीनाथ दवाएँ लाते थे, आनंदी उनका सेवन करती थी और दिन-दिन निर्बल होती जाती थी। पाठशाला से उसने छुट्टी ले ली थी। किसी से मिलती-जुलती भी न थी। बार-बार चेष्टा करती कि मथुरा चली जाऊँ, किन्तु एक अनजान नगर में अकेले कैसे रहूँगी, न कोई आगे, न पीछे। कोई एक घूँट पानी देनेवाला भी नहीं। यह सब सोचकर उसकी हिम्मत टूट जाती थी। इसी सोच-विचार और हैस-बैस में दो महीने और गुजर गये और अन्त में विवश होकर आनंदी ने निश्चय किया कि अब चाहे कुछ सिर पर बीते, यहाँ से चल ही दूँ। अगर सफर में मर भी जाऊँगी तो क्या चिन्ता है। उनकी बदनामी तो न होगी। उनके यश को कलंक तो न लगेगा। मेरे पीछे ताने तो न सुनने पड़ेंगे। सफर की तैयारियाँ करने लगी। रात को जाने का मुहूर्त था कि सहसा संध्याकाल से ही प्रसवपीड़ा होने लगी और ग्यारह बजते-बजते एक नन्हा-सा दुर्बल सतवाँसा बालक प्रसव हुआ। बच्चे के होने की आवाज सुनते ही लाला गोपीनाथ बेतहाशा ऊपर से उतरे और गिरते-पड़ते घर भागे। आनंदी ने इस भेद को अंत तक छिपाये रखा, अपनी दारुण प्रसवपीड़ा का हाल किसी से न कहा। दाई को भी सूचना न दी; मगर जब बच्चे के रोने की ध्वनि मदरसे में गूँजी तो क्षणमात्र में दाई सामने आ कर खड़ी हो गयी। नौकरानियों को पहले से शंकाएँ थीं। उन्हें कोई आश्चर्य न हुआ। जब दाई ने आनंदी को पुकारा तो वह सचेत हो गयी। देखा तो बालक रो रहा है।

6

दूसरे दिन दस बजते-बजते यह समाचार सारे शहर में फैल गया। घर-घर चर्चा होने लगी। कोई आश्चर्य करता था, कोई घृणा करता, कोई हँसी उड़ाता था। लाला गोपीनाथ के छिद्रान्वेषियों की संख्या कम न थी। पंडित अमरनाथ उनके मुखिया थे। उन लोगों ने लाला जी की निंदा करनी शुरू की। जहाँ देखिए वहीं दो-चार सज्जन बैठे गोपनीय भाव से इसी घटना की आलोचना करते नजर आते थे। कोई कहता था, इस स्त्री के लक्षण पहले ही से विदित हो रहे थे। अधिकांश आदमियों की राय में गोपीनाथ ने यह बुरा किया। यदि ऐसा ही प्रेम ने जोर मारा था तो उन्हें निडर हो कर विवाह कर लेना चाहिए था। यह काम गोपीनाथ का है, इसमें किसी को भ्रम न था। केवल कुशल-समाचार पूछने के बहाने से लोग उनके घर जाते और दो-चार अन्योक्तियाँ सुना कर चले आते थे। इसके विरुद्ध आनंदी पर लोगों को दया आती थी। पर लाला जी के ऐसे भक्त भी थे, जो लाला जी के माथे यह कलंक मढ़ना पाप समझते थे। गोपीनाथ ने स्वयं मौन धारण कर लिया था। सबकी भली-बुरी बातें सुनते थे, पर मुँह न खोलते थे। इतनी हिम्मत न थी कि सबसे मिलना छोड़ दें।

प्रश्न था, अब क्या हो ? आनंदी बाई के विषय में तो जनता ने फैसला कर दिया। बहस यह थी कि गोपीनाथ के साथ क्या व्यवहार किया जाय। कोई कहता था, उन्होंने जो कुकर्म किया है, उसका फल भोगें। आनंदी बाई को नियमित रूप से घर में

रखें। कोई कहता, हमें इससे क्या मतलब, आनंदी जानें और वह जानें। दोनों जैसे के तैसे हैं, जैसे उदई वैसे भान, न उनके चोटी न उनके कान। लेकिन इन महाशय को पाठशाला के अंदर अब कदम न रखने देना चाहिए। जनता के फैसले साक्षी नहीं खोजते। अनुमान ही उनके लिए सबसे बड़ी गवाही है।

लेकिन पं. अमरनाथ और उनकी गोष्ठी के लोग गोपीनाथ को इतने सस्ते न छोड़ना चाहते थे। उन्हें गोपीनाथ से पुराना द्वेष था। यह कल का लौंडा दर्शन की दो-चार पुस्तकें उलट-पलट कर, राजनीति में कुछ शुदबुद करके लीडर बना हुआ बिचरे, सुनहरी ऐनक लगाये, रेशमी चादर गले में डाले, यों गर्व से ताके, मानों सत्य और प्रेम का पुतला है। ऐसे रँगे सियाने की जितनी कलई खोली जाय, उतना ही अच्छा। जाति को ऐसे दगाबाज, चरित्रहीन, दुर्बलात्मा सेवकों से सचेत कर देना चाहिए। पंडित अमरनाथ पाठशाला की अध्यापिकाओं और नौकरों से तहकीकात करते थे। लाला जी कब आते थे, कब जाते थे, कितनी देर रहते थे, यहाँ क्या किया करते थे, तुम लोग उनकी उपस्थिति में वहाँ जाने पाते थे या रोक थी ? लेकिन यह छोटे-छोटे आदमी, जिन्हें गोपीनाथ से संतुष्ट रहने का कोई कारण न था (उनकी सख्ती की नौकर लोग बहुत शिकायत किया करते थे) इस दुरवस्था में उनके ऐबों पर परदा डालने लगे। अमरनाथ ने प्रलोभन दिया, डराया, धमकाया; पर किसी ने गोपीनाथ के विरुद्ध साक्षी न दी।

उधर लाला गोपीनाथ ने उसी दिन से आनन्दी के घर आना-जाना छोड़ दिया। दो हफ्ते तक तो वह अभागिनी किसी तरह कन्या पाठशाला में रही। पन्द्रहवें दिन प्रबन्धक समिति ने उसे मकान खाली कर देने की नोटिस दे दी। महीने भर की मुहलत देना भी उचित न समझा। अब वह दुखिया एक तंग मकान में रहती थी, कोई पूछनेवाला न था। बच्चा कमजोर, खुद बीमार, कोई आगे न पीछे, न कोई दुःख का संगी न साथी। शिशु को गोद में लिये दिन के दिन बेदाना-पानी पड़ी रहती थी। एक बुढ़िया महरी मिल गयी थी, जो बर्तन धो कर चली जाती थी। कभी-कभी शिशु को छाती से लगाये रात की रात रह जाती; पर धन्य है उसके धैर्य और संतोष को ! लाला गोपीनाथ से मुँह में शिकायत थी न दिल में। सोचती, इन परिस्थितियों में उन्हें मुझसे पराङ्मुख ही रहना चाहिए। इसके अतिरिक्त और उपाय नहीं है। उनके बदनाम होने से नगर की कितनी बड़ी हानि होती। सभी उन पर सन्देह करते हैं; पर किसी को यह साहस तो नहीं हो सकता कि उनके विपक्ष में कोई प्रमाण दे सके !

यह सोचते हुए उसने स्वामी अभेदानंद की एक पुस्तक उठायी और उसके एक अध्याय का अनुवाद करने लगी। अब उसकी जीविका का एकमात्र यही आधार था। सहसा धीरे से किसी ने द्वार खटखटाया। वह चौंक पड़ी। लाला गोपीनाथ की आवाज मालूम हुई। उसने तुरंत द्वार खोल दिया। गोपीनाथ आकर खड़े हो गये और सोते हुए बालक को प्यार से देखकर बोले—आनंदी, मैं तुम्हें मुँह दिखाने लायक नहीं हूँ। मैं अपनी भीरुता और नैतिक दुर्बलता पर अत्यंत लज्जित हूँ। यद्यपि मैं जानता हूँ कि मेरी

बदनामी जो कुछ होनी थी, वह हो चुकी। मेरे नाम से चलने वाली संस्थाओं को जो हानि पहुँचनी थी, पहुँच चुकी। अब असम्भव है कि मैं जनता को अपना मुँह फिर दिखाऊँ और न वह मुझ पर विश्वास ही कर सकती है। इतना जानते हुए भी मुझमें इतना साहस नहीं है कि अपने कुकृत्य का भार सिर ले लूँ। मैं पहले सामाजिक शासन की रत्ती भर परवाह न करता, पर अब पग-पग पर उसके भय से मेरे प्राण तक काँपने लगते हैं। धिक्कार है मुझ पर कि तुम्हारे ऊपर ऐसी विपत्तियाँ पड़ीं, लोकनिंदा, रोग, शोक, निर्धनता सभी का सामना करना पड़ा और मैं यों अलग-अलग रहा मानो मुझसे कोई प्रयोजन नहीं है; पर मेरा हृदय ही जानता है कि उसको कितनी पीड़ा होती थी। कितनी ही बार आने का निश्चय किया और फिर हिम्मत हार गया। अब मुझे विदित हो गया कि मेरी सारी दार्शनिकता केवल हाथी की दाँत थी। मुझमें क्रिया-शक्ति नहीं है; लेकिन इसके साथ ही तुमसे अलग रहना मेरे लिए असह्य है। तुमसे दूर रह कर मैं जिन्दा नहीं रह सकता, प्यारे बच्चे को देखने के लिए मैं कितनी ही बार लालायित हो गया हूँ; पर यह आशा कैसे करूँ कि मेरी चरित्रहीनता का ऐसा प्रत्यक्ष प्रमाण पाने के बाद तुम्हें मुझसे घृणा न हो गयी होगी।

आनंदी—स्वामी, आपके मन में ऐसी बातों का आना मुझ पर घोर अन्याय है। मैं ऐसी बुद्धि-हीन नहीं हूँ कि केवल अपने स्वार्थ के लिए आपको कलंकित करूँ। मैं आपको अपना इष्टदेव समझती हूँ और सदैव समझूँगी। मैं भी अब आपके वियोग-दुःख को नहीं सह सकती। कभी-कभी आपके दर्शन पाती रहूँ, यही जीवन की सबसे बड़ी अभिलाषा है।

इस घटना को पंद्रह वर्ष बीत गये हैं। लाला गोपीनाथ नित्य बारह बजे रात को आनंदी के साथ बैठे हुए नजर आते हैं। वह नाम पर मरते हैं, आनंदी प्रेम पर। बदनाम दोनों हैं, लेकिन आनंदी के साथ लोगों की सहानुभूति है, गोपीनाथ सबकी निगाह से गिर गये हैं। हाँ, उनके कुछ आत्मीयगण इस घटना को केवल मानुषीय समझ कर अब भी उनका सम्मान करते हैं; किंतु जनता इतनी सहिष्णु नहीं है।

रानी सारन्धा

अँधेरी रात के सन्नाटे में धसान नदी चट्टानों से टकराती हुई ऐसी सुहावनी मालूम होती थी जैसे घुमुर-घुमुर करती हुई चक्कियाँ। नदी के दाहिने तट पर एक टीला है। उस पर एक पुराना दुर्ग बना हुआ है, जिसको जंगली वृक्षों ने घेर रखा है। टीले के पूर्व की ओर छोटा-सा गाँव है। यह गढ़ी और गाँव दोनों एक बुंदेला सरकार के कीर्ति-चिह्न हैं। शताब्दियाँ व्यतीत हो गयीं, बुंदेलखंड में कितने ही राज्यों का उदय और अस्त हुआ, मुसलमान आये और बुंदेला राजा उठे और गिरे—कोई गाँव, कोई इलाका ऐसा न था, जो इन दुर्वस्थाओं से पीड़ित न हो; मगर इस दुर्ग पर किसी शत्रु की विजय-पताका न लहरायी और इस गाँव में किसी विद्रोह का भी पदार्पण न हुआ। यह उसका सौभाग्य था।

अनिरुद्धसिंह वीर राजपूत था। वह जमाना ही ऐसा था जब मनुष्यमात्र को अपने बाहुबल और पराक्रम ही का भरोसा था। एक ओर मुसलमान सेनाएँ पैर जमाये खड़ी रहती थीं दूसरी ओर बलवान राजा अपने निर्बल भाइयों का गला घोंटने पर तत्पर रहते थे। अनिरुद्धसिंह के पास सवारों और पियादों का एक छोटा-सा, मगर सजीव दल था। इससे वह अपने कुल और मर्यादा की रक्षा किया करता था। उसे कभी चैन से बैठना नसीब न होता था। तीन वर्ष पहले उसका विवाह शीतला देवी से हुआ था; मगर अनिरुद्ध विहार के दिन और विलास की रातें पहाड़ों में काटता था और शीतला उसकी जान की खैर मनाने में। वह कितनी बार पति से अनुरोध कर चुकी थी, कितनी बार उसके पैरों पर गिर कर रोई थी कि तुम मेरी आँखों से दूर न हो, मुझे हरिद्वार ले चलो, मुझे तुम्हारे साथ वनवास अच्छा है, यह वियोग अब नहीं सहा जाता। उसने प्यार से कहा, जिद से कहा, विनय की; मगर अनिरुद्ध बुंदेला था। शीतला अपने किसी हथियार से उसे परास्त न कर सकी।

2

अँधेरी रात थी। सारी दुनिया सोती थी, तारे आकाश में जागते थे। शीतला देवी पलंग पर पड़ी करवटें बदल रही थीं और उसकी ननद सारन्धा फर्श पर बैठी मधुर स्वर से गाती थी–

बिनु रघुवीर कटत नहिं रैन

शीतला ने कहा–जी न जलाओ। क्या तुम्हें भी नींद नहीं आती ?

सारन्धा–तुम्हें लोरी सुना रही हूँ।

शीतला–मेरी आँखों से तो नींद लोप हो गयी।

सारन्धा–किसी को ढूँढ़ने गयी होगी।

इतने में द्वार खुला और एक गठे हुए बदन के रूपवान पुरुष ने भीतर प्रवेश किया। वह अनिरुद्ध था। उसके कपड़े भीगे हुए थे, और बदन पर कोई हथियार न था। शीतला चारपाई से उतर कर जमीन पर बैठ गयी।

सारन्धा ने पूछा–भैया, यह कपड़े भीगे क्यों हैं ?

अनिरुद्ध–नदी तैर कर आया हूँ।

सारन्धा–हथियार क्या हुए ?

अनिरुद्ध–छिन गये।

सारन्धा–और साथ के आदमी ?

अनिरुद्ध–सब ने वीर-गति पायी।

शीतला ने दबी जबान से कहा–ईश्वर ने ही कुशल किया। मगर सारन्धा के तीवरों पर बल पड़ गये और मुख-मण्डल गर्व से सतेज हो गया। बोली–भैया, तुमने कुल की मर्यादा खो दी। ऐसा कभी न हुआ था।

सारन्धा भाई पर जान देती थी। उसके मुँह से यह धिक्कार सुनकर अनिरुद्ध

लज्जा और खेद से विकल हो गया। वह वीराग्नि; जिसे क्षण भर के लिये अनुराग ने दबा लिया था, फिर ज्वलंत हो गयी। वह उलटे पाँव लौटा और यह कह कर बाहर चला गया कि 'सारन्धा, तुमने मुझे सदैव के लिये सचेत कर दिया। यह बात मुझे कभी न भूलेगी।'

अँधेरी रात थी। आकाश-मण्डल में तारों का प्रकाश बहुत धुँधला था। अनिरुद्ध किले से बाहर निकला। पल भर में नदी के उस पार जा पहुँचा और फिर अन्धकार में लुप्त हो गया। शीतला उसके पीछे-पीछे किले की दीवारों तक आयी; मगर जब अनिरुद्ध छलाँग मार कर बाहर कूद पड़ा तो वह विरहिणी चट्टान पर बैठ कर रोने लगी।

इतने में सारन्धा भी वहीं आ पहुँची। शीतला ने नागिन की तरह बल खा कर कहा–मर्यादा इतनी प्यारी है ?

सारन्धा–हाँ।

शीतला–अपना पति होता तो हृदय में छिपा लेती।

सारन्धा–ना, छाती में छुरा चुभा देती।

शीतला ने ऐंठकर कहा–चोली में छिपाती फिरोगी, मेरी बात गिरह में बाँध लो।

सारन्धा–जिस दिन ऐसा होगा, मैं भी अपना वचन पूरा कर दिखाऊँगी।

इस घटना के तीन महीने पीछे अनिरुद्ध महरौनी को जीत करके लौटा और साल भर पीछे सारन्धा का विवाह ओरछा के राजा चम्पतराय से हो गया, मगर उस दिन की बातें दोनों महिलाओं के हृदय-स्थल में काँटे की तरह खटकती रहीं।

3

राजा चम्पतराय बड़े प्रतिभाशाली पुरुष थे। सारी बुन्देला जाति उनके नाम पर जान देती थी और उनके प्रभुत्व को मानती थी। गद्दी पर बैठते ही उन्होंने मुगल बादशाहों को कर देना बन्द कर दिया और वे अपने बाहुबल से राज्य-विस्तार करने लगे। मुसलमानों की सेनाएँ बार-बार उन पर हमले करती थीं, पर हारकर लौट जाती थीं।

यही समय था कि जब अनिरुद्ध ने सारन्धा का चम्पतराय से विवाह कर दिया। सारन्धा ने मुँह-माँगी मुराद पायी। उसकी यह अभिलाषा कि मेरा पति बुन्देला जाति का कुल-तिलक हो, पूरी हुई। यद्यपि राजा के रनिवास में पाँच रनियाँ थीं मगर उन्हें शीघ्र ही मालूम हो गया कि वह देवी, जो हृदय में मेरी पूजा करती है, सारन्धा है।

परन्तु कुछ ऐसी घटनाएँ हुईं कि चम्पतराय को मुगल बादशाह का आश्रित होना पड़ा। वे अपना राज्य अपने भाई पहाड़सिंह को सौंपकर देहली चले गये। यह शाहजहाँ के शासन-काल का अन्तिम भाग था। शाहजादा दारा शिकोह राजकीय कार्यों को सँभालते थे। युवराज की आँखों में शील था और चित्त में उदारता। उन्होंने चम्पतराय की वीरता की कथाएँ सुनी थीं, इसलिए उनका बहुत आदर-सम्मान किया और कालपी की बहुमूल्य जागीर उनको भेंट की, जिसकी आमनी नौ लाख थी। यह पहला अवसर था कि चम्पतराय को आये-दिन के लड़ाई-झगड़े से निवृत्ति मिली और उसके साथ ही भोग-विलास

का प्राबल्य हुआ। रात-दिन आमोद-प्रमोद की चर्चा रहने लगी। राजा विलास में डूबे, रानियाँ जड़ाऊ गहनों पर रीझीं, मगर सारन्धा इन दिनों बहुत उदास और संकुचित रहती–वह इन रहस्यों से दूर-दूर रहती, ये नृत्य और गान की सभाएँ उसे सूनी प्रतीत होतीं।

एक दिन चम्पतराय ने सारन्धा से कहा–सारन तुम उदास क्यों रहती हो ? मैं तुम्हें कभी हँसते नहीं देखता। क्या मुझसे नाराज हो ?

सारन्धा की आँखों में जल भर आया। बोली–स्वामीजी, आप क्यों ऐसा विचार करते हैं ? जहाँ आप प्रसन्न हैं, वहाँ मैं भी खुश हूँ।

चम्पतराय–मैं जब से यहाँ आया हूँ, मैंने तुम्हारे मुख-कमल पर कभी मनोहारिणी मुस्कराहट नहीं देखी। तुमने कभी अपने हाथों से मुझे बीड़ा नहीं खिलाया। कभी मेरी पाग नहीं सँवारी। कभी मेरे शरीर पर शस्त्र न सजाये। कहीं प्रेम-लता मुरझाने तो नहीं लगी ?

सारन्धा–प्राणनाथ, आप मुझसे ऐसी बात पूछते हैं, जिसका उत्तर मेरे पास नहीं है। यथार्थ में इन दिनों मेरा चित्त उदास रहता है। मैं बहुत चाहती हूँ कि खुश रहूँ, मगर बोझ-सा हृदय पर धरा रहता है।

चम्पतराय स्वयं आनन्द में मग्न थे। इसलिये उनके विचार में सारन्धा को असन्तुष्ट रहने का कोई उचित कारण नहीं हो सकता था। वे भौंहें सिकोड़ कर बोले–मुझे तुम्हारे उदास रहने का कोई विशेष कारण नहीं मालूम होता। ओरछे में कौन-सा सुख था जो यहाँ नहीं है ?

सारन्धा का चेहरा लाल हो गया। बोली–मैं कुछ कहूँ, आप नाराज तो न होंगे ?

चम्पतराय–नहीं, शौक से कहो।

सारन्धा–ओरछे में मैं एक राजा की रानी थी। यहाँ मैं एक जागीरदार की चेरी हूँ। ओरछे में वह थी जो अवध में कौशल्या थीं, यहाँ मैं बादशाह के एक सेवक की स्त्री हूँ। जिस बादशाह के सामने आज आप आदर से सिर झुकाते हैं, वह कल आपके नाम से काँपता था। रानी से चेरी हो कर भी प्रसन्नचित्त होना मेरे वश में नहीं है। आपने यह पद और ये विलास की सामग्रियाँ बड़े महँगे दामों मोल ली हैं।

चम्पतराय के नेत्रों पर से एक पर्दा-सा हट गया। वे अब तक सारन्धा की आत्मिक उच्चता को न जानते थे। जैसे बे-माँ-बाप का बालक माँ की चर्चा सुन कर रोने लगता है, उसी तरह ओरछे की याद से चम्पतराय की आँखें सजल हो गयीं। उन्होंने आदरयुक्त अनुराग के साथ सारन्धा को हृदय से लगा लिया।

आज से उन्हें फिर उसी उजड़ी बस्ती की फिक्र हुई, जहाँ से धन और कीर्ति की अभिलाषाएँ खींच लाई थीं।

4

माँ अपने खोये हुए बालक को पा कर निहाल हो जाती है। चम्पतराय के आने से

बुन्देलखण्ड निहाल हो गया। ओरछे के भाग जागे। नौबतें झड़ने लगीं और फिर सारन्धा के कमल-नेत्रों में जातीय अभिमान का आभास दिखाई देने लगा !

यहाँ रहते-रहते महीनों बीत गये। इस बीच में शाहजहाँ बीमार पड़ा। पहले से ईर्ष्या की अग्नि दहक रही थी। यह खबर सुनते ही ज्वाला प्रचण्ड हुई। संग्राम की तैयारियाँ होने लगीं। शाहजादे मुराद और मुहीउद्दीन अपने-अपने दल सजाकर दक्खिन से चले। वर्षा के दिन थे। उर्वरा भूमि रंग-बिरंग के रूप भर कर अपने सौन्दर्य को दिखाती थी।

मुराद और मुहीउद्दीन उमंगों से भरे हुए कदम बढ़ाते चले आ रहे थे। यहाँ तक की धौलपुर के निकट चम्बल के तट पर आ पहुँचे; परन्तु यहाँ उन्होंने बादशाही सेना को अपने शुभागमन के निमित्त तैयार पाया।

शाहजादे अब बड़ी चिंता में पड़े। सामने अगम्य नदी लहरें मार रही थी, किसी योगी के त्याग के सदृश। विवश हो कर चम्पतराय के पास संदेश भेजा कि खुदा के लिए आ कर हमारी डूबती हुई नाव को पार लगाइये।

राजा ने भवन में जा कर सारन्धा से पूछा–इसका क्या उत्तर दूँ ?

सारन्धा–आपको मदद करनी होगी।

चम्पतराय–उनकी मदद करना दारा शिकोह से वैर लेना है।

सारन्धा–यह सत्य है; परन्तु हाथ फैलाने की मर्यादा भी तो निभानी चाहिये ?

चम्पतराय–प्रिये, तुमने सोचकर जवाब नहीं दिया।

सारन्धा–प्राणनाथ, मैं अच्छी तरह जानती हूँ कि यह मार्ग कठिन है। और अब हमें अपने योद्धाओं का रक्त पानी के समान बहाना पड़ेगा; परंतु हम अपना रक्त बहायेंगे और चम्बल की लहरों को लाल कर देंगे। विश्वास रखिये कि जब तक नदी की धारा बहती रहेगी, वह हमारे वीरों की कीर्तिगान करती रहेगी। जब तक बुन्देलों का एक भी नामलेवा रहेगा, ये रक्त-बिन्दु उसके माथे पर केशर का तिलक बन कर चमकेंगे।

वायुमण्डल में मेघराज की सेनाएँ उमड़ रही थीं। ओरछे के किले से बुन्देलों की एक काली घटा उठी और वेग के साथ चम्बल की तरफ चली। प्रत्येक सिपाही वीर-रस से झूम रहा था। सारन्धा ने दोनों राजकुमारों को गले से लगा लिया और राजा को पान का बीड़ा दे कर कहा–बुन्देलों की लाज अब तुम्हारे हाथ है।

आज उसका एक-एक अंग मुस्करा रहा है और हृदय हुलसित है। बुन्देलों की यह सेना देख कर शाहजादे फूले न समाये। राजा वहाँ की अंगुल-अंगुल भूमि से परिचित थे। उन्होंने बुन्देलों को तो एक आड़ में छिपा दिया और वे शाहजादों की फौज को सजा कर नदी के किनारे-किनारे पश्चिम की ओर चले। दारा शिकोह को भ्रम हुआ कि शत्रु किसी अन्य घाट से नदी उतरना चाहता है। उन्होंने घाट पर से मोर्चे हटा लिये। घाट में बैठे हुए बुन्देले उसी ताक में थे। बाहर निकल पड़े और उन्होंने तुरन्त ही नदी में घोड़े डाल दिये। चम्पतराय ने शाहजादा दारा शिकोह को भुलावा देकर अपनी फौज घुमा दी और वह बुन्देलों के पीछे चलता हुआ उसे पार उतार लाया। इस कठिन

चाल में सात घण्टों का विलम्ब हुआ; परन्तु जा कर देखा तो सात सौ बुन्देलों की लाशें तड़प रही थीं।

राजा को देखते ही बुन्देलों की हिम्मत बँध गयी। शाहजादों की सेना ने भी 'अल्लाहो अकबर' की ध्वनि के साथ धावा किया। बादशाही सेना में हलचल पड़ गयी। उनकी पंक्तियाँ छिन्न-भिन्न हो गयीं, हाथोंहाथ लड़ाई होने लगी, यहाँ तक कि शाम हो गयी। रणभूमि रुधिर से लाल हो गयी और आकाश में अँधेरा हो गया। घमासान की मार हो रही थी। बादशाही सेना शाहजादों को दबाये आती थी। अकस्मात् पश्चिम से फिर बुन्देलों की एक लहर उठी और इस वेग से बादशाही सेना की पुश्त पर टकरायी कि उसके कदम उखड़ गये। जीता हुआ मैदान हाथ से निकल गया। लोगों को कुतूहल था कि यह दैवी सहायता कहाँ से आयी। सरल स्वभाव के लोगों की धारणा थी कि यह फतह के फरिश्ते हैं; शाहजादों की मदद के लिये आये हैं; परन्तु जब राजा चम्पतराय निकट गये तो सारन्धा ने घोड़े से उतर कर उनके पैरों पर सिर झुका दिया। राजा को असीम आनन्द हुआ। यह सारन्धा थी।

समर-भूमि का दृश्य इस समय अत्यन्त दुःखमय था। थोड़ी देर पहले जहाँ सजे हुए वीरों के दल थे वहाँ अब बेजान लाशें तड़प रही थीं। मनुष्य ने अपने स्वार्थ के लिए अनादि काल से ही भाइयों की हत्या की है।

अब विजयी सेना लूट पर टूट पड़ी। पहले मर्द मर्दों से लड़ते थे। वह वीरता और पराक्रम का चित्र था, यह नीचता और दुर्बलता की ग्लानिप्रद तस्वीर थी। उस समय मनुष्य पशु बना हुआ था, अब वह पशु से भी बढ़ गया था।

इस नोच-खसोट में लोगों को बादशाही सेना के सेनापति वली बहादुर खाँ की लाश दिखायी दी। उसके निकट उसका घोड़ा खड़ा हुआ अपनी दुम से मक्खियाँ उड़ा रहा था। राजा को घोड़ों का शौक था। देखते ही वह उस पर मोहित हो गया। यह एराकी जाति का अति सुन्दर घोड़ा था। एक-एक अंग साँचे में ढला हुआ, सिंह की-सी छाती; चीते की-सी कमर, उसका यह प्रेम और स्वामिभक्ति देखकर लोगों को बड़ा कुतूहल हुआ। राजा ने हुक्म दिया—खबरदार ! इस प्रेमी पर कोई हथियार न चलाये, इसे जीता पकड़ लो, यह मेरे अस्तबल की शोभा बढ़ायेगा। जो इसे मेरे पास ले आयेगा, उसे धन से निहाल कर दूँगा।

योद्धागण चारों ओर से लपके; परन्तु किसी को साहस न होता था कि उसके निकट जा सके। कोई पुचकार रहा था, कोई फन्दे में फँसाने की फिक्र में था पर कोई उपाय सफल न होता था। वहाँ सिपाहियों का मेला-सा लगा हुआ था।

तब सारन्धा अपने खेमे से निकली और निर्भय होकर घोड़े के पास चली गयी। उसकी आँखों में प्रेम का प्रकाश था, छल का नहीं। घोड़े ने सिर झुका दिया। रानी ने उसकी गर्दन पर हाथ रखा और वह उसकी पीठ सहलाने लगी। घोड़े ने उसके अंचल में मुँह छिपा लिया। रानी उसकी रास पकड़ कर खेमे की ओर चली। घोड़ा इस तरह चुपचाप उसके पीछे चला मानो सदैव से उसका सेवक है।

पर बहुत अच्छा होता कि घोड़े ने सारन्धा से भी निष्ठुरता की होती। यह सुन्दर घोड़ा आगे चल कर इस राज-परिवार के निमित्त स्वर्ण जटित मृग साबित हुआ।

5

संसार एक रण-क्षेत्र है। इस मैदान में उसी सेनापति को विजय लाभ होता है, जो अवसर को पहचानता है। वह अवसर पर जितने उत्साह से आगे बढ़ता है, उतने ही उत्साह से आपत्ति के समय पीछे हट जाता है। वह वीर पुरुष राष्ट्र का निर्माता होता है और इतिहास उसके नाम पर यश के फूलों की वर्षा करता है।

पर इस मैदान में कभी-कभी ऐसे सिपाही भी जाते हैं, जो अवसर पर कदम बढ़ाना जानते हैं; लेकिन संकट में पीछे हटाना नहीं जानते। ये रणवीर पुरुष विजय को नीति की भेंट कर देते हैं। वे अपनी सेना का नाम मिटा देंगे, किन्तु जहाँ एक बार पहुँच गये हैं, वहाँ से कदम पीछे न हटायेंगे। उनमें कोई विरला ही संसार-क्षेत्र में विजय प्राप्त करता है; किंतु प्रायः उसकी हार विजय से भी अधिक गौरवात्मक होती है। अगर अनुभवशील सेनापति राष्ट्रों की नींव डालता है, तो आन पर जान देनेवाला, मुँह न मोड़नेवाला सिपाही राष्ट्र के भावों को उच्च करता है, और उसके हृदय पर नैतिक गौरव को अंकित कर देता है। उसे इस कार्यक्षेत्र में चाहे सफलता न हो, किन्तु जब किसी वाक्य या सभा में उसका नाम जबान पर आ जाता है, श्रोतागण एक स्वर से उसके कीर्ति-गौरव को प्रतिध्वनित कर देते हैं। सारन्धा 'आन' पर जान देनेवालों में थी।

शाहजादा मुहीउद्दीन चम्बल के किनारे से आगरे की ओर चला तो सौभाग्य उसके सिर पर मोर्छल हिलाता था। जब वह आगरे पहुँचा तो विजयदेवी ने उसके लिये सिंहासन सजा दिया !

औरंगजेब गुणज्ञ था। उसने बादशाही सरदारों के अपराध क्षमा कर दिये, उनके राज्य-पद लौटा दिये और राजा चम्पतराय को उसके बहुमूल्य कृत्यों के उपलक्ष्य में बारह हजारी मन्सब प्रदान किया। ओरछा से बनारस और बनारस से जमुना तक उसकी जागीर नियत की गयी। बुन्देला राजा फिर राज-सेवक बना, वह फिर सुख-विलास में डूबा और रानी सारन्धा फिर पराधीनता के शोक से घुलने लगी।

वली बहादुर खाँ बड़ा वाक्य-चतुर मनुष्य था। उसकी मृदुता ने शीघ्र ही उसे बादशाह आलमगीर का विश्वासपात्र बना दिया। उस पर राज-सभा में सम्मान की दृष्टि पड़ने लगी।

खाँ साहब के मन में अपने घोड़े के हाथ से निकल जाने का बड़ा शोक था। एक दिन कुँवर छत्रसाल उसी घोड़े पर सवार होकर सैर को गया था। वह खाँ साहब के महल की तरफ जा निकला। वली बहादुर ऐसे ही अवसर की ताक में था। उसने तुरन्त अपने सेवकों को इशारा किया। राजकुमार अकेला क्या करता ? पाँव-पाँव घर आया और उसने सारन्धा से सब समाचार बयान किया। रानी का चेहरा तमतमा गया। बोली, "मुझे इसका शोक नहीं कि घोड़ा हाथ से गया, शोक इसका है कि तू उसे खो कर जीता क्यों

लौटा ? क्या तेरे शरीर में बुंदेलों का रक्त नहीं है ? घोड़ा न मिलता, न सही; किन्तु तुझे दिखा देना चाहिये था कि एक बुन्देला बालक से उसका घोड़ा छीन लेना हँसी नहीं है।''

यह कह कर उसने अपने पच्चीस योद्धाओं को तैयार होने की आज्ञा दी। स्वयं अस्त्र धारण किये और योद्धाओं के साथ वली बहादुर खाँ के निवास-स्थान पर जा पहुँची। खाँ साहब उसी घोड़े पर सवार हो कर दरबार चले गये थे, सारन्धा दरबार के तरफ चली, और एक क्षण में किसी वेगवती नदी के सदृश बादशाही दरबार के सामने जा पहुँची, यह कैफियत देखते ही दरबार में हलचल मच गयी। अधिकारी वर्ग इधर-उधर से आ कर जमा हो गये। आलमगीर भी सहन में निकल आये। लोग अपनी-अपनी तलवारें सँभालने लगे और चारों तरफ़ शोर मच गया। कितने ही नेत्रों ने इसी दरबार में अमरसिंह की तलवार की चमक देखी थी। उन्हें वही घटना फिर याद आ गयी।

सारन्धा ने उच्च स्वर से कहा—खाँ साहब, बड़ी लज्जा की बात है, आपने वही वीरता, जो चम्बल के तट पर दिखानी चाहिये थी, आज एक अबोध बालक के सम्मुख दिखायी है। क्या यह उचित था कि आप उससे घोड़ा छीन लेते ?

वली बहादुर खाँ की आँखों से अग्नि-ज्वाला निकल रही थी। वे कड़ी आवाज से बोले—किसी गैर को क्या मजाल है कि मेरी चीज अपने काम में लाये ?

रानी—वह आपकी चीज नहीं, मेरी है। मैंने उसे रणभूमि में पाया है और उस पर मेरा अधिकार है। क्या रण-नीति की इतनी मोटी बात भी आप नहीं जानते ?

खाँ साहब—वह घोड़ा मैं नहीं दे सकता, उसके बदले में सारा अस्तबल आपकी नजर है।

रानी—मैं अपना घोड़ा लूँगी।

खाँ साहब—मैं उसके बराबर जवाहरात दे सकता हूँ; परन्तु घोड़ा नहीं दे सकता !

रानी—तो फिर इसका निश्चय तलवार से होगा, बुन्देला योद्धाओं ने तलवारें सौंत लीं और निकट था कि दरबार की भूमि रक्त से प्लावित हो जाय, बादशाह आलमगीर ने बीच में आ कर कहा—रानी साहबा, आप सिपाहियों को रोकें। घोड़ा आपको मिल जायगा; परन्तु इसका मूल्य बहुत देना पड़ेगा।

रानी—मैं उसके लिये अपना सर्वस्व खोने को तैयार हूँ।

बादशाह—जागीर और मन्सब भी !

रानी—जागीर और मन्सब कोई चीज नहीं।

बादशाह—अपना राज्य भी ?

रानी—हाँ, राज्य भी।

बादशाह—एक घोड़े के लिए ?

रानी—नहीं, उस पदार्थ के लिए जो संसार में सबसे अधिक मूल्यवान है।

बादशाह—वह क्या है ?

रानी—अपनी आन।

इस भाँति रानी ने अपने घोड़े के लिए अपनी विस्तृत जागीर, उच्च राज और राज-सम्मान सब हाथ से खोया और केवल इतना ही नहीं, भविष्य के लिए काँटे बोये, इस घड़ी से अन्त दशा तक चम्पतराय को शान्ति न मिली।

6

राजा चम्पतराय ने फिर ओरछे के किले में पदार्पण किया। उन्हें मन्सब और जागीर के हाथ से निकल जाने का अत्यन्त शोक हुआ; किन्तु उन्होंने अपने मुँह से शिकायत का एक शब्द भी नहीं निकाला, वे सारन्धा के स्वभाव को भली-भाँति जानते थे। शिकायत इस समय उसके आत्म-गौरव पर कुठार का काम करती।

कुछ दिन यहाँ शान्तिपूर्वक व्यतीत हुए; लेकिन बादशाह सारन्धा की कठोर बात भूला न था। वह क्षमा करना जानता ही न था। ज्यों ही भाइयों की ओर से निश्चिन्त हुआ, उसने एक बड़ी सेना चम्पतराय का गर्व चूर्ण करने के लिए भेजी और बाईस अनुभवशील सरदार इस मुहीम पर नियुक्त किये। शुभकरण बुन्देला बादशाह का सूबेदार था। वह चम्पतराय का बचपन का मित्र और सहपाठी था। उसने चम्पतराय को परास्त करने का बीड़ा उठाया। और भी कितने ही बुन्देला सरदार राजा से विमुख हो कर बादशाही सूबेदार से आ मिले। एक घोर संग्राम हुआ। भाइयों की तलवारें रक्त से लाल हुईं। यद्यपि इस समर में राजा को विजय प्राप्त हुई लेकिन उसकी शक्ति सदा के लिए क्षीण हो गयी। निकटवर्ती बुन्देला राजा जो चम्पतराय के बाहुबल थे, बादशाह के कृपाकांक्षी बन बैठे। साथियों में कुछ तो काम आये, कुछ दगा कर गये। यहाँ तक कि निज सम्बन्धियों ने भी आँखें चुरा लीं; परन्तु इन कठिनाइयों में भी चम्पतराय ने हिम्मत नहीं हारी, धीरज को न छोड़ा। उन्होंने ओरछा छोड़ दिया और वे तीन वर्ष तक बुंदेलखंड के सघन पर्वतों पर छिपे फिरते रहे। बादशाही सेनाएँ शिकारी जानवरों की भाँति सारे देश में मँडरा रही थीं। आये-दिन राजा का किसी न किसी से सामना हो जाता था। सारन्धा सदैव उनके साथ रहती और उनका साहस बढ़ाया करती। बड़ी-बड़ी आपत्तियों में जब कि धैर्य लुप्त हो जाता—और आशा साथ छोड़ देती—आत्मरक्षा का धर्म उसे सँभाले रहता है। तीन साल के बाद अंत में बादशाह के सूबेदारों ने आलमगीर को सूचना दी कि इस शेर का शिकार आपके सिवाय और किसी से न होगा। उत्तर आया कि सेना को हटा लो और घेरा उठा लो। राजा ने समझा, संकट से निवृत्ति हुई, पर वह बात शीघ्र ही भ्रमात्मक सिद्ध हो गयी।

7

तीन सप्ताह से बादशाही सेना ने ओरछा घेर रखा है। जिस तरह कठोर वचन हृदय को छेद डालते हैं, उसी तरह तोपों के गोलों ने दीवारों को छेद डाला है। किले में 20 हजार आदमी घिरे हुए हैं, लेकिन उनमें आधे से अधिक स्त्रियाँ और उनसे कुछ ही कम

बालक हैं। मर्दों की संख्या दिनोंदिन न्यून होती जाती है। आने-जाने के मार्ग चारों तरफ से बंद हैं। हवा का भी गुजर नहीं। रसद का सामान बहुत कम रह गया है। स्त्रियाँ पुरुषों और बालकों को जीवित रखने के लिए आप उपवास करती हैं। लोग बहुत हताश हो रहे हैं। औरतें सूर्य नारायण की ओर हाथ उठा-उठा कर शत्रु को कोसती हैं। बालकवृन्द मारे क्रोध के दीवार की आड़ से उन पर पत्थर फेंकते हैं, जो मुश्किल से दीवार के उस पार जा पाते हैं। राजा चम्पतराय स्वयं ज्वर से पीड़ित हैं। उन्होंने कई दिन से चारपाई नहीं छोड़ी। उन्हें देखकर लोगों को कुछ ढाढ़स होता था, लेकिन उनकी बीमारी से सारे किले में नैराश्य छाया हुआ है।

राजा ने सारंधा से कहा—आज शत्रु जरूर किले में घुस आयेंगे।

सारंधा- ईश्वर न करे कि इन आँखों से वह दिन देखना पड़े।

राजा—मुझे बड़ी चिंता इन अनाथ स्त्रियों और बालकों की है। गेहूँ के साथ यह घुन भी पिस जायेंगे।

सारन्धा—हम लोग यहाँ से निकल जायँ तो कैसा ?

राजा—इन अनाथों को छोड़ कर ?

सारन्धा—इस समय इन्हें छोड़ देने में ही कुशल है। हम न होंगे तो शत्रु इन पर कुछ दया ही करेंगे।

राजा—नहीं, यह लोग मुझसे न छोड़े जायँगे। मर्दों ने अपनी जान हमारी सेवा में अर्पण कर दी है, उनकी स्त्रियों और बच्चों को मैं कदापि नहीं छोड़ सकता।

सारन्धा—लेकिन यहाँ रह कर हम उनकी कुछ मदद भी तो नहीं कर सकते ?

राजा—उनके साथ प्राण तो दे सकते हैं। मैं उनकी रक्षा में अपनी जान लड़ा दूँगा। उनके लिए बादशाही सेना की खुशामद करूँगा, कारावास की कठिनाइयाँ सहूँगा, किन्तु इस संकट में उन्हें छोड़ नहीं सकता।

सारन्धा ने लज्जित हो कर सिर झुका लिया और सोचने लगी, निस्संदेह प्रिय साथियों को आग की आँच में छोड़ कर अपनी जान बचाना घोर नीचता है ! मैं ऐसी स्वार्थान्ध क्यों हो गयी हूँ ? लेकिन एकाएक विचार उत्पन्न हुआ। बोली—यदि आपको विश्वास हो जाय कि इन आदमियों के साथ कोई अन्याय न किया जायगा तब तो आपको चलने में कोई बाधा न होगी ?

राजा—(सोच कर) कौन विश्वास दिलायेगा ?

सारन्धा—बादशाह के सेनापति का प्रतिज्ञा-पत्र।

राजा—हाँ, तब मैं सानन्द चलूँगा।

सारन्धा विचार-सागर में डूबी। बादशाह के सेनापति से क्योंकर यह प्रतिज्ञा कराऊँ ? कौन यह प्रस्ताव ले कर वहाँ जायगा और निर्दयी ऐसी प्रतिज्ञा करने ही क्यों लगे ? उन्हें तो अपनी विजय की पूरी आशा है। मेरे यहाँ ऐसा नीति-कुशल, वाक्पटु चतुर कौन है जो इस दुस्तर कार्य को सिद्ध करे ? छत्रसाल चाहे तो कर सकता है। उसमें ये सब गुण मौजूद हैं।

इस तरह मन में निश्चय करके रानी ने छत्रसाल को बुलाया। यह उसके चारों पुत्रों में बुद्धिमान और साहसी था। रानी उससे सबसे अधिक प्यार करती थीं। जब छत्रसाल ने आ कर रानी को प्रणाम किया तो उनके कमल नेत्र सजल हो गये और हृदय से दीर्घ निःश्वास निकल गया।

छत्रसाल–माता, मेरे लिए क्या आज्ञा है ?

रानी–आज लड़ाई का क्या ढंग है ?

छत्रसाल–हमारे पचास योद्धा अब तक काम आ चुके हैं।

रानी–बुन्देलों की लाज अब ईश्वर के हाथ है।

छत्रसाल–हम आज रात को छापा मारेंगे।

रानी ने संक्षेप में अपना प्रस्ताव छत्रसाल के सामने उपस्थित किया और कहा–यह काम किसे सौंपा जाय ?

छत्रसाल–मुझको।

'तुम इसे पूरा कर दिखाओगे ?'

'हाँ, मुझे पूर्ण विश्वास है ?'

'अच्छा जाओ, परमात्मा तुम्हारा मनोरथ पूरा करे।'

छत्रसाल जब चला तो रानी ने उसे हृदय से लगा लिया और तब आकाश की ओर दोनों हाथ उठा कर कहा–दयानिधि, मैंने अपना तरुण और होनहार पुत्र बुन्देलों की आन के आगे भेंट कर दिया। अब इस आन को निभाना तुम्हारा काम है। मैंने बड़ी मूल्यवान् वस्तु अर्पित की है, इसे स्वीकार करो।

8

दूसरे दिन प्रातःकाल सारन्धा स्नान करके थाल में पूजा की सामग्री लिये मन्दिर को चली। उसका चेहरा पीला पड़ गया था और आँखों तले अँधेरा छाया जाता था। वह मंदिर के द्वार पर पहुँची थी कि उसके थाल में बाहर से आ कर एक तीर गिरा। तीर की नोक पर एक कागज का पुरजा लिपटा हुआ था। सारन्धा ने थाल मंदिर के चबूतरे पर रख दिया और पुर्जे को खोलकर देखा तो आनन्द से चेहरा खिल गया; लेकिन यह आनन्द क्षण-भर का था। हाय ! इस पुर्जे के लिए मैंने अपना प्रिय पुत्र हाथ से खो दिया है। कागज के टुकड़े को इतने महँगे दामों किसने लिया होगा ?

मन्दिर से लौटकर सारन्धा राजा चम्पतराय के पास गयी और बोली–'प्राणनाथ, आपने जो वचन दिया था उसे पूरा कीजिये।' राजा ने चौंक कर पूछा, 'तुमने अपना वादा पूरा कर दिया ?' रानी ने वह प्रतिज्ञा-पत्र राजा को दे दिया। चम्पतराय ने उसे गौर से देखा फिर बोले–अब मैं चलूँगा और ईश्वर ने चाहा तो एक बार फिर शत्रुओं की खबर लूँगा। लेकिन सारन, सच बताओ, इस पत्र के लिए क्या देना पड़ा है ?

रानी ने कुंठित स्वर से कहा–बहुत कुछ।

राजा–सुनूँ ?

रानी—एक जवान पुत्र।

राजा को बाण-सा लग गया। पूछा—कौन ? अंगदराय ?

रानी—नहीं।

राजा—रतनसाह ?

रानी—नहीं।

राजा—छत्रसाल ?

रानी—हाँ।

जैसे कोई पक्षी गोली खाकर परों को फड़फड़ाता है और तब बेदम हो कर गिर पड़ता है, उसी भाँति चम्पतराय पलंग से उछले और फिर अचेत होकर गिर पड़े। छत्रसाल उनका परम प्रिय पुत्र था। उनके भविष्य की सारी कामनाएँ उसी पर अवलम्बित थीं। जब चेत हुआ तब बोले, 'सारन, तुमने बुरा किया।'

अँधेरी रात थी। रानी सारन्धा घोड़े पर सवार चम्पतराय को पालकी में बैठाये किले के गुप्त मार्ग से निकली जाती थी। आज से बहुत काल पहले एक दिन ऐसे ही अँधेरी दुःखमयी रात्रि थी। तब सारन्धा ने शीतलादेवी को कुछ कठोर वचन कहे थे। शीतलादेवी ने उस समय जो भविष्यवाणी की थी, वह आज पूरी हुई। क्या सारन्धा ने उसका जो उत्तर दिया था, वह भी पूरा होकर रहेगा ?

9

मध्याह्न था। सूर्यनारायण सिर पर आकर अग्नि की वर्षा कर रहे थे। शरीर को झुलसाने वाली प्रचण्ड, प्रखर वायु वन और पर्वत में आग लगाती फिरती थी। ऐसा विदित होता था, मानो अग्निदेव की समस्त सेना गरजती हुई चली आ रही है। गगन-मण्डल इस भय से काँप रहा था। रानी सारन्धा घोड़े पर सवार, चम्पतराय को लिये, पश्चिम की तरफ चली जाती थी। ओरछा दस कोस पीछे छूट चुका था और प्रतिक्षण यह अनुमान स्थिर होता जाता था कि अब हम भय के क्षेत्र से बाहर निकल आये। राजा पालकी में अचेत पड़े हुए थे और कहार पसीने में सराबोर थे। पालकी के पीछे पाँच सवार घोड़ा बढ़ाये चले आते थे, प्यास के मारे सबका बुरा हाल था। तालु सूखा जाता था। किसी वृक्ष की छाँह और कुएँ की तलाश में आँखें चारों ओर दौड़ रही थीं।

अचानक सारन्धा ने पीछे की तरफ फिर कर देखा, तो उसे सवारों का एक दल आता हुआ दिखायी दिया। उसका माथा ठनका कि अब कुशल नहीं है। यह लोग अवश्य हमारे शत्रु हैं। फिर विचार हुआ कि शायद मेरे राजकुमार अपने आदमियों को लिये हमारी सहायता को आ रहे हैं। नैराश्य में भी आशा साथ नहीं छोड़ती। कई मिनट तक वह इसी आशा और भय की अवस्था में रही। यहाँ तक कि वह दल निकट आ गया और सिपाहियों के वस्त्र साफ नजर आने लगे। रानी ने एक ठण्डी साँस ली, उसका शरीर तृणवत् काँपने लगा। यह बादशाही सेना के लोग थे।

सारन्धा ने कहारों से कहा—डोली रोक लो। बुन्देला सिपाहियों ने भी तलवारें

खींच लीं। राजा की अवस्था बहुत शोचनीय थी; किन्तु जैसे दबी हुई आग हवा लगते ही प्रदीप्त हो जाती है, उसी प्रकार इस संकट का ज्ञान होते ही उनके जर्जर शरीर में वीरात्मा चमक उठी। वे पालकी का पर्दा उठा कर बाहर निकल आये। धनुष-बाण हाथ में ले लिया; किन्तु वह धनुष जो उनके हाथ में इन्द्र का वज्र बन जाता था, इस समय जरा भी न झुका। सिर में चक्कर आया, पैर थर्राये और वे धरती पर गिर पड़े। भावी अमंगल की सूचना मिल गयी। उस पंखरहित पक्षी के सदृश, जो साँप को अपनी तरफ आते देख कर ऊपर को उचकता और फिर गिर पड़ता है, राजा चम्पतराय फिर सँभल उठे और फिर गिर पड़े। सारन्धा ने उन्हें सँभालकर बैठाया और रो कर बोलने की चेष्टा की, परन्तु मुँह से केवल इतना निकला–प्राणनाथ ! इसके आगे मुँह से एक शब्द भी न निकल सका। आन पर मरने वाली सारन्धा इस समय साधारण स्त्रियों की भाँति शक्तिहीन हो गयी, लेकिन एक अंश तक यह निर्बलता स्त्रीजाति की शोभा है।

चम्पतराय बोले–सारन, देखो, हमारा एक वीर जमीन पर गिरा। शोक ! जिस आपत्ति से यावज्जीवन डरता रहा, उसने इस अन्तिम समय में आ घेरा। मेरी आँखों के सामने शत्रु तुम्हारे कोमल शरीर में हाथ लगायेंगे, और मैं जगह से हिल भी न सकूँगा। हाय ! मृत्यु, तू कब आयेगी ! यह कहते-कहते उन्हें एक विचार आया। तलवार की तरफ हाथ बढ़ाया, मगर हाथों में दम न था। तब सारन्धा से बोले–प्रिये, तुमने कितने ही अवसरों पर मेरी आन निभायी है।

इतना सुनते ही सारन्धा के मुरझाये हुए मुख पर लाली दौड़ गयी। आँसू सूख गये। इस आशा में कि मैं पति के कुछ काम आ सकती हूँ, उसके हृदय में बल का संचार कर दिया। वह राजा की ओर विश्वासोत्पादक भाव से देख कर बोली–ईश्वर ने चाहा तो मरते दम तक निभाऊँगी।

रानी ने समझा, राजा मुझे प्राण देने का संकेत कर रहे हैं।

चम्पतराय–तुमने मेरी बात कभी नहीं टाली।

सारन्धा–मरते दम तक न टालूँगी।

राजा–यह मेरी अन्तिम याचना है। इसे अस्वीकार न करना।

सारन्धा ने तलवार को निकाल कर अपने वक्षस्थल पर रख लिया और कहा–यह आपकी आज्ञा नहीं है। मेरी हार्दिक अभिलाषा है कि मरूँ तो यह मस्तक आपके पद-कमलों पर हो।

चम्पतराय–तुमने मेरा मतलब नहीं समझा। क्या तुम मुझे इसलिए शत्रुओं के हाथ में छोड़ जाओगी कि मैं बेड़ियाँ पहने हुए दिल्ली की गलियों में निन्दा का पात्र बनूँ ?

रानी ने जिज्ञासा की दृष्टि से राजा को देखा। वह उनका मतलब न समझी।

राजा–मैं तुमसे एक वरदान माँगता हूँ।

रानी–सहर्ष माँगिए।

राजा–यह मेरी अन्तिम प्रार्थना है। जो कुछ कहूँगा, करोगी ?

रानी—सिर के बल करूँगी।

राजा—देखो, तुमने वचन दिया है। इन्कार न करना।

रानी—(काँप कर) आपके कहने की देर है।

राजा—अपनी तलवार मेरी छाती में चुभा दो।

रानी के हृदय पर वज्रघात-सा हो गया। बोली—जीवननाथ ! इसके आगे वह और कुछ न बोल सकी। आँखों में नैराश्य छा गया।

राजा—मैं बेड़ियाँ पहनने के लिए जीवित रहना नहीं चाहता।

रानी—मुझसे यह कैसे होगा ?

पाँचवाँ और अन्तिम सिपाही धरती पर गिरा। राजा ने झुँझला कर कहा—इसी जीवन पर आन निभाने का गर्व था ?

बादशाह के सिपाही राजा की तरफ लपके। राजा ने नैराश्यपूर्ण भाव से रानी की ओर देखा। रानी क्षण भर अनिश्चित रूप से खड़ी रही; लेकिन संकट में हमारी निश्चयात्मक शक्ति बलवान हो जाती है। निकट था कि सिपाही लोग राजा को पकड़ लें कि सारन्धा ने दामिनी की भाँति लपक कर तलवार राजा के हृदय में चुभा दी।

प्रेम की नाव प्रेम के सागर में डूब गयी। राजा के हृदय से रुधिर की धारा निकल रही थी; पर चेहरे पर शान्ति छाई हुई थी।

कैसा हृदय है ! वह स्त्री जो अपने पति पर प्राण देती थी आज उसकी प्राणघातिका है ! जिस हृदय से आलिंगित होकर उसने यौवनसुख लूटा, जो हृदय उसकी अभिलाषाओं का केन्द्र था, जो हृदय उसके अभिमान का पोषक था, उसी हृदय को सारन्धा की तलवार छेद रही है। किसी स्त्री की तलवार से ऐसा काम हुआ है ?

आह ! आत्माभिमान का कैसा विषादमय अंत है। उदयपुर और मारवाड़ के इतिहास में भी आत्म-गौरव की ऐसी घटनाएँ नहीं मिलतीं।

बादशाही सिपाही सारन्धा का यह साहस और धैर्य देखकर दंग रह गये।

सरदार ने आगे बढ़कर कहा रानी साहिबा, खुदा गवाह है, हम सब आपके गुलाम हैं। आपका जो हुक्म हो, उसे ब-सरो चश्म बजा लायेंगे।

सारन्धा ने कहा—अगर हमारे पुत्रों में से कोई जीवित हो, तो ये दोनों लाशें उसे सौंप देना।

यह कह कर उसने वही तलवार अपने हृदय में चुभा ली। जब वह अचेत हो कर धरती पर गिरी, तो उसका सिर राजा चम्पतराय की छाती पर था।

शाप

मैं बर्लिन नगर का निवासी हूँ। मेरे पूज्य पिता भौतिक विज्ञान के सुविख्यात ज्ञाता थे। भौगोलिक अन्वेषण का शौक मुझे भी बाल्यावस्था ही से था। उनके स्वर्गवास के बाद

मुझे यह धुन सवार हुई कि पैदल पृथ्वी के समस्त देश-देशान्तरों की सैर करूँ। मैं विपुल धन का स्वामी था। वे सब रुपये एक बैंक में जमा कर दिये और उस से शर्त कर ली कि मुझे यथा समय रुपये भेजता रहे, इस कार्य से निवृत्त हो कर मैंने सफर का सामान पूरा किया। आवश्यक वैज्ञानिक यंत्र साथ लिये और ईश्वर का नाम ले कर चल खड़ा हुआ। उस समय यह कल्पना मेरे हृदय में गुदगुदी पैदा कर रही थी कि मैं वह पहला प्राणी हूँ जिसे यह बात सूझी है कि पैरों से पृथ्वी को नापे। अन्य यात्रियों ने रेल, जहाज और मोटरकार की शरण ली है। मैं पहला ही वह वीर-आत्मा हूँ, जो अपने पैरों के बूते पर प्रकृति के विराट् उपवन की सैर के लिए उद्यत हुआ है। अगर मेरे साहस और उत्साह ने यह कष्ट साध्य यात्रा पूरी कर ली तो भद्र-संसार मुझे सम्मान और गौरव के मसनद पर बैठावेगा और अनंत काल तक मेरी कीर्ति के राग अलापे जायेंगे। उस समय मेरा मस्तिष्क इन्हीं विचारों से भरा हुआ था। और ईश्वर को धन्यवाद देता हूँ कि सहस्रों कठिनाइयों का सामना करने पर भी धैर्य ने मेरा साथ न छोड़ा और उत्साह एक क्षण के लिए भी निरुत्साह न हुआ।

मैं वर्षों ऐसे स्थानों में रहा हूँ, जहाँ निर्जनता के अतिरिक्त कोई दूसरा साथी न था। वर्षों ऐसे स्थानों में रहा हूँ, जहाँ की पृथ्वी और आकाश हिम की शिलाएँ थीं। मैं भयंकर जंतुओं के पहलू में सोया हूँ। पक्षियों के घोंसलों में रातें काटी हैं, किंतु ये सारी बाधाएँ कट गयीं और वह समय अब दूर नहीं है कि साहित्य और विज्ञान-संसार मेरे चरणों पर शीश नवायें।

मैंने इस यात्रा में बड़े-बड़े अद्भुत दृश्य देखे और कितनी ही जातियों के आहार-व्यवहार, रहन-सहन का अवलोकन किया। मेरा यात्रा-वृत्तांत, विचार, अनुभव और निरीक्षण का एक अमूल्य रत्न होगा। मैंने ऐसी-ऐसी आश्चर्यजनक घटनाएँ आँखों से देखी हैं, जो अलिफ-लैला की कथाओं से कम मनोरंजक न होंगी। परंतु वह घटना जो मैंने ज्ञानसरोवर के तट पर देखी, उसका उदाहरण मुश्किल से मिलेगा, मैं उसे कभी न भूलूँगा। यदि मेरे इस तमाम परिश्रम का उपहार यही एक रहस्य होता तो भी मैं उसे पर्याप्त समझता। मैं यह बता देना आवश्यक समझता हूँ कि मैं मिथ्यावादी नहीं और न सिद्धियों तथा विभूतियों पर मेरा विश्वास है। मैं उस विद्वान् का भक्त हूँ जिसका आधार तर्क और न्याय पर है। यदि कोई दूसरा प्राणी यही घटना मुझसे बयान करता तो मुझे उस पर विश्वास करने में बहुत संकोच होता, किन्तु मैं जो कुछ बयान कर रहा हूँ, वह सत्य घटना है। यदि मेरे इस आश्वासन पर भी कोई उस पर अविश्वास करे, तो उसकी मानसिक दुर्बलता और विचारों की संकीर्णता है।

यात्रा का सातवाँ वर्ष था और ज्येष्ठ का महीना। मैं हिमालय के दामन में ज्ञानसरोवर के तट पर हरी-हरी घास पर लेटा हुआ था, ऋतु अत्यंत सुहावनी थी। ज्ञानसरोवर के स्वच्छ निर्मल जल में आकाश और पर्वत श्रेणी का प्रतिबिम्ब, जलपक्षियों का पानी पर तैरना, शुभ्र हिमश्रेणी का सूर्य के प्रकाश से चमकना आदि दृश्य ऐसे मनोहर थे कि मैं आत्मोल्लास से विह्वल हो गया। मैंने स्विट्जरलैंड और अमेरिका के

बहुप्रशंसित दृश्य देखे हैं, पर उनमें यह शांतिप्रद शोभा कहाँ ! मानव बुद्धि ने उनके प्राकृतिक सौंदर्य को अपनी कृत्रिमता से कलंकित कर दिया है। मैं तल्लीन हो कर इस स्वर्गीय आनंद का उपभोग कर रहा था कि सहसा मेरी दृष्टि एक सिंह पर जा पड़ी, जो मंदगति से कदम बढ़ाता हुआ मेरी ओर आ रहा था। उसे देखते ही मेरा खून सूख गया, होश उड़ गये। ऐसा वृहदाकार भयंकर जंतु मेरी नजर से न गुजरा था। वहाँ ज्ञान-सरोवर के अतिरिक्त कोई ऐसा स्थान नहीं था जहाँ भाग कर अपनी जान बचाता। मैं तैरने में कुशल हूँ, पर मैं ऐसा भयभीत हो गया कि अपने स्थान से हिल न सका। मेरे अंग-प्रत्यंग मेरे काबू से बाहर थे। समझ गया कि मेरी जिंदगी यहीं तक थी। इस शेर के पंजे से बचने की कोई आशा न थी। अकस्मात् मुझे स्मरण हुआ कि मेरी जेब में एक पिस्तौल गोलियों से भरी हुई रखी है, जो मैंने आत्मरक्षा के लिए चलते समय साथ ले ली थी, और अब तक प्राणपण से इसकी रक्षा करता आया था। आश्चर्य है कि इतनी देर तक मेरी स्मृति कहाँ सोई रही। मैंने तुरंत ही पिस्तौल निकाली और निकट था कि शेर पर वार करूँ कि मेरे कानों में यह शब्द सुनायी दिए, ''मुसाफिर, ईश्वर के लिए वार न करना अन्यथा मुझे दुःख होगा। सिंहराज से तुझे हानि न पहुँचेगी।''

मैंने चकित होकर पीछे की ओर देखा तो एक युवती रमणी आती हुई दिखायी दी। उसके हाथ में एक सोने का लोटा था और दूसरे में एक तश्तरी। मैंने जर्मनी की हूरें और कोहकाफ की परियाँ देखी हैं, पर हिमाचल पर्वत की यह अप्सरा मैंने एक ही बार देखी और उसका चित्र आज तक हृदय-पट पर खिंचा हुआ है। मुझे स्मरण नहीं कि 'रफैल' या 'कोरेजियो' ने भी कभी ऐसा चित्र खींचा हो। 'वैंडाइक' और 'रेमब्राँड' के आकृति-चित्रों ने भी ऐसी मनोहर छवि नहीं देखी। पिस्तौल मेरे हाथ से गिर पड़ी। कोई दूसरी शक्ति इस समय मुझे अपनी भयावह परिस्थिति से निश्चिंत न कर सकती थी।

मैं उस सुंदरी की ओर देख ही रहा था कि वह सिंह के पास आयी। सिंह उसे देखते ही खड़ा हो गया और मेरी ओर सशंक नेत्रों से देख कर मेघ की भाँति गर्जा। रमणी ने एक रूमाल निकाल कर उसका मुँह पोंछा और फिर लोटे से दूध उँडेल कर उसके सामने रख दिया। सिंह दूध पीने लगा। मेरे विस्मय की अब कोई सीमा न थी। चकित था कि यह कोई तिलिस्म है या जादू। व्यवहार-लोक में हूँ अथवा विचार-लोक में। सोता हूँ या जागता। मैंने बहुधा सरकसों में पालतू शेर देखे हैं, किंतु उन्हें काबू में रखने के लिए किन-किन रक्षा विधानों से काम लिया जाता है ! उसके प्रतिकूल यह मांसाहारी पशु उस रमणी के सम्मुख इस भाँति लेटा हुआ है मानो वह सिंह की योनि में कोई मृग-शावक है। मन में प्रश्न हुआ, सुंदरी में कौन-सी चमत्कारिक शक्ति है जिसने सिंह को इस भाँति वशीभूत कर लिया ? क्या पशु भी अपने हृदय में कोमल और रसिक-भाव छिपाये रखते हैं ? कहते हैं कि महुअर का अलाप काले नाग को भी मस्त कर देता है। जब ध्वनि में यह सिद्धि है तो सौंदर्य की शक्ति का अनुमान कौन कर सकता है। रूप-लालित्य संसार का सब से अमूल्य रत्न है, प्रकृति के रचना-नैपुण्य का सर्वश्रेष्ठ अंश है।

जब सिंह दूध पी चुका तो सुंदरी ने रूमाल से उसका मुँह पोंछा और उसका सिर अपने जाँघ पर रख कर उसे थपकियाँ देने लगी। सिंह पूँछ हिलाता था और सुंदरी की अरुणवर्ण हथेलियों को चाटता था। थोड़ी देर के बाद दोनों एक गुफा में अंतर्हित हो गये। मुझे भी धुन सवार हुई कि किसी प्रकार इस तिलिस्म को खोलूँ, इस रहस्य का उद्‌घाटन करूँ। जब दोनों अदृश्य हो गये तो मैं भी उठा और दबे पाँव उस गुफा के द्वार तक जा पहुँचा। भय से मेरे शरीर की बोटी-बोटी काँप रही थी, मगर इस रहस्यपट को खोलने की उत्सुकता भय को दबाये हुए थी। मैंने गुफा के भीतर झाँका तो क्या देखता हूँ कि पृथ्वी पर जरी का फर्श बिछा हुआ है और कारचोबी गावतकिये लगे हुए हैं। सिंह मसनद पर गर्व से बैठा हुआ है। सोने-चाँदी के पात्र, सुंदर चित्र, फूलों के गमले सभी अपने-अपने स्थान पर सजे हुए हैं, वह गुफा राजभवन को भी लज्जित कर रही है।

द्वार पर मेरी परछाई देख कर वह सुंदरी बाहर निकल आयी और मुझसे कहा, ''यात्री, तू कौन है और इधर क्योंकर आ निकला ?''

कितनी मनोहर ध्वनि थी। मैंने अबकी बार समीप से देखा तो सुंदरी का मुख कुम्हलाया हुआ था। उसके नेत्रों से निराशा झलक रही थी, उसके स्वर में भी करुणा और व्यथा की खटक थी। मैंने उत्तर दिया, ''देवी, मैं यूरोप का निवासी हूँ, यहाँ देशाटन करने आया हूँ। मेरा परम सौभाग्य है कि आप से सम्भाषण करने का गौरव प्राप्त हुआ।'' सुन्दरी के गुलाब से ओंठों पर मधुर मुसकान की झलक दिखायी दी, उसमें कुछ कुटिल हास्य का भी अंश था। कदाचित् यह मेरे इस अस्वाभाविक वाक्य-प्रणाली का द्योतक था। ''तू विदेश से यहाँ आया है। आतिथ्य-सत्कार हमारा कर्त्तव्य है। मैं आज तुझे निमंत्रण देती हूँ, स्वीकार कर।''

मैंने अवसर देख कर उत्तर दिया, ''आपकी यह कृपा मेरे लिए गौरव की बात है, पर इस रहस्य ने मेरी भूख-प्यास बंद कर दी है। क्या मैं आशा करूँ कि आप इस पर कुछ प्रकाश डालेंगी ?''

सुन्दरी ने ठंडी साँस ले कर कहा, ''मेरी रामकहानी विपत्ति की एक बड़ी कथा है; तुझे सुन कर दुःख होगा।'' किंतु मैंने जब बहुत आग्रह किया तो उसने मुझे फर्श पर बैठने का संकेत किया और अपना वृत्तांत सुनाने लगी :

''मैं काश्मीर देश की रहनेवाली राजकन्या हूँ। मेरा विवाह एक राजपूत योद्धा से हुआ था। उनका नाम नृसिंहदेव था। हम दोनों बड़े आनंद से जीवन व्यतीत करते थे। संसार का सर्वोत्तम पदार्थ रूप है, दूसरा स्वास्थ्य और तीसरा धन। परमात्मा ने हमको ये तीनों ही पदार्थ प्रचुर परिमाण में प्रदान किये थे। खेद है कि मैं उनसे मुलाकात नहीं कर सकती। ऐसा साहसी, ऐसा सुन्दर, ऐसा विद्वान् पुरुष सारे काश्मीर में न था। मैं उनकी आराधना करती थी। उनका मेरे ऊपर अपार स्नेह था। कई वर्षों तक हमारा जीवन एक जलस्रोत की भाँति वृक्ष-पुंजों और हरे-हरे मैदानों में प्रवाहित होता रहा।

मेरे पड़ोस में एक मंदिर था। पुजारी एक पंडित श्रीधर थे। हम दोनों प्रातःकाल तथा संध्या समय उस मन्दिर में उपासना के लिए जाते। मेरे स्वामी कृष्ण के भक्त थे।

मंदिर एक सुरम्य सागर के तट पर बना हुआ था। वहाँ की परिष्कृत मंद समीर चित्त को पुलकित कर देती थी। इसलिए हम उपासना के पश्चात् भी वहाँ घंटों वायु-सेवन करते रहते थे। श्रीधर बड़े विद्वान, वेदों के ज्ञाता, शास्त्रों के जाननेवाले थे। कृष्ण पर उनकी भी अविचल भक्ति थी। समस्त काश्मीर में उनके पांडित्य की चर्चा थी। वह बड़े संयमी,. संतोषी, आत्मज्ञानी पुरुष थे। उनके नेत्रों से शांति की ज्योतिरेखाएँ निकलती हुई मालूम होती थीं। सदैव परोपकार में मग्न रहते थे। उनकी वाणी ने कभी किसी का हृदय नहीं दुखाया। उनका हृदय नित्य परवेदना से पीड़ित रहता था।

पंडित श्रीधर मेरे पतिदेव से लगभग दस वर्ष बड़े थे; पर उनकी धर्मपत्नी विद्याधरी मेरी समवयस्का थीं। हम दोनों सहेलियाँ थीं। विद्याधरी अत्यंत गंभीर, शांत प्रकृति की स्त्री थीं। यद्यपि रंग-रूप में वही रानी थीं, पर वह अपनी अवस्था से संतुष्ट थीं। अपने पति को वह देवतुल्य समझती थीं।

श्रावण का महीना था। आकाश पर काले-काले बादल मँडरा रहे थे, मानो काजल के पर्वत उड़े जा रहे हैं। झरनों से दूध की धारें निकल रही थीं और चारों ओर हरियाली छाई हुई थी। नन्हीं-नन्हीं फुहारें पड़ रही थीं, मानो स्वर्ग से अमृत की बूँदें टपक रही हैं। जल की बूँदें फूलों और पत्तियों के गले में चमक रही थीं। चित्त को अभिलाषाओं से उभारनेवाला शमा छाया हुआ था। यह वह समय है जब रमणियों को विदेशगामी प्रियतम की याद रुलाने लगती है, जब हृदय किसी से आलिंगन करने के लिए व्यग्र हो जाता है। जब सूनी सेज देख कर कलेजे में हूक-सी उठती है। इसी ऋतु में विरह की मारी वियोगिनियाँ अपनी बीमारी का बहाना करती हैं, जिसमें उसका पति उसे देखने आवे। इसी ऋतु में माली की कन्या धानी साड़ी पहन कर क्यारियों में इठलाती हुई चम्पा और बेले के फूलों से आँचल भरती है, क्योंकि हार और गजरों की माँग बहुत बढ़ जाती है। मैं और विद्याधरी ऊपर छत पर बैठी हुई वर्षाऋतु की बहार देख रही थीं और कालिदास का ऋतुसंहार पढ़ती थीं कि इतने में मेरे पति ने आ कर कहा, "आज का सुहावना दिन है। झूला झूलने में बड़ा आनंद आयेगा।" सावन में झूला झूलने का प्रस्ताव क्योंकर रद्द किया जा सकता था। इन दिनों प्रत्येक रमणी का चित्त आप ही आप झूला झूलने के लिए विकल हो जाता है। जब वन के वृक्ष झूला झूलते हों, जब सारी प्रकृति आंदोलित हो रही हो तो रमणी का कोमल हृदय क्यों न चंचल हो जाय ! विद्याधरी भी राजी हो गयी। रेशम की डोरियाँ कदम की डाल पर पड़ गयीं, चंदन का पटरा रख दिया गया और मैं विद्याधरी के साथ झूला झूलने चली। जिस प्रकार ज्ञानसरोवर पवित्र जल से परिपूर्ण हो रहा है, उसी भाँति हमारे हृदय पवित्र आनंद से परिपूर्ण थे। किन्तु शोक ! वह कदाचित् मेरे सौभाग्यचंद्र की अंतिम झलक थी। मैं झूले के पास पहुँच कर पटरे पर जा बैठी; किंतु कोमलांगी विद्याधरी ऊपर न आ सकी। वह कई बार उचकी, परंतु पटरे तक न आ सकी। तब मेरे पतिदेव ने सहारा देने के लिए उसकी बाँह पकड़ ली ! उस समय उनके नेत्रों में एक विचित्र तृष्णा की झलक थी और मुख पर एक विचित्र आतुरता। वह धीमे में मल्हार गा रहे थे; किंतु विद्याधरी जब पटरे

पर आयी तो उसका मुख डूबते हुए सूर्य की भाँति लाल हो रहा था, नेत्र अरुणवर्ण हो रहे थे। उसने पतिदेव की ओर क्रोधोन्मत्त हो कर कहा :

"तूने काम के वश हो कर मेरे शरीर में हाथ लगाया है। मैं अपने पातिव्रत के बल से तुझे शाप देती हूँ कि तू इसी क्षण पशु हो जा।"

यह कहते ही विद्याधरी ने अपने गले से रुद्राक्ष की माला निकाल कर मेरे पतिदेव के ऊपर फेंक दिया और तत्क्षण ही पटरे के समीप मेरे पतिदेव के स्थान पर एक विशाल सिंह दिखलायी दिया।

2

ऐ मुसाफिर, अपने प्रिय पतिदेवता की यह गति देख कर मेरा रक्त सूख गया और कलेजे पर बिजली-सी आ गिरी। मैं विद्याधरी के पैरों से लिपट गयी और फूट-फूट कर रोने लगी। उस समय अपनी आँखों से देख कर अनुभव हुआ कि पातिव्रत की महिमा कितनी प्रबल है। ऐसी घटनाएँ मैंने पुराणों में पढ़ी थीं, परंतु मुझे विश्वास न था कि वर्तमान काल में जबकि स्त्री-पुरुष के सम्बन्ध में स्वार्थ की मात्रा दिनोंदिन अधिक होती जाती है, पातिव्रत धर्म में यह प्रभाव होगा; परंतु यह नहीं कह सकती कि विद्याधरी के विचार कहाँ तक ठीक थे। मेरे पति विद्याधरी को सदैव बहिन कह कर संबोधित करते थे। वह अत्यंत स्वरूपवान् थे और रूपवान पुरुष की स्त्री का जीवन बहुत सुखमय नहीं होता; पर मुझे उन पर संशय करने का अवसर कभी नहीं मिला। वह स्त्री व्रत धर्म का वैसा ही पालन करते थे जैसे सती अपने धर्म का। उनकी दृष्टि में कुचेष्टा न थी और विचार अत्यंत उज्ज्वल और पवित्र थे। यहाँ तक कि कालिदास की शृंगारमय कविता भी उन्हें प्रिय न थी, मगर काम के मर्मभेदी बाणों से कौन बचा है ! जिस काम ने शिव, ब्रह्मा जैसे तपस्वियों की तपस्या भंग कर दी, जिस काम ने नारद और विश्वामित्र जैसे ऋषियों के माथे पर कलंक का टीका लगा दिया, वह काम सब कुछ कर सकता है। सम्भव है कि सुरापान ने उद्दीपक ऋतु के साथ मिल कर उनके चित्त को विचलित कर दिया हो। मेरा गुमान तो यह है कि यह विद्याधरी की केवल भ्रांति थी। जो कुछ भी हो, उसने शाप दे दिया। उस समय मेरे मन में भी उत्तेजना हुई कि जिस शक्ति का विद्याधरी को गर्व है, क्या वह शक्ति मुझमें नहीं है ? क्या मैं पतिव्रता नहीं हूँ ? किंतु हा ! मैंने कितना ही चाहा कि शाप के शब्द मुँह से निकालूँ, पर मेरी जबान बंद हो गयी। अखंड विश्वास जो विद्याधरी को अपने पातिव्रत पर था, मुझे न था ? विवशता ने मेरे प्रतिकार के आवेग को शांत कर दिया। मैंने बड़ी दीनता के साथ कहा—बहिन, तुमने यह क्या किया ?

विद्याधरी ने निर्दय हो कर कहा—मैंने कुछ नहीं किया। यह उसके कर्मों का फल है।

मैं—तुम्हें छोड़ कर और किसकी शरण जाऊँ, क्या तुम इतनी दया न करोगी ?

विद्याधरी—मेरे किये अब कुछ नहीं हो सकता।

मैं—देवि, तुम पातिव्रतधारिणी हो, तुम्हारे वाक्य की महिमा अपार है। तुम्हारा क्रोध यदि मनुष्य से पशु बना सकता है, तो क्या तुम्हारी दया पशु से मनुष्य न बना सकेगी ?

विद्याधरी—प्रायश्चित करो। इसके अतिरिक्त उद्धार का और कोई उपाय नहीं।

ऐ मुसाफिर, मैं राजपूत की कन्या हूँ। मैंने विद्याधरी से अधिक अनुनय-विनय नहीं की। उसका हृदय दया का आगार था। यदि मैं उसके चरणों पर शीश रख देती तो कदाचित् उसे मुझ पर दया आ जाती; किंतु राजपूत की कन्या इतना अपमान नहीं सह सकती। वह घृणा के घाव सह सकती है, क्रोध की अग्नि सह सकती है, पर दया का बोझ उससे नहीं उठाया जाता। मैंने पटरे से उतर कर पतिदेव के चरणों पर सिर झुकाया और उन्हें साथ लिये हुए अपने मकान चली आयी।

3

कई महीने गुजर गये। मैं पतिदेव की सेवा-शुश्रूषा में तन-मन से व्यस्त रहती। यद्यपि उनकी जिह्वा वाणीविहीन हो गयी थी, पर उनकी आकृति से स्पष्ट प्रकट होता था कि वह अपने कर्म से लज्जित थे। यद्यपि उनका रूपांतर हो गया था; पर उन्हें मांस से अत्यंत घृणा थी। मेरी पशुशाला में सैकड़ों गायें-भैंसें थीं; किंतु शेरसिंह ने कभी किसी की ओर आँख उठा कर भी न देखा। मैं उन्हें दोनों वेला दूध पिलाती और संध्या समय उन्हें साथ लेकर पहाड़ियों की सैर कराती। मेरे मन में न जाने क्यों धैर्य और साहस का इतना संचार हो गया था कि मुझे अपनी दशा असह्य न जान पड़ती थी। मुझे निश्चय था कि शीघ्र ही इस विपत्ति का अंत भी होगा।

इन्हीं दिनों हरिद्वार में गंगा-स्नान का मेला लगा। मेरे नगर से यात्रियों का एक समूह हरिद्वार चला। मैं भी उनके साथ हो ली। दीन-दुखी जनों को दान देने के लिए रुपयों और अशर्फियों की थैलियाँ साथ ले लीं। मैं प्रायश्चित्त करने जा रही थी, इसलिए पैदल ही यात्रा करने का निश्चय कर लिया। लगभग एक महीने में हरिद्वार जा पहुँची। यहाँ भारतवर्ष के प्रत्येक प्रांत से असंख्य यात्री आये हुए थे। संन्यासियों और तपस्वियों की संख्या गृहस्थों से कुछ ही कम होगी। धर्मशालों में रहने का स्थान न मिलता था। गंगातट पर, पर्वतों की गोद में, मैदानों के वक्षःस्थल पर, जहाँ देखिए आदमी ही आदमी नजर आते थे। दूर से वह छोटे-छोटे खिलौने की भाँति दिखायी देते थे। मीलों तक आदमियों का फर्श-सा बिछा हुआ था। भजन और कीर्तन की ध्वनि नित्य कानों में आती रहती थी। हृदय में असीम शुद्धि गंगा की लहरों की भाँति लहरें मारती थी। वहाँ का जल, वायु, आकाश सब शुद्ध था।

मुझे हरिद्वार आये तीन दिन व्यतीत हुए थे। प्रभात का समय था। मैं गंगा में खड़ी स्नान कर रही थी। सहसा मेरी दृष्टि ऊपर की ओर उठी तो मैंने किसी आदमी को पुल की ओर झाँकते देखा। अकस्मात् उस मनुष्य का पाँव ऊपर उठ गया और सैकड़ों ही गज की ऊँचाई से गंगा में गिर पड़ा। सहस्रों आखें यह दृश्य देख रही थी, पर किसी

का साहस न हुआ कि उस अभागे मनुष्य की जान बचाये। भारतवर्ष के अतिरिक्त ऐसा समवेदना शून्य और कौन देश होगा और यह वह देश है जहाँ परमार्थ मनुष्य का कर्त्तव्य बताया गया है। लोग बैठे हुए अपंगुओं की भाँति तमाशा देख रहे थे। सभी हतबुद्धि से हो रहे थे। धारा प्रबल वेग से प्रवाहित थी और जल बर्फ से भी अधिक शीतल। मैंने देखा कि वह धारा के साथ बहता चला जाता था। यह हृदय-विदारक दृश्य मुझसे न देखा गया। मैं तैरने में अभ्यस्त थी। मैंने ईश्वर का नाम लिया और मन को दृढ़ करके धारा के साथ तैरने लगी। ज्यों-ज्यों मैं आगे बढ़ती थी, वह मनुष्य मुझसे दूर होता जाता था। यहाँ तक मेरे सारे अंग ठंड से शून्य हो गये।

मैंने कई बार चट्टानों को पकड़ कर दम लिया, कई बार पत्थरों से टकरायी। मेरे हाथ ही न उठते थे। सारा शरीर बर्फ का ढाँचा-सा बना हुआ था। मेरे अंग गतिहीन हो गये कि मैं धारा के साथ बहने लगी और मुझे विश्वास हो गया कि गंगामाता के उदर ही में मेरी जल-समाधि होगी। अकस्मात् मैंने उस पुरुष की लाश को एक चट्टान पर रुकते देखा। मेरा हौसला बँध गया। शरीर में एक विचित्र स्फूर्ति का अनुभव हुआ। मैं जोर लगा कर प्राणपण से उस चट्टान पर जा पहुँची और उसका हाथ पकड़ कर खींचा। मेरा कलेजा धक से हो गया। यह श्रीधर पंडित थे।

ऐ मुसाफिर, मैंने यह काम प्राणों को हथेली पर रख कर पूरा किया। जिस समय मैं पंडित श्रीधर की अर्ध मृत देह, लिये तट पर आयी तो सहस्रों मनुष्यों की जयध्वनि से आकाश गूँज उठा। कितने ही मनुष्यों ने चरणों पर सिर झुकाये। अभी लोग श्रीधर को होश में लाने के उपाय कर ही रहे थे कि विद्याधरी मेरे सामने आ कर खड़ी हो गयी। उसका मुख, प्रभात के चंद्र की भाँति कांतिहीन हो रहा था, होंठ सूखे हुए, बाल बिखरे हुए। आँखों से आँसुओं की झड़ी लगी हुई थी। वह जोर से हाँफ रही थी, दौड़ कर मेरे पैरों से चिमट गयी, किन्तु दिल खोल कर नहीं, निर्मल भाव से नहीं। एक की आँखें गर्व से भरी हुई थीं और दूसरे की ग्लानि से झुकी हुई। विद्याधरी के मुँह से बात न निकलती थी। केवल इतना बोली—'बहिन, ईश्वर तुमको इस सत्कार्य का फल दें।'

4

ऐ मुसाफिर, यह शुभकामना विद्याधरी के अंतःस्थल से निकली थी। मैं उसके मुँह से यह आशीर्वाद सुन कर फूली न समायी। मुझे विश्वास हो गया कि अबकी बार जब मैं अपने मकान पर पहुँचूँगी तो पतिदेव मुस्कराते हुए मुझसे गले मिलने के लिए द्वार पर आयेंगे। इस विचार से मेरे हृदय में गुदगुदी-सी होने लगी। मैं शीघ्र ही स्वदेश को चल पड़ी। उत्कंठा मेरे कदम बढ़ाये जाती थी। मैं दिन में भी चलती और रात को भी चलती, मगर पैर थकना ही न जानते थे। यह आशा कि वह मोहिनी मूर्ति द्वार पर मेरे स्वागत करने के लिए खड़ी होगी, मेरे पैरों में पर-से लगाये हुए थी। एक महीने की मंजिल मैंने एक सप्ताह में तय की। पर शोक ! जब मकान के पास पहुँची, तो उस घर को देख कर दिल बैठ गया और हिम्मत न पड़ी कि अंदर कदम रखूँ। मैं चौखट पर बैठ कर देर

तक विलाप करती रही। न किसी नौकर का पता, न कहीं पाले हुए पशु ही दिखायी देते थे। द्वार पर धूल उड़ रही थी। जान पड़ता था कि पक्षी घोंसले से उड़ गया है, कलेजे पर पत्थर की सिल रख कर भीतर गयी तो क्या देखती हूँ कि मेरा प्यारा सिंह आँगन में मोटी-मोटी जंजीरों से बँधा हुआ है। इतना दुर्बल हो गया है कि उसके कूल्हों की हड्डियाँ दिखायी दे रही हैं। ऊपर-नीचे जिधर देखती थी, उजाड़-सा मालूम होता था। मुझे देखते ही शेरसिंह ने पूँछ हिलायी और सहसा उनकी आँखें दीपक की भाँति चमक उठीं। मैं दौड़कर उनके गले से लिपट गयी, समझ गयी कि नौकरों ने दगा की। घर की सामग्रियों का कहीं पता न था। सोने-चाँदी के बहुमूल्य पात्र, फर्श आदि सब गायब थे। हाय ! हत्यारे मेरे आभूषणों का संदूक भी उठा ले गये। इस अपहरण ने मुसीबत का प्याला भर दिया। शायद पहले उन्होंने शेरसिंह को जकड़ कर बाँध दिया होगा, फिर खूब दिल खोल कर नोच-खसोट की होगी। कैसी विडम्बना थी कि धर्म लूटने गयी थी और धन लुटा बैठी। दरिद्रता ने पहली बार अपना भयंकर रूप दिखाया।

ऐ मुसाफिर, इस प्रकार लुट जाने के बाद वह स्थान आँखों में काँटे की तरह खटकने लगा। यही वह स्थान था जहाँ हमने आनंद के दिन काटे थे। इन्हीं क्यारियों में हमने मृगों की भाँति कलोल किये थे। प्रत्येक वस्तु से कोई न कोई स्मृति सम्बन्धित थी। उन दिनों की याद करके आँखों से रक्त के आँसू बहने लगते थे। बसंत की ऋतु थी, बौर की महक से वायु सुगंधित हो रही थी। महुए के वृक्षों के नीचे परियों के शयन करने के लिए मोतियों की शय्या बिछी हुई थी, करौंदे और नींबू के फलों की सुगंध से चित्त प्रसन्न हो जाता था। मैंने अपनी जन्म-भूमि को सदैव के लिए त्याग दिया। मेरी आँखों से आँसुओं की एक बूँद भी न गिरी। जिस जन्म-भूमि की याद यावज्जीवन हृदय को व्यथित करती रहती है, उससे मैंने यों मुँह मोड़ लिया मानो कोई बंदी कारागार से मुक्त हो जाय। एक सप्ताह तक मैं चारों ओर भ्रमण करके अपने भावी निवासस्थान का निश्चय करती रही। अंत में सिंधु नदी के किनारे एक निर्जन स्थान मुझे पसंद आया। यहाँ एक प्राचीन मंदिर था। शायद किसी समय में वहाँ देवताओं का वास था; पर इस समय वह बिलकुल उजाड़ था। देवताओं ने काल को विजय किया हो; पर समय चक्र को नहीं। शनैः-शनैः मुझे इस स्थान से प्रेम हो गया और वह स्थान पथिकों के लिए धर्मशाला बन गया।

मुझे यहाँ रहते तीन वर्ष व्यतीत हो चुके थे। वर्षा ऋतु में एक दिन संध्या के समय मुझे मंदिर के सामने से एक पुरुष घोड़े पर सवार जाता दिखायी दिया। मंदिर से प्रायः दो सौ गज की दूरी पर एक रमणीक सागर था, उसके किनारे कचनार वृक्षों के झुरमुट थे। वह सवार उस झुरमुट में जा कर अदृश्य हो गया। अंधकार बढ़ता जाता था। एक क्षण के बाद मुझे उस ओर किसी मनुष्य का चीत्कार सुनायी दिया, फिर बंदूकों के शब्द सुनायी दिये और उनकी ध्वनि से पहाड़ गूँज उठा।

ऐ मुसाफिर, यह दृश्य देख कर मुझे किसी भीषण घटना का संदेह हुआ। मैं तुरंत उठ खड़ी हुई। एक कटार हाथ में ली और उस सागर की ओर चल दी।

अब मूसलाधार वर्षा होने लगी थी, मानो आज के बाद फिर कभी न बरसेगा। रह-रह कर गर्जन की ऐसी भयंकर ध्वनि उठती थी, मानो सारे पहाड़ आपस में टकरा गये हों। बिजली की चमक ऐसी तीव्र थी, मानो संसार-व्यापी प्रकाश सिमट कर एक हो गया हो। अंधकार का यह हाल था मानो सहस्त्रों अमावस्या की रातें गले मिल रही हों। मैं कमर तक पानी में चलती दिल को सम्हाले हुए आगे बढ़ती जाती थी। अंत में सागर के समीप आ पहुँची। बिजली की चमक ने दीपक का काम किया। सागर के किनारे एक बड़ी-सी गुफा थी। इस समय उस गुफा में से प्रकाश-ज्योति बाहर आती हुई दिखायी देती थी। मैंने भीतर की ओर झाँका तो क्या देखती हूँ कि एक बड़ा अलाव जल रहा है। उसके चारों ओर बहुत-से आदमी खड़े हुए हैं और एक स्त्री आग्नेय नेत्रों से घूर-घूर कर कह रही है, "मैं अपने पति के साथ उसे भी जला कर भस्म कर दूँगी।" मेरे कुतूहल की कोई सीमा न रही। मैंने साँस बंद कर ली और हतबुद्धि की भाँति यह कौतुक देखने लगी। उस स्त्री के सामने एक रक्त से लिपटी हुई लाश पड़ी थी और लाश के समीप ही एक मनुष्य रस्सियों से बँधा हुआ सिर झुकाये बैठा था। मैंने अनुमान किया कि यह वही अश्वारोही पथिक है, जिस पर इन डाकुओं ने आघात किया था। यह शव डाकू सरदार का है और यह स्त्री डाकू की पत्नी है। उसके सिर के बाल बिखरे हुए थे और आँखों से अंगारे निकल रहे थे। हमारे चित्रकारों ने क्रोध को पुरुष कल्पित किया है। मेरे विचार में स्त्री का क्रोध इससे कहीं घातक, कहीं विध्वंसकारी होता है। क्रोधोन्मत्त हो कर वह कोमलांगी सुन्दरी ज्वालाशिखर बन जाती है।

उस स्त्री ने दाँत पीस कर कहा, "मैं अपने पति के साथ इसे भी जला कर भस्म कर दूँगी।" यह कह कर उसने उस रस्सियों से बँधे हुए पुरुष को घसीटा और दहकती हुई चिता में डाल दिया। आह ! कितना भयंकर, कितना रोमांचकारी दृश्य था। स्त्री ही अपनी द्वेष की अग्नि शांत करने में इतनी पिशाचिनी हो सकती है। मेरा रक्त खौलने लगा। अब एक क्षण भी विलम्ब करने का अवसर न था। मैंने कटार खींच ली, डाकू चौंक कर तितर-बितर हो गये, समझे मेरे साथ और लोग भी होंगे। मैं बेधड़क चिता में घुस गयी और क्षणमात्र में उस अभागे पुरुष को अग्नि के मुख से निकाल लायी। अभी केवल उसके वस्त्र ही जले थे। जैसे सर्प अपना शिकार छिन जाने से फुफकारता हुआ लपकता है, उसी प्रकार गरजती हुई लपटें मेरे पीछे दौड़ीं। ऐसा प्रतीत होता था कि अग्नि भी उसके रक्त की प्यासी हो रही थी।

इतने में डाकू सम्हल गये और आहत सरदार की पत्नी पिशाचिनी की भाँति मुँह खोले मुझ पर झपटी। समीप था कि ये हत्यारे मेरी बोटियाँ कर दें कि इतने में गुफा के द्वार पर मेघ गर्जन की-सी ध्वनि सुनायी दी और शेरसिंह रौद्ररूप धारण किये हुए भीतर पहुँचे। उनका भयंकर रूप देखते ही डाकू अपनी-अपनी जान ले कर भागे। केवल डाकू सरदार की पत्नी स्तम्भित-सी अपने स्थान पर खड़ी रही। एकाएक उसने पति का शव उठाया और उसे ले कर चिता में बैठ गयी। देखते-देखते उसका भयंकर रूप अग्नि-ज्वाला में विलीन हो गया। अब मैंने उस बँधे हुए मनुष्य की ओर देखा तो मेरा हृदय उछल

पड़ा। यह पंडित श्रीधर थे। मुझे देखते ही सिर झुका लिया और रोने लगे। मैं उनके समाचार पूछ ही रही थी कि उसी गुफा के एक कोने से किसी के कराहने का शब्द सुनायी दिया। जा कर देखा तो एक सुन्दर युवक रक्त से लथपथ पड़ा था। मैंने उसे देखते ही पहचान लिया। उसका पुरुषवेष उसे छिपा न सका। यह विद्याधरी थी। मर्दों के वस्त्र उस पर खूब सजते थे। वह लज्जा और ग्लानि की मूर्ति बनी हुई थी। वह पैरों पर गिर पड़ी, पर मुँह से कुछ न बोली।

उस गुफा में पल भर भी ठहरना अत्यंत शंकाप्रद था। न जाने कब डाकू फिर सशस्त्र हो कर आ जायँ। उधर चिताग्नि भी शांत होने लगी और उस सती की भी भीषण काया अत्यंत तेज रूप धारण करके हमारे नेत्रों के सामने तांडव क्रीड़ा करने लगी। मैं बड़ी चिंता में पड़ी कि इन दोनों प्राणियों को कैसे वहाँ से निकालूँ। दोनों ही रक्त से चूर थे। शेरसिंह ने मेरा असमंजस ताड़ लिया। रूपांतर हो जाने के बाद उनकी बुद्धि बड़ी तीव्र हो गयी थी। उन्होंने मुझे संकेत किया कि दोनों को हमारी पीठ पर बिठा दो। पहले तो मैं उनका आशय न समझी, पर जब उन्होंने संकेत को बार-बार दुहराया तो मैं समझ गयी। गूँगों के घरवाले ही गूँगों की बातें खूब समझते हैं। मैंने पंडित श्रीधर को गोद में उठा कर शेरसिंह की पीठ पर बिठा दिया। उसके पीछे विद्याधरी को भी बिठाया। नन्हा बालक भालू की पीठ पर बैठ कर जितना डरता है, उससे कहीं ज्यादा यह दोनों प्राणी भयभीत हो रहे थे। चिताग्नि के क्षीण प्रकाश में उनके भयविकृत मुख देख कर करुण विनोद होता था। अस्तु मैं इन दोनों प्राणियों को साथ ले कर गुफा से निकली और फिर उसी तिमिर-सागर को पार करके मंदिर आ पहुँची।

मैंने एक सप्ताह तक उनका यहाँ यथाशक्ति सेवा-सत्कार किया। जब वह भली-भाँति स्वस्थ हो गये तो मैंने उन्हें विदा किया। ये स्त्री-पुरुष कई आदमियों के साथ टेढ़ी जा रहे थे, यहाँ के राजा पंडित श्रीधर के शिष्य हैं। पंडित श्रीधर का घोड़ा आगे था। विद्याधरी का अभ्यास न होने के कारण पीछे थी, उनके दोनों रक्षक भी उनके साथ थे। जब डाकुओं ने पंडित श्रीधर को घेरा और पंडित ने पिस्तौल से डाकू सरदार को गिराया तो कोलाहल सुन कर विद्याधरी ने घोड़ा बढ़ाया। दोनों रक्षक तो जान ले कर भागे, विद्याधरी को डाकुओं ने पुरुष समझ कर घायल कर दिया और तब दोनों प्राणियों को बाँध कर गुफा में डाल दिया। शेष बातें मैंने अपनी आँखों देखीं। यद्यपि यहाँ से बिदा होते समय विद्याधरी का रोम-रोम मुझे आशीर्वाद दे रहा था। पर हाँ ! अभी प्रायश्चित पूरा न हुआ था। इतना आत्म-समर्पण करके भी मैं सफल मनोरथ न हुई थी।

5

ऐ मुसाफिर, उस प्रान्त में अब मेरा रहना कठिन हो गया। डाकू बंदूकें लिए हुए शेरसिंह की तलाश में घूमने लगे। विवश हो कर एक दिन मैं वहाँ से चल खड़ी हुई और दुर्गम पर्वतों को पार करती हुई यहाँ आ निकली। यह स्थान मुझे ऐसा पसंद आया कि मैंने इस गुफा को अपना घर बना लिया है। आज पूरे तीन वर्ष गुजरे जब मैंने

पहले-पहल ज्ञानसरोवर के दर्शन किये। उस समय भी यही ऋतु थी। मैं ज्ञानसरोवर में पानी भरने गयी हुई थी, सहसा क्या देखती हूँ कि एक युवक मुश्की घोड़े पर सवार रत्न जटित आभूषण पहने हाथ में चमकता हुआ भाला लिये चला आता है। शेरसिंह को देख कर वह ठिठका और भाला सम्हाल कर उन पर वार कर बैठा। शेरसिंह को भी क्रोध आया। उनके गरज की ऐसी गगनभेदी ध्वनि उठी कि ज्ञानसरोवर का जल आंदोलित हो गया और तुरंत घोड़े से खींच कर उसकी छाती पर पंजे रख दिये। मैं घड़ा छोड़ कर दौड़ी। युवक का प्राणांत होनेवाला ही था कि मैंने शेरसिंह के गले में हाथ डाल दिये और उनका सिर सहला कर क्रोध शांत किया। मैंने उनका ऐसा भयंकर रूप कभी नहीं देखा था। मुझे स्वयं उनके पास जाते हुए डर लगता था, पर मेरे मृदु वचनों ने अंत में उन्हें वशीभूत कर लिया, वह अलग खड़े हो गये। युवक की छाती में गहरा घाव लगा था। उसे मैंने इसी गुफा में ला कर रखा और उसकी मरहम-पट्टी करने लगी। एक दिन मैं कुछ आवश्यक वस्तुएँ लेने के लिए उस कस्बे में गयी जिसके मंदिर के कलश यहाँ से दिखायी दे रहे हैं, मगर वहाँ सब दुकानें बंद थीं। बाजारों में खाक उड़ रही थी। चारों ओर सियापा छाया हुआ था। मैं बहुत देर तक इधर-उधर घूमती रही, किसी मनुष्य की सूरत भी न दिखायी देती थी कि उससे वहाँ का सब समाचार पूछूँ। ऐसा विदित होता था, मानो यह अदृश्य जीवों की बस्ती है। सोच ही रही थी कि वापस चलूँ कि घोड़ों के टापों की ध्वनि कानों में आयी और एक क्षण में एक स्त्री सिर से पैर तक काले वस्त्र धारण किये, एक काले घोड़े पर सवार आती हुई दिखायी दी। उसके पीछे कई सवार और प्यादे काली वर्दियाँ पहने आ रहे थे। अकस्मात् उस सवार स्त्री की दृष्टि मुझ पर पड़ी। उसने घोड़े को एड़ लगायी और मेरे निकट आकर कर्कश स्वर में बोली, "तू कौन है ?" मैंने निर्भीक भाव से उत्तर दिया, "मैं ज्ञानसरोवर के तट पर रहती हूँ। यहाँ बाजार में कुछ सामग्रियाँ लेने आयी थी; किंतु शहर में किसी का पता नहीं।" उस स्त्री ने पीछे की ओर देख कर कुछ संकेत किया और दो सवारों ने आगे बढ़ कर मुझे पकड़ लिया और मेरी बाँहों में रस्सियाँ डाल दीं। मेरी समझ में न आता था कि मुझे किस अपराध का दंड दिया जा रहा है। बहुत पूछने पर भी किसी ने मेरे प्रश्नों का उत्तर न दिया। हाँ, अनुमान से यह प्रकट हुआ कि यह स्त्री यहाँ की रानी है। मुझे अपने विषय में तो कोई चिंता न थी पर चिंता थी शेरसिंह की, यह अकेले घबरा रहे होंगे। भोजन का समय आ पहुँचा, कौन खिलावेगा। किस विपत्ति में फँसी। नहीं मालूम विधाता अब मेरी क्या दुर्गति करेंगे। मुझ अभागिन को इस दशा में भी शांति नहीं। इन्हीं मलिन विचारों में मग्न मैं सवारों के साथ आध घंटे तक चलती रही कि सामने एक ऊँची पहाड़ी पर एक विशाल भवन दिखायी दिया। ऊपर चढ़ने के लिए पत्थर काट कर चौड़े जीने बनाये गये थे। हम लोग ऊपर चढ़े। वहाँ सैकड़ों ही आदमी दिखायी दिये, किंतु सब-के-सब काले वस्त्र धारण किए हुए थे। मैं जिस कमरे में ला कर रखी गयी, वहाँ एक कुशासन के अतिरिक्त सजावट का और सामान न था। मैं जमीन पर बैठ कर अपने नसीब को रोने लगी। जो कोई यहाँ आता था, मुझ पर करुण दृष्टिपात करके चुपचाप चला जाता था।

थोड़ी देर में रानी साहब आ कर उसी कुशासन पर बैठ गयीं। यद्यपि उनकी अवस्था पचास वर्ष से अधिक थी, परन्तु मुख पर अद्भुत कांति थी। मैंने अपने स्थान से उठ कर उनका सम्मान किया और हाथ बाँध कर अपनी किस्मत का फैसला सुनने के लिए खड़ी हो गयी।

ऐ मुसाफिर, रानी महोदया के तेवर देख कर पहले तो मेरे प्राण सूख गये, किंतु जिस प्रकार चंदन जैसी कठोर वस्तु में मनोहर सुगंधि छिपी होती है, उसी प्रकार उनकी कर्कशता और कठोरता के नीचे मोम के सदृश हृदय छिपा हुआ था। उनका प्यारा पुत्र थोड़े ही दिन पहले युवावस्था ही में दगा दे गया था। उसी के शोक में सारा शहर मातम मना रहा था। मेरे पकड़े जाने का कारण यह था कि मैंने काले वस्त्र क्यों न धारण किये थे। यह वृतांत सुन कर मैं समझ गयी कि जिस राजकुमार का शोक मनाया जा रहा है वह वही युवक है जो मेरी गुफा में पड़ा हुआ है। मैंने उनसे पूछा, "राजकुमार मुश्की घोड़े पर तो सवार नहीं थे ?"

रानी–हाँ, हाँ मुश्की घोड़ा था। उसे मैंने उनके लिए अरब देश से मँगवा दिया था। क्या तूने उन्हें देखा है ?

मैं–हाँ, देखा है।

रानी ने पूछा–कब ?

मैं–जिस दिन वह शेर का शिकार खेलने गये थे।

रानी–क्या तेरे सामने ही शेर ने उन पर चोट की थी ?

मैं–हाँ, मेरी आँखों के सामने।

रानी उत्सुक हो कर खड़ी हो गयी और बड़े दीन भाव से बोली–तू उनकी लाश का पता लगा सकती है ?

मैं–ऐसा न कहिए, वह अमर हों। वह दो सप्ताहों से मेरे यहाँ मेहमान हैं।

रानी हर्षमय आश्चर्य से बोली–मेरा रणधीर जीवित है ?

मैं–हाँ, अब उनमें चलने-फिरने की शक्ति आ गयी है।

रानी मेरे पैरों पर गिर पड़ी।

तीसरे दिन अर्जुन नगर की कुछ और ही शोभा थी। वायु आनंद के मधुर स्वर में गूँजती थी, दुकानों ने फूलों का हार पहना था, बाजारों में आनंद के उत्सव मनाये जा रहे थे। शोक के काले वस्त्रों की जगह केसर का सुहावना रंग बधाई दे रहा था। इधर सूर्य ने उषा-सागर से सिर निकाला। उधर सलामियाँ दगना आरम्भ हुईं। आगे-आगे मैं एक सब्जा घोड़े पर सवार आ रही थी और पीछे राजकुमार का हाथी सुनहरे झूलों से सजा चला आता था। स्त्रियाँ अटारियों पर मंगल के गीत गाती थीं और पुष्पों की वृष्टि करती थीं। राज-भवन के द्वार पर रानी मोतियों से आँचल-भरे खड़ी थी, ज्यों ही राजकुमार हाथी से उतरे; वह उन्हें गोद में लेने के लिए दौड़ी और छाती से लगा लिया।

ऐ मुसाफिर, आनंदोत्सव समाप्त होने पर जब मैं विदा होने लगी, तो रानी महोदय ने सजल नयन हो कर कहा :

"बेटी, तूने मेरे साथ जो उपकार किया है उसका फल तुझे भगवान् देंगे। तूने मेरे राज-वंश का उद्धार कर दिया, नहीं तो कोई पितरों को जल देनेवाला भी न रहता। मैं तुझे कुछ बिदाई देना चाहती हूँ, वह तुझे स्वीकार करनी पड़ेगी। अगर रणधीर मेरा पुत्र है, तो तू मेरी पुत्री है। तूने ही रणधीर को प्राणदान दिया है, तूने ही इस राज्य का पुनरुद्धार किया है। इसलिए इस माया-बंधन से तेरा गला नहीं छूटेगा। मैं अर्जुन नगर का प्रांत उपहारस्वरूप तेरी भेंट करती हूँ।"

रानी की यह असीम उदारता देख कर मैं दंग रह गयी। कलियुग में भी कोई ऐसा दानी हो सकता है, इसकी मुझे आशा न थी। यद्यपि मुझे धन-भोग की लालसा न थी, पर केवल इस विचार से कि कदाचित् यह सम्पत्ति मुझे अपने भाइयों की सेवा करने की सामर्थ्य दे, मैंने एक जागीरदार की जिम्मेदारियाँ अपने सिर लीं। तब से दो वर्ष व्यतीत हो चुके हैं, पर भोग-विलास ने मेरे मन को एक क्षण के लिए भी चंचल नहीं किया। मैं कभी पलंग पर नहीं सोयी। रूखी-सूखी वस्तुओं के अतिरिक्त और कुछ नहीं खाया। पति-वियोग की दशा में स्त्री तपस्विनी हो जाती है, उसकी वासनाओं का अंत हो जाता है, मेरे पास कई विशाल भवन हैं, कई रमणीक वाटिकाएँ हैं, विषय-वासना की ऐसी कोई सामग्री नहीं है जो प्रचुर मात्रा में उपस्थित न हो, पर मेरे लिए वह सब त्याज्य हैं। भवन सूने पड़े हैं और वाटिकाओं में खोजने से भी हरियाली न मिलेगी। मैंने उनकी ओर कभी आँख उठा कर भी नहीं देखा। अपने प्राणाधार के चरणों से लगे हुए मुझे अन्य किसी वस्तु की इच्छा नहीं है। मैं नित्यप्रति अर्जुन नगर जाती हूँ और रियासत के आवश्यक काम-काज करके लौट आती हूँ। नौकर-चाकरों को कड़ी आज्ञा दे दी गयी है कि मेरी शांति में बाधक न हों। रियासत की सम्पूर्ण आय परोपकार में व्यय होती है। मैं उसकी कौड़ी भी अपने खर्च में नहीं लाती। आपको अवकाश हो तो आप मेरी रियासत का प्रबंध देख कर बहुत प्रसन्न होंगे। मैंने इन दो वर्षों में बीस बड़े-बड़े तालाब बनवा दिये हैं और चालीस गोशालाएँ बनवा दी हैं। मेरा विचार है कि अपनी रियासत में नहरों का ऐसा जाल बिछा दूँ जैसे शरीर में नाड़ियों का। मैंने एक सौ कुशल वैद्य नियुक्त कर दिये हैं जो ग्रामों में विचरण करें और रोग की निवृत्ति करें। मेरा कोई ऐसा ग्राम नहीं है जहाँ मेरी ओर से सफाई का प्रबंध न हो। छोटे-छोटे गाँवों में आपको लालटेनें जलती हुई मिलेंगी। दिन का प्रकाश ईश्वर देता है, रात के प्रकाश की व्यवस्था करना राजा का कर्त्तव्य है। मैंने सारा प्रबंध पंडित श्रीधर के हाथों में दे दिया है। सबसे प्रथम कार्य जो मैंने किया वह यह था कि उन्हें ढूँढ निकालूँ और यह भार उनके सिर रख दूँ। इस विचार से नहीं कि उनका सम्मान करना मेरा अभीष्ट था, बल्कि मेरी दृष्टि में कोई अन्य पुरुष ऐसा कर्त्तव्यपरायण, ऐसा निस्पृह, ऐसा सच्चरित्र न था। मुझे पूर्ण विश्वास है कि वह यावज्जीवन रियासत की बागडोर अपने हाथ में रखेंगे। विद्याधरी भी

उनके साथ है। वही शांति और संतोष की मूर्ति, वही धर्म और व्रत की देवी। उसका पातिव्रत अब भी ज्ञानसरोवर की भाँति अपार और अथाह है। यद्यपि उसका सौंदर्य-सूर्य अब मध्याह्न पर नहीं है, पर अब भी वह रनिवास की रानी जान पड़ती है। चिंताओं ने उसके मुख पर शिकन डाल दिये हैं। हम दोनों कभी-कभी मिल जाती हैं। किंतु बातचीत की नौबत नहीं आती। उसकी आँखें झुक जाती हैं। मुझे देखते ही उसके ऊपर घड़ों पानी पड़ जाता है और उसके माथे के जलबिंदु दिखाई देने लगते हैं। मैं आपसे सत्य कहती हूँ कि मुझे विद्याधरी से कोई शिकायत नहीं है। उसके प्रति मेरे मन में दिनोंदिन श्रद्धा और भक्ति बढ़ती जाती है। मैं उसे देखती हूँ, तो मुझे प्रबल उत्कंठा होती है कि उसके पैरों पर पड़ूँ। पतिव्रता स्त्री के दर्शन बड़े सौभाग्य से मिलते हैं। पर केवल इस भय से कि कदाचित् वह इसे मेरी ख़ुशामद समझे, रुक जाती हूँ। अब मेरी ईश्वर से यही प्रार्थना है कि अपने स्वामी के चरणों में पड़ी रहूँ और जब इस संसार से प्रस्थान करने का समय आये तो मेरा मस्तक उनके चरणों पर हो। और अन्तिम जो शब्द मेरे मुँह से निकलें वह यही कि, "ईश्वर, दूसरे जन्म में भी इनकी चेरी बनाना।"

पाठक, उस सुन्दरी का जीवन-वृत्तांत सुन कर मुझे जितना कुतूहल हुआ वह अकथनीय है। खेद है कि जिस जाति में ऐसी प्रतिभाशालिनी देवियाँ उत्पन्न हों उस पर पाश्चात्य के कल्पनाहीन, विश्वासहीन पुरुष उँगलियाँ उठायें ? समस्त यूरोप में एक ऐसी सुन्दरी न होगी जिससे इसकी तुलना की जा सके। हमने स्त्री-पुरुष के सम्बन्ध को सांसारिक सम्बन्ध समझ रखा है। उसका आध्यात्मिक रूप हमारे विचार से कोसों दूर है। यही कारण है कि हमारे देश में शताब्दियों की उन्नति के पश्चात् भी पातिव्रत का ऐसा उज्ज्वल और अलौकिक उदाहरण नहीं मिल सकता। और दुर्भाग्य से हमारी सभ्यता ने ऐसा मार्ग ग्रहण किया है कि कदाचित् दूर भविष्य में ऐसी देवियों के जन्म लेने की सम्भावना नहीं है। जर्मनी को यदि अपनी सेना पर, फ्रांस को अपनी विलासिता पर और इंगलैंड को अपने वाणिज्य पर गर्व है तो भारतवर्ष को अपने पातिव्रत का घमंड है। क्या यूरोप निवासियों के लिए यह लज्जा की बात नहीं है कि होमर और वर्जिल, डैंटे और गेटे, शेक्सपियर और ह्यगो जैसे उच्चकोटि के कवि एक भी सीता या सावित्री की रचना न कर सके। वास्तव में यूरोपीय समाज ऐसे आदर्शों से वंचित है !

मैंने दूसरे दिन ज्ञानसरोवर से बड़ी अनिच्छा के साथ विदा माँगी और यूरोप को चला। मेरे लौटने का समाचार पूर्व ही प्रकाशित हो चुका था। जब मेरा जहाज हैम्पबर्ग के बंदरगाह में पहुँचा तो सहस्रों नर-नारी, सैकड़ों विद्वान् और राज कर्मचारी मेरा अभिवादन करने के लिए खड़े थे। मुझे देखते ही तालियाँ बजने लगीं, रूमाल और टोप हवा में उछलने लगे और वहाँ से मेरे घर तक जिस समारोह से जुलूस निकला उस पर किसी राष्ट्रपति को भी गर्व हो सकता है। संध्या समय मुझे केसर की मेज पर भोजन करने का सौभाग्य प्राप्त हुआ। कई दिनों तक अभिनंदन-पत्रों का ताँता लगा रहा और महीनों क्लब और यूनिवर्सिटी की फरमाइशों से दम मारने का अवकाश न मिला। यात्रावृत्तांत देश के प्रायः सभी पत्रों में छपा। अन्य देशों से भी बधाई के तार और पत्र

मिले। फ्रांस और रूस आदि देशों की कितनी ही सभाओं ने मुझे व्याख्यान देने के लिए निमंत्रित किया। एक-एक वक्तृता के लिए मुझे कई-कई हजार पौंड दिये जाते थे। कई विद्यालयों ने मुझे उपाधियाँ दीं। जार ने अपना आटोग्राफ भेज कर सम्मानित किया, किन्तु इन आदर-सम्मान की आँधियों से मेरे चित्त को शांति न मिलती थी और ज्ञानसरोवर का सुरम्य तट और वह गहरी गुफा और वह मृदुभाषणी रमणी सदैव आँखों के सामने फिरती रहती। उसके मधुर शब्द कानों में गूँजा करते। मैं थियेटरों में जाता और स्पेन और जार्जिया की सुन्दरियों को देखता, किंतु हिमालय की अप्सरा मेरे ध्यान से न उतरती। कभी-कभी कल्पना में मुझे वह देवी आकाश से उतरती हुई मालूम होती, तब चित्त चंचल हो जाता और विकल उत्कंठा होती कि किसी तरह पर लगा कर ज्ञानसरोवर के तट पहुँच जाऊँ। आखिर एक रोज मैंने सफर का सामान दुरुस्त किया और उसी मिती के ठीक एक हजार दिनों के बाद जब कि मैंने पहली बार ज्ञानसरोवर के तट पर कदम रखा था, मैं फिर वहाँ जा पहुँचा।

प्रभात का समय था। गिरिराज सुनहरा मुकुट पहने खड़े थे। मंद समीर के आनन्दमय झोंकों से ज्ञानसरोवर का निर्मल प्रकाश से प्रतिबिम्बित जल इस प्रकार लहरा रहा था, मानो अगणित अप्सराएँ आभूषणों से जगमगाती हुई नृत्य कर रही हों। लहरों के साथ शतदल यों झकोरे लेते थे जैसे कोई बालक हिंडोले में झूल रहा हो। फूलों के बीच में श्वेत हंस तैरते हुए ऐसे मालूम होते थे, मानो लालिमा से छाये हुए आकाश पर तारागण चमक रहे हों। मैंने उत्सुक नेत्रों से इस गुफा की ओर देखा तो वहाँ एक विशाल राजप्रासाद आसमान से कंधा मिलाये खड़ा था। एक ओर रमणीक उपवन था, दूसरी ओर एक गगनचुम्बी मंदिर। मुझे यह कायापलट देख कर आश्चर्य हुआ। मुख्य द्वार पर जा कर देखा, तो दो चोबदार ऊदे मखमल की वर्दियाँ पहने, जरी के पट्टे बाँधे खड़े थे। मैंने उनसे पूछा, ''क्यों भाई, यह किसका महल है ?''

चोबदार–अर्जुन नगर की महारानी का।

मैं–क्या अभी हाल ही में बना है ?

चोबदार–हाँ ! तुम कौन हो ?

मैं–एक परदेसी यात्री हूँ। क्या तुम महारानी को मेरी सूचना दे दोगे ?

चोबदार–तुम्हारा क्या नाम है और कहाँ से आते हो ?

मैं–उनसे केवल इतना कह देना कि यूरोप से एक यात्री आया है और आपके दर्शन करना चाहता है।

चोबदार भीतर चला गया और एक क्षण के बाद आ कर बोला, 'मेरे साथ आओ ?'

मैं उसके साथ हो लिया। पहले एक लम्बी दालान मिली जिसमें भाँति-भाँति के पक्षी पिंजरों में बैठे चहक रहे थे। इसके बाद एक विस्तृत बारहदरी में पहुँचा जो सम्पूर्णतः पाषाण की बनी हुई थी। मैंने ऐसी सुन्दर गुलकारी ताजमहल के अतिरिक्त और कहीं नहीं देखी। फर्श की पच्चीकारी को देख कर उस पर पाँव धरते संकोच होता

था। दीवारों पर निपुण चित्रकारों की रचनाएँ शोभायमान थीं। बारहदरी के दूसरे सिरे पर एक चबूतरा था जिस पर मोटी कालीनें बिछी हुई थीं। मैं फर्श पर बैठ गया। इतने में एक लम्बे कद का रूपवान् पुरुष अंदर आता हुआ दिखायी दिया। उसके मुख पर प्रतिभा की ज्योति झलक रही थी और आँखों से गर्व टपका पड़ता था। उसकी काली और भाले की नोक के सदृश तनी हुई मूँछें, उसके भौंरे की तरह काले घूँघरवाले बाल उसकी आकृति की कठोरता को नम्र कर देते थे। विनयपूर्ण वीरता का इससे सुन्दर चित्र नहीं खींच सकता था। उसने मेरी ओर देख कर मुस्कराते हुए कहा, "आप मुझे पहचानते हैं ?" मैं अदब से खड़ा हो कर बोला, "मुझे आपसे परिचय का सौभाग्य नहीं प्राप्त हुआ।" वह कालीन पर बैठ गया और बोला, "मैं शेरसिंह हूँ।" मैं अवाक् रह गया। शेरसिंह ने फिर कहा, "क्या आप प्रसन्न नहीं हैं कि आपने मुझे पिस्तौल का लक्ष्य नहीं बनाया ? मैं तब पशु था, अब मनुष्य हूँ।" मैंने कहा, "आपको हृदय से धन्यवाद देता हूँ। यदि आज्ञा हो, तो मैं आपसे एक प्रश्न करना चाहता हूँ।"

शेरसिंह ने मुस्करा कर कहा–मैं समझ गया, पूछिए।

मैं–जब आप समझ ही गये तो मैं पूछूँ क्यों ?

शेरसिंह–सम्भव है, मेरा अनुमान ठीक न हो।

मैं–मुझे भय है कि उस प्रश्न से आपको दुःख न हो।

शेरसिंह–कम से कम आपको मुझसे ऐसी शंका न करनी चाहिए।

मैं–विद्याधरी के भ्रम में कुछ सार था ?

शेरसिंह ने सिर झुका कर देर में उत्तर दिया–जी हाँ, था। जिस वक्त मैंने उसकी कलाई पकड़ी थी उस समय आवेश से मेरा एक-एक अंग काँप रहा था। मैं विद्याधरी के उस अनुग्रह को मरणपर्यंत न भूलूँगा। मगर इतना प्रायश्चित करने पर भी मुझे अपनी ग्लानि से निवृत्ति न हुई। संसार की कोई वस्तु स्थिर नहीं, किंतु पाप की कालिमा अमर और अमिट है। यश और कीर्ति कालांतर में मिट जाती है किंतु पाप का धब्बा नहीं मिटता। मेरा विचार है कि ईश्वर भी दाग को नहीं मिटा सकता। कोई तपस्या, कोई दंड, कोई प्रायश्चित इस कालिमा को नहीं धो सकता। पतितोद्धार की कथाएँ और तौबा या कन्फेशन करके पाप से मुक्त हो जाने की बातें, यह सब संसार-लिप्सी पाखंडी धर्मावलम्बियों की कल्पनाएँ हैं।

हम दोनों यही बातें कर रहे थे कि रानी प्रियंवदा सामने आ कर खड़ी हो गयीं। मुझे आज अनुभव हुआ, जो बहुत दिनों से पुस्तकों में पढ़ा करता था कि सौंदर्य में प्रकाश होता है। आज इसकी सत्यता मैंने अपनी आँखों से देखी। मैंने जब उन्हें पहले देखा था तो निश्चय किया था कि यह ईश्वरीय कलानैपुण्य की पराकाष्ठा है; परंतु अब जब मैंने उन्हें दोबारा देखा तो ज्ञात हुआ कि वह इस असल की नकल थी। प्रियंवदा ने मुस्करा कर कहा–'मुसाफिर, तुझे स्वदेश में भी कभी हम लोगों की याद आयी थी ?' अगर मैं चित्रकार होता तो उसके मधु हास्य को चित्रित करके प्राचीन गुणियों को चकित कर देता। उसके मुँह से यह प्रश्न सुनने के लिए तैयार न था। यदि इसी भाँति

मैं उसका उत्तर देता तो शायद वह मेरी धृष्टता होती और शेरसिंह के तेवर बदल जाते। मैं यह भी न सह सका कि मेरे जीवन का सबसे सुखद भाग वही था जो ज्ञानसरोवर के तट पर व्यतीत हुआ था; किंतु मुझे इतना साहस भी न हुआ। मैंने दबी जबान से कहा, ''क्या मैं मनुष्य नहीं हूँ।

8

तीन दिन बीत गये। इन तीन दिनों में खूब मालूम हो गया कि पूर्व को आतिथ्यसेवी क्यों कहते हैं। यूरोप का कोई दूसरा मनुष्य जो यहाँ की सभ्यता से परिचित न हो, इन सत्कारों से ऊब जाता। किंतु मुझे इन देशों के रहन-सहन का बहुत अनुभव हो चुका है और मैं इसका आदर करता हूँ।

चौथे दिन मेरी विनय पर रानी प्रियंवदा ने अपनी शेष कथा सुनानी शुरू की—

ऐ मुसाफिर, मैंने तुझसे कहा था कि अपनी रियासत का शासन-भार मैंने श्रीधर पर रख दिया था और जितनी योग्यता और दूरदर्शिता से उन्होंने इस काम को सम्हाला है, उसकी प्रशंसा नहीं हो सकती। ऐसा बहुत कम हुआ है कि एक विद्वान् पंडित जिसका सारा जीवन पठन-पाठन में व्यतीत हुआ हो, एक रियासत का बोझ सम्हाले; किंतु राजा वीरबल की भाँति पं. श्रीधर भी सब कुछ कर सकते हैं। मैंने परीक्षार्थ उन्हें यह काम सौंपा था। अनुभव ने सिद्ध कर दिया कि वह इस कार्य के सर्वथा योग्य हैं। ऐसा जान पड़ता है कि कुल-परम्परा ने उन्हें इस काम के लिए अभ्यस्त कर दिया। जिस समय उन्होंने इसका काम अपने हाथ में लिया, यह रियासत एक ऊजड़ ग्राम के सदृश थी। अब वह धनधान्यपूर्ण एक नगर है। शासन का कोई ऐसा विभाग नहीं, जिस पर उनकी सूक्ष्म दृष्टि न पहुँची हो।

थोड़े ही दिनों में लोग उनके शील-स्वभाव पर मुग्ध हो गये और राजा रणधीरसिंह भी उन पर कृपा-दृष्टि रखने लगे। पंडित जी पहले शहर से बाहर एक ठाकुरद्वारे में रहते थे। किंतु जब राजा साहब से मेल-जोल बढ़ा तो उनके आग्रह से विवश हो कर राजमहल में चले आये। यहाँ तक परस्पर में मैत्री और घनिष्ठता बढ़ी कि मान-प्रतिष्ठा का विचार जाता रहा। राजा साहब पंडित जी से संस्कृत भी पढ़ते थे और उनके समय का अधिकांश भाग पंडित जी के मकान पर ही कटता था; किन्तु शोक ! यह विद्याप्रेम या शुद्ध मित्रभाव का आकर्षण न था। यह सौंदर्य का आकर्षण था। यदि उस समय मुझे लेशमात्र भी संदेह होता कि रणधीरसिंह की यह घनिष्ठता कुछ और ही पहलू लिये हुए है तो उसका अंत इतना खेदजनक न होता जितना कि हुआ। उनकी दृष्टि विद्याधरी पर उस समय पड़ी जब वह ठाकुरद्वारे में रहती थी और यह सारी कुयोजनाएँ उसी की करामात थीं। राजा साहब स्वभावतः बड़े ही सच्चरित्र और संयमी पुरुष हैं; किंतु जिस रूप ने मेरे पति जैसे देवपुरुष का ईमान डिगा दिया, वह सब कुछ कर सकता है।

भोली-भाली विद्याधरी मनोविकारों की इस कुटिल नीति से बेखबर थी। जिस

प्रकार छलाँगें मारता हुआ हिरन व्याध की फैलायी हुई हरी-हरी घास से प्रसन्न हो कर उस ओर बढ़ता है और यह नहीं समझता कि प्रत्येक पग मुझे सर्वनाश की ओर लिये जाता है, उसी भाँति विद्याधरी को उसका चंचल मन अंधकार की ओर खींचे लिए जाता था। वह राजा साहब के लिए अपने हाथों से बीड़े लगा कर भेजती, पूजा के लिए चंदन रगड़ती। रानी जी से भी उसका बहनापा हो गया। वह एक क्षण के लिए भी उसे अपने पास से न जाने देतीं। दोनों साथ-साथ बाग की सैर करतीं, साथ-साथ झूला झूलतीं, साथ-साथ चौपड़ खेलतीं। यह उनका शृंगार करती और वह उनकी माँग-चोटी सँवारती, मानो विद्याधरी ने रानी के हृदय में वह स्थान प्राप्त कर लिया, जो किसी समय मुझे प्राप्त था। लेकिन वह गरीब क्या जानता थी कि जब मैं बाग की रविशों में विचरती हूँ, तो कुवासना मेरे तलवे के नीचे आँखें बिछाती है, जब मैं झूला झूलती हूँ, तो वह आड़ में बैठी हुई आनंद से झूमती है। इस एक सरल हृदय अबला स्त्री के लिए चारों ओर से चक्रव्यूह रचा जा रहा था।

इस प्रकार एक वर्ष व्यतीत हो गया, राजा साहब का रब्त-जब्त दिनोंदिन बढ़ता जाता था। पंडित जी को उनसे वह स्नेह हो गया जो गुरु जी को अपने एक होनहार शिष्य से होता है। मैंने जब देखा कि आठों पहर का यह सहवास पंडित जी के काम में विघ्न डालता है, तो एक दिन मैंने उनसे कहा–यदि आपको कोई आपत्ति न हो, तो दूरस्थ देहातों का दौरा आरम्भ कर दें और इस बात का अनुसंधान करें कि देहातों में कृषकों के लिए बैंक खोलने में हमें प्रजा से कितनी सहानुभूति और कितनी सहायता की आशा करनी चाहिए। पंडित जी के मन की बात नहीं जानती; पर प्रत्यक्ष में उन्होंने कोई आपत्ति नहीं की। दूसरे ही दिन प्रातःकाल चले गये। किंतु आश्चर्य है कि विद्याधरी उनके साथ न गयी। अब तक पंडित जी जहाँ कहीं जाते थे; विद्याधरी परछाईं की भाँति उनके साथ रहती थी। असुविधा या कष्ट का विचार भी उसके मन में न आता था। पंडित जी कितना ही समझायें, कितना ही डरायें, पर वह उनका साथ न छोड़ती थी; पर अबकी बार कष्ट के विचार ने उसे कर्तव्य के मार्ग से विमुख कर दिया। पहले उसका पातिव्रत एक वृक्ष था, जो उसके प्रेम की क्यारी में अकेला खड़ा था; किन्तु अब उसी क्यारी में मैत्री का घास-पात निकल आया था, जिनका पोषण भी उसी भोजन पर अवलम्बित था।

9

ऐ मुसाफिर, छह महीने गुजर गये और पंडित श्रीधर वापस न आये। पहाडों की चोटियों पर छाया हुआ हिम घुल-घुल कर नदियों में बहने लगा, उनकी गोद में फिर रंग-बिरंग के फूल लहलहाने लगे। चंद्रमा की किरणें फिर फूलों की महक सूँघने लगीं। सभी पर्वतों के पक्षी अपनी वार्षिक यात्रा समाप्त कर फिर स्वदेश आ पहुँचे; किंतु पंडित जी रियासत के कामों में ऐसे उलझे कि मेरे निरंतर आग्रह करने पर भी अर्जुन नगर न आये। विद्याधरी की ओर से वह इतने उदासीन क्यों हुए, समझ में नहीं आता था। उन्हें

तो उसका वियोग एक क्षण के लिए भी असह्य था। किंतु इससे अधिक आश्चर्य की बात यह थी कि विद्याधरी ने भी आग्रहपूर्ण पत्रों के लिखने के अतिरिक्त उनके पास जाने का कष्ट न उठाया। वह अपने पत्रों में लिखती–'स्वामी जी, मैं बहुत व्याकुल हूँ, यहाँ मेरा जी जरा भी नहीं लगता। एक दिन एक-एक वर्ष के समान व्यतीत होता है। न दिन को चैन, न रात को नींद। क्या आप मुझे भूल गये ? मुझसे कौन-सा अपराध हुआ ? क्या आपको मुझ पर दया भी नहीं आती ? मैं आपके वियोग में रो-रो कर मरी जाती हूँ। नित्य स्वप्न देखती हूँ कि आप आ रहे हैं; पर यह स्वप्न सच्चा नहीं होता।' उसके पत्र ऐसे ही प्रेममय शब्दों से भरे होते थे और इसमें भी कोई संदेह नहीं कि जो कुछ वह लिखती थी, वह भी अक्षरशः सत्य था; मगर इतनी व्याकुलता, इतनी चिंता और इतनी उद्विग्नता पर भी उसके मन में कभी यह प्रश्न न उठा कि क्यों न मैं ही उनके पास चली चलूँ।

बहुत ही सुहावनी ऋतु थी। ज्ञानसरोवर में यौवन-काल की अभिलाषाओं की भाँति कमल के फूल खिले हुए थे। राजा रणजीतसिंह की पचीसवीं जयंती का शुभ-मुहूर्त आया। सारे नगर में आनंदोत्सव की तैयारियाँ होने लगीं। गृहणियाँ कोरे-कोरे दीपक पानी में भिगोने लगीं कि वह अधिक तेल न सोख जायँ। चैत्र की पूर्णिमा थी, किन्तु दीपक की जगमगाहट ने ज्योत्सना को मात कर दिया था। मैंने राजा साहब के लिए इस्फहान से एक रत्न-जटित तलवार मँगा रखी थी। दरबार के अन्य जागीरदारों और अधिकारियों ने भी भाँति-भाँति के उपहार मँगा रखे थे। मैंने विद्याधरी के घर जा कर देखा, तो वह एक पुष्पहार गूँथ रही थी। मैं आध घंटे तक उसके सम्मुख खड़ी रही; किंतु वह अपने काम में इतनी व्यस्त थी कि उसे मेरी आहट भी न मिली। तब मैंने धीरे से पुकारा, "बहन ?" विद्याधरी ने चौंक कर सिर उठाया और बड़ी शीघ्रता से वह हार फूल की डाली में छिपा दिया और लज्जित हो कर बोली–क्या तुम देर से खड़ी हो ? मैंने उत्तर दिया–आध घंटे से अधिक हुआ।

विद्याधरी के चेहरे का रंग उड़ गया, आँखें झुक गयीं, कुछ हिचकिचायी, कुछ घबरायी, अपने अपराधी हृदय को इन शब्दों से शांत किया–'यह हार मैंने ठाकुर जी के लिए गूँथा है।' इस समय विद्याधरी की घबराहट का भेद मैं कुछ न समझी। ठाकुर जी के लिए हार गूँथना क्या कोई लज्जा की बात है ? फिर जब वह हार मेरी नजरों से छिपा दिया गया तो उसका जिक्र ही क्या ? हम दोनों ने कितनी ही बार साथ बैठ कर हार गूँथे थे। कोई निपुण मालिन भी हमसे अच्छे हार न गूँथ सकती थी; मगर इसमें शर्म क्या ? दूसरे दिन यह रहस्य मेरी समझ में आ गया। वह हार राजा रणधीरसिंह को उपहार में देने के लिए बनाया गया था।

यह बहुत सुंदर वस्तु थी। विद्याधरी ने अपना सारा चातुर्य उसके बनाने में खर्च किया था। कदाचित् यह सबसे उत्तम वस्तु थी जो राजा साहब को भेंट कर सकती थी। वह ब्राह्मणी थी। राजा साहब की गुरुमाता थी। उसके हाथों से यह उपहार बहुत ही शोभा देता था; किंतु यह बात उसने मुझसे छिपायी क्यों ?

मुझे उस दिन रात भर नींद न आयी। उसके इस रहस्य-भाव ने उसे मेरी नजरों से गिरा दिया। एक बार आँख झपकी तो मैंने उसे स्वप्न में देखा, मानो वह एक सुंदर पुष्प है; किन्तु उसकी बास मिट गयी हो। वह मुझसे गले मिलने के लिए बढ़ी; किंतु मैं हट गयी और बोली कि तूने मुझसे यह बात छिपायी क्यों ?

10

ऐ मुसाफिर, राजा रणधीरसिंह की उदारता ने प्रजा को मालामाल कर दिया। रईसों और अमीरों ने खिलअतें पायीं। किसी को घोड़ा मिला, किसी को जागीर मिली। मुझे उन्होंने श्री भगवद्‌गीता की एक प्रति एक मखमली बस्ते में रख कर दी। विद्याधरी को एक बहुमूल्य जड़ाऊ कंगन मिला। उस कंगन में अनमोल हीरे जड़े हुए थे। देहली के निपुण स्वर्णकारों ने इसके बनाने में अपनी कला का चमत्कार दिखाया था। विद्याधरी को अब तक आभूषणों से इतना प्रेम न था, अब तक सादगी ही उसका आभूषण और पवित्रता ही उसका शृंगार थी, पर इस कंगन पर वह लोट-पोट हो गयी।

आषाढ़ का महीना आया। घटाएँ गगनमंडल में मँडराने लगीं। पंडित श्रीधर को घर की सुध आयी। पत्र लिखा कि मैं आ रहा हूँ। विद्याधरी ने मकान खूब साफ कराया और स्वयं अपना बनाव-शृंगार किया। उसके वस्त्रों से चंदन की महक उड़ रही थी। उसने कंगन को संदूकचे से निकाला और सोचने लगी कि इसे पहनूँ या न पहनूँ ? उसके मन ने निश्चय किया कि न पहनूँगी। संदूक बंद करके रख दिया।

सहसा लौंडी ने आ कर सूचना दी कि पंडित जी आ गये। यह सुनते ही विद्याधरी लपक कर उठी; किंतु पति के दर्शनों की उत्सुकता उसे द्वार की ओर नहीं ले गयी। उसने बड़ी फुर्ती से संदूकचा खोला, कंगन निकाल कर पहना और अपनी सूरत आईने में देखने लगी।

इधर पंडित जी प्रेम की उत्कंठा से कदम बढ़ाते दालान से आँगन और आँगन से विद्याधरी के कमरे में आ पहुँचे। विद्याधरी ने आ कर उनके चरणों को अपने सिर से स्पर्श किया। पंडित जी उसका यह शृंगार देख कर दंग रह गये। एकाएक उनकी दृष्टि उस कंगन पर पड़ी। राजा रणधीरसिंह की संगत ने उन्हें रत्नों का पारखी बना दिया था। ध्यान से देखा तो एक-एक नगीना एक-एक हजार का था। चकित हो कर बोले, "यह कंगन कहाँ मिला ?'

विद्याधरी ने जवाब पहले ही सोच रखा था। रानी प्रियंवदा ने दिया है। यह जीवन में पहला अवसर था कि विद्याधरी ने अपने पतिदेव से कपट किया। जब हृदय शुद्ध न हो तो मुख से सत्य क्योंकर निकले ! यह कंगन नहीं, वरन् एक विषैला नाग था।

11

एक सप्ताह गुजर गया। विद्याधरी के चित्त की शांति और प्रसन्नता लुप्त हो गयी थी। यह शब्द की रानी प्रियंवदा ने दिया है, प्रतिक्षण उसके कानों में गूँजा करते। वह अपने

को धिक्कारती कि मैंने अपने प्राणाधार से क्यों कपट कियाा। बहुधा रोया करती। एक दिन उसने सोचा कि क्यों न चल कर पति से सारा वृत्तांत सुना दूँ। क्या वह मुझे क्षमा न करेंगे ? यह सोच कर उठी; किंतु पति के सम्मुख जाते ही उसकी जबान बंद हो गयी। वह अपने कमरे में आयी और फूट-फूट कर रोने लगी। कंगन पहन कर उसे बहुत आनंद हुआ था। इसी कंगन ने उसे हँसाया था, अब वही रुला रहा है।

विद्याधरी ने रानी के साथ बागों में सैर करना छोड़ दिया, चौपड़ और शतरंज उसके नाम को रोया करते। वह सारे दिन अपने कमरे में पड़ी रोया करती और सोचती कि क्या करूँ। काले वस्त्र पर काला दाग छिप जाता है, किंतु उज्ज्वल वस्त्र पर कालिमा की एक बूँद भी झलकने लगती है। वह सोचती, इसी कंगन ने मेरा सुख हर लिया है, यही कंगन मुझे रक्त के आँसू रुला रहा है। सर्प जितना सुंदर होता है उतना ही विषाक्त भी होता है। यह सुंदर कंगन विषधर नाग है, मैं उसका सिर कुचल डालूँगी। यह निश्चय करके उसने एक दिन अपने कमरे में कोयले का अलाव जलाया, चारों तरफ के किवाड़ बंद कर दिये और उस कंगन को, जिसने उसके जीवन को संकटमय बना रखा था, संदूकचे से निकाल कर आग में डाल दिया। एक दिन वह था कि कंगन उसे प्राणों से भी प्यारा था, उसे मखमली संदूकचे में रखती थी, आज उसे इतनी निर्दयता से आग में जला रही है।

विद्याधरी अलाव के सामने बैठी हुई थी इतने में पंडित श्रीधर ने द्वार खटखटाया। विद्याधरी को काटो तो लोहू नहीं। उसने उठ कर द्वार खोल दिया और सिर झुका कर खड़ी हो गयी। पंडित जी ने बड़े आश्चर्य से कमरे में निगाह दौड़ायी, पर रहस्य कुछ समझ में न आया। बोले कि किवाड़ बन्द करके क्या हो रहा है ? विद्याधरी ने उत्तर न दिया। तब पंडित जी ने छड़ी उठा ली और अलाव कुरेदा तो कंगन निकल आया। उसका संपूर्णतः रूपांतर हो गया था। न वह चमक थी, न वह रंग, न वह आकार। घबरा कर बोले, 'विद्याधरी, तुम्हारी बुद्धि कहाँ है ?'

विद्या.–भ्रष्ट हो गयी है।

पंडित–इस कंगन ने तुम्हारा क्या बिगाड़ा था ?

विद्या.–इसने मेरे हृदय में आग लगा रखी है।

पंडित–ऐसी अमूल्य वस्तु मिट्टी में मिल गयी।

विद्या.–इसने उससे भी अमूल्य वस्तु का अपहरण किया है।

पंडित–तुम्हारा सिर तो नहीं फिर गया है।

विद्या.–शायद आपका अनुमान सत्य है।

पंडित जी ने विद्याधरी की ओर चुभनेवाली निगाहों से देखा। विद्याधरी की आँखें नीचे को झुक गयीं। वह उनसे आँखें न मिला सकी। भय हुआ कि कहीं यह तीव्र दृष्टि मेरे हृदय में न चुभ जाय। पंडित जी कठोर स्वर में बोले–विद्याधरी, तुम्हें स्पष्ट कहना होगा। विद्याधरी से अब न रुका गया, वह रोने लगी और पंडित जी के सम्मुख धरती पर गिर पड़ी।

12

विद्याधरी को जब सुध आयी तो पंडित जी का वहाँ पता न था। घबरायी हुई बाहर के दीवानखाने में आयी, मगर यहाँ भी उन्हें न पाया। नौकरों से पूछा तो मालूम हुआ कि घोड़े पर सवार हो कर ज्ञानसरोवर की ओर गये हैं। यह सुन कर विद्याधरी को कुछ ढाढस हुआ। वह द्वार पर खड़ी हो कर उनकी राह देखती रही। दोपहर हुआ, सूर्य सिर पर आया, संध्या हुई, चिड़ियाँ बसेरा लेने लगीं फिर रात आयी, गगन में तारागण जगमगाने लगे; किंतु विद्याधरी दीवार की भाँति खड़ी पति का इंतजार करती रही। रात भीग गयी, वनजंतुओं के भयानक शब्द कानों में आने लगे, सन्नाटा छा गया। सहसा उसे घोड़े के टापों की ध्वनि सुनायी दी। उसका हृदय फड़कने लगा। आनंदोन्मत्त हो कर द्वार के बाहर निकल आयी; किंतु घोड़े पर सवार न था। विद्याधरी को अब विश्वास हो गया कि अब पतिदेव के दर्शन न होंगे। या तो उन्होंने संन्यास ले लिया या आत्मघात कर लिया। उसके कंठ से वैराग्य और विषाद में डूबी हुई ठंडी साँस निकली। वहीं भूमि पर बैठ गयी और सारी रात खून के आँसू बहाती रही। जब उषा की निद्रा भंग हुई और पक्षी आनंदगान करने लगे तब वह दुखिया उठी और अंदर जाकर लेट रही।

जिस प्रकार सूर्य का ताव जल को सोख लेता है, उसी भाँति शोक के ताव ने विद्याधरी का रक्त जला दिया। मुख से ठंडी साँस निकलती थी, आँखों से गर्म आँसू बहते थे। भोजन से अरुचि हो गयी और जीवन से घृणा। इसी अवस्था में एक दिन राजा रणधीरसिंह समवेदना-भाव से उसके पास आये। उन्हें देखते ही विद्याधरी की आँखें रक्तवर्ण हो गयीं, क्रोध से ओंठ काँपने लगे, झल्लायी हुई नागिन की भाँति फुफकार कर उठी और राजा के सम्मुख आ कर कर्कश स्वर में बोली, 'पापी, यह आग तेरी ही लगायी हुई है। यदि मुझमें अब भी कुछ सत्य है, तो तुझे इस दुष्टता के कडुवे फल मिलेंगे।' ये तीर के-से शब्द राजा के हृदय में चुभ गये। मुँह से एक शब्द भी न निकला। काल से न डरनेवाला राजपूत एक स्त्री की आग्नेय दृष्टि से काँप उठा।

13

एक वर्ष बीत गया, हिमालय पर मनोहर हरियाली छायी, फूलों ने पर्वत की गोद में क्रीड़ा करनी शुरू की। यह ऋतु बीती, जल-थल ने बर्फ की सुफेदी चादर ओढ़ी, जलपक्षियों की मालाएँ मैदानों की ओर उड़ती हुई दिखाई देने लगीं। यह मौसम भी गुजरा। नदी-नालों में दूध की धारें बहने लगीं; चंद्रमा की स्वच्छ निर्मल ज्योति ज्ञानसरोवर में थिरकने लगी; परंतु पंडित श्रीधर की कुछ टोह न लगी। विद्याधरी ने राजभवन त्याग दिया और एक पुराने निर्जन मंदिर में तपस्विनियों की भाँति कालक्षेप करने लगी। उस दुखिया की दशा कितनी करुणाजनक थी। उसे देख कर मेरी आँखें भर आती थीं। वह मेरी प्यारी सखी थी। उसकी संगत में मेरे जीवन के कई वर्ष आनन्द से व्यतीत हुए थे। उसका यह अपार दुःख देख कर मैं अपना दुःख भूल गयी। एक दिन वह था कि उसने अपने पातिव्रत के बल पर मनुष्य को पशु के रूप में परिणत कर दिया था, और आज

यह दिन है कि उसका पति भी उसे त्याग रहा है। किसी स्त्री के हृदय पर इससे अधिक लज्जाजनक, इससे अधिक प्राणघातक आघात नहीं लग सकता। उसकी तपस्या ने मेरे हृदय में उसे फिर उसी सम्मान के पद पर बिठा दिया। उसके सतीत्व पर फिर मेरी श्रद्धा हो गयी; किन्तु उससे कुछ पूछते, सांत्वना देते मुझे संकोच होता था। मैं डरती थी कि कहीं विद्याधरी यह न समझे कि मैं उससे बदला ले रही हूँ। कई महीनों के बाद जब विद्याधरी ने अपने हृदय का बोझा हलका करने के लिए स्वयं मुझसे यह वृत्तांत कहा तो मुझे ज्ञान हुआ कि यह सब काँटे राजा रणधीरसिंह के बोये हुए थे। उन्हीं की प्रेरणा से रानी जी ने पंडित जी के साथ जाने से रोका। उसके स्वभाव ने जो कुछ रंग बदला वह रानी जी ही की कुसंगति का फल था। उन्हीं की देखा-देखी उसे बनाव-शृंगार की चाट पड़ी, उन्हीं के मना करने से उसने कंगन का भेद पंडित जी से छिपाया। ऐसी घटनाएँ स्त्रियों के जीवन में नित्य होती रहती हैं और उन्हें जरा भी शंका नहीं होती। विद्याधरी का पातिव्रत आदर्श था। इसलिए यह विचलता उसके हृदय में चुभने लगी। मैं यह नहीं कहती कि विद्याधरी कर्त्तव्यपथ से विचलित नहीं हुई, चाहे किसी के बहकाने से, चाहे अपने भोलेपन से, उसने कर्त्तव्य का सीधा रास्ता छोड़ दिया, परन्तु पाप-कल्पना उसके दिल से कोसों दूर थी।

14

ऐ मुसाफिर, मैंने पंडित श्रीधर का पता लगाना शुरू किया। मैं उनकी मनोवृत्ति से परिचित थी। वह श्रीरामचंद्र के भक्त थे। कौशलपुरी की पवित्र भूमि और सरयू नदी के रमणीक तट उनके जीवन के सुखस्वप्न थे। मुझे खयाल आया कि सम्भव है, उन्होंने अयोध्या की राह ली हो। कहीं मेरे प्रयत्न से उनकी खोज मिल जाती और मैं उन्हें ला कर विद्याधरी के गले से मिला देती, तो मेरा जीवन सफल हो जाता। इस विरहिणी ने बहुत दुःख झेले हैं। क्या अब भी देवताओं को उस पर दया न आयेगी ? एक दिन मैंने शेरसिंह से कहा और पाँच विश्वस्त मनुष्य के साथ अयोध्या को चली। पहाड़ों से नीचे उतरते ही रेल मिल गयी। उसने हमारी यात्रा सुलभ कर दी। बीसवें दिन मैं अयोध्या पहुँच गयी और धर्मशाले में ठहरी। फिर सरयू में स्नान करके श्रीरामचंद्र के दर्शन को चली। मन्दिर के आँगन में पहुँची ही थी कि पंडित श्रीधर की सौम्य मूर्ति दिखायी दी। वह एक कुशासन पर बैठे हुए रामायण का पाठ कर रहे थे और सहस्र नर-नारी बैठे हुए उनकी अमृतवाणी का आनन्द उठा रहे थे।

पंडित जी की दृष्टि मुझ पर ज्यों ही पड़ी, वह आसन से उठकर मेरे पास आये और बड़े प्रेम से मेरा स्वागत किया। दो-ढाई घंटे तक उन्होंने मुझे उस मंदिर की सैर करायी। मंदिर के छत पर से सारा नगर शतरंज के बिसात की भाँति मेरे पैरों के नीचे फैला हुआ दिखायी देता था। मंदगामिनी वायु सरयू की तरंगों को धीरे-धीरे थपकियाँ दे रही थीं। ऐसा जान पड़ता था मानो स्नेहमयी माता ने इस नगर को अपनी गोद में लिया हो। यहाँ से जब अपने डेरे को चली तब पंडित जी भी मेरे साथ आये। जब वह

इतमीनान से बैठे तो मैंने कहा–आपने तो हम लोगों से नाता ही तोड़ लिया।

पंडित जी ने दुखित होकर कहा–विधाता की यही इच्छा थी। मेरा क्या वश था। अब तो श्रीरामचंद्र की शरण आ गया हूँ और शेष जीवन उन्हीं की सेवा में भेंट होगा।

मैं–आप तो श्रीरामचंद्र की शरण में आ गये हैं, उस अबला विद्याधरी को किसकी शरण में छोड़ दिया है ?

पंडित–आपके मुख से ये शब्द शोभा नहीं देते।

मैंने उत्तर दिया–विद्याधरी को मेरी सिफारिश की आवश्यकता नहीं है। अगर आपने उसके पातिव्रत पर संदेह किया है तो आपसे ऐसा भीषण पाप हुआ है, जिसका प्रायश्चित आप बार-बार जन्म ले कर भी नहीं कर सकते। आपकी यह भक्ति इस अधर्म का निवारण नहीं कर सकती। आप क्या जानते हैं कि आपके वियोग में उस दुखिया का जीवन कैसे कट रहा है।

किन्तु पंडित जी ने ऐसा मुँह बना लिया, मानो इस विषय में वह अंतिम शब्द कह चुके। किंतु मैं इतनी आसानी से उनका पीछा क्यों छोड़ने लगी। मैंने सारी कथा आद्योपांत सुनायी। और रणधीरसिंह की कपटनीति का रहस्य खोल दिया तब पंडित जी की आँखें खुलीं। मैं वाणी में कुशल हूँ, किंतु उस समय सत्य और न्याय के पक्ष ने मेरे शब्दों को बहुत ही प्रभावशाली बना दिया था। ऐसा जान पड़ता था, मानो मेरी जिह्वा पर सरस्वती विराजमान हों। अब वह बातें याद आती हैं तो मुझे स्वयं आश्चर्य होता है। आखिर विजय मेरे ही साथ रही। पंडित जी मेरे साथ चलने पर उद्यत हो गये।

15

यहाँ आकर मैंने शेरसिंह को यहीं छोड़ा और पंडित जी के साथ अर्जुननगर को चली। हम दोनों अपने विचारों में मग्न थे। पंडित जी की गर्दन शर्म से झुकी हुई थी क्योंकि अब उनकी हैसियत रूठनेवालों की भाँति नहीं, बल्कि मनानेवालों की तरह थी।

आज प्रणय के सूखे हुए धान में फिर पानी पड़ेगा, प्रेम की सूखी हुई नदी फिर उमड़ेगी !

जब हम विद्याधरी के द्वार पर पहुँचे तो दिन चढ़ आया था। पंडित जी बाहर ही रुक गये थे। मैंने भीतर जाकर देखा तो विद्याधरी पूजा पर थी। किंतु यह किसी देवता की पूजा न थी। देवता के स्थान पर पंडित जी की खड़ाऊँ रखी हुई थीं। पातिव्रत का यह अलौकिक दृश्य देख कर मेरा हृदय पुलकित हो गया। मैंने दौड़ कर विद्याधरी के चरणों पर सिर झुका दिया। उसका शरीर सूख कर काँटा हो गया था और शोक ने कमर झुका दी थी।

विद्याधरी ने मुझे उठा कर छाती से लगा लिया और बोली–बहन, मुझे लज्जित न करो। खूब आयीं, बहुत दिनों से जी तुम्हें देखने को तरस रहा था।

मैंने उत्तर दिया–जरा अयोध्या चली गयी थी। जब हम दोनों अपने देश में थीं तो तब मैं कहीं जाती तो विद्याधरी के लिए कोई न कोई उपहार अवश्य लाती। उसे वह

बात याद आ गयी। सजल-नयन हो कर बोली—मेरे लिए भी कुछ लायीं ?

मैं—एक बहुत अच्छी वस्तु लायी हूँ।

विद्या.—क्या है, देखूँ ?

मैं—पहले बूझ जाओ।

विद्या.—सुहाग की पिटारी होगी ?

मैं—नहीं, उससे अच्छी।

विद्या.—ठाकुर जी की मूर्ति ?

मैं—नहीं, उससे भी अच्छी।

विद्या.—मेरे प्राणाधार का कोई समाचार ?

मैं—उससे भी अच्छी।

विद्याधरी प्रबल आवेश से व्याकुल हो कर उठी कि द्वार पर जाकर पति का स्वागत करे, किंतु निर्बलता ने मन की अभिलाषा न निकलने दी। तीन बार सँभली और तीन बार गिरी, तब मैंने उसका सिर अपनी गोद में रख लिया और आँचल से हवा करने लगी। उसका हृदय बड़े वेग से धड़क रहा था और पतिदर्शन का आनन्द आँखों से आँसू बन कर निकलता था।

जब जरा चित सावधान हुआ तो उसने कहा—उन्हें बुला लो, उनका दर्शन मुझे रामबाण हो जायगा। ऐसा ही हुआ। ज्यों ही पंडित जी अंदर आये, विद्याधरी उठ कर उनके पैरों से लिपट गयी। देवी ने बहुत दिनों के बाद पति के दर्शन पाये हैं। अश्रुधारा से उनके पैर पखार रही है।

मैंने वहाँ ठहरना उचित न समझा। इन दोनों प्राणियों के हृदय में कितनी ही बातें आ रही होंगी, दोनों क्या-क्या कहना और क्या-क्या सुनना चाहते होंगे, इस विचार से, मैं उठ खड़ी हुई और बोली—बहन, अब मैं जाती हूँ, शाम को फिर आऊँगी। विद्याधरी ने मेरी ओर आँखें उठायीं। पुतलियों के स्थान पर हृदय रखा हुआ था। दोनों आँखें आकाश की ओर उठा कर बोली—ईश्वर तुम्हें इस यश का फल दें।

16

ऐ मुसाफिर, मैंने दो बार पंडित श्रीधर को मौत के मुँह से बचाया था, किन्तु आज का-सा आनंद कभी न प्राप्त हुआ था।

जब मैं ज्ञानसरोवर पर पहुँची तो दोपहर हो आया था। विद्याधरी की शुभकामना मुझसे पहले ही पहुँच चुकी थी। मैंने देखा कि कोई पुरुष गुफा से निकल कर ज्ञानसरोवर की ओर चला जाता है। मुझे आश्चर्य हुआ कि इस समय यहाँ कौन आया। लेकिन जब समीप आ गया तो मेरे हृदय में ऐसी तरंगें उठने लगीं मानो छाती से बाहर निकल पड़ेगा। यह मेरे प्राणेश्वर, मेरे पतिदेव थे। मैं चरणों पर गिरना ही चाहती थी कि उनका कर-पाश मेरे गले में पड़ गया।

पूरे दस वर्षों के बाद आज मुझे यह शुभ दिन देखना नसीब हुआ। मुझे उस

समय ऐसा जान पड़ता था कि ज्ञानसरोवर के कमल मेरे ही लिए खिले हैं, गिरिराज ने मेरे ही लिए फूल की शय्या दी है, हवा मेरे ही लिए झूमती हुई आ रही है।

दस वर्षों के बाद मेरा उजड़ा हुआ घर बसा; गये हुए दिन लौटे। मेरे आनंद का अनुमान कौन कर सकता है।

मेरे पति ने प्रेमकरुणा भरी आँखों से देख कर कहा, 'प्रियंवदा ?'

मर्यादा की वेदी

यह वह समय था जब चित्तौड़ में मृदुभाषिणी मीरा प्यारी आत्माओं को ईश्वर-प्रेम के प्याले पिलाती थी। रणछोड़ जी के मंदिर में जब भक्ति से विह्वल हो कर वह अपने मधुर स्वरों में अपने पीयूषपूरित पदों को गाती, तो श्रोतागण प्रेमानुराग से उन्मत्त हो जाते। प्रतिदिन यह स्वर्गीय आनंद उठाने के लिए सारे चित्तौड़ के लोग ऐसे उत्सुक हो कर दौड़ते, जैसे दिन भर की प्यासी गायें दूर से किसी सरोवर को देख कर उसकी ओर दौड़ती हैं। इस प्रेम-सुधा-सागर से केवल चित्तौड़वासियों ही की तृप्ति न होती थी, बल्कि समस्त राजपूताना की मरुभूमि प्लावित हो जाती थी।

एक बार ऐसा संयोग हुआ कि झालावाड़ के रावसाहब और मंदार-राज्य के कुमार, दोनों ही लाव-लश्कर के साथ चित्तौड़ आये। रावसाहब के साथ राजकुमारी प्रभा भी थी, जिसके रूप और गुण की दूर-दूर तक चर्चा थी। यहीं रणछोड़ जी के मंदिर में दोनों की आँखें मिलीं। प्रेम ने बाण चलाया।

राजकुमार सारे दिन उदासीन भाव से शहर की गलियों में धूमा करता। राजकुमारी विरह से व्यथित अपने महल के झरोखों से झाँका करती। दोनों व्याकुल हो कर संध्या समय मंदिर में आते और यहाँ चंद्र को देख कर कुमुदिनी खिल जाती।

प्रेम-प्रवीण मीरा ने कई बार इन दोनों प्रेमियों को सतृष्ण नेत्रों से परस्पर देखते हुए पा कर उनके मन के भावों को ताड़ लिया। एक दिन कीर्त्तन के पश्चात् जब झालावाड़ के रावसाहब चलने लगे तो उसने मंदार के राजकुमार को बुला कर उनके सामने खड़ा कर दिया और कहा—रावसाहब, मैं प्रभा के लिए वर लायी हूँ, आप इसे स्वीकार कीजिए।

प्रभा लज्जा से गड़-सी गयी। राजकुमार के गुण-शील पर रावसाहब पहले ही से मोहित हो रहे थे, उन्होंने तुरंत उसे छाती से लगा लिया।

उसी अवसर पर चित्तौड़ के राणा भोजराज जी मंदिर में आये। उन्होंने प्रभा का मुख-चंद्र देखा। उनकी छाती पर साँप लोटने लगा।

2

झालावाड़ में बड़ी धूम थी। राजकुमारी प्रभा का आज विवाह होगा। मंदार से बारात

आयेगी। मेहमानों की सेवा-सम्मान की तैयारियाँ हो रही थीं। दुकानें सजी हुई थीं। नौबतखाने आमोदालाप से गूँजते थे। सड़कों पर सुगंधि छिड़की जाती थी, अट्टालिकाएँ पुष्प-लताओं से शोभायमान थीं। पर जिसके लिए ये सब तैयारियाँ हो रही थीं, वह अपनी बाटिका के एक वृक्ष के नीचे उदास बैठी हुई रो रही थी।

रनिवास में डोमिनियाँ आनंदोत्सव के गीत गा रही थीं। कहीं सुंदरियों के हाव-भाव थे, कहीं आभूषणों की चमक-दमक, कहीं हास-परिहास की बहार। नाइन बात-बात पर तेज होती थी। मालिन गर्व से फूली न समाती थी। धोबिन आँखें दिखाती थी। कुम्हारिन मटके के सदृश फूली हुई थी। मंडप के नीचे पुरोहित जी बात-बात पर सुवर्ण-मुद्राओं के लिए ठुनकते थे। रानी सिर के बाल खोले भूखी-प्यासी चारों ओर दौड़ती थी। सबकी बौछारें सहती थी और अपने भाग्य को सराहती थी। दिल खोल कर हीरे-जवाहिर लुटा रही थी। आज प्रभा का विवाह है। बड़े भाग्य से ऐसी बातें सुनने में आती हैं। सब के सब अपनी-अपनी धुन में मस्त हैं। किसी को प्रभा की फिक्र नहीं है, जो वृक्ष के नीचे अकेली बैठी रो रही है।

एक रमणी ने आ कर नाइन से कहा—बहुत बढ़-बढ़ कर बातें न कर, कुछ राजकुमारी का भी ध्यान है ? चल, उनके बाल गूँथ।

नाइन ने दाँतों तले जीभ दबायी। दोनों प्रभा को ढूँढ़ती हुई बाग में पहुँचीं। प्रभा ने उन्हें देखते ही आँसू पोंछ डाले। नाइन मोतियों से माँग भरने लगी और प्रभा सिर नीचा किये आँखों से मोती बरसाने लगी।

रमणी ने सजल नेत्र हो कर कहा—बहिन, दिल इतना छोटा मत करो। मुँहमाँगी मुराद पा कर इतनी उदास क्यों होती हो ?

प्रभा ने सहेली की ओर देख कर कहा—बहिन, जाने क्यों दिल बैठा जाता है। सहेली ने छेड़ कर कहा—पिया-मिलन की बेकली है !

प्रभा उदासीन भाव से बोली—कोई मेरे मन में बैठा कह रहा है कि अब उनसे मुलाकात न होगी।

सहेली उसके केश सँवार कर बोली—जैसे उषाकाल से पहले कुछ अँधेरा हो जाता है, उसी प्रकार मिलाप के पहले प्रेमियों का मन अधीर हो जाता है।

प्रभा बोली—नहीं बहिन, यह बात नहीं। मुझे शकुन अच्छे नहीं दिखायी देते। आज दिन भर मेरी आँख फड़कती रही। रात को मैंने बुरे स्वप्न देखे हैं। मुझे शंका होती है कि आज अवश्य कोई न कोई विघ्न पड़नेवाला है। तुम राजा भोजराज को जानती हो न ?

संध्या हो गयी। आकाश पर तारों के दीपक जले। झालावाड़ में बूढ़े-जवान सभी लोग बारात की अगवानी के लिए तैयार हुए। मरदों ने पागें सँवारीं, शस्त्र साजे। युवतियाँ शृंगार कर गाती-बजाती रनिवास की ओर चलीं। हजारों स्त्रियाँ छत पर बैठी बारात की राह देख रही थीं।

अचानक शोर मचा कि बारात आ गयी। लोग सँभल बैठे, नगाड़ों पर चोटें पड़ने

लगीं, सलामियाँ दगने लगीं। जवानों ने घोड़ों को एड़ लगायी। एक क्षण में सवारों की एक सेना राज-भवन के सामने आ कर खड़ी हो गयी। लोगों को देख कर बड़ा आश्चर्य हुआ, क्योंकि यह मंदार की बारात नहीं थी बल्कि राणा भोजराज की सेना थी।

झालावाड़वाले अभी विस्मित खड़े ही थे, कुछ निश्चय न कर सके थे कि क्या करना चाहिए। इतने में चित्तौड़वालों ने राज-भवन को घेर लिया। तब झालावाड़ी भी सचेत हुए। सँभल कर तलवारें खींच लीं और आक्रमणकारियों पर टूट पड़े। राजा महल में घुस गया। रनिवास में भगदड़ मच गयी।

प्रभा सोलहो शृंगार किये, सहेलियों के साथ बैठी थी। यह हलचल देखकर घबड़ायी। इतने में रावसाहब हाँफते हुए आये और बोले–बेटी प्रभा, राणा भोजराज ने हमारे महल को घेर लिया है। तुम चटपट ऊपर चली जाओ और द्वार को बंद कर लो। अगर हम क्षत्रिय हैं, तो एक चित्तौड़ी भी यहाँ से जीता न जायगा।

रावसाहब बात भी पूरी न करने पाये थे कि राणा कई वीरों के साथ आ पहुँचे और बोले–चित्तौड़वाले तो सिर कटाने के लिए आये ही हैं। पर यदि वे राजपूत हैं तो राजकुमारी ले कर ही जायेंगे। वृद्ध रावसाहब की आँखों से ज्वाला निकलने लगी। वे तलवार खींच कर राणा पर झपटे। उन्होंने वार बचा लिया और प्रभा से कहा–राजकुमारी, हमारे साथ चलोगी ?

प्रभा सिर झुकाये राणा के सामने आ कर बोली–हाँ, चलूँगी।

रावसाहब को कई आदमियों ने पकड़ लिया था। वे तड़प कर बोले–प्रभा, तू राजपूत की कन्या है ?

प्रभा की आँखें सजल हो गयीं। बोली–राणा भी तो राजपूतों के कुलतिलक हैं।

रावसाहब ने क्रोध में आ कर कहा–निर्लज्जा !

कटार के नीचे पड़ा हुआ बलिदान का पशु जैसी दीन दृष्टि से देखता है, उसी भाँति प्रभा ने रावसाहब की ओर देख कर कहा–जिस झालावाड़ की गोद में पली हूँ, क्या उसे रक्त से रंगवा दूँ ?

रावसाहब ने क्रोध से काँप कर कहा–क्षत्रियों को रक्त इतना प्यारा नहीं होता। मर्यादा पर प्राण देना उनका धर्म है !

तब प्रभा की आँखें लाल हो गयीं। चेहरा तमतमाने लगा।

बोली–राजपूत-कन्या अपने सतीत्व की रक्षा आप कर सकती है। इसके लिए रुधिर प्रवाह की आवश्यकता नहीं।

पल भर में राणा ने प्रभा को गोद में उठा लिया। बिजली की भाँति झपट कर बाहर निकले। उन्होंने उसे घोड़े पर बिठा लिया, आप सवार हो गये और घोड़े को उड़ा दिया। अन्य चित्तौड़ियों ने भी घोड़ों की बागें मोड़ दीं, उसके सौ जवान भूमि पर पड़े तड़प रहे थे; पर किसी ने तलवार न उठायी थी।

रात को दस बजे मंदारवाले भी पहुँचे। मगर यह शोक-समाचार पाते ही लौट गये। मंदार-कुमार निराशा से अचेत हो गया। जैसे रात को नदी का किनारा सुनसान

हो जाता है, उसी तरह सारी रात झालावाड़ में सन्नाटा छाया रहा।

3

चित्तौड़ के रंग-महल में प्रभा उदास बैठी सामने के सुन्दर पौधों की पत्तियाँ गिन रही थी। संध्या का समय था। रंग-बिरंग के पक्षी वृक्षों पर बैठे कलरव कर रहे थे। इतने में राणा ने कमरे में प्रवेश किया। प्रभा उठ कर खड़ी हो गयी।

राणा बोले—प्रभा, मैं तुम्हारा अपराधी हूँ। मैं बलपूर्वक तुम्हें माता-पिता की गोद से छीन लाया, पर यदि मैं तुमसे कहूँ कि यह सब तुम्हारे प्रेम में विवश हो कर मैंने किया, तो तुम मन में हँसोगी और कहोगी कि यह निराले, अनूठे ढंग की प्रीति है; पर वास्तव में यही बात है। जबसे मैंने रणछोड़ जी के मंदिर में तुमको देखा, तबसे एक क्षण भी ऐसा नहीं बीता कि मैं तुम्हारी सुधि में विकल न रहा होऊँ। तुम्हें अपनाने का अन्य कोई उपाय होता, तो मैं कदापि इस पाशविक ढंग से काम न लेता। मैंने रावसाहब की सेवा में बारंबार संदेशे भेजे; पर उन्होंने हमेशा मेरी उपेक्षा की। अंत में जब तुम्हारे विवाह की अवधि आ गयी और मैंने देखा कि एक ही दिन में तुम दूसरे की प्रेम-पात्री हो जाओगी और तुम्हारा ध्यान करना भी मेरी आत्मा को दूषित करेगा, तो लाचार होकर मुझे यह अनीति करनी पड़ी। मैं मानता हूँ कि यह सर्वथा मेरी स्वार्थान्धता है। मैंने अपने प्रेम के सामने तुम्हारे मनोगत भावों को कुछ न समझा; पर प्रेम स्वयं एक बढ़ी हुई स्वार्थपरता है, जब मनुष्य को अपने प्रियतम के सिवाय और कुछ नहीं सूझता। मुझे पूरा विश्वास था कि मैं अपने विनीत भाव और प्रेम से तुमको अपना लूँगा। प्रभा, प्यास से मरता हुआ मनुष्य यदि किसी गढ़े में मुँह डाल दे, तो वह दंड का भागी नहीं है। मैं प्रेम का प्यासा हूँ। मीरा मेरी सहधर्मिणी है। उसका हृदय प्रेम का अगाध सागर है। उसका एक चुल्लू भी मुझे उन्मत्त करने के लिए काफी था; पर जिस हृदय में ईश्वर का वास हो वहाँ मेरे लिए स्थान कहाँ ? तुम शायद कहोगी कि यदि तुम्हारे सिर पर प्रेम का भूत सवार था तो क्या सारे राजपूताने में स्त्रियाँ न थीं। निस्संदेह राजपूताने में सुन्दरता का अभाव नहीं है और न चित्तौड़ाधिपति की ओर से विवाह की बातचीत किसी के अनादर का कारण हो सकती है; पर इसका जवाब तुम आप ही हो। इसका दोष तुम्हारे ही ऊपर है। राजस्थान में एक ही चित्तौड़ है, एक ही राणा और एक ही प्रभा। सम्भव है, मेरे भाग्य में प्रेमानंद भोगना न लिखा हो। यह मैं अपने कर्म-लेख को मिटाने का थोड़ा-सा प्रयत्न कर रहा हूँ; परंतु भाग्य के अधीन बैठे रहना पुरुषों का काम नहीं है। मुझे इसमें सफलता होगी या नहीं, इसका फैसला तुम्हारे हाथ है।

प्रभा की आँखें जमीन की तरफ थीं और मन फुदकनेवाली चिड़िया की भाँति इधर-उधर उड़ता फिरता था। वह झालावाड़ को मारकाट से बचाने के लिए राणा के साथ आयी थी, मगर राणा के प्रति उसके हृदय में क्रोध की तरंगें उठ रही थीं। उसने सोचा था कि वे यहाँ आयेंगे तो उन्हें राजपूत कुल-कलंक, अन्यायी, दुराचारी, दुरात्मा, कायर कह कर उनका गर्व चूर-चूर कर दूँगी। उसको विश्वास था कि यह अपमान

उनसे न सहा जायगा और वे मुझे बलात् अपने काबू में लाना चाहेंगे। इस अंतिम समय के लिए उसने अपने हृदय को खूब मजबूत और अपनी कटार को खूब तेज कर रखा था। उसने निश्चय कर लिया था कि इसका एक वार उन पर होगा, दूसरा अपने कलेजे पर और इस प्रकार यह पाप-कांड समाप्त हो जायगा। लेकिन राणा की नम्रता, उनकी करुणात्मक विवेचना और उनके विनीत भाव ने प्रभा को शांत कर दिया। आग पानी से बुझ जाती है। राणा कुछ देर वहाँ बैठे रहे, फिर उठ कर चले गये।

4

प्रभा को चित्तौड़ में रहते दो महीने गुजर चुके हैं। राणा उसके पास फिर न आये। इस बीच में उनके विचारों में कुछ अंतर हो गया है। झालावाड़ पर आक्रमण होने के पहले मीराबाई को इसकी बिल्कुल खबर न थी। राणा ने इस प्रस्ताव को गुप्त रखा था। किंतु अब मीराबाई प्रायः उन्हें इस दुराग्रह पर लज्जित किया करती है और धीरे-धीरे राणा को भी विश्वास होने लगा है कि प्रभा इस तरह काबू में नहीं आ सकती। उन्होंने उसके सुख-विलास की सामग्री एकत्र करने में कोई कसर नहीं रख छोड़ी थी। लेकिन प्रभा उनकी तरफ आँख उठा कर भी नहीं देखती। राणा प्रभा की लौंडियों से नित्य का समाचार पूछा करते हैं और उन्हें रोज वही निराशापूर्ण वृत्तांत सुनायी देता है। मुरझायी हुई कली किसी भाँति नहीं खिलती। अतएव उनको कभी-कभी अपने इस दुस्साहस पर पश्चात्ताप होता है। वे पछताते हैं कि मैंने व्यर्थ ही यह अन्याय किया। लेकिन फिर प्रभा का अनुपम सौंदर्य नेत्रों के सामने आ जाता है और वह अपने मन को इस विचार से समझा लेते हैं कि एक सगर्वा सुंदरी का प्रेम इतनी जल्दी परिवर्तित नहीं हो सकता। निस्संदेह मेरा मृदु व्यवहार भी कभी न कभी अपना प्रभाव दिखलायेगा।

प्रभा सारे दिन अकेली बैठी-बैठी उकताती और झुंझलाती थी। उसके विनोद के निमित्त कई गानेवाली स्त्रियाँ नियुक्त थीं; किंतु राग-रंग से उसे अरुचि हो गयी। वह प्रतिक्षण चिंताओं में डूबी रहती थी।

राणा के नम्र भाषण का प्रभाव अब मिट चुका था और उसकी अमानुषिक वृत्ति अब फिर अपने यथार्थ रूप में दिखायी देने लगी थी। वाक्यचतुरता शांतिकारक नहीं होती। वह केवल निरुत्तर कर देती है ! प्रभा को अब अपने अवाक् हो जाने पर आश्चर्य होता है। उसे राणा की बातों के उत्तर भी सूझने लगे हैं। वह कभी-कभी उनसे लड़ कर अपनी किस्मत का फैसला करने के लिए विकल हो जाती है।

मगर अब वाद-विवाद किस काम का ? वह सोचती है कि मैं रावसाहब की कन्या हूँ; पर संसार की दृष्टि में राणा की रानी हो चुकी। अब यदि मैं इस कैद से छूट भी जाऊँ तो मेरे लिए कहाँ ठिकाना है ? मैं कैसे मुँह दिखाऊँगी ? इससे केवल मेरे वंश का ही नहीं, वरन् समस्त राजपूत-जाति का नाम डूब जायगा। मंदार-कुमार मेरे सच्चे प्रेमी हैं। मगर क्या वे मुझे अंगीकार करेगें ? और यदि वे निंदा की परवाह न करके मुझे ग्रहण भी कर लें तो उनका मस्तक सदा के लिए नीचा हो जायगा और कभी न कभी

उनका मन मेरी तरफ से फिर जायगा। वे मुझे अपने कुल का कलंक समझने लगेंगे। या यहाँ से किसी तरह भाग जाऊँ ? लेकिन भाग कर जाऊँ कहाँ ? बाप के घर ? वहाँ अब मेरी पैठ नहीं। मंदार-कुमार के पास ? इसमें उनका अपमान है और मेरा भी। तो क्या भिखारिणी बन जाऊँ ? इसमें भी जग-हँसाई होगी और न जाने प्रबल भावी किस मार्ग पर ले जाय। एक अबला स्त्री के लिए सुंदरता प्राणघातक यंत्र से कम नहीं। ईश्वर, वह दिन न आये कि मैं क्षत्रिय-जाति का कलंक बनूँ। क्षत्रिय-जाति ने मर्यादा के लिए पानी की तरह रक्त बहाया है। उनकी हजारों देवियाँ पर-पुरुष का मुँह देखने के भय से सूखी लकड़ी के समान जल मरी हैं। ईश्वर, वह घड़ी न आये कि मेरे कारण किसी राजपूत का सिर लज्जा से नीचा हो। नहीं, मैं इसी कैद में मर जाऊँगी। राणा के अन्याय सहूँगी, जलूँगी, मरूँगी, पर इसी घर में। विवाह जिससे होना था, हो चुका। हृदय में उसकी उपासना करूँगी, पर कंठ के बाहर उसका नाम न निकालूँगी।

एक दिन झुँझला कर उसने राणा को बुला भेजा। वे आये। उनका चेहरा उतरा था। वे कुछ चिंतित-से थे। प्रभा कुछ कहना चाहती थी पर उनकी सूरत देख कर उसे उन पर दया आ गयी। उन्होंने उसे बात करने का अवसर न दे कर स्वयं कहना शुरू किया।

"प्रभा तुमने आज मुझे बुलाया है। यह मेरा सौभाग्य है। तुमने मेरी सुधि तो ली मगर यह मत समझो कि मैं मृदु-वाणी सुनने की आशा ले कर आया हूँ। नहीं, मैं जानता हूँ, जिसके लिए तुमने मुझे बुलाया है। यह लो, तुम्हारा अपराधी तुम्हारे सामने खड़ा है। उसे जो दंड चाहो, दो। मुझे अब तक आने का साहस न हुआ। इसका कारण यही दंड-भय था। तुम क्षत्राणी हो और क्षत्राणियाँ क्षमा करना नहीं जानतीं। झालावाड़ में जब तुम मेरे साथ आने पर स्वयं उद्यत हो गयीं, तो मैंने उसी क्षण तुम्हारे जौहर परख लिये। मुझे मालूम हो गया कि तुम्हारा हृदय बल और विश्वास से भरा हुआ है। उसे काबू में लाना सहज नहीं। तुम नहीं जानतीं कि यह एक मास मैंने किस तरह काटा है। तड़प-तड़प कर मर रहा हूँ, पर जिस तरह शिकारी बिफरी हुई सिंहनी के सम्मुख जाने से डरता है, वही दशा मेरी थी। मैं कई बार आया। यहाँ तुमको उदास तिउरियाँ चढ़ाये बैठे देखा। मुझे अंदर पैर रखने का साहस न हुआ; मगर आज मैं बिना बुलाया मेहमान नहीं हूँ। तुमने मुझे बुलाया है और तुम्हें अपने मेहमान का स्वागत करना चाहिए। हृदय से न सही—जहाँ अग्नि प्रज्ज्वलित हो, वहाँ ठंडक कहाँ—बातों ही से सही, अपने भावों को दबा कर ही सही, मेहमान का स्वागत करो। संसार में शत्रु का आदर मित्रों से भी अधिक किया जाता है।

"प्रभा, एक क्षण के लिए क्रोध को शांत करो और मेरे अपराधों पर विचार करो। तुम मेरे ऊपर यही दोषारोपण कर सकती हो कि मैं तुम्हें माता-पिता की गोद से छीन लाया। तुम जानती हो, कृष्ण भगवान् रुक्मिणी को हर लाये थे। राजपूतों में यह कोई नयी बात नहीं है। तुम कहोगी, इससे झालावाड़वालों का अपमान हुआ; पर ऐसा कहना कदापि ठीक नहीं। झालावाड़वालों ने वही किया, जो मर्दों का धर्म था। उनका पुरुषार्थ

देख कर हम चकित हो गये। यदि वे कृतकार्य नहीं हुए तो यह उनका दोष नहीं है। वीरों की सदैव जीत नहीं होती। हम इसलिए सफल हुए कि हमारी संख्या अधिक थी और इस काम के लिए तैयार हो कर गये थे। वे निश्शंक थे, इस कारण उनकी हार हुई। यदि हम वहाँ से शीघ्र ही प्राण बचा कर भाग न आते तो हमारी गति वही होती जो रावसाहब ने कही थी। एक भी चित्तौड़ी न बचता। लेकिन ईश्वर के लिए यह मत सोचो कि मैं अपने अपराध के दूषण को मिटाना चाहता हूँ। नहीं, मुझसे अपराध हुआ है और मैं हृदय से उस पर लज्जित हूँ। पर अब तो जो कुछ होना था, हो चुका। अब इस बिगड़े हुए खेल को मैं तुम्हारे ऊपर छोड़ता हूँ। यदि मुझे तुम्हारे हृदय में कोई स्थान मिले तो मैं उसे स्वर्ग समझूँगा। डूबते हुए को तिनके का सहारा भी बहुत है। क्या यह संभव है ?''

प्रभा बोली—नहीं।

राणा—झालावाड़ जाना चाहती हो ?

प्रभा—नहीं।

राणा—मंदार के राजकुमार के पास भेज दूँ ?

प्रभा—कदापि नहीं।

राणा—लेकिन मुझसे यह तुम्हारा कुढ़ना देखा नहीं जाता।

प्रभा—आप इस कष्ट से शीघ्र ही मुक्त हो जायँगे।

राणा ने भयभीत दृष्टि से देख कर कहा, ''जैसी तुम्हारी इच्छा'', और वे वहाँ से उठ कर चले गये।

5

दस बजे रात का समय था। रणछोड़ जी के मन्दिर में कीर्तन समाप्त हो चुका था और वैष्णव साधु बैठे हुए प्रसाद पा रहे थे। मीरा स्वयं अपने हाथ से थाल ला-ला कर उनके आगे रखती थी। साधुओं और अभ्यागतों के आदर-सत्कार में उस देवी को आत्मिक आनन्द प्राप्त होता था। साधुगण जिस प्रेम से भोजन करते थे, उससे यह शंका होती थी कि स्वादपूर्ण वस्तुओं में कहीं भक्ति-भजन से भी अधिक सुख तो नहीं है। यह सिद्ध हो चुका है कि ईश्वर की दी हुई वस्तुओं का सदुपयोग ही ईश्वरोपासना की मुख्य रीति है। इसीलिए ये महात्मा लोग उपासना के ऐसे अच्छे अवसरों को क्यों खोते ? वे कभी पेट पर हाथ फेरते और कभी आसन बदलते थे। मुँह से 'नहीं' कहना तो वे घोर पाप के समान समझते थे। यह भी मानी हुई बात है कि जैसी वस्तुओं का हम सेवन करते हैं, वैसी ही आत्मा भी बनती है। इसलिए वे महात्मागण घी और खोये से उदर को खूब भर रहे थे।

पर उन्हीं में एक महात्मा ऐसे भी थे जो आँखें बंद किये ध्यान में मग्न थे। थाल की ओर ताकते भी न थे। इनका नाम प्रेमानन्द था। ये आज ही आये थे। इनके चेहरे पर कांति झलकती थी। अन्य साधु खा कर उठ गये, परंतु उन्होंने थाल छुआ भी नहीं।

मीरा ने हाथ जोड़ कर कहा—महाराज, आपने प्रसाद को छुआ भी नहीं। दासी से कोई अपराध तो नहीं हुआ ?

साधु—नहीं, इच्छा नहीं थी।

मीरा—पर मेरी विनय आपको माननी पड़ेगी।

साधु—मैं तुम्हारी आज्ञा का पालन करूँगा, तो तुमको भी मेरी एक बात माननी होगी।

मीरा—कहिए क्या आज्ञा है।

साधु—माननी पड़ेगी।

मीरा—मानूँगी।

साधु—वचन देती हो ?

मीरा—वचन देती हूँ, आप प्रसाद पायें।

मीराबाई ने समझा था कि साधु कोई मन्दिर बनवाने या कोई यज्ञ पूर्ण करा देने की याचना करेगा। ऐसी बातें नित्य प्रति हुआ ही करती थीं और मीरा का सर्वस्व साधु-सेवा के लिए अर्पित था; परन्तु उसके लिए साधु ने ऐसी कोई याचना न की। वह मीरा के कानों के पास मुँह ले जा कर बोला—आज दो घंटे के बाद राज-भवन का चोर दरवाजा खोल देना।

मीरा विस्मित हो कर बोली—आप कौन हैं ?

साधु—मंदार का राजकुमार।

मीरा ने राजकुमार को सिर से पाँव तक देखा। नेत्रों में आदर की जगह घृणा थी। कहा—राजपूत यों छल नहीं करते।

राजकुमार—यह नियम उस अवस्था के लिए है जब दोनों पक्ष समान शक्ति रखते हों।

मीरा—ऐसा नहीं हो सकता।

राजकुमार—आपने वचन दिया है, उसका पालन करना होगा।

मीरा—महाराज की आज्ञा के सामने मेरे वचन का कोई महत्त्व नहीं।

राजकुमार—मैं यह कुछ नहीं जानता। यदि आपको अपने वचन की कुछ भी मर्यादा रखनी है तो उसे पूरा कीजिए।

मीरा—(सोच कर) महल में जा कर क्या करोगे ?

राजकुमार—नयी रानी से दो-दो बातें।

मीरा चिंता में विलीन हो गयी। एक तरफ राणा की कड़ी आज्ञा थी और दूसरी तरफ अपना वचन और उसका पालन करने का परिणाम। कितनी ही पौराणिक घटनाएँ उसके सामने आ रही थीं। दशरथ ने वचन पालने के लिए अपने प्रिय पुत्र को वनवास दे दिया। मैं वचन दे चुकी हूँ। उसे पूरा करना मेरा परम धर्म है; लेकिन पति की आज्ञा को कैसे तोड़ूँ ? यदि उनकी आज्ञा के विरुद्ध करती हूँ तो लोक और परलोक दोनों बिगड़ते हैं। क्यों न उनसे स्पष्ट कह दूँ। क्या वे मेरी यह प्रार्थना स्वीकार न करेंगे ?

मैंने आज तक उनसे कुछ नहीं माँगा। आज उनसे यह दान मागूँगी। क्या वे मेरे वचन की मर्यादा की रक्षा न करेंगे ? उनका हृदय कितना विशाल है ! निस्संदेह वे मुझ पर वचन तोड़ने का दोष न लगने देंगे।

इस तरह मन में निश्चय करके वह बोली—कब खोल दूँ ?

राजकुमार ने उछल कर कहा—आधी रात को।

मीरा—मैं स्वयं तुम्हारे साथ चलूँगी।

राजकुमार—क्यों ?

मीरा—तुमने मेरे साथ छल किया है। मुझे तुम्हारा विश्वास नहीं है।

राजकुमार ने लज्जित हो कर कहा—अच्छा, तो आप द्वार पर खड़ी रहियेगा।

मीरा—यदि फिर कोई दगा किया तो जान से हाथ धोना पड़ेगा।

राजकुमार—मैं सब कुछ सहने के लिए तैयार हूँ।

6

मीरा यहाँ से राणा की सेवा में पहुँची। वे उसका बहुत आदर करते थे। वे खड़े हो गये। इस समय मीरा का आना एक असाधारण बात थी। उन्होंने पूछा—बाई जी, क्या आज्ञा है ?

मीरा—आपसे भिक्षा माँगने आयी हूँ। निराश न कीजिएगा। मैंने आज तक आपसे कोई विनती नहीं की; पर आज एक ब्रह्म-फाँस में फँस गयी हूँ। इसमें से मुझे आप ही निकाल सकते हैं ? मंदार के राजकुमार को तो आप जानते हैं ?

राणा—हाँ, अच्छी तरह।

मीरा—आज उसने मुझे बड़ा धोखा दिया। एक वैष्णव महात्मा का रूप धारण कर रणछोड़ जी के मंदिर में आया और उसने छल करके मुझे वचन देने पर बाध्य किया। मेरा साहस नहीं होता कि उसकी कपट विनय आपसे कहूँ।

राणा—प्रभा से मिला देने को तो कहा ?

मीरा—जी हाँ, उसका अभिप्राय वही है। लेकिन सवाल यह है कि मैं आधी रात को राजमहल का गुप्त द्वार खोल दूँ। मैंने उसे बहुत समझाया; बहुत धमकाया; पर वह किसी भाँति न माना। निदान विवश हो कर जब मैंने कह दिया तब उसने प्रसाद पाया, अब मेरे वचन की लाज आपके हाथ है। आप चाहे उसे पूरा करके मेरा मान रखें, चाहे उसे तोड़ कर मेरा मान तोड़ दें। आप मेरे ऊपर जो कृपादृष्टि रखते हैं, उसी के भरोसे मैंने वचन दिया। अब मुझे इस फंदे से उबारना आपका काम है।

राणा कुछ देर सोच कर बोले—तुमने वचन दिया है, उसका पालन करना मेरा कर्त्तव्य है। तुम देवी हो, तुम्हारे वचन नहीं टल सकते। द्वार खोल दो। लेकिन यह उचित नहीं है कि वह अकेले प्रभा से मुलाकात करे। तुम स्वयं उसके साथ जाना। मेरी खातिर से इतना कष्ट उठाना। मुझे भय है कि वह उसकी जान लेने का इरादा करके न आया हो। ईर्ष्या में मनुष्य अंधा हो जाता है। बाई जी, मैं अपने हृदय की बात तुमसे

कहता हूँ। मुझे प्रभा को हर लाने का अत्यंत शोक है। मैंने समझा था कि यहाँ रहते-रहते वह हिल-मिल जायगी; किंतु वह अनुमान गलत निकला। तुझे भय है कि यदि उसे कुछ दिन यहाँ और रहना पड़ा तो वह जीती न बचेगी। मुझ पर एक अबला की हत्या का अपराध लग जायगा। मैंने उससे झालावाड़ जाने के लिए कहा, पर वह राजी न हुई। आज तुम उन दोनों की बातें सुनो। अगर वह मंदार कुमार के साथ जाने पर राजी हो, तो मैं प्रसन्नतापूर्वक अनुमति दे दूँगा। मुझसे कुढ़ना नहीं देखा जाता। ईश्वर इस सुंदरी का हृदय मेरी ओर फेर देता तो मेरा जीवन सफल हो जाता। किंतु जब यह सुख भाग्य में लिखा ही नहीं है तो क्या वश है। मैंने तुमसे ये बातें कही, इसके लिये मुझे क्षमा करना। तुम्हारे पवित्र हृदय में ऐसे विषयों के लिए स्थान कहाँ ?

मीरा ने आकाश की ओर संकोच से देख कर कहा—तो मुझे आज्ञा है ? मैं चोर-द्वार खोल दूँ ?

राणा—तुम इस घर की स्वामिनी हो, मुझसे पूछने की जरूरत नहीं। मीरा राणा को प्रणाम कर चली गयी।

7

आधी रात बीत चुकी थी। प्रभा चुपचाप बैठी दीपक की ओर देख रही थी और सोचती थी, इसके घुलने से प्रकाश होता है; यह बत्ती अगर जलती है तो दूसरों को लाभ पहुँचाती है। मेरे जलने से किसी को क्या लाभ ? मैं क्यों घुलूँ ? मेरे जीने की जरूरत है ?

उसने फिर खिड़की से सिर निकाल कर आकाश की तरफ देखा। काले पट पर उज्ज्वल तारे जगमगा रहे थे। प्रभा ने सोचा, मेरे अंधकारमय भाग्य में ये दीप्तिमान तारे कहाँ हैं, मेरे लिए जीवन के सुख कहाँ हैं ? क्या रोने के लिए जीऊँ ? ऐसे जीने से क्या लाभ ? और जीने में उपहास भी तो है। मेरे मन का हाल कौन जानता है ? संसार मेरी निंदा करता होगा। झालावाड़ की स्त्रियाँ मेरे मृत्यु के शुभ समाचार सुनने की प्रतीक्षा कर रही होंगी। मेरी प्रिय माता लज्जा से आँखें न उठा सकती होंगी। लेकिन जिस समय मेरे मरने की खबर मिलेगी, गर्व से उनका मस्तक ऊँचा हो जायगा। यह बेहयाई का जीना है। ऐसे जीने से मरना कहीं उत्तम है।

प्रभा ने तकिये के नीचे से एक चमकती हुई कटार निकाली। उसके हाथ काँप रहे थे। उसने कटार की तरफ आँखें जमायीं। हृदय को उसके अभिवादन के लिए मजबूत किया। हाथ उठाया, किन्तु हाथ न उठा; आत्मा दृढ़ न थी। आँखें झपक गयीं। सिर में चक्कर आ गया। कटार हाथ से छूट कर जमीन पर गिर पड़ी।

प्रभा क्रुद्ध हो कर सोचने लगी—क्या मैं वास्तव में निर्लज्ज हूँ ? मैं राजपूतनी हो कर मरने से डरती हूँ ? मान-मर्यादा खो कर बेहया लोग ही जिया करते हैं। वह कौन-सी आकांक्षा है जिसने मेरी आत्मा को इतना निर्बल बना रखा है। क्या राणा की मीठी-मीठी बातें ? राणा मेरे शत्रु हैं। उन्होंने मुझे पशु समझ रखा है, जिसे फँसाने के

पश्चात् हम पिंजरे में बंद करके हिलाते हैं। उन्होंने मेरे मन को अपनी वाक्य-मधुरता का क्रीड़ा-स्थल समझ लिया है। वे इस तरह घुमा-घुमा कर बातें करते हैं और मेरी तरफ से युक्तियाँ निकाल कर उनका ऐसा उत्तर देते हैं कि जबान ही बंद हो जाती है। हाय ! निर्दयी ने मेरा जीवन नष्ट कर दिया और मुझे यों खेलाता है ! क्या इसीलिए जीऊँ कि उसके कपट भावों का खिलौना बनूँ ?

फिर वह कौन-सी अभिलाषा है ? क्या राजकुमार का प्रेम ? उनकी तो अब कल्पना ही मेरे लिए घोर पाप है। मैं अब उस देवता के योग्य नहीं हूँ, प्रियतम ! बहुत दिन हुए मैंने तुमको हृदय से निकाल दिया। तुम भी मुझे दिल से निकाल डालो। मृत्यु के सिवाय अब कहीं मेरा ठिकाना नहीं है। शंकर ! मेरी निर्बल आत्मा को शक्ति प्रदान करो। मुझे कर्त्तव्य-पालन का बल दो।

प्रभा ने फिर कटार निकाली। इच्छा दृढ़ थी। हाथ उठा और निकट था कि कटार उसके शोकातुर हृदय में चुभ जाय कि इतने में किसी के पाँव की आहट सुनायी दी। उसने चौंक कर सहमी दृष्टि से देखा। मंदार कुमार धीरे-धीरे पैर दबाता हुआ कमरे में दाखिल हुआ।

8

प्रभा उसे देखते ही चौंक पड़ी। उसने कटार को छिपा लिया। राजकुमार को देख कर उसे आनन्द की जगह रोमांचकारी भय उत्पन्न हुआ। यदि किसी को जरा भी संदेह हो गया तो इनका प्राण बचना कठिन है। इनको तुरंत यहाँ से निकल जाना चाहिए। यदि इन्हें बातें करने का अवसर दूँ तो विलम्ब होगा और फिर ये अवश्य ही फँस जायेंगे। राणा इन्हें कदापि न छोड़ेंगे। वे विचार वायु और बिजली की व्यग्रता के साथ उसके मस्तिष्क में दौड़े। वह तीव्र स्वर में बोली–भीतर मत आओ।

राजकुमार ने पूछा–मुझे पहचाना नहीं ?

प्रभा–खूब पहचान लिया; किन्तु यह बातें करने का समय नहीं है। राणा तुम्हारी घात में हैं। अभी यहाँ से चले जाओ।

राजकुमार ने एक पग और आगे बढ़ाया और निर्भीकता से कहा–प्रभा, तुम मुझसे निष्ठुरता करती हो।

प्रभा ने धमका कर कहा–तुम यहाँ ठहरोगे तो मैं शोर मचा दूँगी।

राजकुमार ने उद्दंडता से उत्तर दिया–इसका मुझे भय नहीं। मैं अपनी जान हथेली पर रख कर आया हूँ। आज दोनों में से एक का अंत हो जायगा। या तो राणा रहेंगे या मैं रहूँगा। तुम मेरे साथ चलोगी ?

प्रभा ने दृढ़ता से कहा–नहीं।

राजकुमार व्यंग्य भाव से बोला–क्यों, क्या चित्तौड़ की जलवायु पसंद आ गयी ?

प्रभा ने राजकुमार की ओर तिरस्कृत नेत्रों से देख कर कहा–संसार में अपनी सब आशाएँ पूरी नहीं होतीं। जिस तरह यहाँ मैं अपना जीवन काट रही हूँ, वह मैं ही जानती

हूँ; किन्तु लोक-निंदा भी तो कोई चीज है ! संसार की दृष्टि में मैं चित्तौड़ की रानी हो चुकी। अब राणा जिस भाँति रखें उसी भाँति रहूँगी। मैं अंत समय तक उनसे घृणा करूँगी; जलूँगी, कुढूँगी। जब जलन न सही जायगी, तो विष खा लूँगी या छाती में कटार मार कर मर जाऊँगी; लेकिन इसी भवन में। इस घर के बाहर कदापि पैर न रखूँगी।

राजकुमार के मन में संदेह हुआ कि प्रभा पर राणा का वशीकरण मंत्र चल गया। यह मुझसे छल कर रही है। प्रेम की जगह ईर्ष्या पैदा हुई। वह उसी भाव से बोला–और यदि मैं यहाँ से उठा ले जाऊँ ? प्रभा के तीवर बदल गये। बोली–तो मैं वही करूँगी जो ऐसी अवस्था में क्षत्राणियाँ किया करती हैं। अपने गले में छुरी मार लूँगी या तुम्हारे गले में।

राजकुमार एक पग और आगे बढ़ा कर यह कटु-वाक्य बोला–राणा के साथ तो तुम खुशी से चली आयी। उस समय छुरी कहाँ गयी थी ?

प्रभा को यह शब्द शर-सा लगा। वह तिलमिला कर बोली–उस समय इसी छुरी के एक वार से खून की नदी बहने लगती। मैं नहीं चाहती थी कि मेरे कारण मेरे भाई-बंधुओं की जान जाय। इसके सिवाय मैं कुँवारी थी। मुझे अपनी मर्यादा के भंग होने का कोई भय न था। मैंने पातिव्रत नहीं लिया। कम से कम संसार मुझे ऐसा समझता था। मैं अपनी दृष्टि में अब भी वही हूँ, किंतु संसार की दृष्टि में कुछ और हो गयी हूँ। लोक-लाज ने मुझे राणा की आज्ञाकारिणी बना दिया है। पातिव्रत की बेड़ी जबरदस्ती मेरे पैरों में डाल दी गयी है। अब इसकी रक्षा करना मेरा धर्म है। इसके विपरीत और कुछ करना क्षत्राणियों के नाम को कलंकित करना है। तुम मेरे घाव पर व्यर्थ नमक क्यों छिड़कते हो ? यह कौन-सी भलमनसी है ? मेरे भाग्य में जो कुछ बदा है, वह भोग रही हूँ। मुझे भोगने दो और तुमसे विनती करती हूँ कि शीघ्र ही यहाँ से चले जाओ।

राजकुमार एक पग और बढ़ा कर दुष्ट-भाव से बोला–प्रभा, यहाँ आ कर तुम त्रियाचरित्र में निपुण हो गयी। तुम मेरे साथ विश्वासघात करके अब धर्म की आड़ ले रही हो। तुमने मेरे प्रणय को पैरों तले कुचल दिया और अब मर्यादा का बहाना ढूँढ़ रही हो। मैं इन नेत्रों से राणा को तुम्हारे सौन्दर्य-पुष्प का भ्रमर बनते नहीं देख सकता। मेरी कामनाएँ मिट्टी में मिलती हैं तो तुम्हें ले कर जायेंगी। मेरा जीवन नष्ट होता है तो उसके पहले तुम्हारे जीवन का भी अन्त होगा। तुम्हारी बेवफाई का यही दंड है। बोलो, क्या निश्चय करती हो ? इस समय मेरे साथ चलती हो या नहीं ? किले के बाहर मेरे आदमी खड़े हैं।

प्रभा ने निर्भयता से कहा–नहीं।

राजकुमार–सोच लो, नहीं तो पछताओगी।

प्रभा–खूब सोच लिया।

राजकुमार ने तलवार खींच ली और वह प्रभा की तरफ लपके। प्रभा भय से आँखें बन्द किये एक कदम पीछे हट गयी। मालूम होता था, उसे मूर्च्छा आ जायगी।

अकस्मात् राणा तलवार लिये वेग के साथ कमरे में दाखिल हुए। राजकुमार सँभल कर खड़ा हो गया।

राणा ने सिंह के समान गरज कर कहा–दूर हट। क्षत्रिय स्त्रियों पर हाथ नहीं उठाते।

राजकुमार ने तन कर उत्तर दिया–लज्जाहीन स्त्रियों की यही सजा है।

राणा ने कहा–तुम्हारा बैरी तो मैं था। मेरे सामने आते क्यों लजाते थे। जरा मैं भी तुम्हारी तलवार की काट देखता।

राजकुमार ने ऐंठ कर राणा पर तलवार चलायी। शस्त्र-विद्या में राणा अति कुशल थे। वार खाली दे कर राजकुमार पर झपटे। इतने में प्रभा, जो मूर्च्छित अवस्था में दीवार से चिमटी खड़ी थी, बिजली की तरह कौंध कर राजकुमार के सामने खड़ी हो गयी। राणा वार कर चुके थे। तलवार का पूरा हाथ उसके कंधे पर पड़ा। रक्त की फुहार छूटने लगी। राणा ने एक ठंडी साँस ली और उन्होंने तलवार हाथ से फेंक कर गिरती हुई प्रभा को सँभाल लिया।

क्षणमात्र में प्रभा का मुखमंडल वर्ण-हीन हो गया। आँखें बुझ गयीं। दीपक ठंडा हो गया। मन्दार कुमार ने भी तलवार फेंक दी और वह आँखों में आँसू भर प्रभा के सामने घुटने टेक कर बैठ गया। दोनों प्रेमियों की आँखें सजल थीं। पतिंगे बुझे हुए दीपक पर जान दे रहे थे।

प्रेम के रहस्य निराले हैं। अभी एक क्षण हुआ राजकुमार प्रभा पर तलवार ले कर झपटा था। प्रभा किसी प्रकार उसके साथ चलने पर उद्यत न होती थी। लज्जा का भय, धर्म की बेड़ी, कर्त्तव्य की दीवार रास्ता रोके खड़ी थी। परन्तु उसे तलवार के सामने देख कर उसने उस पर अपना प्राण अर्पण कर दिया। प्रीति की प्रथा निबाह दी, लेकिन अपने वचन के अनुसार उसी घर में।

हाँ, प्रेम के रहस्य निराले हैं। अभी एक क्षण पहले राजकुमार प्रभा पर तलवार ले कर झपटा था। उसके खून का प्यासा था। ईर्ष्या की अग्नि उसके हृदय में दहक रही थी। वह रुधिर की धारा से शांत हो गयी। कुछ देर तक वह अचेत बैठा रोता रहा। फिर उठा और उसने तलवार उठा कर जोर से अपनी छाती में चुभा ली। फिर रक्त की फुहार निकली। दोनों धाराएँ मिल गयीं और उनमें कोई भेद न रहा।

प्रभा उसके साथ चलने पर राजी न थी। किंतु वह प्रेम के बन्धन को तोड़ न सकी। दोनों उस घर ही से नहीं, संसार से एक साथ सिधारे।

मृत्यु के पीछे

बाबू ईश्वरचंद्र को समाचारपत्रों में लेख लिखने की चाट उन्हीं दिनों पड़ी जब वे विद्याभ्यास कर रहे थे। नित्य नये विषयों की चिंता में लीन रहते। पत्रों में अपना नाम

देख कर उन्हें उससे कहीं ज्यादा खुशी होती थी जितनी परीक्षाओं में उत्तीर्ण होने या कक्षा में उच्च स्थान प्राप्त करने से हो सकती थी। वह अपने कालेज के "गरम-दल" के नेता थे। समाचारपत्रों में परीक्षापत्रों की जटिलता या अध्यापकों के अनुचित व्यवहार की शिकायत का भार उन्हीं के सिर था। इससे उन्हें कालेज में प्रतिनिधित्व का काम मिल गया। प्रतिरोध के प्रत्येक अवसर पर उन्हीं के नाम नेतृत्व की गोटी पड़ जाती थी। उन्हें विश्वास हो गया कि मैं इस परिमित क्षेत्र से निकल कर संसार के विस्तृत क्षेत्र में अधिक सफल हो सकता हूँ। सार्वजनिक जीवन को वह अपना भाग्य समझ बैठे थे। कुछ ऐसा संयोग हुआ कि अभी एम.ए. परीक्षार्थियों में उनका नाम निकलने भी न पाया था कि 'गौरव' के सम्पादक महोदय ने वानप्रस्थ लेने की ठानी और पत्रिका का भार ईश्वरचंद्र दत्त के सिर पर रखने का निश्चय किया। बाबू जी को यह समाचार मिला तो उछल पड़े। धन्य भाग्य कि मैं इस सम्मानित पद के योग्य समझा गया ! इसमें संदेह नहीं कि वह इस दायित्व के गुरुत्व से भली-भाँति परिचित थे, लेकिन कीर्तिलाभ के प्रेम ने उन्हें बाधक परिस्थितियों का सामना करने पर उद्यत कर दिया। वह इस व्यवसाय में स्वातंत्र्य, आत्मगौरव, अनुशीलन और दायित्व की मात्रा को बढ़ाना चाहते थे। भारतीय पत्रों को पश्चिम के आदर्श पर चलाने के इच्छुक थे। इन इरादों के पूरा करने का सुअवसर हाथ आया। वे प्रेमोल्लास से उत्तेजित हो कर नाली में कूद पड़े।

2

ईश्वरचंद्र की पत्नी एक ऊँचे और धनाढ्य कुल की लड़की थी और वह ऐसे कुलों की मर्यादप्रियता तथा मिथ्या गौरवप्रेम से सम्पन्न थी। यह समाचार पा कर डरी की पति महाशय कहीं इस झंझट में फँस कर कानून से मुँह न मोड़ लें। लेकिन जब बाबू साहब ने आश्वासन दिया कि यह कार्य उनके कानून के अभ्यास में बाधक न होगा, तो कुछ न बोली।

लेकिन ईश्वरचंद्र को बहुत जल्द मालूम हो गया कि पत्र सम्पादन एक बहुत ही ईर्ष्यायुक्त कार्य है, जो चित्त की समग्र वृत्तियों का अपहरण कर लेता है। उन्होंने इसे मनोरंजन का एक साधन और ख्यातिलाभ का एक यंत्र समझा था। उसके द्वारा जाति की कुछ सेवा करना चाहते थे। उससे द्रव्योपार्जन का विचार तक न किया था। लेकिन नौका में बैठ कर उन्हें अनुभव हुआ कि यात्रा उतनी सुखद नहीं है जितनी समझी थी। लेखों के संशोधन, परिवर्धन और परिवर्तन, लेखकगण से पत्र-व्यवहार और चित्ताकर्षक विषयों की खोज और सहयोगियों से आगे बढ़ जाने की चिंता में उन्हें कानून का अध्ययन करने का अवकाश ही न मिलता था। सुबह को किताबें खोल कर बैठते कि 100 पृष्ठ समाप्त किये बिना कदापि न उठूँगा, किन्तु ज्यों ही डाक का पुलिंदा आ जाता, वे अधीर हो कर उस पर टूट पड़ते, किताब खुली की खुली रह जाती थी। बार-बार संकल्प करते कि अब नियमित रूप से पुस्तकावलोकन करूँगा और एक निर्दिष्ट समय से अधिक सम्पादनकार्य में न लगाऊँगा। लेकिन पत्रिकाओं का बंडल

सामने आते ही दिल काबू के बाहर हो जाता। पत्रों के नोक-झोंक, पत्रिकाओं के तर्क-वितर्क, आलोचना-प्रत्यालोचना, कवियों के काव्यचमत्कार, लेखकों का रचनाकौशल इत्यादि सभी बातें उन पर जादू का काम करतीं। इस पर छपाई की कठिनाइयाँ, ग्राहक-संख्या बढ़ाने की चिंता और पत्रिका को सर्वांग-सुंदर बनाने की आकांक्षा और भी प्राणों को संकट में डाले रहती थी। कभी-कभी उन्हें खेद होता कि व्यर्थ ही इस झमेले में पड़ा; यहाँ तक कि परीक्षा के दिन सिर पर आ गये और वे इसके लिए बिलकुल तैयार न थे। वे उसमें सम्मिलित न हुए। मन को समझाया कि अभी इस काम का श्रीगणेश है, इसी कारण यह सब बाधाएँ उपस्थित होती हैं। अगले वर्ष यह काम एक सुव्यवस्थित रूप में आ जायगा और तब मैं निश्चिंत हो कर परीक्षा में बैठूँगा ! पास कर लेना क्या कठिन है। ऐरो बुद्धू पास हो जाते हैं जो एक सीधा-सा लेख भी नहीं लिख सकते, तो क्या मैं ही रह जाऊँगा ? मानकी ने उनकी यह बातें सुनीं तो खूब दिल के फफोले फोड़े–'मैं तो जानती थी कि यह धुन तुम्हें मटियामेट कर देगी। इसलिए बार-बार रोकती थी; लेकिन तुमने मेरी एक न सुनी। आप तो डूबे ही, मुझे भी ले डूबे।' उनके पूज्य पिता भी बिगड़े, हितैषियों ने भी समझाया–'अभी इस काम को कुछ दिनों के लिए स्थगित कर दो, कानून में उत्तीर्ण हो कर निर्द्वंद्व देशोद्धार में प्रवृत्त हो जाना।' लेकिन ईश्वरचंद्र एक बार मैदान में आ कर भागना निंद्य समझते थे। हाँ, उन्होंने दृढ़ प्रतिज्ञा की कि दूसरे साल परीक्षा के लिए तन-मन से तैयारी करूँगा। अतएव नये वर्ष के पदार्पण करते ही उन्होंने कानून की पुस्तकें संग्रह कीं, पाठ्यक्रम निश्चित किया, रोजनामचा लिखने लगे और अपने चंचल और बहानेबाज़ चित्त को चारों ओर से जकड़ा, मगर चटपटे पदार्थों का आस्वादन करने के बाद सरल भोजन कब रुचिकर होता है ! कानून में वे घातें कहाँ, वह उन्माद कहाँ, वे चोटें कहाँ, वह उत्तेजना कहाँ, वह हलचल कहाँ ! बाबू साहब अब नित्य एक खोयी हुई दशा में रहते। जब तक अपने इच्छानुकूल काम करते थे, चौबीस घंटों में घंटे दो घंटे कानून भी देख लिया करते थे। इस नशे ने मानसिक शक्तियों को शिथिल कर दिया। स्नायु निर्जीव हो गये। उन्हें ज्ञात होने लगा कि अब मैं कानून के लायक नहीं रहा और इस ज्ञान ने कानून के प्रति उदासीनता का रूप धारण किया। मन में संतोषवृत्ति का प्रादुर्भाव हुआ। प्रारब्ध और पूर्वसंस्कार के सिद्धांतों की शरण लेने लगे।

एक दिन मानकी ने कहा–यह क्या बात है ? क्या कानून से फिर जी उचाट हुआ ?

ईश्वरचंद्र ने दुस्साहसपूर्ण भाव से उत्तर दिया–हाँ भई, मेरा जी उससे भागता है।

मानकी ने व्यंग्य से कहा–बहुत कठिन है ?

ईश्वरचंद्र–कठिन नहीं है, और कठिन भी होता तो मैं उससे डरने वाला न था, लेकिन मुझे वकालत का पेशा ही पतित प्रतीत होता है। ज्यों-ज्यों वकीलों की आंतरिक दशा का ज्ञान होता है, मुझे उस पेशे से घृणा होती जाती है। इसी शहर में सैकड़ों वकील और बैरिस्टर पड़े हुए हैं, लेकिन एक व्यक्ति भी ऐसा नहीं जिसके हृदय में दया हो, जो

स्वार्थपरता के हाथों बिक न गया हो। छल और धूर्तता इस पेशे को मूलतत्त्व है। इसके बिना किसी तरह निर्वाह नहीं। अगर कोई महाशय जातीय आंदोलन में शरीक भी होते हैं, तो स्वार्थसिद्धि करने के लिए, अपना ढोल पीटने के लिए। हम लोगों का समग्र जीवन वासना-भक्ति पर अर्पित हो जाता है। दुर्भाग्य से हमारे देश का शिक्षित समुदाय इसी दरगाह का मुजावर होता जाता है और यही कारण है कि हमारी जातीय संस्थाओं की श्रीवृद्धि नहीं होती। जिस काम में हमारा दिल न हो; हम केवल ख्याति और स्वार्थ-लाभ के लिए उसके कर्णधार बने हुए हों, वह कभी नहीं हो सकता। वर्तमान सामाजिक व्यवस्था का अन्याय है जिसने इस पेशे को इतना उच्च स्थान प्रदान कर दिया है। यह विदेशी सभ्यता का निकृष्टतम स्वरूप है कि देश का बुद्धिबल स्वयं धनोपार्जन न करके दूसरों की पैदा की हुई दौलत पर चैन करना, शहद की मक्खी न बन कर, चींटी बनना अपने जीवन का लक्ष्य समझता है।

मानकी चिढ़ कर बोली—पहले तुम वकीलों की इतनी निंदा न करते थे !

ईश्वरचंद्र ने उत्तर दिया—तब अनुभव न था। बाहरी टीमटाम ने वशीकरण कर दिया था।

मानकी—क्या जाने तुम्हें पत्रों से क्यों इतना प्रेम है, मैं जिसे देखती हूँ, अपनी कठिनाइयों का रोना रोते हुए पाती हूँ। कोई अपने ग्राहकों से नये ग्राहक बनाने का अनुरोध करता है, कोई चंदा न वसूल होने की शिकायत करता है। बता दो कि कोई उच्च शिक्षा प्राप्त मनुष्य कभी इस पेशे में आया है। जिसे कुछ नहीं सूझती, जिसके पास न कोई सनद हो, न कोई डिग्री, वही पत्र निकाल बैठता है और भूखों मरने की अपेक्षा रूखी रोटियों पर ही संतोष करता है। लोग विलायत जाते हैं, वहाँ कोई डाक्टरी पढ़ता है, कोई इंजीनियरी, कोई सिविल सर्विस, लेकिन आज तक न सुना कि कोई एडीटरी का काम सीखने गया। क्यों सीखे ? किसी को क्या पड़ी है कि जीवन की महत्त्वाकांक्षाओं को खाक में मिला कर त्याग और विराग में उम्र काटे ? हाँ, जिनको सनक सवार हो गयी हो, उनकी बात निराली है।

ईश्वरचंद्र—जीवन का उद्देश्य केवल धन-संचय करना ही नहीं है।

मानकी—अभी तुमने वकीलों की निंदा करते हुए कहा, यह लोग दूसरों की कमाई खा कर मोटे होते हैं। पत्र चलानेवाले भी तो दूसरों की ही कमाई खाते हैं।

ईश्वरचंद्र ने बगलें झाँकते हुए कहा—हम लोग दूसरों की कमाई खाते हैं, तो दूसरों पर जान भी देते हैं। वकीलों की भाँति किसी को लूटते नहीं।

मानकी—यह तुम्हारी हठधर्मी है। वकील भी तो अपने मुवक्किलों के लिए जान लड़ा देते हैं। उनकी कमाई भी उतनी ही है, जितनी पत्रवालों की। अंतर केवल इतना है कि एक की कमाई पहाड़ी स्रोता है, दूसरे की बरसाती नाला। एक में नित्य जलप्रवाह होता है, दूसरे में नित्य धूल उड़ा करती है। बहुत हुआ, तो बरसात में घड़ी दो घड़ी के लिए पानी आ गया।

ईश्वर.—पहले तो मैं यही नहीं मानता कि वकीलों की कमाई हलाल है, और यह

मान भी लूँ तो यह किसी तरह नहीं मान सकता कि सभी वकील फूलों की सेज पर सोते हैं। अपना-अपना भाग्य सभी जगह है। कितने ही वकील हैं जो झूठी गवाहियाँ दे कर पेट पालते हैं। इस देश में समाचारपत्रों का प्रचार अभी बहुत कम है, इसी कारण पत्रसंचालकों की आर्थिक दशा अच्छी नहीं है। यूरोप और अमरीका में पत्र चला कर लोग करोड़पति हो गये हैं। इस समय संसार के सभी समुन्नत देशों के सूत्रधार या तो समाचारपत्रों के सम्पादक और लेखक हैं, या पत्रों के स्वामी। ऐसे कितने ही अरबपति हैं, जिन्होंने अपनी सम्पत्ति की नींव पत्रों पर ही खड़ी की थी...

ईश्वरचंद्र सिद्ध करना चाहते थे कि धन, ख्याति और सम्मान प्राप्त करने का पत्र-संचालन से उत्तम और कोई साधन नहीं है, और सबसे बड़ी बात तो यह है कि इस जीवन में सत्य और न्याय की रक्षा करने के सच्चे अवसर मिलते हैं; परंतु मानकी पर इस वक्तृता का जरा भी असर न हुआ। स्थूल दृष्टि को दूर की चीजें साफ नहीं दीखतीं। मानकी के सामने सफल सम्पादक का कोई उदाहरण न था।

3

16 वर्ष गुजर गये। ईश्वरचंद्र ने सम्पादकीय जगत् में खूब नाम पैदा किया, जातीय आन्दोलनों में अग्रसर हुए, पुस्तकें लिखीं, एक दैनिक पत्र निकाला, अधिकारियों के भी सम्मानपात्र हुए। बड़ा लड़का बी. ए. में जा पहुँचा, छोटे लड़के नीचे के दरजों में थे। एक लड़की का विवाह भी एक धन सम्पन्न कुल में किया है। विदित यही होता था कि उनका जीवन बड़ा ही सुखमय है; मगर उनकी आर्थिक दशा अब भी संतोषजनक न थी। खर्च आमदनी से बढ़ा हुआ था। घर की कई हजार की जायदाद हाथ से निकल गयी, इस पर बैंक का कुछ न कुछ देना सिर पर सवार रहता था। बाजार में भी उनकी साख न थी। कभी-कभी तो यहाँ तक नौबत आ जाती कि उन्हें बाजार का रास्ता छोड़ना पड़ता। अब वह अक्सर अपनी युवावस्था की अदूरदर्शिता पर अफसोस करते थे। जातीय सेवा का भाव अब भी उनके हृदय में तरंगें मारता था; लेकिन वह देखते थे कि काम तो मैं तय करता हूँ और यश वकीलों और सेठों के हिस्सों में आ जाता था। उनकी गिनती अभी तक छुट-भैयों में थी। यद्यपि सारा नगर जानता था कि यहाँ के सार्वजनिक जीवन के प्राण वही हैं, पर यह भाव कभी व्यक्त न होता था। इन्हीं कारणों से ईश्वरचंद्र को सम्पादन कार्य से अरुचि होती थी। दिनोंदिन उत्साह क्षीण होता जाता था; लेकिन इस जाल से निकलने का कोई उपाय न सूझता था। उनकी रचना में सजीवता न थी, न लेखनी में शक्ति। उनके पत्र और पत्रिका दोनों ही से उदासीनता का भाव झलकता था। उन्होंने सारा भार सहायकों पर छोड़ दिया था, खुद बहुत कम काम करते थे। हाँ, दोनों पत्रों की जड़ जम चुकी थी, इसलिए ग्राहक-संख्या कम न होने पाती थी। वे अपने नाम पर चलते थे।

लेकिन इस संघर्ष और संग्राम के काल में उदासीनता का निर्वाह कहाँ। "गौरव" के प्रतियोगी खड़े कर दिये, जिनके नवीन उत्साह ने "गौरव" से बाजी मार ली। उसका

बाजार ठंडा होने लगा। नये प्रतियोगियों का जनता ने बड़े हर्ष से स्वागत किया। उनकी उन्नति होने लगी। यद्यपि उनके सिद्धांत भी वही, लेखक भी वही, विषय भी वही थे; लेकिन आगंतुकों ने उन्हीं पुरानी बातों में नयी जान डाल दी। उनका उत्साह देख ईश्वरचंद्र को भी जोश आया कि एक बार फिर अपनी रुकी हुई गाड़ी में जोर लगायें; लेकिन न अपने में सामर्थ्य थी, न कोई हाथ बँटानेवाला नजर आता था। इधर-उधर निराश नेत्रों से देख कर हतोत्साह हो जाते थे। हा ! मैंने अपना सारा जीवन सार्वजनिक कार्यों में व्यतीत किया, खेत को बोया, सींचा, दिन को दिन और रात को रात न समझा, धूप में जला, पानी में भीगा और इतने परिश्रम के बाद जब फसल काटने के दिन आये तो मुझमें हँसिया पकड़ने का भी बूता नहीं। दूसरे लोग जिनका उस समय कहीं पता न था, अनाज काट-काट कर खलिहान भरे लेते हैं और मैं खड़ा मुँह ताकता हूँ। उन्हें पूरा विश्वास था कि अगर कोई उत्साहशील युवक मेरा शरीक हो जाता तो ''गौरव'' अब भी अपने प्रतिद्वंद्वियों को परास्त कर सकता। सभ्य-समाज में उनकी धाक जमी हुई थी, परिस्थिति उनके अनुकूल थी। जरूरत केवल ताजे खून की थी। उन्हें अपने बड़े लड़के से ज्यादा उपयुक्त इस काम के लिए और कोई न दीखता था। उसकी रुचि भी इस काम की ओर थी, पर मानकी के भय से वह इस विचार को जबान पर न ला सके थे। इसी चिंता में दो साल गुजर गये और यहाँ तक नौबत पहुँची कि या तो ''गौरव'' का टाट उलट दिया जाय या इसे पुनः अपने स्थान पर पहुँचाने के लिए कटिबद्ध हुआ जाय। ईश्वरचंद्र ने इसके पुनरुद्धार के लिए अंतिम उद्योग करने का दृढ़ निश्चय कर लिया। इसके सिवा और कोई उपाय न था। यह पत्रिका उनके जीवन का सर्वस्व थी। इससे उनके जीवन और मृत्यु का सम्बन्ध था। उसको बंद करने की वह कल्पना भी न कर सकते थे। यद्यपि उनका स्वास्थ्य अच्छा न था, पर प्राणरक्षा की स्वाभाविक इच्छा ने उन्हें अपना सब कुछ अपनी पत्रिका पर न्योछावर करने को उद्यत कर दिया। फिर दिन के दिन लिखने-पढ़ने में रत रहने लगे। एक क्षण के लिए भी सिर न उठाते। ''गौरव'' के लेखों में फिर सजीवता का उद्भव हुआ, विद्वज्जनों में फिर उसकी चर्चा होने लगी, सहयोगियों ने फिर उसके लेखों को उद्धृत करना शुरू किया, पत्रिकाओं में फिर उसकी प्रशंसासूचक आलोचनाएँ निकलने लगीं। पुराने उस्ताद की ललकार फिर अखाड़े में गूँजने लगी।

लेकिन पत्रिका के पुनः संस्कार के साथ उनका शरीर और भी जर्जर होने लगा। हृद्रोग के लक्षण दिखाई देने लगे। रक्त की न्यूनता से मुख पर पीलापन छा गया। ऐसी दशा में वह सुबह से शाम तक अपने काम में तल्लीन रहते देश, धन और श्रम का संग्राम छिड़ा हुआ था। ईश्वरचंद्र की सदय प्रकृति ने उन्हें श्रम का सपक्षी बना दिया था। धनवादियों का खंडन और प्रतिवाद करते हुए उनके खून में गरमी आ जाती थी, शब्दों से चिनगारियाँ निकलने लगती थीं; यद्यपि यह चिनगारियाँ केंद्रस्थ गरमी को छिन्न किये देती थीं।

एक दिन रात के दस बज गये थे। सरदी खूब पड़ रही थी। मानकी दबे पैर

उनके कमरे में आयी। दीपक की ज्योति में उनके मुख का पीलापन और भी स्पष्ट हो गया था। वह हाथ में कलम लिये किसी विचार में मग्न थे। मानकी के आने की उन्हें भी आहट न मिली। मानकी एक क्षण तक उन्हें वेदना-युक्त नेत्रों से ताकती रही। तब बोली, अब तो यह पोथा बंद करो। आधी रात होने को आयी। खाना पानी हुआ जाता है।'

ईश्वरचंद्र ने चौंक कर सिर उठाया और बोले—क्यों, क्या आधी रात हो गयी ? नहीं, अभी मुश्किल से दस बजे होंगे। मुझे अभी जरा भी भूख नहीं है।

मानकी—कुछ थोड़ा-सा खा लो न।

ईश्वर.—एक ग्रास भी नहीं। मुझे इसी समय अपना लेख समाप्त करना है।

मानकी—मैं देखती हूँ, तुम्हारी दशा दिन-दिन बिगड़ती जाती है। दवा क्यों नहीं करते ? जान खपा कर थोड़े ही काम किया जाता है ?

ईश्वर.—अपनी जान को देखूँ या इस घोर संग्राम को देखूँ जिसने समस्त देश में हलचल मचा रखी है। हजारों-लाखों जानों की हिमायत में एक जान न भी रहे तो क्या चिंता ?

मानकी—कोई सुयोग्य सहायक क्यों नहीं रख लेते ?

ईश्वरचंद्र ने ठंडी साँस ले कर कहा—बहुत खोजता हूँ, पर कोई नहीं मिलता। एक विचार कई दिनों से मेरे मन में उठ रहा है; अगर तुम धैर्य से सुनना चाहो, तो, कहूँ।

मानकी—कहो, सुनूँगी। मानने लायक होगी, तो मानूँगी क्यों नहीं !

ईश्वरचंद्र—मैं चाहता हूँ कि कृष्णचंद्र को अपने काम में शरीक कर लूँ। अब तो वह एम.ए. भी हो गया। इस पेशे से उसे रुचि भी है, मालूम होता है कि ईश्वर ने उसे इसी काम के लिए बनाया है।

मानकी ने अवहेलना-भाव से कहा—क्या अपने साथ उसे भी ले डूबने का इरादा है ? घर की सेवा करनेवाला भी कोई चाहिए कि सब देश की ही सेवा करेंगे ?

ईश्वर.—कृष्णचंद्र यहाँ किसी से बुरा न रहेगा।

मानकी—क्षमा कीजिए। बाज आयी। वह कोई दूसरा काम करेगा जहाँ चार पैसे मिलें। यह घर-फूँक काम आप ही को मुबारक रहे।

ईश्वर.—वकालत में भेजोगी, पर देख लेना, पछताना पड़ेगा। कृष्णचंद्र उस पेशे के लिए सर्वथा अयोग्य है।

मानकी—वह चाहे मजूरी करे, पर इस काम में न डालूँगी।

ईश्वर.—तुमने मुझे देख कर समझ लिया कि इस काम में घाटा ही घाटा है। पर इसी देश में ऐसे भाग्यवान लोग मौजूद हैं जो पत्रों की बदौलत धन और कीर्ति से मालामाल हो रहे हैं।

मानकी—इस काम में तो अगर कंचन भी बरसे तो मैं उसे न आने दूँ। सारा जीवन वैराग्य में कट गया। अब कुछ दिन भोग भी करना चाहती हूँ।

यह जाति का सच्चा सेवक अंत को जातीय कष्टों के साथ रोग के कष्टों को न सह सका। इस वार्तालाप के बाद मुश्किल से नौ महीने गुजरे थे कि ईश्वरचंद्र ने संसार से प्रस्थान किया। उनका सारा जीवन सत्य के पोषण, न्याय की रक्षा और प्रजा-कष्टों के विरोध में कटा था। अपने सिद्धांतों के पालन में उन्हें कितनी ही बार अधिकारियों की तीव्र दृष्टि का भाजन बनना पड़ा था, कितनी ही बार जनता का अविश्वास, यहाँ तक कि मित्रों की अवहेलना भी सहनी पड़ी थी, पर उन्होंने अपनी आत्मा का कभी हनन नहीं किया। आत्मा के गौरव के सामने धन को कुछ न समझा।

इस शोक समाचार के फैलते ही सारे शहर में कुहराम मच गया। बाजार बंद हो गये, शोक के जलसे होने लगे, सहयोगी पत्रों ने प्रतिद्वंद्विता के भाव को त्याग दिया, चारों ओर से एक ध्वनि आती थी कि देश से एक स्वतंत्र, सत्यवादी और विचारशील सम्पादक तथा एक निर्भीक त्यागी, देशभक्त उठ गया और उसका स्थान चिरकाल तक खाली रहेगा। ईश्वरचंद्र इतने बहुजनप्रिय हैं, इसका उनके घरवालों को ध्यान भी न था। उनका शव निकला तो सारा शहर, गण्य-अगण्य, अर्थी के साथ था। उनके स्मारक बनने लगे। कहीं छात्रवृत्तियाँ दी गयीं, कहीं उनके चित्र बनवाये गये, पर सबसे अधिक महत्त्वशील वह मूर्ति थी जो श्रमजीवियों की ओर से प्रतिष्ठित हुई थी।

मानकी को अपने पतिदेव का लोकसम्मान देख कर सुखमय कुतूहल होता था। उसे अब खेद होता था कि मैंने उनके दिव्य गुणों को न पहचाना, उनके पवित्र भावों और उच्च विचारों की कद्र न की। सारा नगर उनके लिए शोक मना रहा है। उनकी लेखनी ने अवश्य इनके ऐसे उपकार किये हैं जिन्हें ये भूल नहीं सकते; और मैं अंत तक उनका मार्ग-कंटक बनी रही, सदैव तृष्णा के वश उनका दिल दुखाती रही। उन्होंने मुझे सोने में मढ़ दिया होता, एक भव्य भवन बनवाया होता, या कोई जायदाद पैदा कर ली होती, तो मैं खुश होती, अपना धन्य भाग्य समझती। लेकिन तब देश में कौन उनके लिए आँसू बहाता, कौन उनका यश गाता ? यहीं एक से एक धनिक पुरुष पड़े हुए हैं। वे दुनिया से चले जाते हैं और किसी को खबर भी नहीं होती। सुनती हूँ, पतिदेव के नाम से छात्रों को वृत्ति दी जायगी। जो लड़के वृत्ति पा कर विद्या-लाभ करेंगे वे मरते दम तक उनकी आत्मा को आशीर्वाद देंगे। शोक ! मैंने उनके आत्मत्याग का मर्म न जाना। स्वार्थ ने मेरी आँखों पर पर्दा डाल दिया था।

मानकी के हृदय में ज्यों-ज्यों ये भावनाएँ जागृत होती थीं, उसे पति में श्रद्धा बढ़ती जाती थी। वह गौरवशीला स्त्री थी। इस कीर्तिगान और जनसम्मान से उसका मस्तिष्क ऊँचा हो जाता था। इसके उपरांत अब उसकी आर्थिक दशा पहले की-सी चिंताजनक न थी। कृष्णचंद्र के असाधारण अध्यवसाय और बुद्धिबल ने उनकी वकालत को चमका दिया था। वह जातीय कामों में अवश्य भाग लेते थे, पत्रों में यथाशक्ति लेख भी लिखते थे, इस काम से उन्हें विशेष प्रेम था। लेकिन मानकी हमेशा इन कामों से दूर रखने की चेष्टा करती थी। कृष्णचंद्र अपने ऊपर जब्र करते थे। माँ का दिल दुखाना उन्हें मंजूर न था।

ईश्वरचंद्र की पहली बरसी थी। शाम को ब्रह्मभोज हुआ। आधी रात तक गरीबों को खाना दिया गया। प्रातःकाल मानकी अपनी सेजगाड़ी पर बैठकर गंगा नहाने गयी। यह उसकी चिरसंचित अभिलाषा थी जो अब पुत्र की मातृभक्ति ने पूरी कर दी थी। यह उधर से लौट रही थी कि उसके कानों में बैंड की आवाज आयी और एक क्षण के बाद एक जुलूस सामने आता हुआ दिखायी दिया। पहले कोतल घोड़ों की माला थी, उसके बाद अश्वारोही स्वयंसेवकों की सेना। उसके पीछे सैकड़ों सवारीगाड़ियाँ थीं। सबसे पीछे एक सजे हुये रथ पर किसी देवता की मूर्ति थी। कितने ही आदमी इस विमान को खींच रहे थे। मानकी सोचने लगी—'यह किस देवता का विमान है ? न तो रामलीला के ही दिन हैं, न रथयात्रा के !' सहसा उसका दिल जोर से उछल पड़ा। यह ईश्वरचंद्र की मूर्ति थी जो श्रमजीवियों की ओर से बनवायी गयी थी और लोग उसे बड़े मैदान में स्थापित करने के लिए लिये जाते थे। वही स्वरूप था, वही वस्त्र, वह मुखाकृति। मूर्तिकार ने विलक्षण कौशल दिखाया था। मानकी का हृदय बाँसों उछलने लगा। उत्कंठा हुई कि परदे से निकल कर इस जुलूस के सम्मुख पति के चरणों पर गिर पड़ूँ। पत्थर की मूर्ति मानव-शरीर से अधिक श्रद्धास्पद होती है। किंतु कौन मुँह ले कर मूर्ति के सामने जाऊँ ? उसकी आत्मा ने कभी उसका इतना तिरस्कार न किया था। मेरी धनलिप्सा उनके पैरों की बेड़ी न बनती तो वह न जाने किस सम्मान पद पर पहुँचते। मेरे कारण उन्हें कितना क्षोभ हुआ ! घरवालों की सहानुभूति बाहरवालों के सम्मान से कहीं उत्साहजनक होती है। मैं इन्हें क्या कुछ न बना सकती थी, पर कभी उभरने न दिया। स्वामी जी, मुझे क्षमा करो, मैं तुम्हारी अपराधिनी हूँ, मैंने तुम्हारे पवित्र भावों की हत्या की है, मैंने तुम्हारी आत्मा को दुःखी किया है। मैंने बाज को पिंजड़े में बन्द करके रखा था। शोक !

सारे दिन मानकी को वही पश्चात्ताप होता रहा। शाम को उससे न रहा गया। वह अपनी कहारिन को ले कर पैदल उस देवता के दर्शन को चली जिसकी आत्मा को उसने दुःख पहुँचाया था !

संध्या का समय था। आकाश पर लालिमा छायी थी। अस्ताचल की ओर कुछ बादल भी हो आये थे। सूर्यदेव कभी मेघपट में छिप जाते थे, कभी बाहर निकल आते थे। इस धूप-छाँह में ईश्वरचंद्र की मूर्ति दूर से कभी प्रभात की भाँति प्रसन्नमुख और कभी संध्या की भाँति मलिन देख पड़ती थी। मानकी उसके निकट गयी, पर उसके मुख की ओर न देख सकी। उन आँखों में करुण-वेदना थी। मानकी को ऐसा मालूम हुआ, मानो वह मेरी ओर तिरस्कारपूर्ण भाव से देख रही है। उसकी आँखों से ग्लानि और लज्जा के आँसू बहने लगे। वह मूर्ति के चरणों पर गिर पड़ी और मुँह ढाँप कर रोने लगी। मन के भाव द्रवित हो गये।

वह घर आयी तो नौ बज गये थे। कृष्ण उसे देख कर बोले—अम्माँ, आज आप इस वक्त कहाँ गयी थीं।

मानकी ने हर्ष से कहा—गयी थी तुम्हारे बाबू जी की प्रतिमा के दर्शन करने।

ऐसा मालूम होता है, वही साक्षात् खड़े हैं।

कृष्ण–जयपुर से बन कर आयी है।

मानकी–पहले तो लोग उनका इतना आदर न करते थे ?

कृष्ण–उनका सारा जीवन सत्य और न्याय की वकालत में गुजरा है। ऐसे ही महात्माओं की पूजा होती है।

मानकी–लेकिन उन्होंने वकालत कब की ?

कृष्ण–हाँ, यह वकालत नहीं की जो मैं और मेरे हजारों भाई कर रहे हैं, जिससे न्याय और धर्म का खून हो रहा है। उनकी वकालत उच्चकोटि की थी।

मानकी–अगर ऐसा है, तो तुम भी वही वकालत क्यों नहीं करते ?

कृष्ण–बहुत कठिन है। दुनिया का जंजाल अपने सिर लीजिये, दूसरों के लिए रोइये, दीनों की रक्षा के लिए लट्ठ लिये फिरिए, और इस कष्ट, अपमान और यंत्रणा का पुरस्कार क्या है ? अपनी जीवनाभिलाषाओं की हत्या।

मानकी–लेकिन यश तो होता है।

कृष्ण–हाँ, यश होता है। लोग आशीर्वाद देते हैं।

मानकी–जब इतना यश मिलता है तो तुम भी वही काम करो। हम लोग उस पवित्र आत्मा की और कुछ सेवा नहीं कर सकते तो उसी बाटिका को चलाते जायँ जो उन्होंने अपने जीवन में इतने उत्सर्ग और भक्ति से लगायी। इससे उनकी आत्मा को शांति होगी।

कृष्णचन्द्र ने माता को श्रद्धामय नेत्रों से देख कर कहा–करूँ तो, मगर संभव है, तब यह टीम-टाम न निभ सके। शायद फिर वही पहले की-सी दशा हो जाय।

मानकी–कोई हरज नहीं। संसार में यश तो होगा ? आज तो अगर धन की देवी भी मेरे सामने आये, तो मैं आँखें न नीची करूँ।

पाप का अग्निकुंड

कुँवर पृथ्वीसिंह महाराज यशवंतसिंह के पुत्र थे। रूप, गुण और विद्या में प्रसिद्ध थे। ईरान, मिस्र, श्याम आदि देशों में परिभ्रमण कर चुके थे और कई भाषाओं के पंडित समझे जाते थे। इनकी एक बहिन थी जिसका नाम राजनंदिनी था। यह भी जैसी सुरूपवती और सर्वगुणसंपन्ना थी वैसी ही प्रसन्नवदना और मृदुभाषिणी भी थी। कड़वी बात कह कर किसी का जी दुखाना उसे पसंद नहीं था। पाप को तो वह अपने पास भी नहीं फटकने देती थी। यहाँ तक कि कई बार महाराज यशवंत से भी वाद-विवाद कर चुकी थी और जब कभी उन्हें किसी बहाने कोई अनुचित काम करते देखती, तो उसे यथाशक्ति रोकने की चेष्टा करती। इसका ब्याह कुँवर धर्मसिंह से हुआ था। यह एक छोटी रियासत का अधिकारी और महाराज यशवंतसिंह की सेना का उच्च पदाधिकारी

था। धर्मसिंह बड़ा उदार और कर्मवीर था। इसे होनहार देख कर महाराज ने राजनंदिनी को इसके साथ ब्याह दिया था और दोनों बड़े प्रेम से अपना वैवाहिक जीवन बिताते थे। धर्मसिंह अधिकतर जोधपुर में ही रहता था। पृथ्वीसिंह उसके गाढ़े मित्र थे। इनमें जैसी मित्रता थी, वैसी भाइयों में भी नहीं होती। जिस प्रकार इन दोनों राजकुमारों में मित्रता थी, उसी प्रकार दोनों राजकुमारियाँ भी एक दूसरी पर जान देती थीं। पृथ्वीसिंह की स्त्री दुर्गाकुँवरि बहुत सुशीला और चतुर थी। ननद-भावज में अनबन होना लोक-रीति है, पर इन दोनों में इतना स्नेह था कि एक के बिना दूसरी को कभी कल नहीं पड़ता था। दोनों स्त्रियाँ संस्कृत से प्रेम रखती थीं।

एक दिन दोनों राजकुमारियाँ बाग की सैर में मग्न थीं कि एक दासी ने राजनंदिनी के हाथ में एक कागज ला कर रख दिया। राजनंदिनी ने उसे खोला तो वह संस्कृत का एक पत्र था। उसे पढ़ कर उसने दासी से कहा कि उन्हें भेज दे। थोड़ी देर में एक स्त्री सिर से पैर तक चादर ओढ़े आती दिखायी दी। इसकी उम्र 25 साल से अधिक न थी, पर रंग पीला था। आँखें बड़ी और ओंठ सूखे। चाल-ढाल में कोमलता थी और उसके डील-डौल की गठन बहुत मनोहर थी। अनुमान से जान पड़ता था कि समय ने इसकी वह दशा कर रखी है। पर एक समय वह भी होगा जब यह बड़ी सुंदर होगी। इस स्त्री ने आ कर चौखट चूमी और आशीर्वाद दे कर फर्श पर बैठ गयी। राजनंदिनी ने इसे सिर से पैर तक बड़े ध्यान से देखा और पूछा, ''तुम्हारा नाम क्या है ?''

उसने उत्तर दिया, ''मुझे ब्रजविलासिनी कहते हैं।''

''कहाँ रहती हो ?''

''यहाँ से तीन दिन की राह पर एक गाँव विक्रमनगर है, वहाँ मेरा घर है।''

''संस्कृत कहाँ पढ़ी है ?''

''मेरे पिता जी संस्कृत के बड़े पंडित थे, उन्होंने थोड़ी-बहुत पढ़ा दी है।''

''तुम्हारा ब्याह तो हो गया है न ?''

ब्याह का नाम सुनते ही ब्रजविलासिनी की आँखों से आँसू बहने लगे। वह आवाज सम्हाल कर बोली—इसका जवाब मैं फिर कभी दूँगी, मेरी रामकहानी बड़ी दुःखमय है। उसे सुन कर आपको दुःख होगा इसलिए इस समय क्षमा कीजिए।

आज से ब्रजविलासिनी वहीं रहने लगी। संस्कृत-साहित्य में उसका बहुत प्रवेश था। वह राजकुमारियों को प्रतिदिन रोचक कविता पढ़ कर सुनाती थी। उसके रंग, रूप और विद्या ने धीरे-धीरे राजकुमारियों के मन में उसके प्रति प्रेम और प्रतिष्ठा उत्पन्न कर दी। यहाँ तक कि राजकुमारियों और ब्रजविलासिनी के बीच बड़ाई-छुटाई उठ गयी और वे सहेलियों की भाँति रहने लगीं।

2

कई महीने बीत गये। कुँवर पृथ्वीसिंह और धर्मसिंह दोनों महाराज के साथ अफगानिस्तान की मुहीम पर गये हुए थे। यह विरह की घड़ियाँ मेघदूत और रघुवंश के पढ़ने में कटीं।

ब्रजविलासिनी को कालिदास के देवता से बहुत प्रेम था और वह उसके काव्यों की व्याख्या उत्तमता से करती और उसमें ऐसी बारीकियाँ निकालती कि दोनों राजकुमारियाँ मुग्ध हो जातीं।

एक दिन संध्या का समय था, दोनों राजकुमारियाँ फुलवाड़ी में सैर करने गयीं तो देखा कि ब्रजविलासिनी हरी-हरी घास पर लेटी हुई है और उसकी आँखों से आँसू बह रहे हैं। राजकुमारियों के अच्छे बर्ताव और स्नेहपूर्ण बातचीत से उसकी सुंदरता कुछ चमक गयी थी। इनके साथ अब वह भी राजकुमारी जान पड़ती थी; पर इन सभी बातों के रहते भी वह बेचारी बहुधा एकांत में बैठ कर रोया करती। उसके दिल पर एक ऐसी चोट थी कि वह उसे दम भर भी चैन नहीं लेने देती थी। राजकुमारियाँ उस समय उसे रोती देख कर बड़ी सहानुभूति के साथ उसके पास बैठ गयीं। राजनंदिनी ने उसका सिर अपनी जाँघ पर रख लिया और उसके गुलाब-से गालों को थपथपाकर कहा—सखी, तुम अपने दिल का हाल हमें न बताओगी ? क्या अब भी हम गैर हैं ? तुम्हारा यों अकेले दुःख की आग में जलना हमसे नहीं देखा जाता।

ब्रजविलासिनी आवाज सम्हाल कर बोली—बहन, मैं अभागिनी हूँ। मेरा हाल मत सुनो।

राज.—अगर बुरा न मानो तो एक बात पूछूँ।

ब्रज—क्या, कहो ?

राज.—वही जो मैंने पहले दिन पूछा था, तुम्हारा ब्याह हुआ है कि नहीं

ब्रज.—इसका जवाब मैं क्या दूँ ? अभी नहीं हुआ।

राज.—क्या किसी का प्रेम-बाण हृदय में चुभा हुआ है ?

ब्रज.—नहीं बहन, ईश्वर जानता है।

राज.—तो इतनी उदास क्यों रहती हो ? क्या प्रेम का आनंद उठाने को जी चाहता है ?

ब्रज.—नहीं, दुःख के सिवा मन में प्रेम को स्थान ही नहीं।

राज.—हम प्रेम का स्थान पैदा कर देंगी।

ब्रजविलासिनी इशारा समझ गयी और बोली—बहन, इन बातों की चर्चा न करो।

राज.—मैं अब तुम्हारा ब्याह रचाऊँगी। दीवान जयचंद को तुमने देखा है ?

ब्रजविलासिनी आँखों में आँसू भर कर बोली—राजकुमारी, मैं व्रतधारिणी हूँ और अपने व्रत को पूरा करना ही मेरे जीवन का उद्देश्य है। प्रण को निभाने के लिए मैं जीती हूँ, नहीं तो मैंने ऐसी आफतें झेली हैं कि जीने की इच्छा अब नहीं रही। मेरे बाप विक्रमनगर के जागीरदार थे। मेरे सिवा उनके कोई संतान न थी। वे मुझे प्राणों से अधिक प्यार करते थे। मेरे ही लिए उन्होंने बरसों संस्कृत-साहित्य पढ़ा था। युद्ध-विद्या में वे बड़े निपुण थे और कई बार लड़ाइयों पर गये थे।

एक दिन गोधूलि-बेला में जब गायें जंगल से लौट रही थीं मैं अपने द्वार पर खड़ी थी। इतने में एक जवान बाँकी पगड़ी बाँधे, हथियार सजाये, झूमता आता दिखायी

दिया। मेरी प्यारी मोहिनी इस समय जंगल से लौटी थी, और उसका बच्चा इधर कलोलें कर रहा था। संयोगवश बच्चा उस नौजवान से टकरा गया। गाय उस आदमी पर झपटी। राजपूत बड़ा साहसी था। उसने शायद सोचा कि भागता हूँ तो कलंक का टीका लगता है, तुरंत तलवार म्यान से खींच ली और वह गाय पर झपटा। गाय झल्लायी हुई तो थी ही, कुछ भी न डरी। मेरी आँखों के सामने उस राजपूत ने उस प्यारी गाय को जान से मार डाला। देखते-देखते सैकड़ों आदमी जमा हो गये और उसको टेढ़ी-सीधी सुनाने लगे। इतने में पिता जी भी आ गये। वे संध्या करने गये थे। उन्होंने आ कर देखा कि द्वार पर सैकड़ों आदमियों की भीड़ लगी है, गाय तड़प रही है और उसका बच्चा खड़ा रो रहा है। पिता जी की आहट सुनते ही गाय कराहने लगी और उनकी ओर उसने कुछ ऐसी दृष्टि से देखा कि उन्हें क्रोध आ गया। मेरे बाद उन्हें वह गाय ही प्यारी थी। वे ललकार कर बोले–मेरी गाय किसने मारी है ? नवजवान लज्जा से सिर झुकाये सामने आया और बोला–मैंने।

पिताजी–तुम क्षत्रिय हो ?'

राजपूत–हाँ !

पिताजी–तो किसी क्षत्रिय से हाथ मिलाते ?

राजपूत का चेहरा तमतमा गया। बोला–कोई क्षत्रिय सामने आ जाय। हजारों आदमी खड़े थे; पर किसी का साहस न हुआ कि उस राजपूत का सामना करे। यह देख कर पिताजी ने तलवार खींच ली और वे उस पर टूट पड़े। उसने भी तलवार निकाल ली और दोनों आदमियों में तलवारें चलने लगीं। पिता जी बूढ़े थे; सीने पर जखम गहरा लगा। गिर पड़े। उठा कर लोग घर पर लाये। उनका चेहरा पीला था; पर उनकी आँखों से चिनगारियाँ निकल रही थीं। मैं रोती हुई उनके सामने आयी। मुझे देखते ही उन्होंने सब आदमियों को वहाँ से हट जाने का संकेत किया। जब मैं और पिता जी अकेले रह गये, तो वे बोले–बेटी, तुम राजपूतानी हो ?

मैं–जी हाँ।

पिता जी–राजपूत बात के धनी होते हैं ?

मैं–जी हाँ।

पिता जी–इस राजपूत ने मेरी गाय की जान ली है, इसका बदला तुम्हें लेना होगा।

मैं–आपकी आज्ञा का पालन करूँगी।

पिता जी–अगर मेरा बेटा जीता होता तो मैं यह बोझ तुम्हारी गर्दन पर न रखता।

मैं–आपकी जो कुछ आज्ञा होगी, मैं सिर-आँखों से पूरी करूँगी।

पिता जी–तुम प्रतिज्ञा करती हो ?

मैं–जी हाँ।

पिता जी–इस प्रतिज्ञा को पूरा कर दिखाओगी।

मैं–जहाँ तक मेरा वश चलेगा, मैं निश्चय यह प्रतिज्ञा पूरी करूँगी।

पिता जी—यह मेरी तलवार लो। जब तक तुम यह तलवार उस राजपूत के कलेजे में न भोंक दो, तब तक भोग-विलास न करना।

यह कहते-कहते पिता जी के प्राण निकल गये। मैं उसी दिन से तलवार को कपड़ों में छिपाये उस नौजवान राजपूत की तलाश में घूमने लगी। वर्षों बीत गये। मैं कभी बस्तियों में जाती, कभी पहाड़ों-जंगलों की खाक छानती; पर उस नौजवान का कहीं पता न मिलता। एक दिन मैं बैठी हुई अपने फूटे भाग पर रो रही थी कि वही नौजवान आदमी आता हुआ दिखाई दिया। मुझे देखकर उसने पूछा, तू कौन है ? मैंने कहा, मैं दुखिया ब्राह्मणी हूँ, आप मुझ पर दया कीजिए और मुझे कुछ खाने को दीजिए। राजपूत ने कहा, अच्छा, मेरे साथ आ !

मैं उठ खड़ी हुई। वह आदमी बेसुध था। मैंने बिजली की तरह लपक कर कपड़ों में से तलवार निकाली और उसके सीने में भोंक दी। इतने में कई आदमी आते दिखायी पड़े। मैं तलवार छोड़कर भागी। तीन वर्ष तक पहाड़ों और जंगलों में छिपी रही। बार-बार जी में आया कि कहीं डूब मरूँ, पर जान बड़ी प्यारी होती है। न जाने क्या-क्या मुसीबतें और कठिनाईयाँ भोगनी हैं, जिनको भोगने को अभी तक जीती हूँ। अंत में जब जंगल में रहते-रहते जी उकता गया, तो जोधपुर चली आयी। यहाँ आपकी दयालुता की चर्चा सुनी। आपकी सेवा में आ पहुँची और तब से आपकी कृपा से मैं आराम से जीवन बिता रही हूँ। यही मेरी रामकहानी है।

राजनंदिनी ने लम्बी साँस ले कर कहा—दुनिया में कैसे-कैसे लोग भरे हुए हैं। खैर, तुम्हारी तलवार ने उसका काम तो तमाम कर दिया ?

ब्रजविलासिनी—कहाँ बहन ! वह बच गया, जखम ओछा पड़ा था। उसी शकल के एक नौजवान राजपूत को मैंने जंगल में शिकार खेलते देखा था। नहीं मालूम, वह था या और कोई, शकल बिलकुल मिलती थी।

3

कई महीने बीत गये। राजकुमारियों ने जब से ब्रजविलासिनी की रामकहानी सुनी है, उसके साथ वे और भी प्रेम और सहानुभूति का बर्ताव करने लगी हैं। पहले बिना संकोच कभी-कभी छेड़छाड़ हो जाती थी; पर अब दोनों हरदम उसका दिल बहलाया करती हैं। एक दिन बादल घिरे हुए थे, राजनंदिनी ने कहा—आज बिहारीलाल की 'सतसई' सुनने को जी चाहता है। वर्षाऋतु पर उसमें बहुत अच्छे दोहे हैं।

दुर्गाकुँवरि—बड़ी अनमोल पुस्तक है। सखी, तुम्हारी बगल में जो आलमारी रखी है, उसी में वह पुस्तक है, जरा निकालना। ब्रजविलासिनी ने पुस्तक उतारी और उसका पहला पृष्ठ खोला था कि उसके हाथ से पुस्तक छूट कर गिर पड़ी। उसके पहले पृष्ठ पर एक तस्वीर लगी हुई थी। वह उसी निर्दय युवक की तसवीर थी जो उसके बाप का हत्यारा था। ब्रजविलासिनी की आँखें लाल हो गयीं। त्योरी पर बल पड़ गये। अपनी प्रतिज्ञा याद आ गयी; पर उसके साथ ही यह विचार उत्पन्न हुआ कि इस आदमी का

चित्र यहाँ कैसे आया और इसका इन राजकुमारियों से क्या सम्बन्ध है ? कहीं ऐसा न हो कि मुझे इतना कृतज्ञ हो कर अपनी प्रतिज्ञा तोड़नी पड़े। राजनंदिनी ने उसकी सूरत देख कर कहा–सखी क्या बात है ? यह क्रोध क्यों ? ब्रजविलासिनी ने सावधानी से कहा–कुछ नहीं, न जाने क्यों चक्कर आ गया था।

आज से ब्रजविलासिनी के मन में एक और चिन्ता उत्पन्न हुई–क्या मुझे राजकुमारियों का कृतज्ञ हो कर अपना प्रण तोड़ना पड़ेगा ?

पूरे सोलह महीने के बाद अफगानिस्तान से पृथ्वीसिंह और धर्मसिंह लौटे। बादशाह की सेना को बड़ी-बड़ी कठिनाइयों का सामना करना पड़ा। बर्फ अधिकता से पड़ने लगी। पहाड़ों के दर बर्फ से ढक गये। आने-जाने के रास्ते बंद हो गये। रसद के सामान कम मिलने लगे। सिपाही भूखों मरने लगे। अब अफ़गानों ने समय पा कर रात को छापे मारने शुरू किये। आखिर शहजादे मुहीउद्दीन को हिम्मत हार कर लौटना पड़ा।

दोनों राजकुमार ज्यों-ज्यों जोधपुर के निकट पहुँचते थे, उत्कंठा से उनके मन उमड़ आते थे। इतने दिनों के वियोग के बाद फिर भेंट होगी। मिलने की तृष्णा बढ़ती जाती है। रात-दिन मंजिल काटते चले आते हैं, न थकावट मालूम होती है, न माँदगी। दोनों घायल हो रहे हैं; पर फिर भी मिलने की खुशी में जखमों की तकलीफ भूले हुए हैं। पृथ्वीसिंह दुर्गाकुँवरि के लिए एक अफगानी कटार लाये हैं। धर्मसिंह ने राजनन्दिनी के लिए काश्मीर का एक बहुमूल्य शाल जोड़ा मोल लिया है। दोनों के दिल उमंग से भरे हुए हैं।

राजकुमारियों ने जब सुना कि दोनों वीर वापस आते हैं, तो वे फूले अंगों न समायीं। श्रृंगार किया जाने लगा, माँगें मोतियों से भरी जाने लगीं, उनके चेहरे खुशी से दमकने लगे। इतने दिनों के बिछोह के बाद फिर मिलाप होगा, खुशी आँखों से उबली पड़ती है। एक दूसरे को छेड़ती हैं और खुश हो कर गले मिलती हैं।

अगहन का महीना था, बरगद की डालियों में मूँगे के दाने लगे हुए थे। जोधपुर के किले से सलामियों की घनगरज आवाजें आने लगीं। सारे नगर में धूम मच गयी कि कुँवर पृथ्वीसिंह सकुशल अफगानिस्तान से लौट आये। दोनों राजकुमारियाँ थाली में आरती के सामान लिये दरवाजे पर खड़ी थीं। पृथ्वीसिंह दरबारियों के मुजरे लेते हुये महल में आये। दुर्गाकुँवरि ने आरती उतारी और दोनों एक दूसरे को देख कर खुश हो गये। धर्मसिंह भी प्रसन्नता से ऐंठते हुए अपने महल में पहुँचे; पर भीतर पैर रखने न पाये थे कि छींक हुई और बायीं आँख फड़कने लगी। राजनन्दिनी आरती का थाल ले कर लपकी; पर उसका पैर फिसल गया और थाल हाथ से छूट कर गिर पड़ा। धर्मसिंह का माथा ठनका और राजनन्दिनी का चेहरा पीला हो गया। यह असगुन क्यों ?

ब्रजविलासिनी ने दोनों राजकुमारों के आने का समाचार सुन कर उन दोनों को देने के लिए दो अभिनन्दन-पत्र बनवा रखे थे। सबेरे जब कुँवर पृथ्वीसिंह संध्या आदि नित्य-क्रिया से निपट कर बैठे, तो वह उनके सामने आयी और उसने एक सुन्दर कुश की चँगेली में अभिनन्दन-पत्र रख दिया। पृथ्वीसिंह ने उसे प्रसन्नता से ले लिया।

कविता यद्यपि उतनी बढ़िया न थी, पर वह नयी और वीरता से भरी हुई थी। वे वीररस के प्रेमी थे, उसको पढ़ कर बहुत खुशी हुए और उन्होंने मोतियों का हार उपहार दिया।

ब्रजविलासिनी यहाँ से छुट्टी पा कर कुँवर धर्मसिंह के पास पहुँची। वे बैठे हुए राजनन्दिनी को लड़ाई की घटनाएँ सुना रहे थे; पर ज्यों ही ब्रजविलासिनी की आँख उन पर पड़ी, वह सन्न होकर पीछे हट गयी। उसको देख कर धर्मसिंह के चेहरे का भी रंग उड़ गया, होंठ सूख गये और हाथ-पैर सनसनाने लगे। ब्रजविलासिनी तो उलटे पाँव लौटी; पर धर्मसिंह ने चारपाई पर लेट कर दोनों हाथों से मुँह ढँक लिया। राजनन्दिनी ने यह दृश्य देखा और उसका फूल-सा बदन पसीने से तर हो गया। धर्मसिंह सारे दिन पलंग पर चुपचाप पड़े करवटें बदलते रहे। उनका चेहरा ऐसा कुम्हला गया जैसे वे बरसों के रोगी हों। राजनन्दिनी उनकी सेवा में लगी हुई थी। दिन तो यों कटा, रात को कुँवर साहब संध्या ही से थकावट का बहाना करके लेट गये। राजनन्दिनी हैरान थी कि माजरा क्या है। ब्रजविलासिनी इन्हीं के खून की प्यासी है ? क्या यह सम्भव है कि मेरा प्यारा, मेरा मुकुट धर्मसिंह ऐसा कठोर हो ? नहीं, नहीं, ऐसा नहीं हो सकता। वह यद्यपि चाहती है कि अपने भावों से उनके मन का बोझ हलका करे, पर नहीं कर सकती। अन्त को नींद ने उसको अपनी गोद में ले लिया।

4

रात बहुत बीत गयी है। आकाश में अँधेरा छा गया है। सारस की दुःख से भरी बोली कभी-कभी सुनायी दे जाती है और रह-रह कर किले के संतरियों की आवाज कान में आ पड़ती है। राजनंदिनी की आँख एकाएक खुली, तो उसने धर्मसिंह को पलंग पर न पाया। चिंता हुई, वह झट उठ कर ब्रजविलासिनी के कमरे की ओर चली और दरवाजे पर खड़ी हो कर भीतर की ओर देखने लगी। संदेह पूरा हो गया। क्या देखती है कि ब्रजविलासिनी हाथ में तेगा लिये खड़ी है और धर्मसिंह दोनों हाथ जोड़े उसके सामने दीनों की तरह घुटने टेके बैठे हैं। वह दृश्य देखते ही राजनंदिनी का खून सूख गया और उसके सिर में चक्कर आने लगा, पैर लड़खड़ाने लगे। जान पड़ता था कि गिरी जाती है। वह अपने कमरे में आयी और मुँह ढँक कर लेट रही, पर उसकी आँखों से आँसू की एक बूँद भी न निकली।

दूसरे दिन पृथ्वीसिंह बहुत सबेरे ही कुँवर धर्मसिंह के पास गये और मुस्करा कर बोले—भैया, मौसम बड़ा सुहावना है, शिकार खेलने चलते हो ?

धर्मसिंह—हाँ चलो।

दोनों राजकुमारों ने घोड़े कसवाये और जंगल की ओर चल दिये। पृथ्वीसिंह का चेहरा खिला हुआ था, जैसे कमल का फूल। एक-एक अंग से तेजी और चुस्ती टपकी पड़ती थी, पर कुँवर धर्मसिंह का चेहरा मैला हो गया था, मानो बदन में जान ही नहीं है। पृथ्वीसिंह ने उन्हें कई बार छेड़ा, पर जब देखा कि वे बहुत दुःखी हैं, तो चुप हो गये। चलते-चलते दोनों आदमी झील के किनारे पर पहुँचे। एकाएक धर्मसिंह ठिठके

और बोले—मैंने आज रात को एक दृढ़ प्रतिज्ञा की है। यह कहते-कहते उनकी आँखों में पानी आ गया। पृथ्वीसिंह ने घबरा कर पूछा—कैसी प्रतिज्ञा ?

'तुमने ब्रजविलासिनी का हाल सुना है ? मैंने प्रतिज्ञा की है कि जिस आदमी ने उसके बाप को मारा है, उसे भी जहन्नुम में पहुँचा दूँ।'

'तुमने सचमुच वीर-प्रतिज्ञा की है।'

'हाँ, यदि मैं पूरी कर सकूँ। तुम्हारे विचार में ऐसा आदमी मारने योग्य है या नहीं ?'

'ऐसे निर्दयी की गर्दन गुट्ठल छुरी से काटनी चाहिए।'

'बेशक, यही मेरा भी विचार है। यदि मैं किसी कारण यह काम न कर सकूँ, तो तुम मेरी प्रतिज्ञा पूरी कर दोगे ?'

'बड़ी खुशी से। उसे पहचानते हो न ?'

'हाँ, अच्छी तरह।'

'तो अच्छा होगा, यह काम मुझको ही करने दो, तुम्हें शायद उस पर दया आ जाय।'

'बहुत अच्छा; पर यह याद रखो कि वह आदमी बड़ा भाग्यशाली है ! कई बार मौत के मुँह से बच कर निकला है। क्या आश्चर्य है कि तुमको भी उस पर दया आ जाय। इसलिए तुम प्रतिज्ञा करो कि उसे जरूर जहन्नुम पहुँचाओगे।'

'मैं दुर्गा की शपथ खा कर कहता हूँ कि उस आदमी को अवश्य मारूँगा।'

'बस, तो हम दोनों मिल कर कार्य सिद्ध कर लेंगे। तुम अपनी प्रतिज्ञा पर दृढ़ रहोगे न ?'

'क्यों ? क्या मैं सिपाही नहीं हूँ ? एक बार जो प्रतिज्ञा की, समझ लो कि वह पूरी करूँगा, चाहे इसमें अपनी जान ही क्यों न चली जाय।'

'सब अवस्थाओं में ?'

'हाँ, सब अवस्थाओं में।'

'यदि वह तुम्हारा कोई बंधु हो तो ?'

पृथ्वीसिंह ने धर्मसिंह को विचारपूर्वक देख कर कहा—कोई बंधु हो तो ?

धर्मसिंह—हाँ, सम्भव है कि तुम्हारा कोई नातेदार हो।

पृथ्वीसिंह—(जोश में) कोई हो, यदि मेरा भाई भी हो, तो भी जीता चुनवा दूँ।

धर्मसिंह घोड़े से उतर पड़े। उनका चेहरा उतरा हुआ था और ओंठ काँप रहे थे। उन्होंने कमर से तेगा खोल कर जमीन पर रख दिया और पृथ्वीसिंह को ललकार कर कहा—पृथ्वीसिंह, तैयार हो जाओ। वह दुष्ट मिल गया। पृथ्वीसिंह ने चौंक कर इधर-उधर देखा तो धर्मसिंह के सिवाय और कोई दिखायी न दिया।

धर्मसिंह—तेगा खींचो।

पृथ्वीसिंह—मैंने उसे नहीं देखा।

धर्मसिंह—वह तुम्हारे सामने खड़ा है। वह दुष्ट कुकर्मी धर्मसिंह ही है।

पृथ्वीसिंह–(घबरा कर) ऐं तुम ! –मैं–

धर्मसिंह–राजपूत अपनी प्रतिज्ञा पूरी करो।

इतना सुनते ही पृथ्वीसिंह ने बिजली की तरह अपने कमर से तेगा खींच लिया और उसे धर्मसिंह के सीने में चुभा दिया। मूठ तक तेगा चुभ गया। खून का फव्वारा बह निकला। धर्मसिंह जमीन पर गिर कर धीरे से बोले–पृथ्वीसिंह, मैं तुम्हारा बहुत कृतज्ञ हूँ। तुम सच्चे वीर हो। तुमने पुरुष का कर्त्तव्य पुरुष की भाँति पालन किया।

पृथ्वीसिंह यह सुन कर जमीन पर बैठ गये और रोने लगे।

5

अब राजनंदिनी सती होने जा रही। उसने सोलहों शृंगार किये हैं और माँग मोतियों से भरवायी है। कलाई में सोहाग का कंगन है, पैरों में महावर लगायी है और लाल चुनरी ओढ़ी है। उसके अंग से सुगंधि उड़ रही है, क्योंकि आज वह सती होने जाती है।

राजनंदिनी का चेहरा सूर्य की भाँति प्रकाशमान है। उसकी ओर देखने से आँखों में चकाचौंध लग जाती है। प्रेम-मद से उसका रोयाँ-रोयाँ मस्त हो गया है, उसकी आँखों से अलौकिक प्रकाश निकल रहा है। वह आज स्वर्ग की देवी जान पड़ती है। उसकी चाल बड़ी मदमाती है। वह अपने प्यारे पति का सिर अपनी गोद में लेती है और उस चिता में बैठ जाती है जो चंदन, खस आदि से बनायी गयी है।

सारे नगर के लोग यह दृश्य देखने के लिए उमड़े चले आते हैं। बाजे बज रहे हैं, फूलों की वृष्टि हो रही है। सती चिता पर बैठ चुकी थी कि इतने में कुँवर पृथ्वीसिंह आये और हाथ जोड़कर बोले–महारानी, मेरा अपराध क्षमा करो।

सती ने उत्तर दिया–क्षमा नहीं हो सकता। तुमने एक नौजवान राजपूत की जान ली है, तुम भी जवानी में मारे जाओगे।

सती के वचन कभी झूठे हुए हैं ? एकाएक चिता में आग लग गयी। जयजयकार के शब्द गूँजने लगे सती का मुख आग में यों चमकता था, जैसे सबेरे की ललाई में सूर्य चमकता है। थोड़ी देर में वहाँ राख के ढेर के सिवा और कुछ न रहा।

इस सती के मन में कैसा सत था ! परसों जब उसने ब्रजविलासिनी को झिझक कर धर्मसिंह के सामने जाते देखा था, उसी समय से उसके दिल में संदेह हो गया था। पर जब रात को उसने देखा कि मेरा पति इसी स्त्री के सामने दुखिया की तरह बैठा हुआ है, तब वह संदेह निश्चय की सीमा तक पहुँच गया और यही निश्चय अपने साथ सत लेता आया था। सबेरे जब धर्मसिंह उठे तब राजनंदिनी ने कहा था कि मैं ब्रजविलासिनी के शत्रु का सिर चाहती हूँ, तुम्हें लाना होगा। और ऐसा ही हुआ। अपने सती होने के सब कारण राजनंदिनी ने जान-बूझ कर पैदा किये थे, क्योंकि उसके मन में सत था। पाप की आग कैसे तेज होती है ? एक पाप ने कितनी जानें लीं ? राजवंश के दो राजकुमार और दो कुमारियाँ देखते-देखते इस अग्निकुंड में स्वाहा हो गयीं। सती का वचन सच हुआ। सात ही सप्ताह के भीतर पृथ्वीसिंह दिल्ली में कत्ल किये गये

और दुर्गाकुमारी सती हो गयी।

आभूषण

आभूषणों की निंदा करना हमारा उद्देश्य नहीं है। हम असहयोग का उत्पीड़न सह सकते हैं पर ललनाओं के निर्दय, घातक वाक्यबाणों को नहीं ओढ़ सकते। तो भी इतना अवश्य कहेंगे कि इस तृष्णा की पूर्ति के लिए जितना त्याग किया जाता है, उसका सदुपयोग करने से महान् पद प्राप्त हो सकता है।

यद्यपि हमने किसी रूप-हीना महिला को आभूषणों की सजावट से रूपवती होते नहीं देखा, तथापि हम यह भी मान लेते हैं कि रूप के लिए आभूषणों की उतनी ही जरूरत है, जितनी घर के लिए दीपक की। किन्तु शारीरिक शोभा के लिए हम तन को कितना मलिन, चित्त को कितना अशांत और आत्मा को कितना कलुषित बना लेते हैं ? इसका हमें कदाचित् ज्ञान ही नहीं होता। इस दीपक की ज्योति में आँखें धुँधली हो जाती हैं। यह चमक-दमक कितनी ईर्ष्या, कितने द्वेष, कितनी प्रतिस्पर्धा, कितनी दुश्चिंता और कितनी दुराशा का कारण है; इसकी केवल कल्पना से ही रोंगटे खड़े हो जाते हैं। इन्हें भूषण नहीं, दूषण कहना अधिक उपयुक्त है। नहीं तो यह कब हो सकता था कि कोई नववधू पति के घर आने के तीसरे दिन अपने पति से कहती कि "मेरे पिता ने तुम्हारे पल्ले बाँध कर मुझे तो कुएँ में ढकेल दिया।" शीतला आज अपने गाँव के ताल्लुकेदार कुँवर सुरेशसिंह की नवविवाहिता वधू को देखने गयी थी। उसके सामने ही वह मंत्रमुग्ध-सी हो गयी। बहू के रूप-लावण्य पर नहीं, उसके आभूषणों की जगमगाहट पर उसकी टकटकी लगी रही। और वह जब से लौट कर घर आयी, उसकी छाती पर साँप लोटता रहा। अंत को ज्यों ही उसका पति आया, वह उस पर बरस पड़ी और दिल में भरा हुआ गुबार पूर्वोक्त शब्दों में निकल पड़ा। शीतला के पति का नाम विमलसिंह था। उनके पुरखे किसी जमाने में इलाकेदार थे। इस गाँव पर भी उन्हीं का सोलहों आने अधिकार था। लेकिन अब इस घर की दशा हीन हो गयी है। सुरेशसिंह के पिता जमींदारी के काम में दक्ष थे। विमलसिंह का सब इलाका किसी न किसी प्रकार से उनके हाथ आ गया। विमल के पास सवारी का टट्टू भी न था, उसे दिन में दो बार भोजन भी मुश्किल से मिलता था। उधर सुरेश के पास हाथी मोटर और कई घोड़े थे, दस-पाँच बाहर के आदमी नित्य द्वार पर पड़े रहते थे। पर इतनी विषमता होने पर भी दोनों में भाईचारा निभाया जाता था। शादी-ब्याह में, मंडन-छेदन में परस्पर आना-जाना होता रहता था। सुरेश विद्या-प्रेमी थे। हिंदुस्तान में ऊँची शिक्षा समाप्त करके वह यूरोप चले गये और सब लोगों की शंकाओं के विपरीत, वहाँ से आर्य-सभ्यता के परम भक्त बन कर लौटे। वहाँ के जड़वाद, कृत्रिम भोगलिप्सा और अमानुषिक मदांधता ने उनकी आँखें खोल दी थीं। पहले वह घरवालों के बहुत जोर देने पर भी विवाह करने को राजी

नहीं हुए थे। लड़की से पूर्व-परिचय हुए बिना प्रणय नहीं कर सकते थे। पर यूरोप से लौटने पर उनके वैवाहिक विचारों में बहुत बड़ा परिवर्तन हो गया। उन्होंने उसी पहले की कन्या से, बिना उसके आचार-विचार जाने हुए विवाह कर लिया। अब वह विवाह को प्रेम का बंधन नहीं, धर्म का बंधन समझते थे। उसी सौभाग्यवती वधू को देखने के लिए आज शीतला, अपनी सास के साथ, सुरेश के घर गयी थी। उसी के आभूषणों की छटा देख कर वह मर्माहत-सी हो गयी है। विमल ने व्यथित हो कर कहा—तो माता-पिता से कहा होता, सुरेश से ब्याह कर देते। वह तुम्हें गहनों से लाद सकते थे।

शीतला—तो गाली क्यों देते हो ?

विमल—गाली नहीं देता, बात कहता हूँ। तुम जैसी सुंदरी को उन्होंने नाहक मेरे साथ ब्याहा।

शीतला—लजाते तो हो नहीं, उलटे और ताने देते हो।

विमल—भाग्य मेरे वश में नहीं है। इतना पढ़ा भी नहीं हूँ कि कोई बड़ी नौकरी करके रुपये कमाऊँ।

शीतला—यह क्यों नहीं कहते कि प्रेम ही नहीं है। प्रेम हो, तो कंचन बरसने लगे।

विमल—तुम्हें गहनों से बहुत प्रेम है ?

शीतला—सभी को होता है। मुझे भी है।

विमल—अपने को अभागिनी समझती हो ?

शीतला—हूँ ही, समझना कैसा ? नहीं तो क्या दूसरे को देख कर तरसना पड़ता ?

विमल—गहने बनवा दूँ तो अपने को भाग्यवती समझने लगोगी ?

शीतला—(चिढ़ कर) तुम तो इस तरह पूछ रहे हो, जैसे सुनार दरवाजे पर बैठा है !

विमल—नहीं, सच कहता हूँ, बनवा दूँगा। हाँ, कुछ दिन सबर करना पड़ेगा।

2

समर्थ पुरुषों को बात लग जाती है, तो प्राण ले लेते हैं। सामर्थ्यहीन पुरुष अपनी ही जान पर खेल जाता है। विमलसिंह ने घर से निकल जाने की ठानी। निश्चय किया, या तो इसे गहनों से ही लाद दूँगा या वैधव्य-शोक से। या तो आभूषण ही पहनेगी या सेंदुर को भी तरसेगी।

दिन भर वह चिंता में डूबा पड़ा रहा। शीतला को उसने प्रेम से संतुष्ट करना चाहा था। आज अनुभव हुआ कि नारी का हृदय प्रेमपाश से नहीं बँधता, कंचन के पाश ही से बँध सकता है। पहर रात जाते-जाते वह घर से चल खड़ा हुआ। पीछे फिर कर कभी न देखा। ज्ञान से जागे हुए विराग में चाहे मोह का संस्कार हो, पर नैराश्य से जागा हुआ विराग अचल होता है। प्रकाश में इधर की वस्तुओं को देख कर मन विचलित हो सकता है। पर अंधकार में किसका साहस है, जो लीक से जौ भर हट

सके।

विमल के पास विद्या न थी, कला-कौशल भी न था। उसे केवल अपने कठिन परिश्रम और कठिन आत्म-त्याग ही का आधार था। वह पहले कलकत्ते गया। वहाँ कुछ दिन तक एक सेठ की अगवानी करता रहा। वहाँ जो सुन पाया कि रंगून में मजदूरी अच्छी मिलती है, तो वह रंगून जा पहुँचा और बंदर पर माल चढ़ाने-उतारने का काम करने लगा।

कुछ तो कठिन श्रम, कुछ खाने-पीने के असंयम और कुछ जलवायु की खराबी के कारण वह बीमार हो गया। शरीर दुर्बल हो गया, मुख की कांति जाती रही; फिर भी उससे ज्यादा मेहनती मजदूर बंदर पर दूसरा न था। और मजदूर थे, पर यह मजदूर तपस्वी था। मन में जो कुछ ठान लिया था, उसे पूरा करना उसके जीवन का एकमात्र उद्देश्य था।

उसने घर को अपना कोई समाचार न भेजा। अपने मन से तर्क किया, घर में मेरा कौन हितू है ? गहनों के सामने मुझे कौन पूछता है ? उसकी बुद्धि यह रहस्य समझने में असमर्थ थी कि आभूषणों की लालसा रहने पर भी प्रणय का पालन किया जा सकता है। और मजदूर प्रातःकाल सेरों मिठाई खा कर जलपान करते थे। दिन भर दम-दम भर पर गाँजे-चरस और तमाखू के दम लगाते थे। अवकाश पाते, तो बाजार की सैर करते थे। कितनों ही को शराब का भी शौक था। पैसों के बदले रुपये कमाते थे, तो पैसों की जगह रुपये खर्च भी कर डालते थे। किसी की देह पर सबूत कपड़े तक न थे; पर विमल उन गिनती के दो-चार मजदूरों में था, जो संयम से रहते थे, जिनके जीवन का उद्देश्य खा-पी कर मर जाने के सिवा कुछ और भी था। थोड़े ही दिनों में उसके पास थोड़ी-सी संपत्ति हो गयी। धन के साथ और मजदूरों पर दबाव भी बढ़ने लगा। यह प्रायः सभी जानते थे कि विमल जाति का कुलीन ठाकुर है। सब ठाकुर ही कह कर उसे पुकारते थे। संयम और आचार सम्मान-सिद्धि के मंत्र हैं। विमल मजदूरों का नेता और महाजन हो गया।

विमल को रंगून में काम करते हुए तीन वर्ष हो चुके थे। रांध्या हो गयी थी। वह कई मजदूरों के साथ समुद्र के किनारे बैठा बातें कर रहा था।

एक मजदूर ने कहा—यहाँ की सभी स्त्रियाँ निठुर होती हैं। बेचारा झींगुर 10 बरस से उसी बर्मी स्त्री के साथ रहता था। कोई अपनी ब्याही जोरू से भी इतना प्रेम न करता होगा। उस पर इतना विश्वास करता था कि जो कुछ कमाता, सो उसके हाथ में रख देता था। तीन लड़के थे। अभी कल तक दोनों साथ-साथ खा कर लेटे थे। न कोई लड़ाई, न बात, न चीत। रात को औरत न जाने कहाँ चली गयी। लड़कों को छोड़ गयी। बेचारा झींगुर रो रहा है। सबसे बड़ी मुश्किल तो छोटे बच्चे की है। अभी कुल छह महीने का है। कैसे जियेगा भगवान् ही जानें।

विमलसिंह ने गंभीर भाव से कहा—गहने बनवाता था कि नहीं ?

मजदूर—रुपये-पैसे तो औरत ही के हाथ में थे। गहने बनवाती, उसका हाथ कौन

पकड़ता ?

दूसरे मजदूर ने कहा–गहनों से तो लदी हुई थी। जिधर से निकल जाती थी, छम्-छम् की आवाज से कान भर जाते थे।

विमल–जब गहने बनवाने पर भी निठुराई की, तो यही कहना पड़ेगा कि यह जाति ही बेवफा होती है।

इतने में एक आदमी आ कर विमलसिंह से बोला–चौधरी, अभी मुझे एक सिपाही मिला था। वह तुम्हारा नाम, गाँव और बाप का नाम पूछ रहा था। कोई बाबू सुरेशसिंह हैं।

विमल ने सशंक हो कर कहा–हाँ, हैं तो। मेरे गाँव के इलाकेदार और बिरादरी के भाई हैं।

आदमी–उन्होंने थाने में कोई नोटिस छपवाया है कि जो विमलसिंह का पता लगावेगा उसे 1,000 रुपये का इनाम मिलेगा।

विमल–तो तुमने सिपाही को सब ठीक-ठीक बता दिया ?

आदमी–चौधरी, मैं कोई गँवार हूँ क्या ? समझ गया कुछ दाल में काला है; नहीं तो कोई इतने रुपये क्यों खरच करता। मैंने कह दिया कि उनका नाम विमलसिंह नहीं जसोदा पाँडे है। बाप का नाम सुक्खू बताया और घर जिला झाँसी में। पूछने लगा, यहाँ कितने दिन से रहता है ? मैंने कहा, कोई दस साल से। तब कुछ सोच कर चला गया। सुरेश बाबू से तुमसे कोई अदावत है क्या चौधरी ?

विमल–अदावत तो नहीं थी, मगर कौन जाने, उनकी नीयत बिगड़ गयी हो। मुझ पर कोई अपराध लगा कर मेरी जगह-जमीन पर हाथ बढ़ाना चाहते हों। तुमने बड़ा अच्छा किया कि सिपाही को उड़नझाँई बतायी।

आदमी–मुझसे कहता था कि ठीक-ठीक बता दो, तो 50 रु. तुम्हें भी दिला दूँ। मैंने सोचा–आप तो हजार की गठरी मारेगा और मुझे 50 रु. दिलाने को कहता है। फटकार बता दी।

एक मजदूर–मगर जो 200 रु. देने को कहता, तो तुम सब ठीक-ठीक नाम-ठिकाना बता देते। (क्यों ? धत् तेरे लालची की !)

आदमी–(लज्जित होकर) 200 रु. नहीं 2,000 रु. भी देता, तो न बताता। मुझे ऐसा विश्वासघात करनेवाला मत समझो। जब जी चाहे, परख लो।

मजदूरों में यों वाद-विवाद होता ही रहा, विमल आकर अपनी कोठरी में लेट गया। वह सोचने लगा–अब क्या करूँ ? जब सुरेश-जैसे सज्जन की नीयत बदल गयी, तो अब किसका भरोसा करूँ ! नहीं, अब बिना घर गये काम नहीं चलेगा। कुछ दिन और न गया, तो फिर कहीं का न हूँगा। दो साल और रह जाता, तो पास में पूरे 5,000 रु. हो जाते। शीतला की इच्छा कुछ पूरी हो जाती। अभी तो सब मिलाकर 3,000 रु. ही होंगे। इतने में उसकी अभिलाषा न पूरी होगी। खैर अभी चलूँ, छह महीने में फिर लौट आऊँगा। अपनी जायदाद तो बच जायगी। नहीं छह महीने में रहने का क्या है।

जाने-आने का एक महीना लग जायगा। घर में 15 दिन से ज्यादा न रहूँगा। वहाँ कौन पूछता है, आऊँ या रहूँ, मरूँ या जिऊँ, वहाँ तो गहनों से प्रेम है।

इस तरह मन में निश्चय करके वह दूसरे दिन रंगून से चल पड़ा।

संसार कहता है कि गुण के सामने रूप की कोई हस्ती नहीं। हमारे नीति शास्त्र के आचार्यों का भी यही कथन है; पर वास्तव में यह कितना भ्रममूलक है ! कुँवर सुरेशसिंह की नववधू मंगलाकुमारी गृह-कार्य में निपुण, पति के इशारे पर प्राण देनेवाली, अत्यंत विचारशीला, मधुर-भाषिणी और धर्म-भीरु स्त्री थी; पर सौंदर्य-विहीन होने के कारण पति की आँखों में काँटे के समान खटकती थी। सुरेशसिंह बात-बात पर उस पर झुँझलाते, पर घड़ी भर में पश्चात्ताप के वशीभूत हो कर उससे क्षमा माँगते; किंतु दूसरे ही दिन वही कुत्सित व्यापार शुरू हो जाता। विपत्ति यह थी कि उनके आचरण अन्य रईसों की भाँति भ्रष्ट न थे। वह दम्पति जीवन ही में आनंद, सुख, शांति, विश्वास, प्रायः सभी ऐहिक और पारमार्थिक उद्देश्य पूरा करना चाहते थे। और दाम्पत्य सुख से वंचित हो कर उन्हें अपना समस्त जीवन नीरस, स्वाद-हीन और कुंठित जान पड़ता था। फल यह हुआ कि मंगला को अपने ऊपर विश्वास न रहा। वह अपने मन से कोई काम करते हुए डरती कि स्वामी नाराज होंगे। स्वामी को खुश रखने के लिए अपनी भूलों को छिपाती, बहाने करती, झूठ बोलती। नौकरों को अपराध लगा कर आत्मरक्षा करना चाहती। पति को प्रसन्न रखने के लिए उसने अपने गुणों की, अपनी आत्मा की अवहेलना की; पर उठने के बदले वह पति की नजरों से गिरती ही गयी। नित्य नये श्रृंगार करती, पर लक्ष्य से दूर होती जाती थी। पति की एक मधुर मुस्कान के लिए, उनके अधरों के एक मीठे शब्द के लिए उसका प्यासा हृदय तड़प-तड़प कर रह जाता था। लावण्य-विहीन स्त्री वह भिक्षुक नहीं है, जो चंगुल भर आटे से संतुष्ट हो जाय। वह भी पति का सम्पूर्ण, अखंड प्रेम चाहती है, और कदाचित् सुन्दरियों से अधिक, क्योंकि वह इसके लिए असाधारण प्रयत्न और अनुष्ठान करती है। मंगला इस प्रयत्न में निष्फल हो कर और भी संतप्त होती थी।

धीरे-धीरे पति पर से उसकी श्रद्धा उठने लगी। उसने तर्क किया कि ऐसे क्रूर, हृदय-शून्य, कल्पना-हीन मनुष्य से मैं भी उसी का-सा व्यवहार करूँगी। जो पुरुष रूप का भक्त है, वह प्रेम-भक्ति के योग्य नहीं। इस प्रत्याघात ने समस्या और भी जटिल कर दी।

मगर मंगला की केवल अपनी रूप-हीनता ही का रोना न था। शीतला का अनुपम रूपलालित्य भी उसकी कामनाओं का बाधक था; बल्कि यह उसकी आशालताओं पर पड़नेवाला तुषार था। मंगला सुन्दरी न सही, पर पति पर जान देती थी। जो अपने को चाहे, उससे हम विमुख नहीं हो सकते। प्रेम की शक्ति अपार है; पर शीतला की मूर्ति सुरेश के हृदय-द्वार पर बैठी हुई मंगला को अंदर न जाने देती थी, चाहे वह कितना ही वेष बदल कर आवे। सुरेश इस मूर्ति को हटाने की चेष्टा करते थे, उसे बलात् निकाल देना चाहते थे; किंतु सौंदर्य का आधिपत्य धन के आधिपत्य से कम दुर्निवार

नहीं होता। जिस दिन शीतला इस घर में मंगला का मुख देखने आयी थी उसी दिन सुरेश की आँखों ने उसकी मनोहर छवि की एक झलक देख ली थी। वह एक झलक मानो एक क्षणिक क्रिया थी, जिसने एक ही धावे में समस्त हृदय-राज्य को जीत लिया, उस पर अपना आधिपत्य जमा लिया।

सुरेश एकांत में बैठे हुए शीतला के चित्र को मंगला से मिलाते यह निश्चय करने के लिए कि उनमें क्या अंतर है ? एक क्यों मन को खींचती है, दूसरी क्यों उसे हटाती है ? पर उसके मन का यह खिंचाव केवल एक चित्रकार या कवि का रसास्वादन-मात्र था। वह पवित्र और वासनाओं से रहित था। वह मूर्ति केवल उसके मनोरंजन की सामग्री-मात्र थी। यह अपने मन को बहुत समझाते, संकल्प करते कि अब मंगला को प्रसन्न रखूँगा। यदि वह सुन्दर नहीं है, तो उसका क्या दोष ? पर उनका यह सब प्रयास मंगला के सम्मुख जाते ही विफल हो जाता था। वह बड़ी सूक्ष्म दृष्टि से मंगला के मन के बदलते हुए भावों को देखते थे; पर एक पक्षाघात-पीड़ित मनुष्य की भाँति घी के घड़े को लुढ़कते देख कर भी रोकने का कोई उपाय न कर सकते थे। परिणाम क्या होगा, यह सोचने का उन्हें साहस ही न होता था। पर जब मंगला ने अंत को बात-बात में उनकी तीव्र आलोचना करना शुरू कर दिया, वह उनसे उच्छृंङ्खलता का व्यवहार करने लगी, तो उसके प्रति उनका वह उतना सौहार्द्र भी विलुप्त हो गया; घर में आना-जाना छोड़ दिया।

एक दिन संध्या के समय बड़ी गरमी थी। पंखा झलने से आग और भी दहकती थी। कोई सैर करने बगीचों में भी न जाता था। पसीने की भाँति शरीर से सारी स्फूर्ति बह गयी थी, जो जहाँ था, वहीं मुर्दा-सा पड़ा था। आग से सेके हुए मृदंग की भाँति लोगों के स्वर कर्कश हो गये थे। साधारण बातचीत में भी लोग उत्तेजित हो जाते थे, जैसे साधारण संघर्षण से वन के वृक्ष जल उठते हैं। सुरेशसिंह कभी चार कदम टहलते थे, फिर हाँफ कर बैठ जाते थे। नौकरों पर झुँझला रहे थे कि जल्द-जल्द छिड़काव क्यों नहीं करते। सहसा उन्हें अंदर से गाने की आवाज सुनायी दी। चौंके, फिर क्रोध आया। मधुर गान कानों को अप्रिय जान पड़ा। यह क्या बेवक्त की शहनाई है ! यहाँ गरमी के मारे दम निकल रहा है और इन सबको गाने की सूझी है ! मंगला ने बुलाया होगा, और क्या। लोग नाहक कहते हैं कि स्त्रियों का जीवन का आधार प्रेम है। उनके जीवन का आधार वही भोजन-निद्रा, राग-रंग, आमोद-प्रमोद है, जो समस्त प्राणियों का है। घंटे भर तो सुन चुका। यह गीत कभी बंद भी होगा या नहीं। सब व्यर्थ में गला फाड़-फाड़ कर चिल्ला रही हैं।

अंत को न रहा गया। जनानखाने में आ कर बोले–यह तुम लोगों ने क्या काँव-काँव मचा रखी है ? यह गाने-बजाने का कौन-सा समय है ? बाहर बैठना मुश्किल हो गया !

सन्नाटा छा गया। जैसे शोरगुल मचानेवाले बालकों में मास्टर पहुँच जाय। सभी ने सिर झुका लिये और सिमट गयीं।

मंगला तुरंत उठकर सामने वाले कमरे में चली गयी। पति को बुलाया और आहिस्ते से बोली—क्यों इतना बिगड़ रहे हो ?

"मैं इस वक्त गाना नहीं सुनना चाहता।"

"तुम्हें सुनाता ही कौन है ? क्या मेरे कानों पर भी तुम्हारा अधिकार है ?"

"फजूल की बमचख..."

"तुमसे मतलब ?"

"मैं अपने घर में यह कोलाहल न मचने दूँगा ?"

"तो मेरा घर कहीं और है ?"

सुरेशसिंह इसका उत्तर न देकर बोले—इन सबसे कह दो, फिर किसी वक्त आयें।

मंगला—इसलिए कि तुम्हें इनका आना अच्छा नहीं लगता ?

"हाँ, इसीलिए।"

"तुम क्या सदा वही करते हो, जो मुझे अच्छा लगे ? तुम्हारे यहाँ मित्र आते है, हँसी-ठट्ठे की आवाज अंदर सुनायी देती है। मैं कभी नहीं कहती कि इन लोगों का आना बंद कर दो। तुम मेरे कामों में दस्तंदाजी क्यों करते हो ?"

सुरेश ने तेज हो कर कहा—इसलिए कि मैं घर का स्वामी हूँ।

मंगला—तुम बाहर के स्वामी हो; यहाँ मेरा अधिकार है।

सुरेश—क्यों व्यर्थ की बक-बक करती हो ? मुझे चिढ़ाने से क्या मिलेगा ?

मंगला जरा देर चुपचाप खड़ी रही। वह पति के मनोगत भावों की मीमांसा कर रही थी। फिर बोली—अच्छी बात है। जब इस घर में मेरा कोई अधिकार नहीं, तो न रहूँगी। अब तक भ्रम में थी। आज तुमने वह भ्रम मिटा दिया। मेरा इस घर पर अधिकार कभी नहीं था। जिस स्त्री का पति के हृदय पर अधिकार नहीं, उसका उसकी सम्पत्ति पर भी कोई अधिकार नहीं हो सकता।

सुरेश ने लज्जित होकर कहा—बात का बतंगड़ क्यों बनाती हो ! मेरा यह मतलब न था। कुछ का कुछ समझ गयी।

मंगला—मन की बात आदमी के मुँह से अनायास ही निकल जाती है। सावधान हो कर हम अपने भावों को छिपा लेते हैं !

सुरेश को अपनी असज्जनता पर दुःख तो हुआ, पर इस भय से कि मैं इसे जितना ही मनाऊँगा, उतना ही यह और जली-कटी सुनायेगी, उसे वहीं छोड़ कर बाहर चले आये।

प्रातःकाल ठंडी हवा चल रही थी। सुरेश खुमारी में पड़े हुए स्वप्न देख रहे थे कि मंगला सामने से चली जा रही है। चौंक पड़े। देखा, द्वार पर सचमुच मंगला खड़ी है। घर की नौकरानियाँ आँचल से आँखें पोंछ रही हैं। कई नौकर आस-पास खड़े हैं। सभी की आँखें सजल और मुख उदास हैं। मानो बहू विदा हो रही है।

सुरेश समझ गये कि मंगला को कल की बात लग गयी। पर उन्होंने उठ कर कुछ पूछने की, मनाने की या समझाने की चेष्टा नहीं की। यह मेरा अपमान कर रही है,

मेरा सिर नीचा कर रही है। जहाँ चाहे, जाय। मुझसे कोई मतलब नहीं। यों बिना कुछ पूछे-गाछे चले जाने का अर्थ यह है कि मैं इसका कोई नहीं। फिर मैं इसे रोकनेवाला कौन !

वह यों ही जड़वत् पड़े रहे और मंगला चली गयी। उनकी तरफ मुँह उठा कर भी न ताका।

4

मंगला पाँव-पैदल चली जा रही थी। एक बड़े ताल्लुकेदार की औरत के लिए यह मामूली बात न थी। हर किसी को हिम्मत न पड़ती थी कि उससे कुछ कहे। पुरुष उसकी राह छोड़ कर किनारे खड़े हो जाते थे। नारियाँ द्वार पर खड़ी करुण-कौतूहल से देखती थीं और आँखों से कहती थीं–हा निर्दयी पुरुष ! इतना भी न हो सका कि एक डोला पर तो बैठा देता !

इस गाँव से निकल कर उस गाँव में पहुँची, जहाँ शीतला रहती थी। शीतला सुनते ही द्वार पर आ कर खड़ी हो गयी और मंगला से बोली–बहन, जरा आ कर दम ले लो।

मंगला ने अंदर जा कर देखा तो मकान जगह-जगह से गिरा हुआ था। दालान में एक वृद्धा खाट पर पड़ी थी। चारों ओर दरिद्रता के चिह्न दिखायी देते थे।

शीतला ने पूछा–यह क्या हुआ ?

मंगला–जो भाग्य में लिखा था।

शीतला–कुँवर जी ने कुछ कहा-सुना था।

मंगला–मुँह से कुछ न कहने पर भी तो मन की बात छिपी नहीं रहती।

शीतला–अरे, तो क्या अब यहाँ तक नौबत आ गयी ?

दुःख की अंतिम दशा संकोच-हीन होती है। मंगला ने कहा–चाहती, तो अब भी पड़ी रहती। उसी घर में जीवन कट जाता। पर जहाँ प्रेम नहीं, पूछ नहीं, मान नहीं, वहाँ अब नहीं रह सकती।

शीतला–तुम्हारा मैका कहाँ है ?

मंगला–मैके कौन मुँह ले कर जाऊँगी ?

शीतला–तब कहाँ जाओगी ?

मंगला–ईश्वर के दरबार में। पूछूँगी कि तुमने मुझे सुन्दरता क्यों नहीं दी ? बदसूरत क्यों बनाया ? बहन, स्त्री के लिए इससे अधिक दुर्भाग्य की बात नहीं कि वह रूप-हीन हो। शायद पहले जनम की पिशाचिनियाँ ही बदसूरत औरतें होती हैं। रूप से प्रेम मिलता है और प्रेम से दुर्लभ कोई वस्तु नहीं है।

यह कह कर मंगला उठ खड़ी हुई। शीतला ने उसे रोका नहीं। सोचा–इसे क्या खिलाऊँगी। आज तो चूल्हा जलने की भी कोई आशा नहीं।

उसके जाने के बाद वह देर तक बैठी सोचती रही, मैं कैसी अभागिन हूँ। जिस

प्रेम को न पा कर यह बेचारी जीवन को त्याग रही है, उसी प्रेम को मैंने पाँव से ठुकरा दिया। इसे जेवर की क्या कमी थी ? क्या ये सारे जड़ाऊ जेवर इसे सुखी रख सके ? इसने उन्हें पाँव से ठुकरा दिया। उन्हीं आभूषणों के लिए मैंने अपना सर्वस्व खो दिया। हा ! न जाने वह (विमलसिंह) कहाँ हैं, किस दशा में हैं !

अपनी लालसा को, तृष्णा को वह कितनी ही बार धिक्कार चुकी थी। मंगला की दशा देख कर आज उसे आभूषणों से घृणा हो गयी।

विमल को घर छोड़े दो साल हो गये थे। शीतला को अब उनके बारे में भाँति-भाँति की शंकाएँ होने लगी थीं। आठों पहर उसके चित्त में ग्लानि और क्षोभ की आग सुलगा करती थी।

देहात के छोटे-मोटे जमींदारों का काम डाँट-डपट, छीन-झपट ही से चला करता है। विमल की खेती बेगार में होती थी। उसके जाने के बाद सारे खेत परती रह गये। कोई जोतनेवाला न मिला। इस खयाल से साझे पर भी किसी ने न जोता कि बीच में कहीं विमलसिंह आ गये, तो साझेदार को अँगूठा दिखा देंगे। असामियों ने लगान न दिया। शीतला ने महाजन से रुपये उधार ले कर काम चलाया। दूसरे वर्ष भी यही कैफियत रही। अबकी महाजन ने रुपये नहीं दिये। शीतला के गहनों के सिर गयी। दूसरा साल समाप्त होते-होते घर की सब लेई-पूँजी निकल गयी। फाके होने लगे। बूढ़ी सास, छोटा देवर, ननद और आप–चार प्राणियों का खर्च था। नात-हित भी आते ही रहते थे। उस पर यह और मुसीबत हुई कि मैके में एक फौजदारी हो गयी। पिता और बड़े भाई उसमें फँस गये। दो छोटे भाई, एक बहन और माता चार प्राणी और सर पर आ डटे। गाड़ी पहले मुश्किल से चलती थी, जब जमीन में धँस गयी।

प्रातःकाल से कलह आरंभ हो जाता। समधिन समधिन से, साले बहनोई से गुथ जाते। कभी तो अन्न के अभाव से भोजन ही न बनता; कभी भोजन बनने पर भी गाली-गलौज के कारण खाने की नौबत न आती। लड़के दूसरों के खेतों में जा कर गन्ने और मटर खाते; बुढ़िया दूसरों के घर जा कर अपना दुखड़ा रोती और ठकुरसोहाती कहती, पुरुष की अनुपस्थिति में स्त्री के मैकेवालों का प्राधान्य हो जाता है। इस संग्राम में प्रायः विजय-पताका मैकेवालों ही के हाथ में रहती है। किसी भाँति घर अनाज आ जाता, तो उसे पीसे कौन ? शीतला की माँ कहती, चार दिन के लिए आयी हूँ, तो क्या चक्की चलाऊँ ? सास कहती, खाने की बेर तो बिल्ली की तरह लपकेंगी, पीसते क्यों जान निकलती है ? विवश हो कर शीतला को अकेले पीसना पड़ता। भोजन के समय वह महाभारत मचता कि पड़ोसवाले तंग आ जाते। शीतला कभी माँ के पैरों पड़ती, कभी सास के चरण पकड़ती, लेकिन दोनों ही उसे झिड़क देतीं। माँ कहती, तूने यहाँ बुलाकर हमारा पानी उतार लिया। सास कहती, मेरी छाती पर सौत ला कर बैठा दी, अब बातें बनाती है ? इस घोर विवाद में शीतला अपना विरह-शोक भूल गयी। सारी अमंगल शंकाएँ इस विरोधाग्नि में शांत हो गयीं। बस, अब यही चिंता थी कि इस दशा से छुटकारा कैसे हो ? माँ और सास, दोनों ही का यमराज के सिवा और कोई ठिकाना न

था; पर यमराज उनका स्वागत करने के लिए बहुत उत्सुक नहीं जान पड़ते थे। सैकड़ों उपाय सोचती; पर उस पथिक की भाँति, जो दिन भर चल कर भी अपने द्वार ही पर खड़ा हो उसकी सोचने की शक्ति निश्चल हो गयी थी। चारों तरफ निगाहें दौड़ाती कि कहीं कोई शरण का स्थान है ? पर कहीं निगाह न जमती।

एक दिन वह इसी नैराश्य की अवस्था में द्वार पर खड़ी थी। मुसीबत में, चित्त की उद्विग्नता में, इंतजार में द्वार से हमें प्रेम हो जाता है। सहसा उसने बाबू सुरेशसिंह को सामने से घोड़े पर जाते देखा। उनकी आँखें उसकी ओर फिरीं। आँखें मिल गयीं। वह झिझक कर पीछे हट गयी। किवाड़ें बंद कर लिये। कुँवर साहब आगे बढ़ गये। शीतला को खेद हुआ कि उन्होंने मुझे देख लिया। मेरे सिर पर साड़ी फटी हुई थी, चारों तरफ उसमें पैबंद लगे हुए थे। वह अपने मन में न जाने क्या कहते होंगे ?

कुँवर साहब को गाँववालों से विमलसिंह के परिवार के कष्टों की खबर मिली थी। वह गुप्तरूप से उनकी कुछ सहायता करना चाहते थे। पर शीतला को देखते ही संकोच ने उन्हें ऐसा दबाया कि द्वार पर एक क्षण भी न रुक सके। मंगला के गृह-त्याग के तीन महीने पीछे आज वह पहली बार घर से निकले थे। मारे शर्म के बाहर बैठना छोड़ दिया था।

इसमें संदेह नहीं कि कुँवर साहब मन में शीतला के रूप-रस का आस्वादन करते थे। मंगला के जाने के बाद उनके हृदय में एक विचित्र दुष्कामना जाग उठी। क्या किसी उपाय से यह सुंदरी मेरी नहीं हो सकती ? विमल का मुद्दत से पता नहीं। बहुत सम्भव है कि वह अब संसार में न हो। किंतु वह इस दुष्कल्पना को विचार से दबाते रहते थे। शीतला की विपत्ति की कथा सुन कर भी वह उसकी सहायता करते हुए डरते थे। कौन जाने, वासना यही वेष रख कर मेरे विचार और विवेक पर कुठाराघात करना चाहती हो। अंत को लालसा की कपट-लीला उन्हें भुलावा दे ही गयी। वह शीतला के घर उसका हालचाल पूछने गये। मन में तर्क किया–यह कितना घोर अन्याय है कि एक अबला ऐसे संकट में हो और मैं उसकी बात भी न पूछूँ ? पर वहाँ से लौटे, तो बुद्धि और विवेक की रस्सियाँ टूट गयी थीं और नौका मोह वासना के अपार सागर में डुबकियाँ खा रही थी। आह ! यह मनोहर छवि ! यह अनुपम सौंदर्य !

एक क्षण में उन्मत्तों की भाँति बकने लगे–यह प्राण और यह शरीर तेरी भेंट करता हूँ। संसार हँसेगा, हँसे। महापाप है, हो। कोई चिंता नहीं। इस स्वर्गीय आनंद से मैं अपने को वंचित नहीं कर सकता ? वह मुझसे भाग नहीं सकती। इस हृदय को छाती से निकाल कर उसके पैरों पर रख दूँगा। विमल मर गया। नहीं मरा, तो अब मरेगा, पाप क्या है ? बात नहीं। कमल कितना कोमल, कितना प्रफुल्ल, कितना ललित है ? क्या उसके अधरों–

अकस्मात् वह ठिठक गये जैसे कोई भूली हुई बात याद आ जाय। मनुष्य में बुद्धि के अंतर्गत एक अज्ञात बुद्धि होती है। जैसे रण-क्षेत्र में हिम्मत हार कर भागनेवाले सैनिकों को किसी गुप्त स्थान से आनेवाली कुमक सँभाल लेती है, वैसे ही

इस अज्ञात बुद्धि ने सुरेश को सचेत कर दिया। वह सँभल गये। ग्लानि से उनकी आँखें भर आयीं। वह कई मिनट तक किसी दंडित कैदी की भाँति क्षुब्ध खड़े सोचते रहे। फिर विजय-ध्वनि से कह उठे–कितना सरल है। इस विकार के हाथी को सिंह से नहीं, चिंउटी से मारूँगा। शीतला को एक बार 'बहन' कह देने से ही यह सब विकार शांत हो जायगा। शीतला ! बहन ! मैं तेरा भाई हूँ !

उसी क्षण उन्होंने शीतला को पत्र लिखा–बहन, तुमने इतने कष्ट झेले पर मुझे खबर तक न दी ! मैं कोई गैर न था। मुझे इसका दुःख है। खैर, अब ईश्वर ने चाहा, तो तुम्हें कष्ट न होगा। इस पत्र के साथ उन्होंने अनाज और रुपये भेजे।

शीतला ने उत्तर दिया–भैया, क्षमा करो जब तक जिऊँगी, तुम्हारा यश गाऊँगी। तुमने मेरी डूबती नाव पार लगा दी।

5

कई महीने बीत गये। संध्या का समय था। शीतला अपनी मैना को चारा चुगा रही थी। उसे सुरेश नैपाल से उसी के वास्ते लाये थे। इतने में सुरेश आ कर आँगन में बैठ गये।

शीतला ने पूछा–कहाँ से आते हो भैया ?

सुरेश–गया था जरा थाने। कुछ पता नहीं चला। रंगून में पहले कुछ पता मिला था। बाद को मालूम हुआ कि वह कोई और आदमी है। क्या करूँ ? इनाम और बढ़ा दूँ ?

शीतला–तुम्हारे पास रुपये बढ़े हैं; फूँको। उनकी इच्छा होगी, तो आप ही आवेंगे।

सुरेश–एक बात पूछूँ, बताओगी ? किस बात पर तुमसे रूठे थे ?

शीतला–कुछ नहीं, मैंने यही कहा कि मुझे गहने बनवा दो। कहने लगे, मेरे पास है क्या ? मैंने कहा (लजा कर), तो ब्याह क्यों किया ? बस, बातों ही बातों में तकरार हो गयी।

इतने में शीतला की सास आ गयी। सुरेश ने शीतला की माँ और भाइयों को उनके घर पहुँचा दिया था, इसलिए यहाँ अब शांति थी। सास ने बहू की बात सुन ली थी। कर्कश स्वर से बोली–बेटा तुमसे क्या परदा है। यह महारानी देखने ही को गुलाब की फूल है, अन्दर सब काँटे हैं। यह अपने बनाव-सिंगार के आगे विमल की बात ही न पूछती थी। बेचारा इस पर जान देता था; पर इसका मुँह ही न सीधा होता था। प्रेम तो इसे छू नहीं गया। अन्त को उसे देश से निकाल कर इसने दम लिया।

शीतला ने रुष्ट हो कर कहा–क्या वही अनोखे धन कमाने घर से निकले हैं ? देश-विदेश जाना मरदों का काम ही है।

सुरेश–यूरोप में तो धनभोग के सिवा स्त्री-पुरुष में कोई सम्बन्ध ही नहीं होता। बहन ने यूरोप में जन्म लिया होता; तो हीरे-जवाहिर से जगमगाती होती। शीतला, अब तुम ईश्वर से यही कहना कि सुंदरता देते हो; तो यूरोप में जन्म दो।

शीतला ने व्यथित हो कर कहा—जिनके भाग्य में लिखा है, वे यहीं सोने से लदी हुई हैं। मेरी भाँति सभी के करम थोड़े ही फूट गये हैं !

सुरेशसिंह को ऐसा जान पड़ा कि शीतला की मुखकांति मलिन हो गयी है। पतिवियोग में भी गहनों के लिए इतनी लालायित है ! बोले—अच्छा, मैं तुम्हें गहने बनवा दूँगा।

यह वाक्य कुछ अपमानसूचक स्वर में कहा गया था; पर शीतला की आँखें आनन्द से सजल हो आयीं, कंठ गद्गद हो गया। उसके हृदय-नेत्रों के सामने मंगला के रत्न-जटित आभूषणों का चित्र खिंच गया। उसने कृतज्ञतापूर्ण दृष्टि से सुरेश को देखा। मुँह से कुछ न बोली; पर उसका प्रत्येक अंग कह रहा था—मैं तुम्हारी हूँ !

6

कोयल आम की डालियों पर बैठ कर, मछली शीतल निर्मल जल में क्रीड़ा करके और मृग-शावक विस्तृत हरियालियों में छलाँगें भर कर इतने प्रसन्न नहीं होते, जितना मंगला के आभूषणों को पहन कर शीतला प्रसन्न हो रही है। उसके पैर जमीन पर नहीं पड़ते। वह दिन भर आईने के सामने खड़ी रहती है; कभी केशों को सँवारती है, कभी सुरमा लगाती है। कुहरा फट गया है और निर्मल स्वच्छ चाँदनी निकल आयी है। वह घर का एक तिनका भी नहीं उठाती। उसके स्वभाव में एक विचित्र गर्व का संचार हो गया है।

लेकिन शृंगार क्या है ? सोयी हुई काम-वासना को जगाने का घोर नाद, उद्दीपन का मंत्र। शीतला जब नख-शिख से सज कर बैठती है, तो उसे प्रबल इच्छा होती है कि मुझे कोई देखे। वह द्वार पर आ कर खड़ी हो जाती है। गाँव की स्त्रियों की प्रशंसा से उसे संतोष नहीं होता। गाँव के पुरुषों को वह शृंगाररस विहीन समझती है। इसलिए सुरेशसिंह को बुलाती है। पहले वह दिन में एक बार आ जाते थे, अब शीतला के बहुत अनुनय-विनय करने पर भी नहीं आते।

पहर रात गयी थी। घरों के दीपक बुझ चुके थे। शीतला के घर में दीपक जल रहा था। उसने कुँवर साहब के बगीचे से बेले के फूल मँगवाये थे और बैठी हार गूँथ रही थी—अपने लिए नहीं सुरेश के लिए। प्रेम के सिवा एहसान का बदला देने के लिए उसके पास और था ही क्या ?

एकाएक कुत्तों के भूँकने की आवाज सुनायी दी, और दम भर में विमलसिंह ने मकान के अंदर कदम रखा। उनके एक हाथ में संदूक था, दूसरे हाथ में एक गठरी। शरीर दुर्बल, कपड़े मैले, दाढ़ी के बाल बढ़े हुए, मुख पीला, जैसे कोई कैदी जेल से निकल कर आया हो। दीपक का प्रकाश देखकर वह शीतला के कमरे की तरफ चले। मैना पिंजरे में तड़फड़ाने लगी। शीतला ने चौंक कर सिर उठाया। घबरा कर बोली, "कौन ?" फिर पहचान गयी। तुरंत फूलों को एक कपड़े से छिपा दिया। उठ खड़ी हुई और सिर झुका कर पूछा—इतनी जल्दी सुध ली ?

विमल ने कुछ जवाब न दिया। विस्मित हो-हो कर कभी शीतला को देखता और

कभी घर को, मानो किसी नये संसार में पहुँच गया है। यह वह अध-खिला फूल न था; जिसकी पंखुड़ियाँ अनुकूल जलवायु न पा कर सिमट गयी थीं। यह पूर्ण विकसित कुसुम था–ओस के जल-कणों से जगमगाता और वायु के झोंकों से लहराता हुआ। विमल उसकी सुंदरता पर पहले भी मुग्ध था; पर यह ज्योति वह अग्निज्वाला थी, जिससे हृदय में ताप और आँखों में जलन होती थी। ये आभूषण, ये वस्त्र, यह सजावट ! उसके सिर में एक चक्कर-सा आ गया। जमीन पर बैठ गया। इस सूर्यमुखी के सामने बैठते हुए उसे लज्जा आती थी। शीतला अभी तक स्तंभित खड़ी थी। वह पानी लाने नहीं दौड़ी, उसने पति के चरण नहीं धोये, उसको पंखा तक नहीं झला। हतबुद्धि-सी हो गयी थी। उसने कल्पनाओं की कैसी सुरम्य वाटिका लगाई थी ! उस पर तुषार पड़ गया। वास्तव में इस मलिनवदन, अर्ध-नग्न पुरुष से उसे घृणा हो रही थी। यह घर का जमींदार विमल न था। वह मजदूर हो गया था। मोटा काम मुखाकृति पर असर डाले बिना नहीं रहता। मजदूर सुंदर वस्त्रों में भी मजदूर ही रहता है।

सहसा विमल की माँ चौंकी। शीतला के कमरे में आयी, तो विमल को देखते ही मातृ-स्नेह से विह्वल हो कर उसे छाती से लगा लिया। विमल ने उसके चरणों पर सिर रखा। उसकी आँखों से आँसुओं की गरम-गरम बूँदें निकल रही थीं। माँ पुलकित हो रही थी। मुख से बात न निकलती थी !

एक क्षण में विमल ने कहा–अम्माँ !

कंठ-ध्वनि ने उसका आशय प्रकट कर दिया।

माँ ने प्रश्न समझ कर कहा–नहीं बेटा, यह बात नहीं है।

विमल–यह देखता क्या हूँ ?

माँ–स्वभाव ही ऐसा है, तो कोई क्या करे ?

विमल–सुरेश ने मेरा हुलिया क्यों लिखाया था ?

माँ–तुम्हारी खोज लेने के लिए। उन्होंने दया न की होती, तो आज घर में किसी को जीता न पाते।

विमल–बहुत अच्छा होता।

शीतला ने ताने से कहा–अपनी ओर से तुमने सबको मार ही डाला था। फूलों की सेज नहीं बिछा गये थे !

विमल–अब तो फूलों की सेज ही बिछी हुई देखता हूँ।

शीतला–तुम किसी के भाग्य के विधाता हो ?

विमलसिंह उठकर क्रोध से काँपता हुआ बोला–अम्माँ, मुझे यहाँ से ले चलो। मैं इस पिशाचिनी का मुँह नहीं देखना चाहता। मेरी आँखों में खून उतरता चला आता है। मैंने इस कुल-कलंकिनी के लिए तीन साल तक जो कठिन तपस्या की है, उससे ईश्वर मिल जाता; पर इसे न पा सका !

यह कह कर वह कमरे से निकल आया और माँ के कमरे में लेट रहा। माँ ने तुरंत उसका मुँह और हाथ-पैर धुलाये। वह चूल्हा जला कर पूरियाँ पकाने लगी।

साथ-साथ घर की विपत्ति-कथा भी कहती जाती थी। विमल के हृदय में सुरेश के प्रति जो विरोधाग्नि प्रज्वलित हो रही थी, वह शांत हो गयी; लेकिन हृदय-दाह ने रक्त-दाह का रूप धारण किया। जोर का बुखार चढ़ आया। लंबी यात्रा की थकान और कष्ट तो था ही, बरसों के कठिन श्रम और तप के बाद यह मानसिक संताप और भी दुस्सह हो गया।

सारी रात वह अचेत पड़ा रहा। माँ बैठी पंखा झलती और रोती थी। दूसरे दिन भी वह बेहोश पड़ा रहा। शीतला उसके पास एक क्षण के लिए भी न आयी। इन्होंने मुझे कौन से सोने के कौर खिला दिये हैं, जो इनकी धौंस सहूँ ? यहाँ तो 'जैसे कंता घर रहे, वैसे रहे विदेश।' किसी की फूटी कौड़ी नहीं जानती। बहुत ताव दिखा कर तो गये थे ? क्या लाद लाये !

संध्या के समय सुरेश को खबर मिली। तुरंत दौड़े हुए आये। आज दो महीने के बाद उन्होंने उस घर में कदम रखा। विमल ने आँखें खोलीं, पहचान गया। आँखों से आँसू बहने लगे। सुरेश के मुखारविन्द पर दया की ज्योति झलक रही थी। विमल ने उसके बारे में जो अनुचित संदेह किया था, उसके लिये वह अपने को धिक्कार रहा था।

शीतला ने ज्यों ही सुना कि सुरेशसिंह आये हैं, तुरंत शीशे के सामने गयी। केश छिटका लिये और विपद् की मूर्ति बनी हुई विमल के कमरे में आयी। कहाँ तो विमल की आँखें बंद थीं, मूर्च्छित-सा पड़ा था, कहाँ शीतला के आते ही आँखें खुल गयीं। अग्निमय नेत्रों से उसकी ओर देख कर बोला—अभी आयी है ? आज के तीसरे दिन आना। कुँवर साहब से उस दिन फिर भेंट हो जायगी।

शीतला उलटे पाँव चली गयी। सुरेश पर घड़ों पानी पड़ गया। मन में सोचा, कितना रूप-लावण्य है; पर कितना विषक्त ! हृदय की जगह केवल शृंगार-लालसा !

आतंक बढ़ता गया। सुरेश ने डाक्टर बुलवाये; पर मृत्यु-देव ने किसी की न मानी। उनका हृदय पाषाण है। किसी भाँति नहीं पसीजता। कोई अपना हृदय निकाल कर रख दे, आँसुओं की नदी बहा दे, पर उन्हें दया नहीं आती। बसे हुए घर को उजाड़ना, लहराती हुई खेती को सुखाना उनका काम है। और उनकी निर्दयता कितनी विनोदमय है ! यह नित्य नये रूप बदलते रहते हैं। कभी दामिनी बन जाते हैं, तो कभी पुण्य-माला। कभी सिंह बन जाते हैं, तो कभी सियार। कभी अग्नि के रूप में दिखायी देते हैं, तो कभी जल के रूप में।

तीसरे दिन, पिछली रात को, विमल की मानसिक पीड़ा और हृदय-ताप का अंत हो गया। चोर दिन को कभी चोरी नहीं करता। यम के दूत प्रायः रात ही को सबकी नजर बचा कर आते हैं और प्राण-रत्न को चुरा ले जाते हैं। आकाश के फूल मुरझाये हुए थे। वृक्षसमूह स्थिर थे; पर शोक में मग्न, सिर झुकाये हुए। रात शोक का बाह्यरूप है। रात मृत्यु का क्रीड़ा क्षेत्र है। उसी समय विमल के घर से आर्तनाद सुनायी दिया—वह नाद, जिसे सुनने के लिए मृत्यु-देव विकल रहते हैं।

शीतला चौंक पड़ी और घबरायी हुई मरण-शय्या की ओर चली। उसने मृतदेह पर

निगाह डाली और भयभीत हो कर एक पग पीछे हट गयी। उसे जान पड़ा, विमलसिंह उसकी ओर अत्यंत तीव्र दृष्टि से देख रहे हैं। बुझे हुए दीपक में उसे भयंकर ज्योति दिखायी पड़ी। वह मारे भय के वहाँ ठहर न सकी। द्वार से निकल ही रही थी कि सुरेशसिंह से भेंट हो गयी। कातर स्वर में बोली–मुझे यहाँ डर लगता है। उसने चाहा कि रोती हुई इनके पैरों पर गिर पड़ूँ, पर वह अलग हट गये।

7

जब किसी पथिक को चलते-चलते ज्ञात होता है कि मैं रास्ता भूल गया हूँ, तो वह सीधे रास्ते पर आने के लिए बड़े वेग से चलता है ! झुँझलाता है कि मैं इतना असावधान क्यों हो गया ? सुरेश भी अब शांति-मार्ग पर आने के लिए विकल हो गये। मंगला की स्नेहमयी सेवाएँ याद आने लगीं। हृदय में वास्तविक सौंदर्योपासना का भाव उदय हुआ। उसमें कितना प्रेम, कितना त्याग, कितनी क्षमा थी ! उसकी अतुल पति-भक्ति को याद करके कभी-कभी वह तड़प जाते। आह ! मैंने घोर अत्याचार किया। ऐसे उज्ज्वल रत्न का आदर न किया। मैं योंही जड़वत् पड़ा रहा और मेरे सामने ही लक्ष्मी घर से निकल गयी ! मंगला ने चलते-चलते शीतला से जो बातें कहीं, वे उन्हें मालूम थीं; पर उन बातों पर विश्वास न होता था। मंगला शांत प्रकृति की थी। वह इतनी उद्दंडता नहीं कर सकती। उसमें क्षमा थी, वह इतना विद्वेष नहीं कर सकती। उनका मन कहता था कि वह जीती है और कुशल से है। उसके मैकेवालों को कई पत्र लिखे; पर वहाँ व्यंग्य और कटुवाक्यों के सिवा और क्या रखा था ? अंत को उन्होंने लिखा–अब उस रत्न की खोज में स्वयं जाता हूँ। या तो ले कर ही आऊँगा, या कहीं मुँह में कालिश लगा कर डूब मरूँगा।

इस पत्र का उत्तर आया–अच्छी बात है, जाइए, पर यहाँ से होते हुए जाइएगा। यहाँ से भी कोई आपके साथ चला जायगा।

सुरेशसिंह को इन शब्दों में आशा की झलक दिखायी दी। उसी दिन प्रस्थान कर दिया। किसी को साथ नहीं लिया।

ससुराल में किसी ने उनका प्रेममय स्वागत नहीं किया। सभी के मुँह फूले हुए थे। ससुर जी ने तो उन्हें पति-धर्म पर एक लम्बा उपदेश दिया।

रात को जब वह भोजन करके लेटे, तो छोटी साली आ कर बैठ गयी और मुस्करा कर बोली–जीजा जी, कोई सुंदरी अपने रूप-हीन पुरुष को छोड़ दे, उसका अपमान करे, तो आप उसे क्या कहेंगे ?

सुरेश–(गंभीर स्वर से) कुटिला !

साली–और ऐसे पुरुष को, जो अपनी रूप-हीन स्त्री को त्याग दे ?

सुरेश–पशु !

साली–और जो पुरुष विद्वान् हो ?

सुरेश–पिशाच !

साली–(हँस कर) तो मैं भागती हूँ। मुझे आपसे डर लगता है।

सुरेश–पिशाचों का प्रायश्चित्त भी तो स्वीकार हो जाता है।

साली–शर्त यह है कि प्रायश्चित्त सच्चा हो।

सुरेश–यह तो वह अंतर्यामी ही जान सकते हैं।

साली–सच्चा होगा, तो उसका फल भी अवश्य मिलेगा। मगर दीदी को ले कर इधर ही से लौटिएगा।

सुरेश की आशा-नौका फिर डगमगायी। गिड़गिड़ा कर बोले–प्रभा, ईश्वर के लिए मुझ पर दया करो। मैं बहुत दुःखी हूँ। साल भर से ऐसा कोई दिन नहीं गया कि मैं रो कर न सोया हूँ।

प्रभा ने उठ कर कहा–अपने किये का क्या इलाज ? जाती हूँ, आराम कीजिए।

एक क्षण में मंगला की माता आकर बैठ गयी और बोली–बेटा, तुमने तो बहुत पढ़ा-लिखा है, देश-विदेश घूम आये हो, सुंदर बनने की कोई दवा कहीं नहीं देखी ?

सुरेश ने विनय-पूर्वक कहा–माता जी, अब ईश्वर के लिए और लज्जित न कीजिए।

माता–तुमने तो मेरी प्यारी बेटी के प्राण ले लिये ! मैं क्या तुम्हें लज्जित करने से भी गयी ? जी में तो था कि ऐसी-ऐसी सुनाऊँगी कि तुम भी याद करोगे; पर मेहमान हो, क्या जलाऊँ ? आराम करो।

सुरेश आशा और भय की दशा में पड़े करवटें बदल रहे थे कि एकाएक द्वार पर किसी ने धीरे से कहा–जाती क्यों नहीं, जागते तो हैं ? किसी ने जवाब दिया–लाज आती है।

सुरेश ने आवाज पहचानी। प्यासे को पानी मिल गया। एक क्षण में मंगला उनके सम्मुख आयी और सिर झुका कर खड़ी हो गयी। सुरेश को उसके मुख पर एक अनूठी छवि दिखायी दी, जैसे कोई रोगी स्वास्थ्य-लाभ कर चुका हो।

रूप वही था, पर आँखें और थीं।

जुगनू की चमक

पंजाब के सिंह राजा रणजीतसिंह संसार से चल चुके थे और राज्य के वे प्रतिष्ठित पुरुष जिनके द्वारा उनका उत्तम प्रबंध चल रहा था, परस्पर के द्वेष और अनबन के कारण मर मिटे थे। राजा रणजीतसिंह का बनाया हुआ सुंदर किंतु खोखला भवन अब नष्ट हो चुका था। कुँवर दिलीपसिंह अब इंगलैंड में थे और रानी चंद्रकुँवरि चुनार के दुर्ग में। रानी चंद्रकुँवरि ने विनष्ट होते हुए राज्य को बहुत सँभालना चाहा; किंतु शासन-प्रणाली न जानती थी और कूटनीति ईर्ष्या की आग भड़काने के सिवा और क्या करती ?

रात के बारह बज चुके थे। रानी चंद्रकुँवरि अपने निवास-भवन के ऊपर छत पर

खड़ी गंगा की ओर देख रही थी और सोचती थी—लहरें क्यों इस प्रकार स्वतंत्र हैं ? उन्होंने कितने गाँव और नगर डुबाये हैं, कितने जीव-जंतु तथा द्रव्य निगल गयी हैं, किंतु फिर भी वे स्वतंत्र हैं। कोई उन्हें बंद नहीं करता। इसीलिए न कि वे बंद नहीं रह सकतीं ? वे गरजेंगी, बल खायेंगी—और बाँध के ऊपर चढ़कर उसे नष्ट कर देंगी, अपने जोर से उसे बहा ले जायेंगी।

यह सोचते-विचारते रानी गादी पर लेट गयी। उसकी आँखों के सामने पूर्वावस्था की स्मृतियाँ मनोहर स्वप्न की भाँति आने लगीं। कभी उसकी भौंह की मरोड़ तलवार से भी अधिक तीव्र थी और उसकी मुस्कराहट वसंत की सुगंधित समीर से भी अधिक प्राण-पोषक; किंतु हाय, अब इनकी शक्ति हीनावस्था को पहुँच गयी। रोये तो अपने को सुनाने के लिए, हँसे तो अपने को बहलाने के लिए। यदि बिगड़े तो किसी का क्या बिगाड़ सकती है और प्रसन्न हो तो किसी का क्या बना सकती है ? रानी और बाँदी में कितना अंतर है ? रानी की आँखों से आँसू की बूँदें झरने लगीं, जो कभी विष से अधिक प्राण-नाशक और अमृत से अधिक अनमोल थीं, वह इसी भाँति अकेली, निराश, कितनी बार रोयी, जब कि आकाश के तारों के सिवा और कोई देखनेवाला न था।

2

इसी प्रकार रोते-रोते रानी की आँखें लग गयीं। उसका प्यारा, कलेजे का टुकड़ा, कुँवर दिलीपसिंह, जिसमें उसके प्राण बसते थे, उदास मुख आ कर खड़ा हो गया। जैसे गाय दिन भर जंगलों में रहने के पश्चात् संध्या को घर आती है और अपने बछड़े को देखते ही प्रेम और उमंग से मतवाली होकर स्तनों में दूध भरे, पूँछ उठाये, दौड़ती है, उसी भाँति चंद्रकुँवरि अपने दोनों हाथ फैलाये अपने प्यारे कुँवर को छाती से लपटाने के लिए दौड़ी। परंतु आँखें खुल गयीं और जीवन की आशाओं की भाँति वह स्वप्न विनष्ट हो गया। रानी ने गंगा की ओर देखा और कहा—मुझे भी अपने साथ लेती चलो। इसके बाद रानी तुरंत छत से उतरी। कमरे में एक लालटेन जल रही थी। उसके उजेले में उसने एक मैली साड़ी पहनी, गहने उतार दिये, रत्नों के एक छोटे-से बक्स को और एक तीव्र कटार को कमर में रखा। जिस समय वह बाहर निकली, नैराश्यपूर्ण साहस की मूर्ति थी।

संतरी ने पुकारा—कौन ? रानी ने उत्तर दिया—मैं हूँ झंगी।

'कहाँ जाती है ?'

'गंगाजल लाऊँगी। सुराही टूट गयी है, रानी जी पानी माँग रही हैं।'

संतरी कुछ समीप आ कर बोला—चल, मैं भी तेरे साथ चलता हूँ, जरा रुक जा।

झंगी बोली—मेरे साथ मत आओ। रानी कोठे पर हैं। देख लेंगी।

संतरी को धोखा दे कर चंद्रकुँवरि गुप्त द्वार से होती हुई अँधेरे में काँटों से उलझती, चट्टानों से टकराती, गंगा के किनारे पर जा पहुँची।

रात आधी से अधिक जा चुकी थी। गंगा जी में संतोषदायिनी शांति विराज रही

थी। तरंगें तारों को गोद में लिये सो रही थीं। चारों ओर सन्नाटा था। रानी नदी के किनारे-किनारे चली जाती थी और मुड़-मुड़ कर पीछे देखती थी। एकाएक एक डोंगी खूँटे से बँधी हुई देख पड़ी। रानी ने उसे ध्यान से देखा तो मल्लाह सोया हुआ था। उसे जगाना काल को जगाना था। वह तुरंत रस्सी खोल कर नाव पर सवार हो गयी। नाव धीरे-धीरे धार के सहारे चलने लगी, शोक और अंधकारमय स्वप्न की भाँति जो ध्यान की तरंगों के साथ बहा चला जाता हो। नाव के हिलने से मल्लाह चौंक कर उठ बैठा। आँखें मलते-मलते उसने सामने देखा तो पटरे पर एक स्त्री हाथ में डाँड लिये बैठी है। घबरा कर पूछा–तैं कौन है रे ? नाव कहाँ लिये जाती है ? रानी हँस पड़ी। भय के अन्त को साहस कहते हैं। बोली–सच बताऊँ या झूठ ?

मल्लाह कुछ भयभीत-सा हो कर बोला–सच बताया जाय।

रानी बोली–अच्छा तो सुनो। मैं लाहौर की रानी चन्द्रकुँवरि हूँ। इसी किले में कैदी थी। आज भागी जाती हूँ। मुझे जल्दी बनारस पहुँचा दे। तुझे निहाल कर दूँगी और शरारत करेगा तो देख, कटार से सिर काट दूँगी। सबेरा होने से पहले मुझे बनारस पहुँचना चाहिए।

यह धमकी काम कर गयी। मल्लाह ने विनीत भाव से अपना कम्बल बिछा दिया और तेजी से डाँड चलाने लगा। किनारे के वृक्ष और ऊपर जगमगाते हुए तारे साथ-साथ दौड़ने लगे।

3

प्रातःकाल चुनार के दुर्ग में प्रत्येक मनुष्य अचम्भित और व्याकुल था। संतरी, चौकीदार और लौंडियाँ सब सिर नीचे किये दुर्ग के स्वामी के सामने उपस्थित थे। अन्वेषण हो रहा था; परन्तु कुछ पता न चलता था।

उधर रानी बनारस पहुँची। परन्तु वहाँ पहले से ही पुलिस और सेना का जाल बिछा हुआ था। नगर के नाके बन्द थे। रानी का पता लगानेवाले के लिए एक बहुमूल्य पारितोषिक की सूचना दी गयी थी।

बन्दीगृह से निकल कर रानी को ज्ञात हो गया कि वह और दृढ़ कारागार में है। दुर्ग में प्रत्येक मनुष्य उसका आज्ञाकारी था। दुर्ग का स्वामी भी उसे सम्मान की दृष्टि से देखता था। किंतु आज स्वतंत्र हो कर भी उसके ओंठ बन्द थे। उसे सभी स्थानों में शत्रु देख पड़ते थे। पंखरहित पक्षी को पिंजरे के कोने में ही सुख है।

पुलिस के अफसर प्रत्येक आने-जानेवालों को ध्यान से देखते थे; किंतु उस भिखारिनी की ओर किसी का ध्यान नहीं जाता था, जो एक फटी हुई साड़ी पहने, यात्रियों के पीछे-पीछे, धीरे-धीरे सिर झुकाये गंगा की ओर चली आ रही है। न वह चौंकती है, न हिचकती है, न घबराती है। इस भिखारिनी की नसों में रानी का रक्त है।

यहाँ से भिखारिनी ने अयोध्या की राह ली। वह दिन भर विकट मार्गों में चलती और रात को किसी सुनसान स्थान पर लेट रहती थी। मुख पीला पड़ गया था। पैरों में

छाले थे। फूल-सा बदन कुम्हला गया था।

वह प्रायः गाँवों में लाहौर की रानी के चरचे सुनती। कभी-कभी पुलिस के आदमी भी उसे रानी की टोह में दत्तचित्त देख पड़ते। उन्हें देखते ही भिखारिनी के हृदय में सोयी हुई रानी जाग उठती। वह आँखें उठा कर उन्हें घृणा-दृष्टि से देखती और शोक तथा क्रोध से उसकी आँखें जलने लगतीं। एक दिन अयोध्या के समीप पहुँच कर रानी एक वृक्ष के नीचे बैठी हुई थी। उसने कमर से कटार निकाल कर सामने रख दी थी। वह सोच रही थी कि कहाँ जाऊँ ? मेरी यात्रा का अंत कहाँ है ? क्या इस संसार में अब मेरे लिए कहीं ठिकाना नहीं है ? वहाँ से थोड़ी दूर पर आमों का एक बहुत बड़ा बाग था। उसमें बड़े-बड़े डेरे और तम्बू गड़े हुए थे। कई एक संतरी चमकीली वर्दियाँ पहने टहल रहे थे, कई घोड़े बँधे हुए थे। रानी ने इस राजसी ठाट-बाट को शोक की दृष्टि से देखा। एक बार वह भी काश्मीर गयी थी। उसका पड़ाव इससे कहीं बढ़ गया था।

बैठे-बैठे संध्या हो गयी। रानी ने वहीं रात काटने का निश्चय किया ! इतने में एक बूढ़ा मनुष्य टहलता हुआ आया और उसके समीप खड़ा हो गया। ऐंठी हुई दाढ़ी थी, शरीर में सटी हुई चपकन थी, कमर में तलवार लटक रही थी। इस मनुष्य को देखते ही रानी ने तुरन्त कटार उठा कर कमर में खोंस ली। सिपाही ने उसे तीव्र दृष्टि से देख कर पूछा–बेटी कहाँ से आती हो ?

रानी ने कहा–बहुत दूर से।

'कहाँ जाओगी ?'

'यह नहीं कह सकती, बहुत दूर।'

सिपाही ने रानी की ओर फिर ध्यान से देखा और कहा–जरा अपनी कटार दिखाओ। रानी कटार सँभाल कर खड़ी हो गयी और तीव्र स्वर से बोली–मित्र हो या शत्रु ? ठाकुर ने कहा–मित्र। सिपाही के बातचीत करने के ढंग में और चेहरे में कुछ ऐसी विलक्षणता थी जिससे रानी को विवश हो कर विश्वास करना पड़ा।

वह बोली–विश्वासघात न करना। यह देखो।

ठाकुर ने कटार हाथ में ली। उसको उलट-पुलट कर देखा और बड़े नम्र भाव से उसे आँखों से लगाया। तब रानी के आगे विनीत भाव से सिर झुका कर वह बोला–महारानी चन्द्रकुँवरि ?

रानी ने करुण स्वर से कहा–नहीं, अनाथ भिखारिनी। तुम कौन हो ?

सिपाही ने उत्तर दिया–आपका एक सेवक !

रानी ने उसकी ओर निराश दृष्टि से देखा और कहा–दुर्भाग्य के सिवा इस संसार में मेरा कोई नहीं।

सिपाही ने कहा–महारानी जी, ऐसा न कहिए। पंजाब के सिंह की महारानी के वचन पर अब भी सैकड़ों सिर झुक सकते हैं। देश में ऐसे लोग विद्यमान हैं, जिन्होंने आपका नमक खाया है और उसे भूले नहीं हैं।

रानी–अब इसकी इच्छा नहीं। केवल एक शांत-स्थान चाहती हूँ, जहाँ पर एक

कुटी के सिवा कुछ न हो।

सिपाही–ऐसा स्थान पहाड़ों में ही मिल सकता है। हिमालय की गोद में चलिए, वहीं आप उपद्रव से बच सकती हैं।

रानी–(आश्चर्य से) शत्रुओं में जाऊँ ? नेपाल कब हमारा मित्र रहा है ?

सिपाही–राणा जंगबहादुर दृढ़प्रतिज्ञ राजपूत हैं।

रानी–किंतु वही जंगबहादुर तो है जो अभी-अभी हमारे विरुद्ध लार्ड डलहौजी को सहायता देने पर उद्यत था ?

सिपाही (कुछ लज्जित-सा हो कर)–तब आप महारानी चंद्रकुँवरि थीं, आज आप भिखारिनी हैं। ऐश्वर्य के द्वेषी और शत्रु चारों ओर होते हैं। लोग जलती हुई आग को पानी से बुझाते हैं, पर राख माथे पर चढ़ायी जाती है। आप जरा भी सोच-विचार न करें, नेपाल में अभी धर्म का लोप नहीं हुआ है। आप भय-त्याग करें और चलें। देखिए, वह आपको किस भाँति सिर और आँखों पर बिठाता है।

रानी ने रात इसी वृक्ष की छाया में काटी। सिपाही भी वहीं सोया। प्रातःकाल वहाँ दो तीव्रगामी घोड़े देख पड़े। एक पर सिपाही सवार था और दूसरे पर एक अत्यंत रूपवान युवक। यह रानी चंद्रकुँवरि थी, जो अपने रक्षास्थान की खोज में नेपाल जाती थी। कुछ देर पीछे रानी ने पूछा–यह पड़ाव किसका है ? सिपाही ने कहा–राणा जंगबहादुर का। वे तीर्थयात्रा करने आये हैं, किन्तु हमसे पहले पहुँच जायेंगे।

रानी–तुमने उनसे मुझे यहीं क्यों न मिला दिया। उनका हार्दिक भाव प्रकट हो जाता।

सिपाही–यहाँ उनसे मिलना असम्भव था। आप जासूसों की दृष्टि से न बच सकतीं।

उस समय यात्रा करना प्राण को अर्पण कर देना था। दोनों यात्रियों को अनेकों बार डाकुओं का सामना करना पड़ा। उस समय रानी की वीरता, उसकी युद्ध-कौशल तथा फुर्ती देख कर बूढ़ा सिपाही दाँतों तले अँगुली दबाता था। कभी उनकी तरह तलवार काम कर जाती और कभी घोड़े की तेज चाल।

यात्रा बड़ी लम्बी थी। जेठ का महीना मार्ग में ही समाप्त हो गया। वर्षा ऋतु आयी। आकाश में मेघ-माला छाने लगी। सूखी नदियाँ उतरा चलीं। पहाड़ी नाले गरजने लगे। न नदियों में नाव, न नालों पर घाट; किंतु घोड़े सधे हुए थे। स्वयं पानी में उतर जाते और डूबते-उतराते, बहते, भँवर खाते पार पहुँचे जाते। एक बार बिच्छू ने कछुए की पीठ पर नदी की यात्रा की थी। यह यात्रा उससे कम भयानक न थी।

कहीं ऊँचे-ऊँचे साखू और महुए के जंगल थे और कहीं हरे-भरे जामुन के वन। उनकी गोद में हाथियों और हिरनों के झुंड किलोलें कर रहे थे। धान की क्यारियाँ पानी से भरी हुई थीं। किसानों की स्त्रियाँ धान रोपती थीं और सुहावने गीत गाती थीं। कहीं उन मनोहारी ध्वनियों के बीच में, खेत की मेड़ों पर छाते की छाया में बैठे हुए जमींदारों के कठोर शब्द सुनायी देते थे।

इसी प्रकार यात्रा के कष्ट सहते, अनेकानेक विचित्र दृश्य देखते दोनों यात्री तराई पार करके नेपाल की भूमि में प्रविष्ट हुए।

5

प्रातःकाल का सुहावना समय था। नेपाल के महाराज सुरेंद्रविक्रमसिंह का दरबार सजा हुआ था। राज्य के प्रतिष्ठित मंत्री अपने-अपने स्थान पर बैठे हुए थे। नेपाल ने एक बड़ी लड़ाई के पश्चात् तिब्बत पर विजय पायी थी। इस समय संधि की शर्तों पर विवाद छिड़ा था। कोई युद्ध-व्यय का इच्छुक था, कोई राज्य-विस्तार का। कोई-कोई महाशय वार्षिक कर पर जोर दे रहे थे। केवल राणा जंगबहादुर के आने की देर थी। वे कई महीनों के देशाटन के पश्चात् आज ही रात को लौटे थे और यह प्रसंग, जो उन्हीं के आगमन की प्रतीक्षा कर रहा था, अब मंत्रि-सभा में उपस्थित किया गया था। तिब्बत के यात्री, आशा और भय की दशा में, प्रधान मंत्री के मुख से अंतिम निर्णय सुनने को उत्सुक हो रहे थे। नियत समय पर चोबदार ने राणा के आगमन की सूचना दी। दरबार के लोग उन्हें सम्मान देने के लिए खड़े हो गये। महाराज को प्रणाम करने के पश्चात् वे अपने सुसज्जित आसन पर बैठ गये। महाराज ने कहा–राणा जी, आप संधि के लिए कौन प्रस्ताव करना चाहते थे।

राणा ने नम्र भाव से कहा–मेरी अल्प बुद्धि में तो इस समय कठोरता का व्यवहार करना अनुचित है। शोकाकुल शत्रु के साथ दयालुता का आचरण करना सर्वदा हमारा उद्देश्य रहा है। क्या इस अवसर पर स्वार्थ के मोह में हम अपने बहुमूल्य उद्देश्य को भूल जायेंगे ? हम ऐसी संधि चाहते हैं जो हमारे हृदय को एक कर दे। यदि तिब्बत का दरबार हमें व्यापारिक सुविधायें प्रदान करने को कटिबद्ध हो, तो हम संधि करने के लिए सर्वथा उद्यत हैं।

मंत्रिमंडल में विवाद आरम्भ हुआ। सबकी सम्मति इस दयालुता के अनुसार न थी; किंतु महाराज ने राणा का समर्थन किया। यद्यपि अधिकांश सदस्यों को शत्रु के साथ ऐसी नरमी पसंद न थी, तथापि महाराज के विपक्ष में बोलने का किसी को साहस न हुआ।

यात्रियों के चले जाने के पश्चात् राणा जंगबहादुर ने खड़े हो कर कहा–सभा में उपस्थित सज्जनों, आज नेपाल के इतिहास में एक नयी घटना होनेवाली है, जिसे मैं आपकी जातीय नीतिमत्ता की परीक्षा समझता हूँ, इसमें सफल होना आपके ही कर्त्तव्य पर निर्भर है। आज राज-सभा में आते समय मुझे यह आवेदनपत्र मिला है, जिसे मैं आप सज्जनों की सेवा में उपस्थित करता हूँ। निवेदक ने तुलसीदास की यह चौपाई लिख दी है–

"आपत-काल परखिये चारी।
धीरज धर्म मित्र अरु नारी।।"

महाराज ने पूछा–यह पत्र किसने भेजा है ?

'एक भिखारिनी ने।'

'भिखारिनी कौन है ?'

'महारानी चंद्रकुँवरि।'

कड़बड़ खत्री ने आश्चर्य से पूछा–जो हमारी मित्र अँग्रेजी सरकार के विरुद्ध हो कर भाग आयी हैं ?

राणा जंगबहादुर ने लज्जित हो कर कहा–जी हाँ। यद्यपि हम इसी विचार को दूसरे शब्दों में प्रकट कर सकते हैं।

कड़बड़ खत्री–अँग्रेजों से हमारी मित्रता है और मित्र के शत्रु की सहायता करना मित्रता की नीति के विरुद्ध है।

जनरल शमशेर बहादुर–ऐसी दशा में इस बात का भय है कि अँग्रेजी सरकार से हमारे सम्बन्ध टूट न जायँ।

राजकुमार रणवीरसिंह–हम यह मानते हैं कि अतिथि-सत्कार हमारा धर्म है; किंतु उसी समय तक, जब तक कि हमारे मित्रों को हमारी ओर से शंका करने का अवसर न मिले।

इस प्रसंग पर यहाँ तक मतभेद तथा वाद-विवाद हुआ कि एक शोर-सा मच गया और कई प्रधान यह कहते हुए सुनायी दिये कि महारानी का इस समय आना देश के लिए कदापि मंगलकारी नहीं हो सकता।

तब राणा जंगबहादुर उठे। उनका मुख लाल हो गया था। उनका सद्विचार क्रोध पर अधिकार जमाने के लिए व्यर्थ प्रयत्न कर रहा था। वे बोले–भाइयो, यदि इस समय मेरी बातें आप लोगों को अत्यंत कड़ी जान पड़ें तो मुझे क्षमा कीजिएगा, क्योंकि अब मुझमें अधिक श्रवण करने की शक्ति नहीं है। अपनी जातीय साहसहीनता का यह लज्जाजनक दृश्य अब मुझसे नहीं देखा जाता। यदि नेपाल के दरबार में इतना भी साहस नहीं कि वह अतिथि-सत्कार और सहायता की नीति को निभा सके तो मैं इस घटना के सम्बन्ध में सब प्रकार का भार अपने ऊपर लेता हूँ। दरबार अपने को इस विषय में निर्दोष समझे और इसकी सर्वसाधारण में घोषणा कर दे।

कड़बड़ खत्री गर्म हो कर बोले–केवल यह घोषणा देश को भय से रहित नहीं कर सकती।

राणा जंगबहादुर ने क्रोध से ओंठ चबा लिया, किंतु सँभल कर कहा–देश का शासन-भार अपने ऊपर लेनेवालों की ऐसी अवस्थाएँ अनिवार्य हैं। हम उन नियमों से, जिन्हें पालन करना हमारा कर्त्तव्य है, मुँह नहीं मोड़ सकते। अपनी शरण में आये हुओं का हाथ पकड़ना–उनकी रक्षा करना राजपूतों का धर्म है। हमारे पूर्व-पुरुष सदा इस नियम पर–धर्म पर प्राण देने को उद्यत रहते थे। अपने माने हुए धर्म को तोड़ना एक स्वतंत्र जाति के लिए लज्जास्पद है। अँग्रेज हमारे मित्र हैं और अत्यन्त हर्ष का विषय है कि बुद्धिशाली मित्र हैं। महारानी चंद्रकुँवरि को अपनी दृष्टि में रखने से उनका उद्देश्य केवल यह था कि उपद्रवी लोगों के गिरोह का कोई केन्द्र शेष न रहे। यदि

उनका यह उद्देश्य भंग न हो, तो हमारी ओर से शंका न होने का न उन्हें कोई अवसर है और न हमें उनसे लज्जित होने की कोई आवश्यकता।

कड़बड़ खत्री–महारानी चंद्रकुँवरि यहाँ किस प्रयोजन से आयी हैं ?

राणा जंगबहादुर–केवल एक शांति-प्रिय सुख-स्थान की खोज में, जहाँ उन्हें अपनी दुरवस्था की चिन्ता से मुक्त होने का अवसर मिले। वह ऐश्वर्यशाली रानी जो रंगमहलों में सुख-विलास करती थी, जिसे फूलों की सेज पर भी चैन न मिलता था, आज सैकड़ों कोस से अनेक प्रकार के कष्ट सहन करती, नदी-नाले, पहाड़-जंगल छानती यहाँ केवल एक रक्षित स्थान की खोज में आयी हैं। उमड़ी हुई नदियों और उबलते हुए नाले, बरसात के दिन। इन दुखों को आप लोग जानते हैं और यह सब उसी एक रक्षित स्थान के लिए, उसी एक भूमि के टुकड़े की आशा में। किन्तु हम ऐसे स्थान-हीन हैं कि उनकी यह अभिलाषा भी पूरी नहीं कर सकते। उचित तो यह था कि उतनी-सी भूमि के बदले हम अपना हृदय फैला देते। सोचिए, कितने अभिमान की बात है कि एक आपदा में फँसी हुई रानी अपने दुःख के दिनों में जिस देश को याद करती हैं, यह वही पवित्र देश है। महारानी चंद्रकुँवरि को हमारे इस अभयप्रद स्थान पर–हमारी शरणागतों की रक्षा पर पूरा भरोसा था और वही विश्वास उन्हें यहाँ तक लाया है। इसी आशा पर कि पशुपतिनाथ की शरण में मुझे शांति मिलेगी, वह यहाँ तक आयी हैं। आपको अधिकार है, चाहे उनकी आशा पूर्ण करें या धूल में मिला दें। चाहे रक्षणता के–शरणागतों के साथ सदाचरण के–नियमों को निभा कर इतिहास के पृष्ठों पर अपना नाम छोड़ जायँ, या जातीयता तथा सदाचार-सम्बन्धी नियमों को मिटा कर स्वयं अपने को पतित समझें। मुझे विश्वास नहीं है कि यहाँ एक भी मनुष्य ऐसा निरभिमान है कि जो इस अवसर पर शरणागत-पालन-धर्म को विस्तृत करके अपना सिर ऊँचा कर सके। अब मैं आपके अंतिम निपटारे की प्रतीक्षा करता हूँ। कहिए, आप अपनी जाति और देश का नाम उज्ज्वल करेंगे या सर्वदा के लिए अपने माथे पर अपयश का टीका लगायेंगे ?

राजकुमार ने उमंग से कहा–हम महारानी के चरणों तले आँखें बिछायेंगे।

कप्तान विक्रमसिंह बोले–हम राजपूत हैं और अपने धर्म का निर्वाह करेंगे।

जनरल वनवीरसिंह–हम उनको ऐसी धूम से लायेंगे कि संसार चकित हो जायगा।

राणा जंगबहादुर ने कहा–मैं अपने मित्र कड़बड़ खत्री के मुख से उसका फैसला सुनना चाहता हूँ।

कड़बड़ खत्री एक प्रभावशाली पुरुष थे और मंत्रिमंडल में वे राणा जंगबहादुर के विरुद्ध मंडली के प्रधान थे। वे लज्जा भरे शब्दों में बोले–यद्यपि मैं महारानी के आगमन को भयरहित नहीं समझता, किन्तु इस अवसर पर हगारा धर्म यही है कि हम महारानी को आश्रय दें। धर्म से मुँह मोड़ना किसी जाति के लिए मान का कारण नहीं हो सकता।

कई ध्वनियों ने उमंग-भरे शब्दों में इस प्रसंग का समर्थन किया।

महाराजा सुरेंद्रविक्रमसिंह—इस निपटारे पर बधाई देता हूँ। तुमने जाति का नाम रख लिया। पशुपति इस उत्तम कार्य में तुम्हारी सहायता करें।

सभा विसर्जित हुई। दुर्ग से तोपें छूटने लगीं। नगर भर में खबर गूँज उठी कि पंजाब की रानी चन्द्रकुँवरि का शुभागमन हुआ है। जनरल रणवीरसिंह और जनरल रणधीरसिंह बहादुर 50,000 सेना के साथ महारानी की अगवानी के लिए चले।

अतिथि-भवन की सजावट होने लगी। बाजार अनेक भाँति की उत्तम सामग्रियों से सज गये।

ऐश्वर्य की प्रतिष्ठा व सम्मान सब कहीं होता है, किंतु किसी ने भिखारिनी का ऐसा सम्मान देखा है ? सेनाएँ बैंड बजाती और पताका फहराती हुई एक उमड़ी नदी की भाँति जाती थीं। सारे नगर में आनन्द ही आनन्द था। दोनों ओर सुंदर वस्त्राभूषणों से सजे दर्शकों का समूह खड़ा था। सेना के कमांडर आगे-आगे घोड़ों पर सवार थे। सबके आगे राणा जंगबहादुर जातीय अभिमान के मद में लीन, अपने सुवर्णखचित हौदे में बैठे हुए थे। यह उदारता का एक पवित्र दृश्य था। धर्मशाला के द्वार पर यह जुलूस रुका। राणा हाथी से उतरे। महारानी चंद्रकुँवरि कोठरी से बाहर निकल आयीं। राणा ने झुक कर वन्दना की। रानी उनकी ओर आश्चर्य से देखने लगीं। यह वही उनका मित्र बूढ़ा सिपाही था।

आँखें भर आयीं। मुस्करायीं। खिले हुए फूल पर से ओस की बूँदें टपकीं। रानी बोलीं—मेरे बूढ़े ठाकुर, मेरी नाव पार लगानेवाले, किस भाँति तुम्हारा गुण गाऊँ ?

राणा ने सिर झुका कर कहा—आपके चरणारविंद से हमारे भाग्य उदय हो गये।

6

नेपाल की राजसभा ने पच्चीस हजार रुपये से महारानी के लिए एक उत्तम भवन बनवा दिया और उनके लिए दस हजार रुपया मासिक नियत कर दिया।

वह भवन आज तक वर्तमान है और नेपाल की शरणागतप्रियता तथा प्रणपालन-तत्परता का स्मारक है। पंजाब की रानी को लोग आज तक याद करते हैं।

यह वह सीढ़ी है जिससे जातियाँ, यश के सुनहले शिखर पर पहुँचती हैं।

ये ही घटनाएँ हैं, जिनसे जातीय इतिहास प्रकाश और महत्त्व को प्राप्त होता है।

पोलिटिकल रेजीडेंट ने गवर्नमेंट को रिपोर्ट की। इस बात की शंका थी कि गवर्नमेंट ऑफ इंडिया और नेपाल के बीच कुछ खिंचाव हो जाय; किंतु गवर्नमेंट को राणा जंगबहादुर पर पूर्ण विश्वास था। और जब नेपाल की राजसभा ने विश्वास और संतोष दिलाया कि महारानी चंद्रकुँवरि को किसी शत्रु भाव का अवसर न दिया जायगा, तो भारत सरकार को संतोष हो गया। इस घटना को भारतीय इतिहास की अँधेरी रात में 'जुगनू की चमक' कहना चाहिए।

गृह-दाह

सत्यप्रकाश के जन्मोत्सव में लाला देवप्रकाश ने बहुत रुपये खर्च किये थे। उसका विद्यारम्भ-संस्कार भी खूब धूम-धाम से किया गया। उसके हवा खाने को एक छोटी-सी गाड़ी थी। शाम को नौकर उसे टहलाने ले जाता था। एक नौकर उसे पाठशाला पहुँचाने जाता। दिन भर वहीं बैठा रहता और उसे साथ लेकर घर आता। कितना सुशील, होनहार बालक था ! गोरा मुखड़ा, बड़ी-बड़ी आँखें, ऊँचा मस्तक, पतले-पतले लाल अधर, भरे हुए पाँव। उसे देख कर सहसा मुँह से निकल पड़ता था—भगवान् इसे जिला दें, प्रतापी मनुष्य होगा। उसकी बल-बुद्धि की प्रखरता पर लोगों को आश्चर्य होता था। नित्य उसके मुखचंद्र पर हँसी खेलती रहती थी। किसी ने उसे हठ करते या रोते नहीं देखा।

वर्षा के दिन थे। देवप्रकाश पत्नी को ले कर गंगास्नान करने गये। नदी खूब चढ़ी हुई थी; मानो अनाथ की आँखें हों। उनकी पत्नी निर्मला जल में बैठ कर जल क्रीड़ा करने लगी। कभी आगे जाती, कभी पीछे जाती, कभी डुबकी मारती, कभी अंजुलियों से छींटे उड़ाती। देवप्रकाश ने कहा—अच्छा, अब निकलो, सरदी हो जायगी। निर्मला ने कहा—कहो, मैं छाती तक पानी में चली जाऊँ ?

देवप्रकाश—और जो कहीं पैर फिसल जाय ?

निर्मला—पैर क्या फिसलेगा !

यह कह कर वह छाती तक पानी में चली गयी। पति ने कहा—अच्छा, अब आगे पैर न रखना; किंतु निर्मला के सिर पर मौत खेल रही थी। यह जलक्रीड़ा नहीं, मृत्यु-क्रीड़ा थी। उसने एक पग और आगे बढ़ाया और फिसल गयी। मुँह से एक चीख निकली; दोनों हाथ सहारे के लिए ऊपर उठे और फिर जलमग्न हो गये। एक पल में प्यासी नदी उसे पी गयी। देवप्रकाश खड़े तौलिया से देह पोंछ रहे थे। तुरंत पानी में कूदे, साथ का कहार भी कूदा। दो मल्लाह भी कूद पड़े। सबने डुबकियाँ मारीं, टटोला, पर निर्मला का पता न चला। तब डोंगी मँगवायी गयी। मल्लाह ने बार-बार गोते मारे पर लाश हाथ न आयी। देवप्रकाश शोक में डूबे हुए घर आये। सत्यप्रकाश किसी उपहार की आशा से दौड़ा। पिता ने गोद में उठा लिया और बड़े यत्न करने पर भी अपनी सिसक को न रोक सके। सत्यप्रकाश ने पूछा—अम्माँ कहाँ है ?

देव.—बेटा, गंगा ने उन्हें नेवता खाने के लिए रोक लिया।

सत्यप्रकाश ने उनके मुख की ओर जिज्ञासाभाव से देखा और आशय समझ गया। अम्माँ-अम्माँ कह कर रोने लगा।

2

मातृहीन बालक संसार का सबसे करुणाजनक प्राणी है। दीन से दीन प्राणियों को भी ईश्वर का आधार होता है, जो उनके हृदय को सम्हालता रहता है। मातृहीन बालक इस

आधार से वंचित होता है। माता ही उसके जीवन का एकमात्र आधार होती है। माता के बिना वह पंखहीन पक्षी है।

सत्यप्रकाश का एकांत से प्रेम हो गया। अकेला बैठा रहता। वृक्षों में उसे कुछ-कुछ सहानुभूति का अज्ञात अनुभव होता था, जो घर के प्राणियों से उसे न मिलती थी। माता का प्रेम था, तो सभी प्रेम करते थे, माता का प्रेम उठ गया, तो सभी निष्ठुर हो गये। पिता की आँखों में भी वह प्रेम-ज्योति न रही। दरिद्र को कौन भिक्षा देता है।

छह महीने बीत गये। सहसा एक दिन उसे मालूम हुआ, मेरी नयी माता आनेवाली हैं। दौड़ा पिता के पास गया और पूछा—क्या मेरी नयी माता आयेंगी।

पिता ने कहा—हाँ बेटा, वे आ कर तुम्हें प्यार करेंगी।

सत्य.—क्या मेरी ही माँ स्वर्ग से आ जायेंगी ?

देव.—हाँ, वही माता आ जायगी।

सत्य.—मुझे उसी तरह प्यार करेंगी ?

देवप्रकाश इसका क्या उत्तर देते ? मगर सत्यप्रकाश उस दिन से प्रसन्न-मन रहने लगा। अम्माँ आयेंगी ! मुझे गोद में ले कर प्यार करेंगी ! अब मैं उन्हें कभी दिक न करूँगा, कभी जिद न करूँगा, उन्हें अच्छी कहानियाँ सुनाया करूँगा।

विवाह के दिन आये। घर में तैयारियाँ होने लगीं। सत्यप्रकाश खुशी से फूला न समाता। मेरी नयी अम्माँ आयेंगी। बारात में वह भी गया। नये-नये कपड़े मिले। पालकी पर बैठा। नानी ने अंदर बुलाया और उसे गोद में ले कर एक अशरफी दी। वहीं उसे नयी माता के दर्शन हुए। नानी ने नयी माता से कहा—बेटी, कैसा सुन्दर बालक है ! इसे प्यार करना।

सत्यप्रकाश ने नयी माता को देखा और मुग्ध हो गया। बच्चे भी रूप के उपासक होते हैं। एक लावण्यमयी मूर्ति आभूषण से लदी सामने खड़ी थी। उसने दोनों हाथों से उसका अंचल पकड़ कर कहा—अम्माँ !

कितना अरुचिकर शब्द था, कितना लज्जायुक्त, कितना अप्रिय ! वह ललना जो 'देवप्रिया' नाम से सम्बोधित होती थी, यह उत्तरदायित्व, त्याग और क्षमा का सम्बोधन न सह सकी। अभी वह प्रेम और विलास का सुख-स्वप्न देख रही थी—यौवनकाल की मदमय वायुतरंगों में आंदोलित हो रही थी। इस शब्द ने उसके स्वप्न को भंग कर दिया। कुछ रुष्ट होकर बोली—मुझे अम्माँ मत कहो।

सत्यप्रकाश ने विस्मित नेत्रों से देखा। उसका बालस्वप्न भी भंग हो गया। आँखें डबडबा गयीं। नानी ने कहा—बेटी, देखो, लड़के का दिल छोटा हो गया। वह क्या जाने, क्या कहना चाहिए। अम्माँ कह दिया तो तुम्हें कौन-सी चोट लग गयी ?

देवप्रिया ने कहा—मुझे अम्माँ न कहे।

3

सौत का पुत्र विमाता की आँखों में क्यों इतना खटकता है ? इसका निर्णय आज तक

किसी मनोभाव के पंडित ने नहीं किया। हम किस गिनती में हैं। देवप्रिया जब तक गर्भिणी न हुई, वह सत्यप्रकाश से कभी-कभी बातें करती, कहानियाँ सुनातीं; किंतु गर्भिणी होते ही उसका व्यवहार कठोर हो गया, और प्रसवकाल ज्यों-ज्यों निकट आता था, उसकी कठोरता बढ़ती ही जाती थी। जिस दिन उसकी गोद में एक चाँद-से बच्चे का आगमन हुआ, सत्यप्रकाश खूब उछला-कूदा और सौरगृह में दौड़ा हुआ बच्चे को देखने लगा। बच्चा देवप्रिया की गोद में सो रहा था। सत्यप्रकाश ने बड़ी उत्सुकता से बच्चे को विमाता की गोद से उठाना चाहा कि सहसा देवप्रिया ने सरोषस्वर में कहा–खबरदार, इसे मत छूना, नहीं तो कान पकड़ कर उखाड़ लूँगी !

बालक उल्टे पाँव लौट आया और कोठे की छत पर जा कर खूब रोया। कितना सुन्दर बच्चा है ! मैं उसे गोद में ले कर बैठता, तो कैसा मजा आता ! मैं उसे गिराता थोड़े ही, फिर इन्होंने क्यों मुझे झिड़क दिया ? भोला बालक क्या जानता था कि इस झिड़की का कारण माता की सावधानी नहीं, कुछ और ही है।

एक दिन शिशु सो रहा था। उसका नाम ज्ञानप्रकाश रखा गया था। देवप्रिया स्नानागार में थी। सत्यप्रकाश चुपके से आया और बच्चे का ओढ़ना हटा कर उसे अनुरागमय नेत्रों से देखने लगा। उसका जी कितना चाहा कि उसे गोद में ले कर प्यार करूँ; पर डर के मारे उसने उसे उठाया नहीं, केवल उसके कपोलों को चूमने लगा। इतने में देवप्रिया निकल आयी। सत्यप्रकाश, को बच्चे को चूमते देख कर आग हो गयी। दूर ही से डाँटा, हट जा वहाँ से !

सत्यप्रकाश माता को दीननेत्रों से देखता हुआ बाहर निकल आया !

संध्या समय उसके पिता ने पूछा–तुम लल्ला को क्यों रुलाया करते हो ?

सत्य.–मैं तो उसे कभी नहीं रुलाता। अम्माँ खिलाने को नहीं देतीं।

देव.–झूठ बोलते हो। आज तुमने बच्चे को चुटकी काटी।

सत्य.–जी नहीं, मैं तो उसकी मुच्छियाँ ले रहा था।

देव.–झूठ बोलता है !

सत्य.–मैं झूठ नहीं बोलता।

देवप्रकाश को क्रोध आ गया। लड़के को दो-तीन तमाचे लगाये। पहली बार यह ताड़ना मिली, और निरपराध ! इसने उसके जीवन की कायापलट कर दी।

4

उस दिन से सत्यप्रकाश के स्वभाव में एक विचित्र परिवर्तन दिखायी देने लगा। वह घर में बहुत कम आता। पिता आते, तो उनसे मुँह छिपाता फिरता। कोई खाना खाने को बुलाने आता, तो चोरों की भाँति दबका हुआ जा कर खा लेता; न कुछ माँगता, न कुछ बोलता। पहले अत्यंत कुशाग्रबुद्धि था। उसकी सफाई, सलीके और फुरती पर लोग मुग्ध हो जाते थे। अब वह पढ़ने से जी चुराता, मैले-कुचैल कपड़े पहिने रहता। घर में कोई प्रेम करनेवाला न था। बाजार के लड़कों के साथ गली-गली घूमता, कनकौवे लूटता,

गालियाँ बकना भी सीख गया। शरीर भी दुर्बल हो गया। चेहरे की कांति गायब हो गयी। देवप्रकाश को अब आये-दिन उसकी शरारतों के उलाहने मिलने लगे और सत्यप्रकाश नित्य घुड़कियाँ और तमाचे खाने लगा, यहाँ तक कि अगर वह घर में किसी काम से चला जाता, तो सब लोग दूर-दूर करके दौड़ाते। ज्ञानप्रकाश को पढ़ाने के लिए मास्टर आता था। देवप्रकाश उसे रोज सैर कराने साथ ले जाते। हँसमुख लड़का था। देवप्रिया उसे सत्यप्रकाश के साथ से भी बचाती रहती थी। दोनों लड़कों में कितना अंतर था ! एक साफ सुथरा, सुन्दर कपड़े पहिने, शील और विनय का पुतला, सच बोलनेवाला। देखनेवालों के मुँह से अनायास ही दुआ निकल आती थी। दूसरा मैला, नटखट, चोरों की तरह मुँह छिपाये हुए; मुँहफट, बात-बात पर गालियाँ बकनेवाला। एक हरा-भरा पौधा था, प्रेम से प्लावित, स्नेह से सिंचित, दूसरा सूखा हुआ, टेढ़ा, पल्लवहीन नववृक्ष था, जिसकी जड़ों को एक मुद्दत से पानी नहीं नसीब हुआ। एक को देख कर पिता की छाती ठंडी होती थी; दूसरे को देख कर देह में आग लग जाती थी।

आश्चर्य यह था कि सत्यप्रकाश को अपने छोटे भाई से लेशमात्र भी ईर्ष्या न थी। अगर उसके हृदय में कोई कोमल भाव शेष रह गया था; तो वह अपने भाई के प्रति स्नेह था। उस मरुभूमि में यही एक हरियाली थी। ईर्ष्या साम्यभाव की द्योतक है। सत्यप्रकाश अपने भाई को अपने से कहीं ऊँचा, कहीं भाग्यशाली समझता था। उसमें ईर्ष्या का भाव ही लोप हो गया था।

घृणा से घृणा उत्पन्न होती है। प्रेम से प्रेम। ज्ञान भी बड़े भाई को चाहता था। कभी-कभी उसका पक्ष ले कर अपनी माँ से वाद-विवाद कर कहता, भैया की अचकन फट गयी है, आप नयी अचकन क्यों नहीं बनवा देतीं ? माँ उत्तर देती–उसके लिए वही अचकन अच्छी है। अभी क्या, कभी तो वह नंगा फिरेगा। ज्ञानप्रकाश बहुत चाहता था कि अपने जेब-खर्च से बचा कर कुछ अपने भाई को दे, पर सत्यप्रकाश कभी इसे स्वीकार न करता था। वास्तव में जितनी देर वह छोटे भाई के साथ रहता; उतनी देर उसे एक शांतिमय आनन्द का अनुभव होता। थोड़ी देर के लिए वह सद्भावों के साम्राज्य में विचरने लगता। उसके मुख से कोई भद्दी और अप्रिय बात न निकलती। एक क्षण के लिए उसकी सोयी हुई आत्मा जाग उठती।

एक बार कई दिन तक सत्यप्रकाश मदरसे न गया। पिता ने पूछा–तुम आजकल पढ़ने क्यों नहीं जाते ? क्या सोच रखा है कि मैंने तुम्हारी जिन्दगी भर का ठेका ले रखा है।

सत्य.–मेरे ऊपर जुर्माने और फीस के कई रुपये हो गये हैं। जाता हूँ तो दरजे से निकाल दिया जाता हूँ।

देव.–फीस क्यों बाकी है ? तुम तो महीने-महीने ले लिया करते हो न ?

सत्य.–आये-दिन चन्दे लगा करते हैं, फीस के रुपये चन्दे में दे दिये।

देव.–और जुर्माना क्यों हुआ ?

सत्य.–फीस न देने के कारण।

देव.–तुमने चन्दा क्यों दिया !

सत्य.–ज्ञानू ने चन्दा दिया तो मैंने भी दिया।

देव.–तुम ज्ञानू से जलते हो ?

सत्य.–मैं ज्ञानू से क्यों जलने लगा। यहाँ हम और वह दो हैं, बाहर हम और वह एक समझे जाते हैं। मैं यह नहीं कहना चाहता कि मेरे पास कुछ नहीं है।

देव.–क्यों, यह कहते शर्म आती है ?

सत्य.–जी हाँ, आपकी बदनामी होगी।

देव.–अच्छा, तो आप मेरी मानरक्षा करते हैं। यह क्यों नहीं कहते कि पढ़ना अब मुझे मंजूर नहीं है। मेरे पास इतना रुपया नहीं कि तुम्हें एक-एक क्लास में तीन-तीन साल पढ़ाऊँ और ऊपर से तुम्हारे खर्च के लिए भी प्रतिमास कुछ दूँ। ज्ञानबाबू तुमसे कितना छोटा है, लेकिन तुमसे एक ही दर्जा नीचे है। तुम इस साल जरूर ही फेल होओगे और वह जरूर ही पास हो कर अगले साल तुम्हारे साथ हो जायगा। तब तो तुम्हारे मुँह में कालिख लगेगी ?

सत्य.–विद्या मेरे भाग्य ही में नहीं है।

देव.–तुम्हारे भाग्य में क्या है ?

सत्य.–भीख माँगना।

देव.–तो फिर भीख माँगो। मेरे घर से निकल जाओ।

देवप्रिया भी आ गयी। बोली–शरमाता तो नहीं, और बातों का जवाब देता है !

सत्य.–जिनके भाग्य में भीख माँगना होता है, वही बचपन में अनाथ हो जाते हैं।

देवप्रिया–ये जली-कटी बातें अब मुझसे न सही जायेंगी। मैं खून का घूँट पी-पी कर रह जाती हूँ।

देवप्रकाश–बेहया है। कल से इसका नाम कटवा दूँगा। भीख माँगनी है तो भीख ही माँगे।

6

दूसरे दिन सत्यप्रकाश ने घर से निकलने की तैयारी कर दी। उसकी उम्र अब 16 साल की हो गयी थी। इतनी बातें सुनने के बाद अब उसे उस घर में रहना असह्य हो गया। जब हाथ-पाँव न थे, किशोरावस्था की असमर्थता थी, तब तक अवहेलना, निरादर, निठुरता, भर्त्सना सब कुछ सह कर घर में रहता था। अब हाथ-पाँव हो गये थे, उस बंधन में क्यों रहता। आत्माभिमान आशा की भाँति बहुत चिरंजीवी होता है।

गर्मी के दिन थे। दोपहर का समय। घर के सब प्राणी सो रहे थे। सत्यप्रकाश ने अपनी धोती बगल में दबायी; छोटा-सा बेग हाथ में लिया और चाहता था कि चुपके से बैठक से निकल जाय कि ज्ञानू आ गया और उसे कहीं जाने को तैयार देख कर बोला–कहाँ जाते हो भैया ?

सत्य.–जाता हूँ कहीं नौकरी करूँगा।

ज्ञानू.–मैं जा कर अम्माँ से कहे देता हूँ।

सत्य.–तो फिर मैं तुमसे छिपकर चला जाऊँगा।

ज्ञानू.–क्यों चले जाओगे ? तुम्हें मेरी जरा भी मुहब्बत नहीं ?

सत्यप्रकाश ने भाई को गले लगा कर कहा–तुम्हें छोड़ कर जाने को जी तो नहीं चाहता, लेकिन जहाँ कोई पूछने वाला नहीं है, वहाँ पड़े रहना बेहयाई है। कहीं दस-पाँच की नौकरी कर लूँगा और पेट पालता रहूँगा। और किस लायक हूँ ?

ज्ञानू.–तुमसे अम्माँ क्यों इतना चिढ़ती हैं ? मुझे तुमसे मिलने को मना किया करती हैं ?

सत्य.–मेरे नसीब खोटे हैं, और क्या।

ज्ञानू.–तुम लिखने-पढ़ने में जी नहीं लगाते ?

सत्य.–लगता ही नहीं, कैसे लगाऊँ ? जब कोई परवा नहीं करता तो मैं भी सोचता हूँ–उँह, यही न होगा, ठोकर खाऊँगा। बला से !

ज्ञानू.–मुझे भूल तो न जाओगे ? मैं तुम्हारे पास खत लिखा करूँगा, मुझे भी एक बार अपने यहाँ बुलाना।

सत्य.–तुम्हारे स्कूल के पते से चिट्ठी लिखूँगा।

ज्ञानू.–(रोते-रोते) मुझे न जाने क्यों तुम्हारी बड़ी मुहब्बत लगती है !

सत्य.–मैं तुम्हें सदैव याद रखूँगा।

यह कह कर उसने फिर भाई को गले लगाया और घर से निकल पड़ा। पास एक कौड़ी भी न थी और वह कलकत्ते जा रहा था।

7

सत्यप्रकाश कलकत्ते क्योंकर पहुँचा, इसका वृत्तांत लिखना व्यर्थ है। युवकों में दुस्साहस की मात्रा अधिक होती है। वे हवा में किले बना सकते हैं, धरती पर नाव चला सकते हैं। कठिनाइयों की उन्हें कुछ परवा नहीं होती। अपने ऊपर असीम विश्वास होता है। कलकत्ते पहुँचना ऐसा कष्ट-साध्य न था। सत्यप्रकाश चतुर युवक था। पहिले ही उसने निश्चय कर लिया था कि कलकत्ते में क्या करूँगा, कहाँ रहूँगा। उसके बेग में लिखने की सामग्री मौजूद थी। बड़े शहर में जीविका का प्रश्न कठिन भी है और सरल भी है। सरल है उनके लिए, जो हाथ से काम कर सकते हैं, कठिन है उनके लिए, जो कलम से काम करते हैं। सत्यप्रकाश मजदूरी करना नीच काम समझता था। उसने एक धर्मशाला में असबाब रखा। बाद में शहर के मुख्य स्थानों का निरीक्षण करके एक डाकघर के सामने लिखने का सामान लेकर बैठ गया और अपढ़ मजदूरों की चिट्ठियाँ, मनीआर्डर आदि लिखने का व्यवसाय करने लगा। पहले कई दिन तो उसको इतने पैसे भी न मिले कि भर-पेट भोजन करता; लेकिन धीरे-धीरे आमदनी बढ़ने लगी। वह मजदूरों से इतने विनय के साथ बातें करता और उनके समाचार इतने विस्तार से

लिखता कि बस वे पत्र को सुन कर बहुत प्रसन्न होते। अशिक्षित लोग एक ही बात को दो-दो तीन-तीन बार लिखाते हैं। उनकी दशा ठीक रोगियों की-सी होती है, जो वैद्य से अपनी व्यथा और वेदना का वृत्तांत कहते नहीं थकते। सत्यप्रकाश सूत्र को व्याख्या का रूप दे कर मजदूरों को मुग्ध कर देता था। एक संतुष्ट हो कर जाता, तो अपने कई अन्य भाइयों को खोज लाता। एक ही महीने में उसे 1 रु. रोज मिलने लगा। उसने धर्मशाला से निकल कर शहर से बाहर 5 रु. महीने पर एक छोटी-सी कोठरी ले ली। एक जून खाता। बर्तन अपने हाथों से धोता। जमीन पर सोता। उसे अपने निर्वासन पर जरा भी खेद और दुःख न था। घर के लोगों की कभी याद न आती। वह अपनी दशा पर संतुष्ट था। केवल ज्ञानप्रकाश की प्रेमयुक्त बातें न भूलतीं। अंधकार में यही एक प्रकाश था। बिदाई का अंतिम दृश्य आँखों के सामने फिरा करता। जीविका से निश्चिंत हो कर उसने ज्ञानप्रकाश को एक पत्र लिखा। उत्तर आया तो उसके आनंद की सीमा न रही। ज्ञानू मुझे याद करके रोता है, मेरे पास आना चाहता है, स्वास्थ्य भी अच्छा नहीं है। प्यासे को पानी से जो तृप्ति होती है वही तृप्ति इस पत्र से सत्यप्रकाश को हुई। मैं अकेला नहीं हूँ, कोई मुझे भी चाहता है—मुझे भी याद करता है।

उसी दिन से सत्यप्रकाश को यह चिंता हुई कि ज्ञान के लिए कोई उपहार भेजूँ। युवकों को मित्र बहुत जल्द मिल जाते हैं। सत्यप्रकाश को भी कई युवकों से मित्रता हो गयी थी। उनके साथ कई बार सिनेमा देखने गया। कई बार बूटी-भंग, शराब-कबाब की भी ठहरी। आईना, तेल, कंघी का शौक भी पैदा हुआ, जो कुछ पाता, उड़ा देता। बड़े वेग से नैतिक पतन और शारीरिक विनाश की ओर दौड़ा चला जाता था। इस प्रेम-पत्र ने उसके पैर पकड़ लिये। उपहार के प्रयास ने इन दुर्व्यसनों को तिरोहित करना शुरू किया। सिनेमा का चसका छूटा, मित्रों को हीले-हवाले करके टालने लगा। भोजन भी रूखा-सूखा करने लगा। धन-संचय की चिंता ने सारी इच्छाओं को परास्त कर दिया। उसने निश्चय किया कि अच्छी-सी घड़ी भेजूँ। उसका दाम कम से कम 40 रु. होगा। अगर तीन महीने तक एक कौड़ी का भी अपव्यय न करूँ, तो घड़ी मिल सकती है। ज्ञानू घड़ी देख कर कैसा खुश होगा ! अम्माँ और बाबू जी भी देखेंगे। उन्हें मालूम हो जायगा कि मैं भूखों नहीं मर रहा हूँ। किफायत की धुन में वह बहुधा दिया-बत्ती भी न करता। बड़े सबेरे काम करने चला जाता और सारे दिन दो-चार पैसे की मिठाई खा कर काम करता रहता। उसके ग्राहकों की संख्या दिन-दूनी होती जाती थी। चिट्ठी-पत्री के अतिरिक्त अब उसने तार लिखने का भी अभ्यास कर लिया था। दो ही महीने में उसके पास 50 रु. एकत्र हो गये और जब घड़ी के साथ सुनहरी चेन का पारसल बना कर ज्ञानू के नाम भेज दिया, तो उसका चित्त इतना उत्साहित था मानो किसी निस्संतान पुरुष के बालक हुआ हो।

8

'घर' कितनी कोमल, पवित्र, मनोहर स्मृतियों को जागृत कर देता है ! यह प्रेम का

निवास-स्थान है। प्रेम ने बहुत तपस्या करके यह वरदान पाया है।

किशोरावस्था में 'घर' माता-पिता, भाई-बहन, सखी-सहेली के प्रेम की याद दिलाता है, प्रौढ़ावस्था में गृहिणी और बाल-बच्चों के प्रेम की। यही वह लहर है, जो मानव-जीवन मात्र को स्थिर रखता है, उसे समुद्र की वेगवती लहरों में बहने और चट्टानों से टकराने से बचाता है। यही वह मंडप है, जो जीवन को समस्त विघ्न-बाधाओं से सुरक्षित रखता है।

सत्यप्रकाश का 'घर' कहाँ था ? वह कौन-सी शक्ति थी, जो कलकत्ते के विराट प्रलोभनों से उसकी रक्षा करती थी ? –माता का प्रेम, पिता का स्नेह, बाल-बच्चों की चिंता ? –नहीं, उनका रक्षक, उद्धारक, उसका पारितोषिक केवल ज्ञानप्रकाश का स्नेह था। उसी के निमित्त वह एक-एक पैसे की किफायत करता था, उसी के लिए वह कठिन परिश्रम करता था और धनोपार्जन के नये-नये उपाय सोचता था। उसे ज्ञानप्रकाश के पत्रों से मालूम हुआ था कि इन दिनों देवप्रकाश की आर्थिक स्थिति अच्छी नहीं है। वे एक घर बनवा रहे हैं, जिसमें व्यय अनुमान से अधिक हो जाने के कारण ऋण लेना पड़ा है, इसलिए अब ज्ञानप्रकाश को पढ़ाने के लिए घर पर मास्टर नहीं आता। तब से सत्यप्रकाश प्रतिमाह ज्ञानू के पास कुछ न कुछ अवश्य भेज देता था। वह अब केवल पत्रलेखक न था, लिखने के सामान की एक छोटी-दूकान भी उसने खोल ली थी। इससे अच्छी आमदनी हो जाती थी। इस तरह पाँच वर्ष बीत गये। रसिक मित्रों ने जब देखा कि अब यह हत्थे नहीं चढ़ता, तो उसके पास आना-जाना छोड़ दिया।

9

संध्या का समय था। देवप्रकाश अपने मकान में बैठे देवप्रिया से ज्ञानप्रकाश के विवाह के सम्बन्ध में बातें कर रहे थे। ज्ञानू अब 17 वर्ष का सुंदर युवक था। बालविवाह के विरोधी होने पर भी देवप्रकाश अब इस शुभमुहूर्त को न टाल सकते थे। विशेषतः जब कोई महाशय 50, 000 रु. दायज देने को प्रस्तुत हों।

देवप्रकाश–मैं तो तैयार हूँ, लेकिन तुम्हारा लड़का भी तो तैयार हो !

देवप्रिया–तुम बातचीत पक्की कर लो, वह तैयार हो ही जायगा। सभी लड़के पहले 'नहीं' करते हैं।

देव.–ज्ञानू का इन्कार केवल संकोच का इन्कार नहीं है, वह सिद्धांत का इन्कार है। वह साफ-साफ कह रहा है कि जब तक भैया का विवाह न होगा, मैं अपना विवाह करने पर राजी नहीं हूँ।

देवप्रिया–उसकी कौन चलावे, वहाँ कोई रखेली रख ली होगी, विवाह क्यों करेगा ? वहाँ कोई देखने जाता है ?

देव–(झुंझला कर) रखेली रख ली होती तो तुम्हारे लड़के को 40 रु. महीने न भेजता और न वे चीजें ही देता, जो पहले महीने से अब तक बराबर देता चला आता है। न जाने क्यों तुम्हारा मन उसकी ओर से इतना मैला हो गया है ! चाहे वह जान

निकाल कर भी दे दे, लेकिन तुम न पसीजोगी। देवप्रिया नाराज हो कर चली गयी। देवप्रकाश उससे यही कहलाना चाहते थे कि पहिले सत्यप्रकाश का विवाह करना उचित है, किंतु वह कभी इस प्रसंग को आने ही न देती थी। स्वयं देवप्रकाश की यह हार्दिक इच्छा थी कि पहिले बड़े लड़के का विवाह करें, पर उन्होंने भी आज तक सत्यप्रकाश को कोई पत्र न लिखा था। देवप्रिया के चले जाने के बाद उन्होंने आज पहली बार सत्यप्रकाश को पत्र लिखा। पहिले इतने दिनों तक चुपचाप रहने के लिए क्षमा माँगी, तब उसे एक बार घर आने का प्रेमाग्रह किया। लिखा, अब मैं कुछ ही दिनों का मेहमान हूँ। मेरी अभिलाषा है कि तुम्हारा और तुम्हारे छोटे भाई का विवाह देख लूँ। मुझे बहुत दुःख होगा, यदि तुम मेरी विनय स्वीकार न करोगे। ज्ञानप्रकाश के असमंजस की बात भी लिखी, अंत में इस बात पर जोर दिया कि किसी और विचार से नहीं, तो ज्ञानू के प्रेम के नाते ही तुम्हें इस बंधन में पड़ना होगा।

सत्यप्रकाश को यह पत्र मिला, तो उसे बहुत खेद हुआ। मेरे भ्रातृस्नेह का यह परिणाम होगा, मुझे न मालूम था। इसके साथ ही उसे यह ईर्ष्यामय आनंद हुआ कि अम्माँ और दादा को अब तो कुछ मानसिक पीड़ा होगी। मेरी उन्हें क्या चिंता थी ? मैं तो मर भी जाऊँ तो भी उनकी आँखों में आँसू न आयें। 7 वर्ष हो गये, कभी भूल कर भी पत्र न लिखा कि मरा है या जीता है। अब कुछ चेतावनी मिलेगी। ज्ञानप्रकाश अंत में विवाह करने पर राजी तो हो जायगा, लेकिन सहज में नहीं। कुछ न हो तो मुझे तो एक बार अपने इन्कार के कारण लिखने का अवसर मिला। ज्ञानू को मुझसे प्रेम है, लेकिन उसके कारण मैं पारिवारिक अन्याय का दोषी न बनूँगा। हमारा पारिवारिक जीवन सम्पूर्णतः अन्यायमय है। यह कुमति और वैमनस्य, क्रूरता और नृशंसता का बीजारोपण करता है। इसी माया में फँस कर मनुष्य अपनी संतान का शत्रु हो जाता है। न, मैं आँखों देख कर यह मक्खी न निगलूँगा। मैं ज्ञानू को समझाऊँगा अवश्य। मेरे पास जो कुछ जमा है; वह सब उसके विवाह के निमित्त अर्पण भी कर दूँगा। बस, इससे ज्यादा मैं और कुछ नहीं कर सकता। अगर ज्ञानू भी अविवाहित रहे, तो संसार कौन सूना हो जायगा ? ऐसे पिता का पुत्र क्या वंशपरम्परा का पालन न करेगा ? क्या उसके जीवन में फिर वही अभिनय न दुहराया जायगा, जिसने मेरा सर्वनाश कर दिया ?

दूसरे दिन सत्यप्रकाश ने 500 रु. पिता के पास भेजे और पत्र का उत्तर लिखा कि मेरा अहोभाग्य जो आपने मुझे याद किया। ज्ञानू का विवाह निश्चित हो गया, इसकी बधाई ! इन रुपयों से नववधू के लिए कोई आभूषण बनवा दीजिएगा। रही मेरे विवाह की बात। मैंने अपनी आँखों से जो कुछ देखा है और मेरे सिर पर जो कुछ बीता है, उस पर ध्यान देते हुए यदि मैं कुटुम्बपाश में फँसू तो मुझसे बड़ा उल्लू संसार में न होगा। मुझे आशा है, आप मुझे क्षमा करेंगे। विवाह की चर्चा ही से मेरे हृदय को आघात पहुँचता है।

दूसरा पत्र ज्ञानप्रकाश को लिखा कि माता-पिता की आज्ञा को शिरोधार्य करो। मैं अपढ़, मूर्ख, बुद्धिहीन आदमी हूँ; मुझे विवाह करने का कोई अधिकार नहीं है। मैं तुम्हारे

विवाह के शुभोत्सव में सम्मिलित न हो सकूँगा, लेकिन मेरे लिए इससे बढ़ कर आनंद और संतोष का विषय नहीं हो सकता।

10

देवप्रकाश यह पढ़ कर अवाक् रह गये। फिर आग्रह करने का साहस न हुआ। देवप्रिया ने नाक सिकोड़ कर कहा–यह लौंडा देखने को सीधा है, है जहर का बुझाया हुआ ! कैसा सौ कोस से बैठा हुआ बरछियों से छेद रहा है।

किंतु ज्ञानप्रकाश ने यह पत्र पढ़ा, तो उसे मर्माघात पहुँचा। दादा और अम्माँ के अन्याय ने ही उन्हें यह भीषण व्रत धारण करने पर बाध्य किया है। इन्हीं ने उन्हें निर्वासित किया है, और शायद सदा के लिए। न जाने अम्माँ को उनसे क्यों इतनी जलन हुई। मुझे तो अब याद आता है कि किशोरावस्था ही से वे बड़े आज्ञाकारी, विनयशील और गम्भीर थे। अम्माँ की बातों का उन्हें जवाब देते नहीं सुना। मैं अच्छे से अच्छा खाता था, फिर भी उनके तीवर मैले न हुए, हालाँकि उन्हें जलना चाहिए था। ऐसी दशा में अगर उन्हें गार्हस्थ्य-जीवन से घृणा हो गयी, तो आश्चर्य ही क्या ? फिर मैं ही क्यों इस विपत्ति में फसूँ ? कौन जाने मुझे भी ऐसी ही परिस्थिति का सामना करना पड़े। भैया ने बहुत सोच-समझ कर यह धारणा की है।

संध्या समय जब उसके माता-पिता बैठे हुए इसी समस्या पर विचार कर रहे थे, ज्ञानप्रकाश ने आ कर कहा–मैं कल भैया से मिलने जाऊँगा।

देवप्रिया–क्या कलकत्ते जाओगे ?

ज्ञान.–जी हाँ।

देवप्रिया–उन्हीं को क्यों नहीं बुलाते ?

ज्ञान.–उन्हें कौन मुँह ले कर बुलाऊँ ? आप लोगों ने पहिले ही मेरे मुँह में कालिख लगा दी है। ऐसा देव-पुरुष आप लोगों के कारण विदेश में ठोकर खा रहा है और मैं इतना निर्लज्ज हो जाऊँ कि...

देवप्रिया–अच्छा चुप रह, नहीं ब्याह करना है, न कर, जले पर नोन मत छिड़क ! माता-पिता का धर्म है, इसलिए कहती हूँ, नहीं तो यहाँ ठेंगे की परवा नहीं है। तू चाहे ब्याह कर, चाहे क्वाँरा रह, पर मेरी आँखों से दूर हो जा।

ज्ञान.–क्या मेरी सूरत से भी घृणा हो गयी ?

देवप्रिया–जब तू हमारे कहने ही में नहीं, तो जहाँ चाहे, रह। हम भी समझ लेंगे कि भगवान् ने लड़का ही नहीं दिया।

देव.–क्यों व्यर्थ में ऐसे कटुवचन बोलती हो ?

ज्ञान.–अगर आप लोगों की यही इच्छा है, तो यही होगा। देवप्रकाश ने देखा कि बात का बतंगड़ हुआ चाहता है, ज्ञानप्रकाश को इशारे से टाल दिया और पत्नी के क्रोध को शांत करने की चेष्टा करने लगे। मगर देवप्रिया फूट-फूट कर रो रही थी और बार-बार कहती थी, मैं इसकी सूरत नहीं देखूँगी। अंत में देवप्रकाश ने चिढ़ कर

कहा–तो तुम्हीं ने तो कटुवचन कह कर उसे उत्तेजित कर दिया।

देवप्रिया यह सब विष उसी चांडाल ने बोया है, जो यहाँ से सात समुद्र पार बैठा मुझे मिट्टी में मिलाने का उपाय कर रहा है। मेरे बेटे को मुझसे छीनने के लिए उसने यह प्रेम का स्वाँग भरा है। मैं उसकी नस-नस पहिचानती हूँ। उसका यह मंत्र मेरी जान ले कर छोड़ेगा; नहीं तो मेरा ज्ञानू, जिसने कभी मेरी बात का जवाब नहीं दिया, यों मुझे न जलाता !

देव.–अरे, तो क्या वह विवाह ही न करेगा ! अभी गुस्से में अनाप-शनाप बक गया है। जरा शांत हो जायगा तो मैं समझा कर राजी कर दूँगा।

देवप्रिया–मेरे हाथ से निकल गया।

देवप्रिया की आशंका सत्य निकली। देवप्रकाश ने बेटे को बहुत समझाया। कहा–तुम्हारी माता इस शोक से मर जायगी, किंतु कुछ असर न हुआ। उसने एक बार 'नहीं' करके 'हाँ' न की। निदान पिता भी निराश हो कर बैठ रहे।

तीन साल तक प्रतिवर्ष विवाह के दिनों में यह प्रश्न उठता रहा, पर ज्ञानप्रकाश अपनी प्रतिज्ञा पर अटल रहा। माता का रोना-धोना निष्फल हुआ। हाँ, उसने माता की एक बात मान ली–वह भाई से मिलने कलकत्ता न गया।

तीन साल में घर में बड़ा परिवर्तन हो गया। देवप्रिया की तीनों कन्याओं का विवाह हो गया। अब घर में उसके सिवा कोई स्त्री न थी। सूना घर उसे फाड़े खाता था। जब वह नैराश्य और क्रोध से पागल हो जाती, तो सत्यप्रकाश को खूब जी भर कर कोसती ! मगर दोनों भाइयों में प्रेम-पत्र व्यवहार बराबर होता रहता था।

देवप्रकाश के स्वभाव में एक विचित्र उदासीनता प्रकट होने लगी। उन्होंने पेंशन ले ली थी और प्रायः धर्मग्रंथों का अध्ययन किया करते थे। ज्ञानप्रकाश ने भी 'आचार्य' की उपाधि प्राप्त कर ली थी और एक विद्यालय में अध्यापक हो गये थे। देवप्रिया अब संसार में अकेली थी।

देवप्रिया अपने पुत्र को गृहस्थी की ओर खींचने के लिए नित्य टोने-टोटके किया करती। बिरादरी में कौन-सी कन्या सुन्दरी है, गुणवती है, सुशिक्षिता है–उसका बखान किया करती, पर ज्ञानप्रकाश को इन बातों के सुनने की भी फुरसत न थी।

मोहल्ले के और घरों में नित्य ही विवाह होते रहते थे। बहुएँ आती थीं, उनकी गोद में बच्चे खेलने लगते थे, घर गुलजार हो जाता था। कहीं बिदाई होती थी, कहीं बधाइयाँ आती थीं, कहीं गाना-बजाना होता था, कहीं बाजे बजते थे। यह चहल-पहल देख कर देवप्रिया का चित्त चंचल हो जाता। उसे मालूम होता, मैं ही संसार में सबसे अभागिनी हूँ। मेरे ही भाग्य में यह सुख भोगना नहीं बदा है। भगवान्, ऐसा भी कोई दिन आयेगा कि मैं अपनी बहू का मुखचंद्र देखूँगी, उसके बालकों को गोद में खिलाऊँगी। वह भी कोई दिन होगा कि मेरे घर में भी आनन्दोत्सव के मधुर गान की तानें उठेंगी ! रात-दिन ये ही बातें सोचते-सोचते देवप्रिया की दशा उन्मादिनी की-सी हो गयी। आप ही आप सत्यप्रकाश को कोसने लगती। वही मेरे प्राणों का घातक है।

तल्लीनता उन्माद का प्रधान गुण है। तल्लीनता अत्यंत रचनाशील होती है। वह आकाश में देवताओं के विमान उड़ाने लगती है। अगर भोजन में नमक तेज हो गया, तो यह शत्रु ने कोई रोड़ा रख दिया होगा। देवप्रिया को अब कभी-कभी धोखा हो जाता कि सत्यप्रकाश घर में गया है, वह मुझे मारना चाहता है, ज्ञानप्रकाश को विष खिलाये देता है। एक दिन उसने सत्यप्रकाश के नाम एक पत्र लिखा और उसे जितना कोसते बना, उतना कोसा। तू मेरे प्राणों का वैरी है, मेरे कुल का घातक है, हत्यारा है। वह कौन दिन आयेगा कि तेरी मिट्टी उठेगी। तूने मेरे लड़के पर वशीकरण-मंत्र चला दिया है। दूसरे दिन फिर ऐसा ही एक पत्र लिखा। यहाँ तक कि यह उसका नित्य का कर्म हो गया। जब तक एक चिट्ठी में सत्यप्रकाश को गालियाँ न दे लेती, उसे चैन ही न आता था। इन पत्रों को वह कहारिन के हाथ डाकघर भिजवा दिया करती थी।

11

ज्ञानप्रकाश का अध्यापक होना सत्यप्रकाश के लिए घातक हो गया। परदेश में उसे यही संतोष था कि मैं संसार में निराधार नहीं हूँ। अब यह अवलम्ब भी जाता रहा। ज्ञानप्रकाश ने जोर दे कर लिखा, अब आप मेरे हेतु कोई कष्ट न उठायें। मुझे अपनी गुजर करने के लिए काफी से ज्यादा मिलने लगा है।

यद्यपि सत्यप्रकाश की दूकान खूब चलती थी, लेकिन कलकत्ते-जैसे शहर में एक छोटे से दूकानदार का जीवन बहुत सुखी नहीं होता। 60-70 रु. की मासिक आमदनी होती ही क्या है ? अब तक जो कुछ बचाता था, वह वास्तव में बचत न थी, बल्कि त्याग था। एक वक्त रूखा-सूखा खा कर, एक तंग आर्द्र कोठरी में रह कर 25-30 रु. बचे रहते थे। अब दोनों वक्त भोजन करने लगा। कपड़े भी जरा साफ पहिनने लगा। मगर थोड़े ही दिनों में उसके खर्च में औषधियों की एक मद बढ़ गयी और फिर वही पहिले की-सी दशा हो गयी। बरसों तक शुद्ध वायु, प्रकाश और पुष्टिकर भोजन से वंचित रह कर अच्छे से अच्छा स्वास्थ्य भी नष्ट हो सकता है। सत्यप्रकाश को भी अरुचि, मंदाग्नि आदि रोगों ने आ घेरा। कभी-कभी ज्वर भी आ जाता। युवावस्था में आत्मविश्वास होता है, किसी अवलम्ब की परवा नहीं होती। वयोवृद्धि दूसरों का मुँह ताकती है, आश्रय ढूँढ़ती है। सत्यप्रकाश पहिले सोता, तो एक ही करवट में सबेरा हो जाता। कभी बाजार से पूरियाँ ले कर खा लेता, कभी मिठाइयों पर टाल देता। पर अब रात को अच्छी तरह नींद न आती, बाजारी भोजन से घृणा होती, रात को घर आता, तो थक कर चूर-चूर हो जाता था। उस वक्त चूल्हा जलाना, भोजन पकाना बहुत अखरता। कभी-कभी वह अपने अकेलेपन पर रोता। रात को जब किसी तरह नींद न आती, तो उसका मन किसी से बातें करने को लालायित होने लगता। पर वहाँ निशांधकार के सिवा और कौन था ? दीवालों के कान चाहे हों, मुँह नहीं होता। इधर ज्ञानप्रकाश के पत्र भी अब कम आते थे और वे भी रूखे। उनमें अब हृदय के सरल उद्‍गारों का लेश भी न होता। सत्यप्रकाश अब भी वैसे ही भावमय पत्र लिखता था; पर एक अध्यापक के

लिए भावुकता कब शोभा देती है। शनैः-शनैः सत्यप्रकाश को भ्रम होने लगा कि ज्ञानप्रकाश भी मुझसे निष्ठुरता करने लगा, नहीं तो क्या मेरे पास दो-चार दिन के लिए आना असम्भव था ? मेरे लिए तो घर का द्वार बंद है, पर उसे कौन-सी बाधा है ? उस गरीब को क्या मालूम कि यहाँ ज्ञानप्रकाश ने माता से कलकत्ते न जाने की कसम खा ली है। इस भ्रम ने उसे और भी हताश कर दिया।

शहरों में मनुष्य बहुत होते हैं, पर मनुष्यता बिरले ही में होती है। सत्यप्रकाश उस बहुसंख्यक स्थान में भी अकेला था। उसके मन में अब एक नयी आकांक्षा अंकुरित हुई। क्यों न घर लौट चलूँ ? किसी संगिनी के प्रेम में क्यों न शरण लूँ ? वह सुख और शांति और कहाँ मिल सकती है। मेरे जीवन के निराशांधकार को और कौन ज्योति आलोकित कर सकती है ? वह इस आवेश को अपनी सम्पूर्ण विचारशक्ति से रोकता, जिस भाँति किसी बालक को घर में रखी हुई मिठाइयों की याद बार-बार खेल से घर खींच लाती है, उसी तरह उसका चित्त भी बार-बार उन्हीं मधुर चिंताओं में मग्न हो जाता था। वह सोचता—मुझे विधाता ने सब सुख से वंचित कर दिया है, नहीं तो मेरी दशा ऐसी हीन क्यों होती ? मुझे ईश्वर ने बुद्धि न दी थी क्या ? क्या मैं श्रम से जी चुराता था ? अगर बालपन ही में मेरे उत्साह और अभिरुचि पर तुषार न पड़ गया होता, मेरी बुद्धि-शक्तियों का गला न घोंट दिया गया होता, तो मैं आज आदमी होता। पेट पालने के लिए इस विदेश में न पड़ा रहता। नहीं, मैं अपने ऊपर यह अत्याचार न करूँगा।

महीनों तक सत्यप्रकाश के मन और बुद्धि में यह संग्राम होता रहा। एक दिन वह दूकान से आ कर चूल्हा जलाने जा रहा था कि डाकिये ने पुकारा। ज्ञानप्रकाश के सिवा उसके पास और किसी के पत्र न आते थे। आज ही उसका पत्र आ चुका था। यह दूसरा पत्र क्यों ? किसी अनिष्ट की आशंका हुई। पत्र ले कर पढ़ने लगा। एक क्षण में पत्र उसके हाथ से छूट कर गिर पड़ा और वह सिर थाम कर बैठ गया कि जमीन पर न गिर पड़े। यह देवप्रिया की विषयुक्त लेखनी से निकला हुआ जहर का प्याला था, जिसने एक पल में संज्ञाहीन कर दिया। उसकी सारी मर्मांतक व्यथा—क्रोध, नैराश्य, कृतघ्नता, ग्लानि—केवल एक ठंडी साँस में समाप्त हो गयी।

वह जा कर चारपाई पर लेटा रहा। मानसिक व्यथा आग से पानी हो गयी। हा ! सारा जीवन नष्ट हो गया ! मैं ज्ञानप्रकाश का शत्रु हूँ। मैं इतने दिनों से केवल उसके जीवन को मिट्टी में मिलाने के लिए ही प्रेम का स्वाँग भर रहा हूँ। भगवान् ! इसके तुम्हीं साक्षी हो !

दूसरे दिन फिर देवप्रिया का पत्र पहुँचा। सत्यप्रकाश ने उसे ले कर फाड़ डाला, पढ़ने की हिम्मत न पड़ी।

एक ही दिन पीछे तीसरा पत्र पहुँचा। उसका वहीं अंत हुआ। फिर वह एक नित्य का कर्म हो गया। पत्र आता और फाड़ दिया जाता। किंतु देवप्रिया का अभिप्राय बिना पढ़े ही पूरा हो जाता था—सत्यप्रकाश के मर्मस्थान पर एक चोट और पड़ जाती थी।

एक महीने की भीषण हार्दिक वेदना के बाद सत्यप्रकाश को जीवन से घृणा हो गयी। उसने दूकान बंद कर दी, बाहर आना-जाना छोड़ दिया। सारे दिन खाट पर पड़ा रहता। वे दिन याद आते जब माता पुचकार कर गोद में बिठा लेती और कहती, 'बेटा !' पिता भी संध्या समय दफ्तर से आकर गोद में उठा लेते और कहते 'भैया !' माता की सजीव मूर्ति उसके सामने आ खड़ी होती; ठीक वैसी ही जब वह गंगा-स्नान करने गयी थी। उसकी प्यार-भरी बातें कानों में आने लगतीं। फिर वह दृश्य सामने आ जाता, जब उसने नववधू माता को 'अम्माँ' कहकर पुकारा था। तब उसके कठोर शब्द याद आ जाते, उसके क्रोध से भरे हुए विकराल नेत्र आँखों के सामने आ जाते। उसे अब अपना सिसक-सिसक कर रोना याद आ जाता। फिर सौरगृह का दृश्य सामने आता। उसने कितने प्रेम से बच्चे को गोद में लेना चाहा था ! तब माता के वज्र के-से शब्द कानों में गूँजने लगते। हाय ! उसी वज्र ने मेरा सर्वनाश कर दिया ! फिर ऐसी कितनी ही घटनाएँ याद आतीं। जब बिना किसी अपराध के माँ डाँट बताती। पिता का निर्दय, निष्ठुर व्यवहार याद आने लगता। उनका बात-बात पर तिउरियाँ बदलना, माता के मिथ्यापवादों पर विश्वास करना–हाय ! मेरा सारा जीवन नष्ट हो गया ! तब वह करवट बदल लेता और फिर वही दृश्य आँखों में फिरने लगते। फिर करवट बदलता और चिल्ला कर कहता–इस जीवन का अन्त क्यों नहीं हो जाता।

इस भाँति पड़े-पड़े उसे कई दिन हो गये। संध्या हो गयी थी कि सहसा उसे द्वार पर किसी के पुकारने की आवाज सुनायी पड़ी। उसने कान लगाकर सुना और चौंक पड़ा। किसी परिचित मनुष्य की आवाज थी। दौड़ा द्वार पर आया, तो देखा ज्ञानप्रकाश खड़ा है। कितना रूपवान पुरुष था ! वह उसके गले से लिपट गया। ज्ञानप्रकाश ने उसके पैरों को स्पर्श किया। दोनों भाई घर में आये। अंधकार छाया हुआ था। घर की यह दशा देख कर ज्ञानप्रकाश, जो अब तक अपने कंठ के आवेग को रोके हुए था, रो पड़ा। सत्यप्रकाश ने लालटेन जलायी। घर क्या था, भूत का डेरा था। सत्यप्रकाश ने जल्दी से एक कुरता गले में डाल लिया। ज्ञानप्रकाश भाई का जर्जर शरीर, पीला मुख, बुझी हुई आँख देखता था और रोता था।

सत्यप्रकाश ने कहा–मैं आजकल बीमार हूँ।

ज्ञानप्रकाश–वह तो देख ही रहा हूँ।

सत्य.–तुमने अपने आने की सूचना भी न दी, मकान का पता कैसे चला ?

ज्ञान.–सूचना तो दी थी, आपको पत्र न मिला होगा।

सत्य.–अच्छा, हाँ दी होगी, पत्र दूकान में डाल गया होगा। मैं इधर कई दिनों से दूकान नहीं गया। घर पर सब कुशल है ?

ज्ञान.–माता जी का देहांत हो गया।

सत्य.–अरे ! क्या बीमार थीं ?

ज्ञान.–जी नहीं। मालूम नहीं, क्या खा लिया। इधर उन्हें उन्माद-सा हो गया था; पिता जी ने कुछ कटुवचन कहे थे, शायद इसी पर कुछ खा लिया।

सत्य.—पिता जी तो कुशल से हैं ?

ज्ञान.—हाँ, अभी मरे नहीं हैं।

सत्य.—अरे ! क्या बहुत बीमार हैं ?

ज्ञान.—माता ने विष खा लिया, तो वे उनका मुँह खोल कर दवा पिला रहे थे। माता जी ने जोर से उनकी दो उँगलियाँ काट लीं। वही विष उनके शरीर में पहुँच गया। तब से सारा शरीर सूज आया है। अस्पताल में पड़े हुए हैं किसी को देखते हैं तो काटने दौड़ते हैं। बचने की आशा नहीं है।

सत्य.—तब तो घर ही चौपट हो गया।

ज्ञान.—ऐसे घर को अबसे बहुत पहले चौपट हो जाना चाहिए था।

* * *

तीसरे दिन दोनों भाई प्रातःकाल कलकत्ते से बिदा हो कर चल दिये।

धोखा

सतीकुण्ड में खिले हुए कमल वसंत के धीमे-धीमे झोंकों से लहरा रहे थे और प्रातःकाल की मंद-मंद सुनहरी किरणें उनसे मिल-मिल कर मुस्कराती थीं। राजकुमारी प्रभा कुण्ड के किनारे हरी-हरी घास पर खड़ी सुन्दर पक्षियों का कलरव सुन रही थी। उसका कनक वर्ण तन इन्हीं फूलों की भाँति दमक रहा था। मानो प्रभात की साक्षात् सौम्य मूर्ति है, जो भगवान् अंशुमाली के किरणकरों द्वारा निर्मित हुई थी।

प्रभा ने मौलसिरी के वृक्ष पर बैठी हुई एक श्यामा की ओर देख कर कहा—मेरा जी चाहता है कि मैं भी एक चिड़िया होती।

उसकी सहेली उमा ने मुस्करा कर पूछा—क्यों ?

प्रभा ने कुण्ड की ओर ताकते हुए उत्तर दिया—वृक्ष की हरी-भरी डालियों पर बैठी हुई चहचहाती, मेरे कलरव से सारा बाग गूँज उठता।

उमा ने छेड़ कर कहा—नौगढ़ की रानी ऐसी कितनी ही पक्षियों का गाना जब चाहे, सुन सकती है।

प्रभा ने संकुचित हो कर कहा—मुझे नौगढ़ की रानी बनने की अभिलाषा नहीं है। मेरे लिए किसी नदी का सुनसान किनारा चाहिए। एक वीणा और ऐसे ही सुन्दर सुहावने पक्षियों के संगीत की मधुर ध्वनि में मेरे लिए सारे संसार का ऐश्वर्य भरा हुआ है।

प्रभा का संगीत पर अपरिमित प्रेम था। वह बहुधा ऐसे ही सुख-स्वप्न देखा करती थी। उमा उत्तर देना ही चाहती थी कि इतने में बाहर से किसी के गाने की आवाज आयी—

कर गये थोड़े दिन की प्रीति।

प्रभा ने एकाग्र मन हो कर सुना और अधीर हो कर कहा–बहन, इस वाणी में जादू है। मुझसे अब बिना सुने नहीं रहा जाता, इसे भीतर बुला लाओ।

उस पर भी गीत का जादू असर कर रहा था। वह बोली–निःसंदेह ऐसा राग मैंने आज तक नहीं सुना, खिड़की खोल कर बुलाती हूँ।

थोड़ी देर में रागिया भीतर आया–सुन्दर सजीले बदन का नौजवान था। नंगे पैर, नंगे सिर, कंधे पर एक मृगचर्म, शरीर पर एक गेरुआ वस्त्र, हाथों में एक सितार। मुखारविंद से तेज छिड़क रहा था। उसने दबी हुई दृष्टि से दोनों कोमलांगी रमणियों को देखा और सिर झुका कर बैठ गया।

प्रभा ने झिझकती हुई आँखों से देखा और दृष्टि नीचे कर ली। उमा ने कहा–योगी जी, हमारे बड़े भाग्य थे कि आपके दर्शन हुए, हमको भी कोई पद सुना कर कृतार्थ कीजिए।

योगी ने सिर झुका कर उत्तर दिया–हम योगी लोग नारायण का भजन करते हैं। ऐसे-ऐसे दरबारों में हम भला क्या गा सकते हैं, पर आपकी इच्छा है तो सुनिए–

कर गये थोड़े दिन की प्रीति।
कहाँ वह प्रीति, कहाँ यह बिछरन, कहाँ मधुबन की रीति,
कर गये थोड़े दिन की प्रीति।

योगी का रसीला करुण स्वर, सितार का सुमधुर निनाद, उस पर गीत का माधुर्य, प्रभा को बेसुध किये देता था। इसका रसज्ञ स्वभाव और उसका मधुर रसीला गान, अपूर्व संयोग था। जिस भाँति सितार की ध्वनि गगनमंडल में प्रतिध्वनित हो रही थी, उसी भाँति प्रभा के हृदय में लहरों की हिलोरें उठ रही थीं। वे भावनाएँ जो अब तक शांत थीं, जाग पड़ीं। हृदय सुख स्वप्न देखने लगा। सतीकुण्ड के कमल तिलिस्म की परियाँ बन-बन कर मँडराते हुए भौंरों से कर जोड़ सजल नयन हो, कहते थे–

कर गये थोड़े दिन की प्रीति।

सुर्ख और हरी पत्तियों से लदी हुई डालियाँ सिर झुकाये चहकते हुए पक्षियों से रो-रो कर कहती थीं–

कर गये थोड़े दिन की प्रीति।

और राजकुमारी प्रभा का हृदय भी सितार की मस्तानी तान के साथ गूँजता था–

कर गये थोड़े दिन की प्रीति।

2

प्रभा बघौली के राव देवीचंद की एकलौती कन्या थी। राव पुराने विचारों के रईस थे। कृष्ण की उपासना में लवलीन रहते थे, इसलिए इनके दरबार में दूर-दूर के कलावंत और गवैये आया करते और इनाम-एकराम पाते थे। राव साहब को गाने से प्रेम था, वे स्वयं भी इस विद्या में निपुण थे। यद्यपि अब वृद्धावस्था के कारण यह शक्ति निःशेष हो चली थी, पर फिर भी विद्या के गूढ़ तत्त्वों के पूर्ण जानकार थे। प्रभा बाल्यकाल से ही इनकी

सोहबतों में बैठने लगी। कुछ तो पूर्व-जन्म का संस्कार और कुछ रात-दिन गाने की ही चर्चाओं ने उसे भी इस फन में अनुरक्त कर दिया था। इस समय उसके सौंदर्य की खूब चर्चा थी। रावसाहब ने नौगढ़ के नवयुवक और सुशील राजा हरिश्चंद्र से उसकी शादी तजवीज की थी। उभय पक्ष में तैयारियाँ हो रही थीं। राजा हरिश्चंद्र मेयो कालिज अजमेर के विद्यार्थी और नयी रोशनी के भक्त थे। उनकी आकांक्षा थी कि उन्हें एक बार राजकुमारी प्रभा से साक्षात्कार होने और प्रेमालाप करने का अवसर दिया जाये; किंतु रावसाहब इस प्रथा को दूषित समझते थे।

प्रभा राजा हरिश्चंद्र के नवीन विचारों की चर्चा सुन कर इस संबंध से बहुत संतुष्ट न थी। पर जब से उसने इस प्रेममय युवा योगी का गाना सुना था, तब से तो वह उसी के ध्यान में डूबी रहती। उमा उनकी सहेली थी। इन दोनों के बीच कोई परदा न था; परंतु इस भेद को प्रभा ने उससे भी गुप्त रखा। उमा उसके स्वभाव से परिचित थी, ताड़ गयी। परंतु उसने उपदेश करके इस अग्नि को भड़काना उचित न समझा। उसने सोचा कि थोड़े दिनों में यह अग्नि आप से आप शांत हो जायगी। ऐसी लालसाओं का अंत प्रायः इसी तरह हो जाया करता है; किंतु उसका अनुमान गलत सिद्ध हुआ। योगी की वह मोहिनी मूर्ति कभी प्रजा की आँखों से न उतरती, उसका मधुर राग प्रतिक्षण उसके कानों में गूँजा करता। उसी कुण्ड के किनारे वह सिर झुकाये सारे दिन बैठी रहती। कल्पना में वही मधुर हृदयग्राही राग सुनती और वही योगी की मनोहारिणी मूर्ति देखती। कभी-कभी उसे ऐसा भास होता कि बाहर से यह आवाज आ रही है। वह चौंक पड़ती और तृष्णा से प्रेरित हो कर वाटिका की चहारदीवारी तक जाती और वहाँ से निराश हो कर लौट आती। फिर आप ही विचार करती—यह मेरी क्या दशा है ! मुझे यह क्या हो गया है ! मैं हिंदू कन्या हूँ, माता-पिता जिसे सौंप दें, उसकी दासी बन कर रहना धर्म है। मुझे तन-मन से उसकी सेवा करनी चाहिए। किसी अन्य पुरुष का ध्यान तक मन में लाना मेरे लिए पाप है ! आह ! यह कलुषित हृदय ले कर मैं किस मुँह से पति के पास जाऊँगी ! इन कानों से क्योंकर प्रणय की बातें सुन सकूँगी जो मेरे लिए व्यंग्य से भी अधिक कर्ण-कटु होंगी ! इन पापी नेत्रों से वह प्यारी-प्यारी चितवन कैसे देख सकूँगी जो मेरे लिए वज्र से भी हृदय-भेदी होगी ! इस गले में वे मृदुल प्रेमबाहु पड़ेंगे जो लौह-दंड से भी अधिक भारी और कठोर होंगे। प्यारे, तुम मेरे हृदय मंदिर से निकल जाओ। यह स्थान तुम्हारे योग्य नहीं। मेरा वश होता तो तुम्हें हृदय की सेज पर सुलाती; परंतु मैं धर्म की रस्सियों में बँधी हूँ।

इस तरह एक महीना बीत गया। ब्याह के दिन निकट आते जाते थे और प्रभा का कमल-सा मुख कुम्हलाया जाता था। कभी-कभी विरहवेदना एवं विचार-विप्लव से व्याकुल होकर उसका चित्त चाहता कि सती-कुण्ड की गोद में शांति लूँ, किंतु रावसाहब इस शोक में जान ही दे देंगे यह विचार कर वह रुक जाती। सोचती, मैं उनकी जीवन सर्वस्व हूँ, मुझ अभागिनी को उन्होंने किस लाड़-प्यार से पाला है; मैं ही उनके जीवन का आधार और अंतकाल की आशा हूँ। नहीं, यों प्राण दे कर उनकी आशाओं की हत्या न

करूँगी। मेरे हृदय पर चाहे जो बीते, उन्हें न कुढ़ाऊँगी ! प्रभा का एक योगी गवैये के पीछे उन्मत्त हो जाना कुछ शोभा नहीं देता। योगी का गान तानसेन के गानों से भी अधिक मनोहर क्यों न हो, पर एक राजकुमारी का उसके हाथों बिक जाना हृदय की दुर्बलता प्रकट करता है; रावसाहब के दरबार में विद्या की, शौर्य की और वीरता से प्राण हवन करने की चर्चा न थी। यहाँ तो रात-दिन राग-रंग की धूम रहती थी। यहाँ इसी शास्त्र के आचार्य प्रतिष्ठा के मसनद पर विराजित थे और उन्हीं पर प्रशंसा के बहुमूल्य रत्न लुटाये जाते थे। प्रभा ने प्रारंभ ही से इसी जलवायु का सेवन किया था और उस पर इनका गाढ़ा रंग चढ़ गया था। ऐसी अवस्था में उसकी गान-लिप्सा ने यदि भीषण रूप धारण कर लिया तो आश्चर्य ही क्या है !

3

शादी बड़ी धूमधाम से हुई। रावसाहब ने प्रभा को गले लगा कर विदा किया। प्रभा बहुत रोयी। उमा को वह किसी तरह छोड़ती न थी।

नौगढ़ एक बड़ी रियासत थी और राजा हरिश्चंद्र के सुप्रबंध से उन्नति पर थी। प्रभा की सेवा के लिए दासियों की एक पूरी फौज थी। उसके रहने के लिए वह आनंद-भवन सजाया गया था, जिसके बनाने में शिल्प विशारदों ने अपूर्व कौशल का परिचय दिया था। शृंगार चतुराओं ने दुलहिन को खूब सँवारा। रसीले राजा साहब अधरामृत के लिए विह्वल हो रहे थे। अंतःपुर में गये। प्रभा ने हाथ जोड़ कर, सिर झुका कर, उनका अभिवादन किया। उनकी आँखों से आँसू की नदी बह रही थी। पति ने प्रेम के मद में मत्त हो कर घूँघट हटा दिया, दीपक था, पर बुझा हुआ। फूल था, पर मुरझाया हुआ।

दूसरे दिन से राजा साहब की यह दशा हुई कि भौंरे की तरह प्रतिक्षण इस फूल पर मँडराया करते। न राज-पाट की चिंता थी, न सैर और शिकार की परवा। प्रभा की वाणी रसीला राग थी, उसकी चितवन सुख का सागर और उसका मुख-चंद्र आमोद का सुहावना कुंज। बस, प्रेम-मद में राजा साहब बिलकुल मतवाले हो गये थे, उन्हें क्या मालूम था कि दूध में मक्खी है।

यह असम्भव था कि राजासाहब के हृदयहारी और सरस व्यवहार का जिसमें सच्चा अनुराग भरा हुआ था, प्रभा पर कोई प्रभाव न पड़ता। प्रेम का प्रकाश अँधेरे हृदय को भी चमका देता है। प्रभा मन में बहुत लज्जित होती। वह अपने को इस निर्मल और विशुद्ध प्रेम के योग्य न पाती थी, इस पवित्र प्रेम के बदले में उसे अपने कृत्रिम, रँगे हुए भाव प्रकट करते हुए मानसिक कष्ट होता था। जब तक कि राजासाहब उसके साथ रहते, वह उनके गले लता की भाँति लिपटी हुई घंटों प्रेम की बातें किया करती। वह उनके साथ सुमन-वाटिका में चुहल करती, उनके लिए फूलों का हार गूँथती और उनके गले में हाथ डाल कर कहती—प्यारे, देखना ये फूल मुरझा न जायें, इन्हें सदा ताजा रखना। वह चाँदनी रात में उनके साथ नाव पर बैठ कर झील की सैर करती, और

उन्हें प्रेम का राग सुनाती। यदि उन्हें बाहर से आने में जरा भी देर हो जाती, तो वह मीठा-मीठा उलाहना देती, उन्हें निर्दय तथा निष्ठुर कहती। उनके सामने वह स्वयं हँसती, उनकी आँखें हँसतीं और आँखों का काजल हँसता था। किंतु आह ! जब वह अकेली होती, उसका चंचल चित्त उड़ कर उसी कुंड के तट पर जा पहुँचता; कुंड का वह नीला-नीला पानी, उस पर तैरते हुए कमल और मौलसिरी का वृक्ष-पंक्तियों का सुंदर दृश्य आँखों के सामने आ जाता। उमा मुस्कराती और नजाकत से लचकती हुई आ पहुँचती, तब रसीले योगी की मोहनी छवि आँखों में आ बैठती और सितार के सूलसित सुर गूँजने लगते–

कर गये थोड़े दिन की प्रीति।

तब वह एक दीर्घ निःश्वास ले कर उठ बैठती और बाहर निकल कर पिंजरे में चहकते हुए पक्षियों के कलरव में शांति प्राप्त करती। इस भाँति यह स्वप्न तिरोहित हो जाता।

4

इस तरह कई महीने बीत गये। एक दिन राजा हरिश्चंद्र प्रभा को अपनी चित्रशाला में ले गये। उसके प्रथम भाग में ऐतिहासिक चित्र थे। सामने ही शूरवीर महाराणा प्रतापसिंह का चित्र नजर आया। मुखारविंद से वीरता की ज्योति स्फुटित हो रही थी। तनिक और आगे बढ़ कर दाहिनी ओर स्वामिभक्त जगमल, वीरवर साँगा और दिलेर दुर्गादास विराजमान थे। बायीं ओर उदार भीमसिंह बैठे हुए थे। राणाप्रताप के सम्मुख महाराष्ट्र केसरी, वीर शिवाजी का चित्र था। दूसरे भाग में कर्मयोगी कृष्ण और मर्यादा पुरुषोत्तम राम विराजते थे। चतुर चित्रकारों ने चित्र-निर्माण में अपूर्व कौशल दिखलाया था। प्रभा ने प्रताप के पाद-पद्मों को चूमा और वह कृष्ण के सामने देर तक नेत्रों में प्रेम और श्रद्धा के आँसू-भरे मस्तक झुकाये खड़ी रही। उसके हृदय पर इस समय कलुषित प्रेम का भय खटक रहा था। उसे मालूम होता था कि यह उन महापुरुषों के चित्र नहीं, उनकी पवित्र आत्माएँ हैं। उन्हीं के चरित्र से भारतवर्ष का इतिहास गौरवान्वित है। वे भारत के बहुमूल्य जातीय रत्न, उच्चकोटि के जातीय स्मारक और गगनभेदी जातीय तुमुल ध्वनि हैं। ऐसी उच्च आत्माओं के सामने खड़े होते उसे संकोच होता था। आगे बढ़ी दूसरा भाग सामने आया। यहाँ ज्ञानमय बुद्ध योग-साधना में बैठे हुए देख पड़े। उनकी दाहिनी ओर शास्त्रज्ञ शंकर थे और दार्शनिक दयानंद। एक ओर शांतिपथगामी कबीर और भक्त रामदास यथायोग्य खड़े थे। एक दीवार पर गुरु गोविंद अपने देश और जाति पर बलि चढ़नेवाले दोनों बच्चों के साथ विराजमान थे। दूसरी दीवार पर वेदांत की ज्योति फैलानेवाले स्वामी रामतीर्थ और विवेकानंद विराजमान थे। चित्रकारों की योग्यता एक-एक अवयव से टपकती थी। प्रभा ने इनके चरणों पर मस्तक टेका। वह उनके सामने सिर न उठा सकी। उसे अनुभव होता था कि उनकी दिव्य आँखें उसके दूषित हृदय में चुभी जाती हैं ?

इसके बाद तीसरा भाग आया। यह प्रतिभाशाली कवियों की सभा थी। सर्वोच्च

स्थान पर आदिकवि वाल्मीकि और महर्षि वेदव्यास सुशोभित थे। दाहिनी ओर शृंगाररस के अद्वितीय कवि कालिदास थे, बायीं तरफ गम्भीर भावों से पूर्ण भवभूति। निकट ही भर्तृहरि अपने संतोषाश्रम में बैठे हुए थे।

दक्षिण की दीवार पर राष्ट्रभाषा हिंदी के कवियों का सम्मेलन था। सहृदय कवि सूर, तेजस्वी तुलसी, सुकवि केशव और रसिक बिहारी यथाक्रम विराजमान थे। सूरदास से प्रभा का अगाध प्रेम था। वह समीप जा कर उनके चरणों पर मस्तक रखना ही चाहती थी कि अकस्मात् उन्हीं चरणों के सम्मुख सर झुकाये उसे एक छोटा-सा चित्र दीख पड़ा। प्रभा उसे देख कर चौंक पड़ी। यह वही चित्र था जो उसके हृदय पट पर खिंचा हुआ था। वह खुल कर उसकी तरफ ताक न सकी। दबी हुई आँखों से देखने लगी। राजा हरिश्चंद्र ने मुस्करा कर पूछा—इस व्यक्ति को तुमने कहीं देखा है ?

इस प्रश्न से प्रभा का हृदय काँप उठा। जिस तरह मृग-शावक व्याध के सामने व्याकुल हो कर इधर-उधर देखता है, उसी तरह प्रभा अपनी बड़ी-बड़ी आँखों से दीवार की ओर ताकने लगी। सोचने लगी—क्या उत्तर दूँ ? इसको कहीं देखा है, उन्होंने यह प्रश्न मुझसे क्यों किया ? कहीं ताड़ तो नहीं गये ? हे नारायण, मेरी पत तुम्हारे हाथ है, क्योंकर इनकार करूँ ? मुँह पीला हो गया। सिर झुका कर क्षीण स्वर से बोली, 'हाँ, ध्यान आता है कि कहीं देखा है।'

हरिश्चंद्र ने कहा—कहाँ देखा है ?

प्रभा के सिर में चक्कर-सा आने लगा। बोली—शायद एक बार यह गाता हुआ मेरी वाटिका के सामने जा रहा था। उमा ने बुला कर इसका गाना सुना था।

हरिश्चंद्र ने पूछा—कैसा गाना था ?

प्रभा के होश उड़े हुए थे। सोचती थी, राजा के इन सवालों में जरूर कोई बात है। देखूँ, लाज रहती है या नहीं। बोली—उसका गाना ऐसा बुरा न था।

हरिश्चंद्र ने मुस्करा कर कहा—क्या गाता था ?

प्रभा ने सोचा, इस प्रश्न का उत्तर दे दूँ तो बाकी क्या रहता है। उसे विश्वास हो गया कि आज कुशल नहीं है। वह छत की ओर निरखती हुई बोली—सूरदास का कोई पद था।

हरिश्चंद्र ने कहा—यह तो नहीं—

कर गये थोड़े दिन की प्रीति।

प्रभा की आँखों के सामने अँधेरा छा गया। सिर घूमने लगा, वह खड़ी न रह सकी, बैठ गयी और हताश हो कर बोली—हाँ, यह पद था। फिर उसने कलेजा मजबूत करके पूछा—आपको कैसे मालूम हुआ ?

हरिश्चंद्र बोले—वह योगी मेरे यहाँ अक्सर आया-जाया करता है। मुझे भी उसका गाना पसंद है। उसी ने मुझे यह हाल बताया था, किंतु वह तो कहता था कि राजकुमारी ने मेरे गानों को बहुत पसंद किया और पुनः आने के लिए आदेश किया।

प्रभा को अब सच्चा क्रोध दिखाने का अवसर मिल गया। वह बिगड़ कर

बोली—यह बिलकुल झूठ है। मैंने उससे कुछ नहीं कहा।

हरिश्चंद्र बोले—यह तो मैं पहले ही समझ गया था कि यह उन महाशय की चालाकी है। डींग मारना गवैयों की आदत है; परंतु इसमें तो तुम्हें इनकार नहीं कि उसका गान बुरा न था ?

प्रभा बोली—ना ! अच्छी चीज को बुरा कौन कहेगा ?

हरिश्चंद्र ने पूछा—फिर सुनना चाहो तो उसे बुलवाऊँ। सिर के बल दौड़ा आयेगा।

क्या उनके दर्शन फिर होंगे ? इस आशा से प्रभा का मुखमंडल विकसित हो गया। परंतु इन कई महीनों की लगातार कोशिश से जिस बात को भुलाने में वह किंचित् सफल हो चुकी थी, उसके फिर नवीन हो जाने का भय हुआ। बोली—इस समय गाना सुनने को मेरा जी नहीं चाहता।

राजा ने कहा—यह मैं न मानूँगा कि तुम और गाना नहीं सुनना चाहती, मैं उसे अभी बुलाये लाता हूँ।

यह कह कर राजा हरिश्चंद्र तीर की तरह कमरे से बाहर निकल गये। प्रभा उन्हें रोक न सकी। वह बड़ी चिंता में डूबी खड़ी थी। हृदय में खुशी और रंज की लहरें बारी-बारी से उठती थीं। मुश्किल से दस मिनट बीते होंगे कि उसे सितार के मस्ताने सुर के साथ योगी की रसीली तान सुनाई दी—

कर गये थोड़े दिन की प्रीति।

वही हृदयग्राही राग था, वही हृदय-भेदी प्रभाव, वही मनोहरता और वही सब कुछ, जो मन को मोह लेता है। एक-क्षण में योगी की मोहिनी मूर्ति दिखायी दी। वही मस्तानापन, वही मतवाले नेत्र, वही नयनाभिराम देवताओं का-सा स्वरूप। मुखमंडल पर मंद-मंद मुस्कान थी। प्रभा ने उसकी तरफ सहमी हुई आँखों से देखा। एकाएक उसका हृदय उछल पड़ा। उसकी आँखों के आगे से एक पर्दा हट गया। प्रेम-विह्वल हो, आँखों में आँसू-भरे वह अपने पति के चरणारविंदों पर गिर पड़ी और गद्‌गद् कंठ से बोली—प्यारे ! प्रियतम !

राजा हरिश्चंद्र को आज सच्ची विजय प्राप्त हुई। उन्होंने प्रभा को उठा कर छाती से लगा लिया। दोनों आज एक प्राण हो गये। राजा हरिश्चंद्र ने कहा—जानती हो, मैंने यह स्वाँग क्यों रचा था ? गाने का मुझे सदा से व्यसन है और सुना है तुम्हें भी इसका शौक है। तुम्हें अपना हृदय भेंट करने से प्रथम एक बार तुम्हारा दर्शन करना आवश्यक प्रतीत हुआ और उसके लिए सबसे सुगम उपाय यही सूझ पड़ा।

प्रभा ने अनुराग से देखकर कहा—योगी बन कर तुमने जो कुछ पा लिया, वह राजा रह कर कदापि न पा सकते। अब तुम मेरे पति हो और प्रियतम भी हो; पर तुमने मुझे बड़ा धोखा दिया और मेरी आत्मा को कलंकित किया। इसका उत्तरदाता कौन होगा?

लाग-डाट

जोखू भगत और बेचन चौधरी में तीन पीढ़ियों से अदावत चली आती थी। कुछ डाँड़-मेंड़ का झगड़ा था। उनके परदादों में कई बार खून-खच्चर हुआ। बापों के समय से मुकदमेबाजी शुरू हुई। दोनों कई बार हाईकोर्ट तक गये। लड़कों के समय में संग्राम की भीषणता और भी बढ़ी, यहाँ तक कि दोनों ही अशक्त हो गये। पहले दोनों इसी गाँव में आधे-आधे के हिस्सेदार थे। अब उनके पास उस झगड़नेवाले खेत को छोड़ कर एक अंगुल जमीन न थी। भूमि गयी, धन गया, मान-मर्यादा गया लेकिन वह विवाद ज्यों का त्यों बना रहा। हाईकोर्ट के धुरंधर नीतिज्ञ एक मामूली-सा झगड़ा तय न कर सके।

इन दोनों सज्जनों ने गाँव को दो विरोधी दलों में विभक्त कर दिया था। एक दल की भंग-बूटी चौधरी के द्वार पर छनती; तो दूसरे दल के चरस-गाँजे के दम भगत के द्वार पर लगते थे। स्त्रियों और बालकों के भी दो दल हो गये थे। यहाँ तक कि दोनों सज्जनों के सामाजिक और धार्मिक विचारों में भी विभाजक रेखा खिंची हुई थी। चौधरी कपड़े पहने सत्तू खा लेते और भगत को ढोंगी कहते। भगत बिना कपड़े उतारे पानी भी न पीते और चौधरी को भ्रष्ट बतलाते। भगत सनातनधर्मी बने तो चौधरी ने आर्यसमाज का आश्रय लिया। जिस बजाज, पन्सारी या कुंजड़े से चौधरी सौदे लेते उसकी ओर भगतजी ताकना भी पाप समझते थे। और भगतजी की हलवाई की मिठाइयाँ, उनके ग्वाले का दूध और तेली का तेल चौधरी के लिए त्याज्य थे। यहाँ तक कि उनके आरोग्यता के सिद्धांतों में भी भिन्नता थी। भगत जी वैद्यक के कायल थे, चौधरी यूनानी प्रथा के माननेवाले। दोनों चाहे रोग से मर जाते, पर अपने सिद्धांतों को न तोड़ते।

2

जब देश में राजनैतिक आंदोलन शुरू हुआ तो उसकी भनक उस गाँव में आ पहुँची। चौधरी ने आंदोलन का पक्ष लिया, भगत उनके विपक्षी हो गये। एक सज्जन ने आ कर गाँव में किसान-सभा खोली। चौधरी उसमें शरीक हुए, भगत अलग रहे। जागृति और बढ़ी, स्वराज्य की चर्चा होने लगी। चौधरी स्वराज्यवादी हो गये, भगत ने राजभक्ति का पक्ष लिया। चौधरी का घर स्वराज्यवादियों का अड्डा हो गया, भगत का घर राजभक्तों का क्लब बन गया।

चौधरी जनता में स्वराज्यवाद का प्रचार करने लगे :

"मित्रो, स्वराज्य का अर्थ है अपना राज। अपने देश में अपना राज हो वह अच्छा है कि किसी दूसरे का राज हो वह ?"

जनता ने कहा—अपना राज हो, वह अच्छा है।

चौधरी—तो यह स्वराज्य कैसे मिलेगा ? आत्मबल से, पुरुषार्थ से, मेल से, एक दूसरे से द्वेष करना छोड़ दो। अपने झगड़े आप मिल कर निपटा लो।

एक शंका—आप तो नित्य अदालत में खड़े रहते हैं।

चौधरी—हाँ, पर आज से अदालत जाऊँ तो मुझे गऊहत्या का पाप लगे। तुम्हें चाहिए कि तुम अपनी गाढ़ी कमाई अपने बाल-बच्चों को खिलाओ, और बचे तो परोपकार में लगाओ, वकील-मुखतारों की जेब क्यों भरते हो, थानेदार को घूस क्यों देते हो, अमलों की चिरौरी क्यों करते हो ? पहले हमारे लड़के अपने धर्म की शिक्षा पाते थे; वह सदाचारी, त्यागी, पुरुषार्थी बनते थे। अब वह विदेशी मदरसों में पढ़ कर चाकरी करते हैं, घूस खाते हैं, शौक करते हैं, अपने देवताओं और पितरों की निंदा करते हैं, सिगरेट पीते हैं, साल बनाते हैं और हाकिमों की गोड़धरिया करते हैं। क्या यह हमारा कर्त्तव्य नहीं है कि हम अपने बालकों को धर्मानुसार शिक्षा दें ?

जनता—चंदा करके पाठशाला खोलनी चाहिए।

चौधरी—हम पहले मदिरा का छूना पाप समझते थे। अब गाँव-गाँव और गली-गली में मदिरा की दूकानें हैं। हम अपनी गाढ़ी कमाई के करोड़ों रुपये गाँजे-शराब में उड़ा देते हैं।

जनता—जो दारू-भाँग पिये उसे डाँड लगाना चाहिए !

चौधरी—हमारे दादा-बाबा, छोटे-बड़े सब गाढ़ा-गजी पहनते थे। हमारी दादियाँ-नानियाँ चरखा काता करती थीं। सब धन देश में रहता था, हमारे जुलाहे भाई चैन की वंशी बजाते थे। अब हम विदेश के बने हुए महीन रंगीन कपड़ों पर जान देते हैं। इस तरह दूसरे देश वाले हमारा धन ढो ले जाते हैं; बेचारे जुलाहे कंगाल हो गये। क्या हमारा यही धर्म है कि अपने भाइयों की थाली छीन कर दूसरों के सामने रख दें ?

जनता—गाढ़ा कहीं मिलता ही नहीं।

चौधरी—अपने घर का बना हुआ गाढ़ा पहनो, अदालतों को त्यागो, नशेबाजी छोड़ो, अपने लड़कों को धर्म-कर्म सिखाओ, मेल से रहो—बस, यही स्वराज्य है। जो लोग कहते हैं कि स्वराज्य के लिए खून की नदी बहेगी, वे पागल हैं—उनकी बातों पर ध्यान मत दो।

जनता यह बातें चाव से सुनती थी। दिनोंदिन श्रोताओं की संख्या बढ़ती जाती थी। चौधरी के सब श्रद्धाभाजन बन गये।

3

भगत जी भी राजभक्ति का उपदेश करने लगे—

"भाइयो, राजा का काम राज करना और प्रजा का काम उसकी आज्ञा का पालन करना है। इसी को राजभक्ति कहते हैं। और हमारे धार्मिक ग्रंथों में हमें इसी राजभक्ति की शिक्षा दी गई है। राजा ईश्वर का प्रतिनिधि है, उसकी आज्ञा के विरुद्ध चलना महान पातक है। राजविमुख प्राणी नरक का भागी होता है।

एक शंका—राजा को भी तो अपने धर्म का पालन करना चाहिए ?

दूसरी शंका—हमारे राजा तो नाम के हैं, असली राजा तो विलायत के बनिये-महाजन हैं।

तीसरी शंका–बनिये धन कमाना जानते हैं, राज करना क्या जानें।

भगत–लोग तुम्हें शिक्षा देते हैं कि अदालतों में मत जाओ, पंचायतों में मुकदमे ले जाओ; लेकिन ऐसे पंच कहाँ हैं, जो सच्चा न्याय करें, दूध का दूध और पानी का पानी कर दें ! यहाँ मुँह-देखी बातें होंगी। जिनका कुछ दबाव है, उनकी जीत होगी, जिनका कुछ दबाव नहीं है, वह बेचारे मारे जायँगे। अदालतों में सब कारवाई कानून पर होती है, वहाँ छोटे-बड़े सब बराबर हैं, शेर-बकरी एक घाट पर पानी पीते हैं।

दूसरी शंका–अदालतों का न्याय कहने ही को है, जिसके पास बने हुए गवाह और दाँव-पेंच खेले हुए वकील होते हैं, उसी की जीत होती है, झूठे-सच्चे की परख कौन करता है ? हाँ, हैरानी अलबत्ता होती है।

भगत–कहा जाता है कि विदेशी चीजों का व्यवहार मत करो। यह गरीबों के साथ घोर अन्याय है। हमको बाजार में जो चीज सस्ती और अच्छी मिले, वह लेनी चाहिए। चाहे स्वेदशी हो या विदेशी। हमारा पैसा सेंत में नहीं आता है कि उसे रद्दी-भद्दी स्वदेशी चीजों पर फेंकें।

एक शंका–अपने देश में तो रहता है, दूसरों के हाथ में तो नहीं जाता।

दूसरी शंका–अपने घर में अच्छा खाना न मिले तो क्या विजातियों के घर का अच्छा भोजन खाने लगेंगे ?

भगत–लोग कहते हैं, लड़कों को सरकारी मदरसों में मत भेजो। सरकारी मदरसे में न पढ़ते तो आज हमारे भाई बड़ी-बड़ी नौकरियाँ कैसे पाते, बड़े-बड़े कारखाने कैसे बना लेते ? बिना नयी विद्या पढ़े अब संसार में निबाह नहीं हो सकता, पुरानी विद्या पढ़ कर पत्रा देखने और कथा बाँचने के सिवाय और क्या आता है ? राज-काज क्या पट्टी-पोथी बाँचने वाले लोग करेंगे ?

एक शंका–हमें राज-काज न चाहिए। हम अपनी खेती-बारी ही में मगन हैं, किसी के गुलाम तो नहीं।

दूसरी शंका–जो विद्या घमंडी बना दे, उससे मूरख ही अच्छा, यही नयी विद्या पढ़कर तो लोग सूट-बूट, घड़ी-छड़ी, हैट-कैट लगाने लगते हैं और अपने शौक के पीछे देश का धन विदेशियों के जेब में भरते हैं। ये देश के द्रोही हैं।

भगत–गाँजा-शराब की ओर आजकल लोगों की कड़ी निगाह है। नशा बुरी लत है, इसे सब जानते हैं। सरकार को नशे की दूकानों से करोड़ों रुपये साल की आमदनी होती है। अगर दूकानों में न जाने से लोगों की नशे की लत छूट जाय तो बड़ी अच्छी बात है। वह दूकान पर न जायगा तो चोरी-छिपे किसी न किसी तरह दूने-चौगुने दाम दे कर, सजा काटने पर तैयार हो कर, अपनी लत पूरी करेगा। तो ऐसा काम क्यों करो कि सरकार का नुकसान अलग हो, और गरीब रैयत का नुकसान अलग हो। और फिर किसी-किसी को नशा खाने से फायदा होता है। मैं ही एक दिन अफीम न खाऊँ तो गाँठों में दर्द होने लगे, दम उखड़ जाय और सरदी पकड़ ले।

एक आवाज–शराब पीने से बदन में फुर्ती आ जाती है।

एक शंका—सरकार अधर्म से रुपया कमाती है। उसे यह उचित नहीं। अधर्मी के राज में रह कर प्रजा का कल्याण कैसे हो सकता है ?

दूसरी शंका—पहले दारू पिला कर पागल बना दिया। लत पड़ी तो पैसे की चाट हुई। इतनी मजूरी किसको मिलती है कि रोटी-कपड़ा भी चले और दारू-शराब भी उड़े ? या तो बाल-बच्चों को भूखों मारो या चोरी करो, जुआ खेलो और बेईमानी करो। शराब की दूकान क्या है ? हमारी गुलामी का अड्डा है।

4

चौधरी के उपदेश सुनने के लिए जनता टूटती थी। लोगों को खड़े होने को जगह न मिलती। दिनोंदिन चौधरी का मान बढ़ने लगा। उनके यहाँ नित्य पंचायतों की राष्ट्रोन्नति की चर्चा रहती, जनता को इन बातों में बड़ा आनंद और उत्साह होता। उनके राजनैतिक ज्ञान की वृद्धि होती। वह अपना गौरव और महत्त्व समझने लगे, उन्हें अपनी सत्ता का अनुभव होने लगा। निरंकुशता और अन्याय पर जब उनकी तिउरियाँ चढ़ने लगीं। उन्हें स्वतंत्रता का स्वाद मिला। घर की रुई, घर का सूत, घर का कपड़ा, घर का भोजन, घर की अदालत, न पुलिस का भय, न अमला की खुशामद, सुख और शांति से जीवन व्यतीत करने लगे। कितनों ही ने नशेबाजी छोड़ दी और सद्भावों की एक लहर-सी दौड़ने लगी।

लेकिन भगत जी इतने भाग्यशाली न थे। जनता को दिनोंदिन उनके उपदेशों से अरुचि होती जाती थी। यहाँ तक कि बहुधा उनके श्रोताओं में पटवारी, चौकीदार, मुदर्रिस और इन्हीं कर्मचारियों के मित्रों के अतिरिक्त और कोई न होता था। कभी-कभी बड़े हाकिम भी आ निकलते और भगत जी का बड़ा आदर-सत्कार करते। जरा देर के लिए भगत जी के आँसू पुँछ जाते, लेकिन क्षण-भर का सम्मान आठों पहर के अपमान की बराबरी कैसे करता ! जिधर निकल जाते उधर ही उँगलियाँ उठने लगतीं। कोई कहता, खुशामदी टट्टू है, कोई कहता, खुफिया पुलिस का भेदी है। भगत जी अपने प्रतिद्वंद्वी की बड़ाई और अपनी लोकनिंदा पर दाँत पीस-पीस कर रह जाते थे। जीवन में यह पहला ही अवसर था कि उन्हें सबके सामने नीचा देखना पड़ा। चिरकाल से जिस कुल-मर्यादा की रक्षा करते आये थे और जिस पर अपना सर्वस्व अर्पण कर चुके थे, वह धूल में मिल गयी। यह दाहमय चिंता उन्हें एक क्षण के लिए चैन न लेने देती। नित्य समस्या सामने रहती कि अपना खोया हुआ सम्मान क्योंकर पाऊँ, अपने प्रतिपक्षी को क्योंकर पददलित करूँ, कैसे उसका गरूर तोड़ूँ ?

अंत में उन्होंने सिंह को उसी की माँद में पछाड़ने का निश्चय किया।

5

संध्या का समय था। चौधरी के द्वार पर एक बड़ी सभा हो रही थी। आस-पास के गाँवों के किसान भी आ गये, हजारों आदमियों की भीड़ थी। चौधरी उन्हें स्वराज्य-विषयक

उपदेश दे रहे थे। बार-बार भारतमाता की जय-जयकर की ध्वनि उठती थी। एक ओर स्त्रियों का जमाव था। चौधरी ने अपना उपदेश समाप्त किया और अपनी जगह पर बैठे। स्वयं सेवकों ने स्वराज्य फंड के लिए चंदा जमा करना शुरू किया कि इतने में भगत जी न जाने किधर से लपके हुए आये और श्रोताओं के सामने खड़े हो कर उच्च स्वर से बोले :

'भाइयो, मुझे यहाँ देखकर अचरज मत करो, मैं स्वराज्य का विरोधी नहीं हूँ। ऐसा पतित कौन प्राणी होगा जो स्वराज्य का निंदक हो; लेकिन इसके प्राप्त करने का वह उपाय नहीं है जो चौधरी ने बताया है और जिस पर तुम लोग लट्टू हो रहे हो। जब आपस में फूट और रार है, पंचायतों से क्या होगा ? जब विलासिता का भूत सिर पर सवार है तो नशा कैसे छूटेगा, मदिरा की दूकानों का बहिष्कार कैसे होगा ? सिगरेट, साबुन, मोजे, बनियान, अद्धी, तंजेब से कैसे पिंड छूटेगा ? जब रोब और हुकूमत की लालसा बनी हुई है तो सरकारी मदरसे कैसे छोड़ोगे, विधर्मी शिक्षा की बेड़ी से कैसे मुक्त हो सकोगे ? स्वराज्य लेने का केवल एक ही उपाय है और वह आत्म-संयम है। यही महौषधि तुम्हारे समस्त रोगों को समूल नष्ट करेगी। आत्मा को बलवान् बनाओ, इंद्रियों को साधो, मन को वश में करो, तुममें भ्रातृभाव पैदा होगा, तभी वैमनस्य मिटेगा, तभी ईर्ष्या और द्वेष का नाश होगा, तभी भोग-विलास से मन हटेगा, तभी नशेबाजी का दमन होगा। आत्मबल के बिना स्वराज्य कभी उपलब्ध न होगा। स्वयंसेवा सब पापों का मूल है, यही तुम्हें अदालतों में ले जाता है, यह तुम्हें विधर्मी शिक्षा का दास बनाये हुए है। इस पिशाच को आत्मबल से मारो और तुम्हारी कामना पूरी हो जायगी। सब जानते हैं, मैं 40 साल से अफीम का सेवन करता हूँ। आज से मैं अफीम को गऊ का रक्त समझता हूँ। चौधरी से मेरी तीन पीढ़ियों की अदावत है। आज से चौधरी मेरे भाई हैं। आज से मुझे या मेरे घर के किसी प्राणी को घर के कते सूत से बुने हुए कपड़े के सिवाय कुछ और पहनते देखो तो मुझे जो दंड चाहो, दो। बस मुझे यही कहना है, परमात्मा हम सब की इच्छा पूरी करे।

यह कह कर भगत जी घर की ओर चले कि चौधरी दौड़कर उनके गले से लिपट गये। तीन पुश्तों की अदावत एक क्षण में शांत हो गयी।

उस दिन से चौधरी और भगत साथ-साथ स्वराज्य का उपदेश करने लगे। उनमें गाढ़ी मित्रता हो गयी और यह निश्चय करना कठिन था कि दोनों में जनता किसका अधिक सम्मान करती है।

प्रतिद्वंद्विता वह चिनगारी थी जिसने दोनों पुरुषों के हृदय-दीपक को प्रकाशित कर दिया था।

अमावस्या की रात्रि

दीवाली की संध्या थी। श्रीनगर के घूरों और खंडहरों के भी भाग्य चमक उठे थे। कस्बे

के लड़के और लड़कियाँ श्वेत थालियों में दीपक लिये मंदिर की ओर जा रही थीं। दीपों से उनके मुखारविंद प्रकाशमान थे। प्रत्येक गृह रोशनी से जगमगा रहा था। केवल पंडित देवदत्त का सतधारा भवन काली घटा के अंधकार में गंभीर और भयंकर रूप में खड़ा था। गंभीर इसलिए कि उसे अपनी उन्नति के दिन भूले न थे, भयंकर इसलिए कि यह जगमगाहट मानों उसे चिढ़ा रही थी। एक समय वह था जब कि ईर्ष्या भी उसे देख-देखकर हाथ मलती थी और एक समय यह है जब कि घृणा भी उस पर कटाक्ष करती है। द्वार पर द्वारपाल की जगह अब मदार और एरंड के वृक्ष खड़े थे। दीवानखाने में एक मतंग साँड अकड़ता था। ऊपर के घरों में जहाँ सुन्दर रमणियाँ मनोहर संगीत गाती थीं, वहाँ आज जंगली कबूतरों के मधुर स्वर सुनायी देते थे। किसी अँग्रेजी मदरसे के विद्यार्थी के आचरण की भाँति उसकी जड़ें हिल गयी थीं और उसकी दीवारें किसी विधवा स्त्री के हृदय की भाँति विदीर्ण हो रही थीं, पर समय को हम कुछ नहीं कह सकते। समय की निंदा व्यर्थ और भूल है, यह मूर्खता और अदूरदर्शिता का फल था।

अमावस्या की रात्रि थी। प्रकाश से पराजित हो कर मानों अंधकार ने उसी विशाल भवन में शरण ली थी। पंडित देवदत्त अपने अर्द्ध अंधकारवाले कमरे में मौन, परंतु चिंता से निमग्न थे। आज एक महीने से उनकी पत्नी गिरिजा की जिंदगी को निर्दय काल ने खिलवाड़ बना लिया है। पंडित जी दरिद्रता और दुःख को भुगतने के लिए तैयार थे। भाग्य का भरोसा उन्हें धैर्य बँधाता था; किंतु यह नयी विपत्ति सहन-शक्ति से बाहर थी। बेचारे दिन के दिन गिरिजा के सिरहाने बैठे हुए उसके मुरझाये हुए मुख को देख कर कुढ़ते और रोते थे। गिरिजा जब अपने जीवन से निराश हो कर रोती तो वह उसे समझाते–गिरिजा, रोओ मत, शीघ्र ही अच्छी हो जाओगी।

पंडित देवदत्त के पूर्वजों का कारोबार बहुत विस्तृत था। वे लेन-देन किया करते थे। अधिकतर उनके व्यवहार बड़े-बड़े चकलेदारों और रजवाड़ों के साथ थे। उस समय ईमान इतना सस्ता नहीं बिकता था। सादे पत्रों पर लाखों की बातें हो जाती थीं। मगर सन् 57 ईस्वी के बलवे ने कितनी ही रियासतों और राज्यों को मिटा दिया और उनके साथ तिवारियों का यह अन्न-धन-पूर्ण परिवार भी मिट्टी में मिल गया। खजाना लुट गया, बही-खाते पंसारियों के काम आये। जब कुछ शांति हुई, रियासतें फिर सँभलीं तो समय पलट चुका था। वचन लेख के अधीन हो रहा था, तथा लेख में भी सादे और रंगीन का भेद होने लगा था।

जब देवदत्त ने होश सँभाला तब उनके पास इस खंडहर के अतिरिक्त और कोई सम्पत्ति न थी। अब निर्वाह के लिए कोई उपाय न था। कृषि में परिश्रम और कष्ट था। वाणिज्य के लिए धन और बुद्धि की आवश्यकता थी। विद्या भी ऐसी नहीं थी कि कहीं नौकरी करते, परिवार की प्रतिष्ठा दान लेने में बाधक थी। अस्तु, साल में दो-तीन बार अपने पुराने व्यवहारियों के घर बिना बुलाये पाहुनों की भाँति जाते और कुछ विदाई तथा मार्ग-व्यय पाते उसी पर गुजारा करते। पैतृक प्रतिष्ठा का चिह्न यदि कुछ शेष था, तो वह पुरानी चिट्ठी-पत्रियों का ढेर तथा हुँडियों का पुलिंदा, जिनकी स्याही भी उनके मंद

भाग्य की भाँति फीकी पड़ गयी थी। पंडित देवदत्त उन्हें प्राणों से भी अधिक प्रिय समझते। द्वितीया के दिन जब घर-घर लक्ष्मी की पूजा होती है, पंडित जी ठाट-बाट से इन पुलिंदों की पूजा करते। लक्ष्मी न सही, लक्ष्मी का स्मारक-चिह्न ही सही। दूज का दिन पंडित जी के प्रतिष्ठा के श्रद्धा का दिन था। इसे चाहे विडंबना कहो, चाहे मूर्खता, परंतु श्रीमान् पंडित महाशय को उन पत्रों पर बड़ा अभिमान था। जब गाँव में कोई विवाद छिड़ जाता तो यह सड़े-गले कागजों की सेना ही बहुत काम कर जाती और प्रतिवादी शत्रु को हार माननी पड़ती। यदि सत्तर पीढ़ियों से शस्त्र की सूरत न देखने पर भी लोग क्षत्रिय होने का अभिमान करते हैं, तो पंडित देवदत्त का उन लेखों पर अभिमान करना अनुचित नहीं कहा जा सकता, जिसमें सत्तर लाख रुपयों की रकम छिपी हुई थी।

2

वही अमावस्या की रात्रि थी। किंतु दीपमालिका अपनी अल्प जीवनी समाप्त कर चुकी थी। चारों ओर जुआरियों के लिए यह शकुन की रात्रि थी ? क्योंकि आज की हार साल भर की हार होती है। लक्ष्मी के आगमन की धूम थी। कौड़ियों पर अशर्फियाँ लुट रही थीं। भट्ठियों में शराब के बदले पानी बिक रहा था। पंडित देवदत्त के अतिरिक्त कस्बे में कोई ऐसा मनुष्य नहीं था, जो कि दूसरों की कमाई समेटने की धुन में न हो। आज भोर से ही गिरिजा की अवस्था शोचनीय थी। विषम ज्वर उसे एक-एक क्षण में मूर्च्छित कर रहा था। एकाएक उसने चौंक कर आँखें खोलीं और अत्यंत क्षीण स्वर में कहा—आज तो दीवाली है।

देवदत्त ऐसा निराश हो रहा था कि गिरिजा को चैतन्य देख कर भी उसे आनंद नहीं हुआ। बोला—हाँ, आज दीवाली है।

गिरिजा ने आँसू-भरी दृष्टि से इधर-उधर देख कर कहा—हमारे घर में क्या दीपक न जलेंगे ?

देवदत्त फूट-फूट कर रोने लगा। गिरिजा ने फिर उसी स्वर में कहा—देखो, आज बरस-भर के दिन भी घर अँधेरा रह गया। मुझे उठा दो, मैं भी अपने घर दिये जलाऊँगी।

ये बातें देवदत्त के हृदय में चुभी जाती थीं। मनुष्य की अंतिम घड़ी लालसाओं और भावनाओं में व्यतीत होती है।

इस नगर में लाला शंकरदास अच्छे प्रसिद्ध वैद्य थे। अपने प्राणसंजीवन औषधालय में दवाओं के स्थान पर छापने का प्रेस रखे हुए थे। दवाइयाँ कम बनती थीं, इश्तहार अधिक प्रकाशित होते थे।

वे कहा करते थे कि बीमारी केवल रईसों का ढकोसला है और पोलिटिकल एकानोमी के (राजनीतिक अर्थशास्त्र के) अनुसार इस विलास-पदार्थ से जितना अधिक सम्भव हो, टैक्स लेना चाहिए। यदि कोई निर्धन है तो हो। यदि कोई मरता है तो मरे। उसे क्या अधिकार है कि बीमार पड़े और मुफ्त में दवा कराये ? भारतवर्ष की यह दशा अधिकतर मुफ्त दवा कराने से हुई है। इसने मनुष्यों को असावधान और बलहीन बना

दिया है। देवदत्त महीने भर नित्य उनके निकट दवा लेने आता था; परंतु वैद्यजी कभी उसकी ओर इतना ध्यान नहीं देते थे कि वह अपनी शोचनीय दशा प्रकट कर सके। वैद्यजी के हृदय के कोमल भाग तक पहुँचने के लिए देवदत्त ने बहुत कुछ हाथ-पैर चलाये। वह आँखों में आँसू भरे आता, किन्तु वैद्य जी का हृदय ठोस था, उसमें कोमल भाव था ही नहीं।

वही अमावस्या की डरावनी रात थी। गगन-मंडल में तारे आधी रात के बीतने पर और भी अधिक प्रकाशित हो रहे थे मानो श्रीनगर की बुझी हुई दीवाली पर कटाक्षयुक्त आनंद के साथ मुस्करा रहे थे। देवदत्त बेचैनी की दशा में गिरिजा के सिरहाने से उठे और वैद्य जी के मकान की ओर चले। वे जानते थे कि लाला जी बिना फीस लिये कदापि नहीं आयेंगे, किंतु हताश होने पर भी आशा पीछा नहीं छोड़ती। देवदत्त कदम आगे बढ़ाते चले जाते थे।

3

हकीम जी उस समय अपने 'रामबाण बिदु' का विज्ञापन लिखने में व्यस्त थे। उस विज्ञापन की भावप्रद भाषा तथा आकर्षण-शक्ति देख कर कह नहीं सकते कि वे वैद्य-शिरोमणि थे या सुलेखक विद्यावारिधि।

पाठक, आप उनके उर्दू विज्ञापन का साक्षात् दर्शन कर लें–

'नाजरीन, आप जानते हैं कि मैं कौन हूँ ? आपका जर्द चेहरा, आपका तने लागिर, आपका जरा-सी मेहनत में बेदम हो जाना, आपका लज्जात दुनिया में महरूम रहना, आपका खाना तरीकी, यह सब इस सवाल का नफी में जवाब देते हैं। सुनिए, मैं कौन हूँ ? मैं वह शख्स हूँ, जिसने इमराज इन्सानी को पर्दे दुनिया से गायब कर देने का बीड़ा उठाया है, जिसने इश्तिहारबाज, जा फरोश, गंदुमनुमा बने हुए हकीमों को बेखबर व बुन से खोद कर दुनिया को पाक कर देने का अज्म विल् जज्म कर लिया है। मैं वह हैरतअंगेज इन्सान जईफ-उल-बयान हूँ जो नाशाद को दिलशाद, नामुराद को बामुराद, भगोड़े को दिलेर, गीदड़ को शेर बनाता है। और यह किसी जादू से नहीं, मंत्र से नहीं, वह मेरी ईजाद करदा 'अमृतबिंदु' के अदना करिश्मे हैं। अमृतबिंदु क्या है, इसे कुछ मैं ही जानता हूँ। महर्षि अगस्त ने धन्वनतरि के कानों में इसका नुस्खा बतलाया था। जिस वक्त आप वी. पी. पार्सल खोलेंगे, आप पर उसकी हकीकत रौशन हो जायगी। यह आबेहयात है। यह मर्दानगी का जौहर, फरजानगी का अक्सीर, अक्ल का मुरब्बा और जेहन का सफील है। अगर वर्षों की मुशायराबाजी ने भी आपको शायर नहीं बनाया, अगर शबे रोज के रटंत पर भी आप इम्तहान में कामयाब नहीं हो सके, अगर दल्लालों की खुशामद और मुवक्किलों की नाजबर्दारी के बावजूद भी आप अहाते अदालत में भूखे कुत्ते की तरह चक्कर लगाते फिरते हैं, अगर आप गला फाड़-फाड़ चीखने, मेज पर हाथ-पैर पटकने पर भी अपनी तकरीर से कोई असर पैदा नहीं कर सकते तो आप 'अमृतबिंदु' का इस्तेमाल कीजिए। इसका सबसे बड़ा फायदा जो पहले ही दिन मालूम

हो जायगा, यह है कि आपकी आँखें खुल जायँगी और आप फिर कभी इश्तहारबाज हकीमों के दाम फरेब में न फँसेंगे।'

वैद्य जी इस विज्ञापन को समाप्त कर उच्च स्वर से पढ़ रहे थे; उनके नेत्रों में उचित अभिमान और आशा झलक रही थी कि इतने में देवदत्त ने बाहर से आवाज दी। वैद्य जी बहुत खुश हुए। रात के समय उनकी फीस दुगुनी थी। लालटेन लिये बाहर निकले तो देवदत्त रोता हुआ उनके पैरों से लिपट गया और बोला–वैद्य जी, इस समय मुझ पर दया कीजिए। गिरिजा अब कोई सायत की पाहुनी है। अब आप ही उसे बचा सकते हैं। यों तो मेरे भाग्य में जो लिखा है, वही होगा; किंतु इस समय तनिक चल कर आप देख लें तो मेरे दिल का दाह मिट जायगा। मुझे धैर्य हो जायगा कि उसके लिए मुझसे जो कुछ हो सकता था, मैंने किया। परमात्मा जानता है कि मैं इस योग्य नहीं हूँ कि आपकी कुछ सेवा कर सकूँ; किंतु जब तक जीऊँगा, आपका यश गाऊँगा और आपके इशारों का गुलाम बना रहूँगा !

हकीम जी को पहले कुछ तरस आया, किंतु वह जुगुनू की चमक थी जो शीघ्र स्वार्थ के विशाल अंधकार में विलीन हो गयी।

4

वही अमावस्या की रात्रि थी। वृक्षों पर सन्नाटा छा गया था। जीतनेवाले अपने बच्चों को नींद से जगा कर इनाम देते थे। हारनेवाले अपनी रुष्ट और क्रोधित स्त्रियों से क्षमा के लिए प्रार्थना कर रहे थे। इतने में घंटी के लगातार शब्द वायु और अंधकार को चीरते हुए कान में आने लगे। उनकी सुहावनी ध्वनि इस निस्तब्ध अवस्था में अत्यंत भली प्रतीत होती थी। यह शब्द समीप हो गये और अंत में पंडित देवदत्त के समीप आ कर उस खँडहर में डूब गये। पंडित जी उस समय निराशा के अथाह समुद्र में गोते खा रहे थे। शोक में इस योग्य भी नहीं थे कि प्राणों से भी अधिक प्यारी गिरिजा की दवा दरपन कर सकें। क्या करें ? इस निष्ठुर वैद्य को यहाँ कैसे लायें ? जालिम, मैं सारी उमर तेरी गुलामी करता। तेरे इश्तिहार छापता। तेरी दवाइयाँ कूटता। आज पंडित जी को यह ज्ञात हुआ है कि सत्तर लाख की चिट्ठी-पत्रियाँ इतनी कौड़ियों के मोल भी नहीं। पैतृक प्रतिष्ठा का अहंकार अब आँखों से दूर हो गया। उन्होंने उस मखमली थैले को संदूक से बाहर निकाला और उन चिट्ठी-पत्रियों को, जो बाप-दादों की कमाई का शेषांश थीं और प्रतिष्ठा की भाँति जिनकी रक्षा की जाती थी, एक-एक करके दीया को अर्पण करने लगे। जिस तरह सुख और आनंद से पालित शरीर चिता की भेंट हो जाती है, उसी प्रकार वह कागजी पुतलियाँ भी उस प्रज्वलित दीया के धधकते हुए मुँह का ग्रास बनती थीं। इतने में किसी ने बाहर से पंडित जी को पुकारा। उन्होंने चौंक कर सिर उठाया। वे नींद से, अँधेरे में टटोलते हुए दरवाजे तक आये। देखा कि कई आदमी हाथ में मशाल लिये हुए खड़े हैं और एक हाथी अपने सूँड से उन एरंड के वृक्षों को उखाड़ रहा है, जो द्वार पर द्वारपालों की भाँति खड़े थे। हाथी पर एक सुंदर युवक बैठा है। जिसके

सिर पर केसरिया रंग की रेशमी पाग है। माथे पर अर्धचंद्राकार चंदन, भाले की तरह तनी हुई नोकदार मूँछें, मुखारविंद से प्रभाव और प्रकाश टपकता हुआ, कोई सरदार मालूम पड़ता था। उसका कलीदार अँगरखा और चुनावदार पैजामा, कमर में लटकती हुई तलवार और गर्दन में सुनहरे कंठे और जंजीर उसके सजीले शरीर पर अत्यंत शोभा पा रहे थे। पंडित जी को देखते ही उसने रकाब पर पैर रखा और नीचे उतर कर उनकी वंदना की। उसके इस विनीत भाव से कुछ लज्जित हो कर पंडित जी बोले–आपका आगमन कहाँ से हुआ ?

नवयुवक ने बड़े नम्र शब्दों में जवाब दिया। उसके चेहरे से भलमनसाहत बरसती थी–मैं आपका पुराना सेवक हूँ। दास का घर राजनगर है। मैं वहाँ का जागीरदार हूँ। मेरे पूर्वजों पर आपके पूर्वजों ने बड़े अनुग्रह किये हैं। मेरी इस समय जो कुछ प्रतिष्ठा तथा सम्पदा है, सब आपके पूर्वजों की कृपा और दया का परिणाम है। मैंने अपने अनेक स्वजनों से आपका नाम सुना था और मुझे बहुत दिनों से आपके दर्शनों की आकांक्षा थी। आज वह सुअवसर भी मिल गया। अब मेरा जन्म सफल हुआ।

पंडित देवदत्त की आँखों में आँसू भर आये। पैतृक प्रतिष्ठा का अभिमान उनके हृदय का कोमल भाग था।

वह दीनता जो उनके मुख पर छायी हुई थी, थोड़ी देर के लिए विदा हो गयी। वे गम्भीर भाव धारण करके बोले–यह आपका अनुग्रह है जो ऐसा कहते हैं। नहीं तो मुझ जैसे कपूत में तो इतनी भी योग्यता नहीं है जो अपने को उन लोगों की संतति कह सकूँ। इतने में नौकरों ने आँगन में फर्श बिछा दिया। दोनों आदमी उस पर बैठे और बातें होने लगीं, वे बातें जिनका प्रत्येक शब्द पंडित जी के मुख को इस तरह प्रफुल्लित कर रहा था जिस तरह प्रातःकाल की वायु फूलों को खिला देती है। पंडित जी के पितामह ने नवयुवक ठाकुर के पितामह को पच्चीस सहस्र रुपये कर्ज दिये थे। ठाकुर अब गया में जा कर अपने पूर्वजों का श्राद्ध करना चाहता था, इसलिए जरूरी था कि उसके जिम्मे जो कुछ ऋण हो उसकी एक-एक कौड़ी चुका दी जाय। ठाकुर को पुराने बहीखाते में यह ऋण दिखायी दिया। पच्चीस के अब पचहत्तर हजार हो चुके। वही ऋण चुका देने के लिए ठाकुर आया था। धर्म ही वह शक्ति है जो अंतःकरण में ओजस्वी विचारों को पैदा करती है। हाँ, इस विचार को कार्य में लाने के लिए पवित्र और बलवान् आत्मा की आवश्यकता है। नहीं तो वे ही विचार क्रूर और पापमय हो जाते हैं। अंत में ठाकुर ने कहा–आपके पास तो वे चिट्ठियाँ होंगी ?

देवदत्त का दिल बैठ गया। वे सँभल कर बोले–सम्भवतः हों। कुछ कह नहीं सकते।

ठाकुर ने लापरवाही से कहा–ढूँढिए, यदि मिल जायँ तो हम लेते जायँगे।

पंडित देवदत्त उठे, लेकिन हृदय ठंडा हो रहा था। शंका होने लगी कि कहीं भाग्य हरे बाग न दिखा रहा हो। कौन जाने वह पुर्जा जल कर राख हो गया या नहीं। यदि न मिला तो रुपये कौन देता है। शोक कि दूध का प्याला सामने आ कर हाथ से छूट जाता

है ! –हे भगवान् ! वह पत्री मिल जाय। हमने अनेक कष्ट पाये हैं, अब हम पर दया करो। इस प्रकार आशा और निराशा की दशा में देवदत्त भीतर गये और दीया के टिमटिमाते हुए प्रकाश में बचे हुए पत्रों को उलट-पुलट कर देखने लगे। वे उछल पड़े और उमंग में भरे हुए पागलों की भाँति आनंद की अवस्था में दो-तीन बार कूदे। तब दौड़ कर गिरिजा को गले से लगा लिया और बोले–प्यारी, यदि ईश्वर ने चाहा तो तू अब बच जायगी। उन्मत्तता में उन्हें एकदम यह नहीं जान पड़ा कि 'गिरिजा' अब नहीं है, केवल उसकी लोथ है।

देवदत्त ने पत्री को उठा लिया और द्वार तक वे इसी तेजी से आये मानों पाँवों में पर लग गये। परंतु यहाँ उन्होंने अपने को रोका और हृदय में आनंद की उमड़ती हुई तरंग को रोक कर कहा–यह लीजिए, वह पत्री मिल गयी। संयोग की बात है, नहीं तो सत्तर लाख के कागज दीमकों के आहार बन गये ?

आकस्मिक सफलता में कभी-कभी संदेह बाधा डालता है। जब ठाकुर ने उस पत्री के लेने को हाथ बढ़ाया तो देवदत्त को संदेह हुआ कि कहीं वह उसे फाड़ कर फेंक न दे। यद्यपि यह संदेह निरर्थक था, किंतु मनुष्य कमजोरियों का पुतला है। ठाकुर ने उनके मन के भाव को ताड़ लिया। उसने बेपरवाही से पत्री को लिया और मशाल के प्रकाश में देख कर कहा–अब मुझे विश्वास हुआ। यह लीजिए, आपका रुपया आपके समक्ष है, आशीर्वाद दीजिए कि मेरे पूर्वजों की मुक्ति हो जाय।

यह कह कर उसने अपनी कमर से एक थैला निकाला और उसमें से एक-एक हजार के पचहत्तर नोट निकाल कर देवदत्त को दे दिये। पंडित जी का हृदय बड़े वेग से धड़क रहा था। नाड़ी तीव्र-गति से कूद रही थी। उन्होंने चारों ओर चौकन्नी दृष्टि से देखा कि कहीं कोई दूसरा तो नहीं खड़ा है और तब काँपते हुए हाथों से नोटों को ले लिया। अपनी उच्चता प्रकट करने की व्यर्थ चेष्टा में उन्होंने नोटों की गणना भी नहीं की। केवल उड़ती हुई दृष्टि से देख कर उन्हें समेटा और जेब में डाल लिया।

5

वही अमावस्या की रात्रि थी। स्वर्गीय दीपक भी धुँधले हो चुके थे। उनकी यात्रा सूर्यनारायण के आने की सूचना दे रही थी। उदयाचल फ़िरोजी बाना पहन चुका था। अस्ताचल में भी हलके श्वेत रंग की आभा दिखायी दे रही थी। पंडित देवदत्त ठाकुर को विदा करके घर चले। उस समय उनका हृदय उदारता के निर्मल प्रकाश से प्रकाशित हो रहा था। कोई प्रार्थी उस समय उनके घर से निराश नहीं जा सकता था। सत्यनारायण की कथा धूमधाम से सुनने का निश्चय हो चुका था। गिरिजा के लिए कपड़े और गहने के विचार ठीक हो गये। अंतःपुर में ही उन्होंने शालिग्राम के सम्मुख मनसा-वाचा-कर्मणा सिर झुकाया और तब शेष चिट्ठी-पत्रियों को समेट कर उसी मखमली थैले में रख दिया। किंतु अब उनका यह विचार नहीं था कि संभवतः उन मुर्दों में भी कोई जीवित हो उठे। वरन् जीविका से निश्चिंत हो अब वे पैतृक प्रतिष्ठा पर अभिमान कर सकते थे। उस

समय वे धैर्य और उत्साह के नशे में मस्त थे। बस, अब मुझे जिंदगी में अधिक सम्पदा की जरूरत नहीं। ईश्वर ने मुझे इतना दे दिया है। इसमें मेरी और गिरिजा की जिंदगी आनंद से कट जायगी। उन्हें क्या खबर थी कि गिरिजा की जिंदगी पहले कट चुकी है। उनके दिल में यह विचार गुदगुदा रहा था कि जिस समय गिरिजा इस आनंद-समाचार को सुनेगी उस समय अवश्य उठ बैठेगी। चिंता और कष्ट ने ही उसकी ऐसी दुर्गति बना दी है। जिसे भरपेट कभी रोटी नसीब न हुई, जो कभी नैराश्यमय धैर्य और निर्धनता के हृदय-विदारक बंधन से मुक्त न हुई, उसकी दशा इसके सिवा और हो ही क्या सकती है ? यह सोचते हुए वे गिरिजा के पास गये और आहिस्ता से हिला कर बोले–गिरिजा, आँखें खोलो। देखो ईश्वर ने तुम्हारी विनती सुन ली और हमारे ऊपर दया की। कैसी तबीयत है ?

किंतु जब गिरिजा तनिक भी न मिनकी तब उन्होंने चादर उठा दी और उसके मुँह की ओर देखा। हृदय से एक करुणात्मक ठंडी आह निकली। वे वहीं सिर थाम कर बैठ गये। आँखों से शोणित की बूँदें-सी टपक पड़ीं। आह क्या यह सम्पदा इतने महँगे मूल्य पर मिली है ? क्या परमात्मा के दरबार से मुझे इस प्यारी जान का मूल्य दिया गया है ? ईश्वर, तुम खूब न्याय करते हो। मुझे गिरिजा की आवश्यकता है, रुपयों की आवश्यकता नहीं। यह सौदा बड़ा महँगा है।

6

अमावस्या की अँधेरी रात गिरिजा के अंधकारमय जीवन की भाँति समाप्त हो चुकी थी। खेतों में हल चलाने वाले किसान ऊँचे और सुहावने स्वर से गा रहे थे। सर्दी से काँपते हुए बच्चे सूर्य देवता से बाहर निकलने की प्रार्थना कर रहे थे। पनघट पर गाँव की अलबेली स्त्रियाँ जमा हो गयी थीं। पानी भरने के लिए नहीं; हँसने के लिए। कोई घड़े को कुएँ में डाले हुए अपनी पोपली सास की नकल कर रही थी, कोई खम्भों से चिपटी हुई अपनी सहेली से मुस्करा कर प्रेमरहस्य की बातें करती थी। बूढ़ी स्त्रियाँ पोतों को गोद में लिये अपनी बहुओं को कोस रही थीं कि घंटे भर हुए अब तक कुएँ से नहीं लौटीं। किंतु राजवैद्य लाला शंकरदास अभी तक मीठी नींद ले रहे थे। खाँसते हुए बच्चे और कराहते हुए बूढ़े उनके औषधालय के द्वार पर जमा हो चले थे। इस भीड़-भभ्भड़ से कुछ दूर पर दो-तीन सुंदर किंतु मुर्झाए हुए नवयुवक टहल रहे थे और वैद्य जी से एकांत में कुछ बातें किया चाहते थे। इतने में पंडित देवदत्त नंगे सिर, नंगे बदन, लाल आँखें, डरावनी सूरत, कागज का एक पुलिंदा लिये दौड़ते हुए आये और औषधालय के द्वार पर इतने जोर से हाँक लगाने लगे कि वैद्य जी चौंक पड़े और कहार को पुकार कर बोले कि दरवाजा खोल दे। कहार महात्मा बड़ी रात गये किसी बिरादरी की पंचायत से लौटे थे। उन्हें दीर्घ-निद्रा का रोग था जो वैद्य जी के लगातार भाषण और फटकार की औषधियों से भी कम न होता था। आप ऐंठते हुए उठे और किवाड़ खोल कर हुक्का-चिलम की चिंता में आग ढूँढ़ने चले गये। हकीम जी उठने की चेष्टा कर रहे थे

कि सहसा देवदत्त उनके सम्मुख जा कर खड़े हो गये और नोटों का पुलिंदा उनके आगे पटक कर बोले—वैद्य जी, ये पचहत्तर हजार के नोट हैं। यह आपका पुरस्कार और आपकी फीस है। आप चल कर गिरिजा को देख लीजिए और ऐसा कुछ कीजिए कि वह केवल एक बार आँखें खोल दे। यह उसकी एक दृष्टि पर न्योछावर है—केवल एक दृष्टि पर। आपको रुपये मनुष्य की जान से प्यारे हैं। वे आपके समक्ष हैं। मुझे गिरिजा की एक चितवन इन रुपयों से कई गुनी प्यारी है।

वैद्य जी ने लज्जामय सहानुभूति से देवदत्त की ओर देखा और केवल इतना कहा—मुझे अत्यंत शोक है, सदैव के लिए तुम्हारा अपराधी हूँ। किंतु तुमने मुझे शिक्षा दे दी। ईश्वर ने चाहा तो ऐसी भूल कदापि न होगी। मुझे शोक है। सचमुच है !

ये बातें वैद्य जी के अंतःकरण से निकली थीं।

चकमा

सेठ चंदूमल जब अपनी दूकान और गोदाम में भरे हुए माल को देखते तो मुँह से ठंडी साँस निकल जाती। यह माल कैसे बिकेगा ? बैंक का सूद बढ़ रहा है, दूकान का किराया चढ़ रहा है, कर्मचारियों का वेतन बाकी पड़ता जाता है। ये सभी रकमें गाँठ से देनी पड़ेंगी। अगर कुछ दिन यही हाल रहा तो दिवाले के सिवा और किसी तरह जान न बचेगी। तिस पर भी धरनेवाले नित्य सिर पर शैतान की तरह सवार रहते हैं।

सेठ चंदूमल की दूकान चाँदनी चौक, दिल्ली में थी। मुफस्सिल में भी कई दूकानें थीं। जब शहर काँग्रेस कमेटी ने उनसे बिलायती कपड़े की खरीद और बिक्री के विषय में प्रतीक्षा करानी चाही तो उन्होंने कुछ ध्यान न दिया। बाजार के कई आढ़तियों ने उनकी देखा-देखी प्रतिज्ञा-पत्र पर हस्ताक्षर करने से इनकार कर दिया। चंदूमल को जो नेतृत्व कभी न नसीब हुआ था, वह इस अवसर पर बिना हाथ-पैर हिलाये ही मिल गया। वे सरकार के खैरख्वाह थे। साहब बहादुरों को समय-समय पर डालियाँ नजर देते थे। पुलिस से भी घनिष्ठता थी। म्युनिसिपैलिटी के सदस्य भी थे। काँग्रेस के व्यापारिक कार्यक्रम का विरोध करके अमनसभा के कोषाध्यक्ष बन बैठे। यह इसी खैरख्वाही की बरकत थी। युवराज का स्वागत करने के लिए अधिकारियों ने उनसे पचीस हजार के कपड़े खरीदे। ऐसा सामर्थी पुरुष काँग्रेस से क्यों डरे ? काँग्रेस है किस खेत की मूली ? पुलिसवालों ने भी बढ़ावा दिया—"मुआहिदे पर हरगिज दस्तखत न कीजिएगा। देखें ये लोग क्या करते हैं। एक-एक को जेल न भिजवा दिया तो कहिएगा।" लाला जी के हौसले बढ़े। उन्होंने काँग्रेस से लड़ने की ठान ली। उसी के फलस्वरूप तीन महीनों से उनकी दूकान पर प्रातःकाल से 9 बजे रात तक पहरा रहता था। पुलिस-दलों ने उनकी दूकान पर वालंटियरों को कई बार गालियाँ दीं, कई बार पीटा, खुद सेठ जी ने भी कई बार उन पर बाण चलाये, परंतु पहरेवाले किसी तरह न टलते थे। बल्कि इन अत्याचारों के कारण चंदूमल का बाजार और भी गिरता जाता। मुफस्सिल की दूकानों से मुनीम

लोग और भी दुराशाजनक समाचार भेजते रहते थे। कठिन समस्या थी। इस संकट से निकलने का कोई उपाय न था। वे देखते थे कि जिन लोगों ने प्रतिज्ञा-पत्र पर हस्ताक्षर कर दिये हैं वे चोरी-छिपे कुछ-न-कुछ विदेशी माल लेते हैं। उनकी दूकानों पर पहरा नहीं बैठता। यह सारी विपत्ति मेरे ही सिर पर है।

उन्होंने सोचा, पुलिस और हाकिमों की दोस्ती से मेरा भला क्या हुआ ? उनके हटाये ये पहरे नहीं हटते। सिपाहियों की प्रेरणा से ग्राहक नहीं आते ! किसी तरह पहरे बन्द हो जाते तो सारा खेल बन जाता।

इतने में मुनीम जी ने कहा–लाला जी, यह देखिए, कई व्यापारी हमारी तरफ आ रहे थे। पहरेवालों ने उनको न जाने क्या मंत्र पढ़ा दिया, सब चले जा रहे हैं।

चंदूमल–अगर इन पापियों को कोई गोली मार देता तो मैं बहुत खुश होता। यह सब मेरा सर्वनाश करके दम लेंगे।

मुनीम–कुछ हेठी तो होगी, यदि आप प्रतिज्ञा पर हस्ताक्षर कर देते तो यह पहरा उठ जाता। तब हम भी यह सब माल किसी न किसी तरह खपा देते।

चंदूमल–मन में तो मेरे भी यह बात आती है, पर सोचो, अपमान कितना होगा ? इतनी हेकड़ी दिखाने के बाद फिर झुका नहीं जाता। फिर हाकिमों की निगाहों में गिर जाऊँगा। और लोग भी ताने देंगे कि चले थे बच्चा काँग्रेस से लड़ने ! ऐसी मुँह की खायी कि होश ठिकाने आ गये। जिन लोगों को पीटा और पिटवाया, जिनको गालियाँ दीं, जिनकी हँसी उड़ायी, अब उनकी शरण कौन मुँह ले कर जाऊँ ? मगर एक उपाय सूझ रहा है। अगर चकमा चल गया तो पौ बारह है। बात तो तब है जब साँप को मारूँ, मगर लाठी बचा कर। पहरा उठा दूँ, पर बिना किसी की खुशामद किये।

2

नौ बज गये थे। सेठ चंदूमल गंगा-स्नान करके लौटे आये थे और मसनद पर बैठ कर चिट्ठियाँ पढ़ रहे थे। अन्य दूकानों के मुनीमों ने अपनी विपत्ति-कथा सुनायी थी। एक एक पत्र को पढ़ कर सेठ जी का क्रोध बढ़ता जाता था। इतने में दो वालंटियर गाड़ियाँ लिये हुए उनकी दूकान के सामने आ कर खड़े हो गये !

सेठ जी ने डाँट कर कहा–हट जाओ हमारी दूकान के सामने से।

एक वालंटियर ने उत्तर दिया–महाराज, हम तो सड़क पर हैं। क्या यहाँ से भी चले जायँ ?

सेठ जी–मैं तुम्हारी सूरत नहीं देखना चाहता।

वालंअियर–तो आप काँग्रेस कमेटी को लिखिए। हमको तो वहाँ से यहाँ खड़े रह कर पहरा देने का हुक्म मिला है।

एक कान्सटेबिल ने आ कर कहा–क्या है सेठ जी, यह लौंडा क्या टर्राता है।

चंदूमल बोले–मैं कहता हूँ कि दूकान के सामने से हट जाओ, पर यह कहता है कि न हटेंगे, न हटेंगे। जरा इसकी जबरदस्ती देखो।

कान्सटेबिल—(वालंटियरों से) तुम दोनों यहाँ से जाते हो कि आ कर गरदन नापूँ ?

वालंटियर—हम सड़क पर खड़े हैं, दूकान पर नहीं।

कान्सटेबिल का अभीष्ट अपनी कारगुजारी दिखाना था। यह सेठ जी को खुश करके कुछ इनाम-इकराम भी लेना चाहता था। उसने वालंटियरों को अपशब्द कहे और जब उन्होंने उसकी कुछ परवा न की तो एक वालंटियर को इतने जोर से धक्का दिया कि वह बेचारा मुँह के बल जमीन पर गिर पड़ा। कई वालंटियर इधर-उधर से आ कर जमा हो गये। कई सिपाही भी आ पहुँचे। दर्शकवृन्द को ऐसी घटनाओं में मजा आता ही है। उनकी भीड़ लग गयी। किसी ने हाँक लगायी 'महात्मा गाँधी की जय'। औरों ने भी उसके सुर में सुर मिलाया, देखते-देखते एक जनसमूह एकत्रित हो गया।

एक दर्शक ने कहा—क्या है लाला चंदूमल ? अपनी दूकान के सामने इन गरीबों की दुर्गति करा रहे हो और तुम्हें जरा भी लज्जा नहीं आती ? कुछ भगवान् का भी डर है या नहीं ?

सेठ जी ने कहा—मुझसे कसम ले लो जो मैंने किसी सिपाही से कुछ कहा हो। ये लोग अनायास बेचारों के पीछे पड़ गये। मुझे सेंत में बदनाम करते हैं।

एक सिपाही—लाला जी, आप ही ने तो कहा था कि ये दोनों वालंटियर मेरे ग्राहकों को छेड़ रहे हैं। अब आप निकले जाते हैं ?

चंदूमल—बिलकुल झूठ, सरासर झूठ, सोलहों आना झूठ। तुम लोग अपनी कारगुजारी की धुन में इनसे उलझ पड़े। यह बेचारे तो दूकान से बहुत दूर खड़े थे। न किसी से बोलते थे, न चालते थे। तुमने जबरदस्ती ही इन्हें गरदनी देनी शुरू की। मुझे अपना सौदा बेचना है कि किसी से लड़ना है ?

दूसरा सिपाही—लाला जी, हो बड़े होशियार। मुझसे आग लगवा कर आप अलग हो गये। तुम न कहते तो हमें क्या पड़ी थी कि इन लोगों को धक्के देते ? दारोगा जी ने भी हमको ताकीद कर दी थी कि सेठ चन्दूमल की दूकान का विशेष ध्यान रखना। वहाँ कोई वालंटियर न आये। तब हम लोग आये थे। तुम फरियाद न करते, तो दारोगा जी हमारी तैनाती ही क्यों करते ?

चंदूमल—दारोगा जी को अपनी कारगुजारी दिखानी होगी। मैं उनके पास क्यों फरियाद करने जाता ? सभी लोग काँग्रेस के दुश्मन हो रहे हैं। थाने वाले तो उनके नाम से ही जलते हैं। क्या मैं शिकायत करता तभी तुम्हारी तैनाती करते ?

इतने में किसी ने थाने में इत्तिला दी कि चन्दूमल की दूकान पर कांस्टेबिलों और वालंटियरों में मारपीट हो गयी। काँग्रेस के दफ्तर में भी खबर पहुँची। जरा देर में मय सशस्त्र पुलिस के थानेदार और इन्सपेक्टर साहब आ पहुँचे। उधर काँग्रेस के कर्मचारी भी दल-बल सहित दौड़े। समूह और बढ़ा। बार-बार जयकार की ध्वनि उठने लगी। काँग्रेस और पुलिस के नेताओं में वाद-विवाद होने लगा। परिणाम यह हुआ कि पुलिसवालों ने दोनों को हिरासत में लिया और थाने की ओर चले।

पुलिस अधिकारियों के जाने के बाद सेठ जी ने काँग्रेस के प्रधान से कहा—आज मुझे मालूम हुआ कि ये लोग वालंटियरों पर इतना घोर अत्याचार करते हैं।

प्रधान—तब तो दो वालंटियरों का फँसना व्यर्थ नहीं हुआ। इस विषय में अब तो आपको कोई शंका नहीं है ? हम कितने लड़ाकू, कितने द्रोही, कितने शांतिभंगकारी हैं; यह तो आपको खूब मालूम हो गया होगा ?

चंदूमल—जी हाँ, मालूम हो गया।

प्रधान—आपकी शहादत तो अवश्य ही होगी।

चंदूमल—होगी तो मैं भी साफ-साफ कह दूँगा; चाहे बने या बिगड़े। पुलिस की सख्ती अब नहीं देखी जाती। मैं भी भ्रम में पड़ा हुआ था।

मंत्री—पुलिसवाले आपको दबायेंगे बहुत।

चंदूमल—एक नहीं, सौ दबाव पड़ें, मैं झूठ कभी न बोलूँगा। सरकार उस दरबार में साथ न जायगी।

मंत्री—अब तो हमारी लाज आपके हाथ है।

चंदूमल—मुझे आप देश का द्रोही न पायेंगे।

यहाँ से प्रधान और मंत्री तथा अन्य पदाधिकारी चले तो मंत्री जी ने कहा—आदमी सच्चा जान पड़ता है।

प्रधान—(संदिग्ध भाव से) कल तक आप ही सिद्ध हो जायगा।

3

शाम को इन्सपेक्टर-पुलिस ने लाला चन्दूमल को थाने में बुलाया और कहा—आपको शहादत देनी होगी। हम आपकी तरफ से बेफिक्र हैं।

चंदूमल बोले—हाजिर हूँ।

इन्स.—वालंटियरों ने कान्स्टेबिलों को गालियाँ दीं ?

चंदूमल—मैंने नहीं सुनीं।

इन्स.—सुनी या न सुनी यह बहस नहीं है। आपको यह कहना होगा वह सब खरीदारों को धक्के दे कर हटा रहे थे, हाथापाई करते थे, मारने की धमकी देते थे, ये सभी बातें कहनी होंगी। दारोगा जी, वह बयान लाइए जो मैंने सेठ जी के लिए लिखवाया है।

चंदूमल—मुझसे भरी अदालत में झूठ न बोला जायगा। अपने हजारों जाननेवाले अदालत में होंगे। किस-किस से मुँह छिपाऊँ ? कहीं निकलने को जगह भी चाहिए।

इन्स.—यह सब बातें निज के मुआमलों के लिए हैं। पोलिटिकल मुआमलों में झूठ-सच, शर्म और हया, किसी का भी खयाल नहीं किया जाता।

चंदूमल—मुँह में कालिख लग जायगी।

इन्स.—सरकार की निगाह में इज्जत चौगुनी हो जायगी।

चंदू—(सोच कर) जी नहीं, गवाही न दे सकूँगा। कोई और गवाह बना लीजिए।

इन्स.–याद रखिए, यह इज्जत खाक में मिल जायगी।

चंदू–मिल जाय; मजबूरी है।

इन्स.–अमन-सभा के कोषाध्यक्ष का पद छिन जायगा।

चंदू–उससे कौर रोटियाँ चलती हैं ?

इन्स.–बंदूक का लाइसेंस छिन जायगा।

चंदू.–छिन जाय; बला से !

इन्स.–इनकम टैक्स की जाँच फिर से होगी।

चंदू.–जरूर कराइए। यह तो मेरे मन की बात हुई।

इन्स.–बैठने को कुरसी न मिलेगी।

चंदू.–कुरसी ले कर चाटूँ ? दिवाला तो निकला जा रहा है।

इन्स.–अच्छी बात है। तशरीफ ले जाइए। कभी तो आप पंजे में आयेंगे।

4

दूसरे दिन इसी समय काँग्रेस के दफ्तर में कल के लिए कार्यक्रम निश्चित किया जा रहा था। प्रधान ने कहा–सेठ चंदूमल की दूकान पर धरना देने के लिए दो स्वयंसेवक भेजिए।

मंत्री–मेरे विचार में वहाँ अब धरना देने की कोई जरूरत नहीं।

प्रधान–क्यों ? उन्होंने अभी प्रतिज्ञा-पत्र पर हस्ताक्षर तो नहीं किये ?

मंत्री–हस्ताक्षर नहीं किये, पर हमारे मित्र अवश्य हो गये। पुलिस की तरफ से गवाही न देना यही सिद्ध करता है। अधिकारियों का कितना दबाव पड़ा होगा, इसका अनुमान किया जा सकता है। यह नैतिक साहस में परिवर्तन हुए बिना नहीं आ सकता।

प्रधान–हाँ कुछ परिवर्तन तो अवश्य हुआ है।

मंत्री–कुछ नहीं महाशय ! पूरी क्रांति कहना चाहिए। आप जानते हैं, ऐसे मुआमलों में अधिकारियों की अवहेलना करने का क्या अर्थ है ? यह राजविद्रोह की घोषणा के समान है ! त्याग में संन्यास से इसका महत्त्व कम नहीं है। आज जिले के सारे हाकिम उनके खून के प्यासे हो रहे हैं। आश्चर्य नहीं कि गवर्नर महोदय को भी इसकी सूचना दी गयी हो।

प्रधान–और कुछ नहीं तो उन्हें नियम का पालन करने ही के लिए प्रतिज्ञा-पत्र पर हस्ताक्षर कर देना चाहिए था। किसी तरह उन्हें यहाँ बुलाइए। अपनी बात तो रह जाय।

मंत्री–वह बड़ा आत्माभिमानी है, कभी न आयेगा। बल्कि हम लोगों की ओर से इतना अविश्वास देख कर सम्भव है कि फिर उस दल में मिलने की चेष्टा करने लगे।

प्रधान–अच्छी बात है, आपको उन पर इतना विश्वास हो गया है तो उनकी दूकान छोड़ दीजिए। तब भी मैं यही कहूँगा कि आपको स्वयं मिलने के बहाने से उस

पर निगाह रखनी होगी।

मंत्री—आप नाहक इतना शक करते हैं।

नौ बजे सेठ चंदूमल अपनी दूकान पर आये तो वहाँ एक भी वालंटियर न था। मुख पर मुस्कराहट की झलक आयी। मुनीम से बोले—कौड़ी चित्त पड़ी।

मुनीम—मालूम तो होता है। एक महाशय भी नहीं आये।

चंदूमल—न आये और न आयेंगे। बाजी अपने हाथ रही। कैसा दाँव खेला—चारों खाने चित्त।

चंदू.—आप भी बातें करते हैं ? इन्हें दोस्त बनाते कितनी देर लगती है। कहिए, अभी बुला कर जूतियाँ सीधी करवाऊँ। टके के गुलाम हैं, न किसी के दोस्त, न किसी के दुश्मन। सच कहिए, कैसा चकमा दिया है ?

मुनीम—बस, यही जी चाहता है कि आपके हाथ चूम लें। साँप भी मरा और लाठी भी न टूटी। मगर काँग्रेसवाले भी टोह में होंगे।

चंदूमल—तो मैं भी तो मौजूद हूँ। वह डाल-डाल चलेंगे, तो मैं पात-पात चलूँगा। विलायती कपड़े की गाँठ निकलवाइए और व्यापारियों को देना शुरू कीजिए। एक अठवारे में बेड़ा पार है।

पछतावा

पंडित दुर्गानाथ जब कालेज से निकले तो उन्हें जीवन-निर्वाह की चिंता उपस्थित हुई। वे दयालु और धार्मिक थे। इच्छा थी कि ऐसा काम करना चाहिए जिससे अपना जीवन भी साधारणतः सुखपूर्वक व्यतीत हो और दूसरों के साथ भलाई और सदाचरण का भी अवसर मिले। वे सोचने लगे—यदि किसी कार्यालय में क्लर्क बन जाऊँ तो अपना निर्वाह हो सकता है, किन्तु सर्वसाधारण से कुछ भी सम्बन्ध न रहेगा। वकालत में प्रविष्ट हो जाऊँ तो दोनों बातें सम्भव हैं, किंतु अनेकानेक यत्न करने पर भी अपने को पवित्र रखना कठिन होगा। पुलिस-विभाग में दीन-पालन और परोपकार के लिए बहुत-से अवसर मिलते रहते हैं; किंतु एक स्वतंत्र और सद्विचार-प्रिय मनुष्य के लिए वहाँ की हवा हानिप्रद है। शासन-विभाग में नियम और नीतियों की भरमार रहती है। कितना ही चाहो, पर वहाँ कड़ाई और डाँट-डपट से बचे रहना असम्भव है। इसी प्रकार बहुत सोच-विचार के पश्चात् उन्होंने निश्चय किया कि किसी जमींदार के यहाँ 'मुख्तारआम' बन जाना चाहिए। वेतन तो अवश्य कम मिलेगा; किंतु दीन खेतिहरों से रात-दिन सम्बन्ध रहेगा, उनके साथ सद्व्यवहार का अवसर मिलेगा। साधारण जीवन-निर्वाह होगा और विचार दृढ़ होंगे।

कुँवर विशालसिंह जी एक सम्पत्तिशाली जमींदार थे। पं. दुर्गानाथ ने उनके पास जा कर प्रार्थना की कि मुझे भी अपनी सेवा में रख कर कृतार्थ कीजिए। कुँवर साहब ने इन्हें सिर से पैर तक देखा और कहा—पंडित जी, आपको अपने यहाँ रखने में मुझे बड़ी

प्रसन्नता होती, किंतु आपके योग्य मेरे यहाँ कोई स्थान नहीं देख पड़ता।

दुर्गानाथ ने कहा–मेरे लिए किसी विशेष स्थान की आवश्यकता नहीं है। मैं हर एक काम कर सकता हूँ। वेतन आप जो कुछ प्रसन्नतापूर्वक देंगे, मैं स्वीकार करूँगा। मैंने तो यह संकल्प कर लिया है कि सिवा किसी रईस के और किसी की नौकरी न करूँगा। कुँवर विशालसिंह ने अभिमान से कहा–रईस की नौकरी नौकरी नहीं, राज्य है। मैं अपने चपरासियों को दो रुपया माहवार देता हूँ और वे तंजेब के अँगरखे पहन कर निकलते हैं। उनके दरवाजों पर घोड़े बँधे हुए हैं। मेरे कारिंदे पाँच रुपये से अधिक नहीं पाते, किंतु शादी-विवाह वकीलों के यहाँ करते हैं। न जाने उनकी कमाई में क्या बरकत होती है। बरसों तनख्वाह का हिसाब नहीं करते। कितने ऐसे हैं जो बिना तनख्वाह के कारिंदगी या चपरासगिरी को तैयार बैठे हैं। परंतु अपना यह नियम नहीं। समझ लीजिए, मुख्तारआम अपने इलाके में एक बड़े जमींदार से अधिक रोब रखता है, उसका ठाट-बाट और उसकी हुकूमत छोटे-छोटे राजाओं से कम नहीं। जिसे इस नौकरी का चसका लग गया है, उसके सामने तहसीलदारी झूठी है।

पंडित दुर्गानाथ ने कुँवर साहब की बातों का समर्थन किया, जैसा कि करना उनकी सभ्यतानुसार उचित था। वे दुनियादारी में अभी कच्चे थे, बोले–मुझे अब तक किसी रईस की नौकरी का चसका नहीं लगा है। मैं तो अभी कालेज से निकला आता हूँ। और न मैं इन कारणों से नौकरी करना चाहता हूँ जिनका कि आपने वर्णन किया। किंतु इतने कम वेतन में मेरा निर्वाह न होगा। आपके और नौकर असामियों का गला दबाते होंगे मुझसे मरते समय तक ऐसे कार्य न होंगे। यदि सच्चे नौकर का सम्मान होना निश्चय है, तो मुझे विश्वास है कि बहुत शीघ्र आप मुझसे प्रसन्न हो जायँगे।

कुँवर साहब ने बड़ी दृढ़ता से कहा–हाँ, यह तो निश्चय है कि सत्यवादी मनुष्य का आदर सब कहीं होता है, किंतु मेरे यहाँ तनख्वाह अधिक नहीं दी जाती।

जमीदार के इस प्रतिष्ठा-शून्य उत्तर को सुन कर पंडित जी कुछ खिन्न हृदय से बोले–तो फिर मजबूरी है। मेरे द्वारा इस समय कुछ कष्ट आपको हो तो क्षमा कीजिएगा। किंतु मैं आप से कह सकता हूँ कि ईमानदार आदमी आपको सस्ता न मिलेगा।

कुँवर साहब ने मन में सोचा कि मेरे यहाँ सदा अदालत-कचहरी लगी ही रहती है, सैकड़ों रुपये तो डिगरी और तजवीजों तथा और-और अँगरेजी कागजों के अनुवाद में लग जाते हैं। एक अँगरेजी का पूर्ण पंडित सहज ही में मिल रहा है। सो भी अधिक तनख्वाह नहीं देनी पड़ेगी। इसे रख लेना ही उचित है। लेकिन पंडित जी की बात का उत्तर देना आवश्यक था, अतः कहा–महाशय, सत्यवादी मनुष्य को कितना ही कम वेतन दिया जाये, वह सत्य को न छोड़ेगा, और न अधिक वेतन पाने से बेईमान सच्चा बन सकता है। सच्चाई का रुपये से कुछ सम्बन्ध नहीं। मैंने ईमानदार कुली देखे हैं और बेईमान बड़े-बड़े धनाढ्य पुरुष। परंतु अच्छा, आप एक सज्जन पुरुष हैं। आप मेरे यहाँ प्रसन्नतापूर्वक रहिए। मैं आपको एक इलाके का अधिकारी बना दूँगा और आपका

काम देख कर तरक्की भी कर दूँगा।

दुर्गानाथ जी ने 20 रु. मासिक पर रहना स्वीकार कर लिया। यहाँ से कोई ढाई मील पर कई गाँवों का एक इलाका चाँदपार के नाम से विख्यात था। पंडित जी इसी इलाके के कारिंदे नियत हुए।

2

पंडित दुर्गानाथ ने चाँदपार के इलाके में पहुँच कर अपने निवास-स्थान को देखा तो उन्होंने कुँवर साहब के कथन को बिलकुल सत्य पाया। यथार्थ में रियासत की नौकरी सुख-सम्पत्ति का घर है। रहने के लिए सुंदर बँगला है, जिसमें बहुमूल्य बिछौना बिछा हुआ था, सैकड़ों बीघे की सीर, कई नौकर-चाकर, कितने ही चपरासी, सवारी के लिए एक सुंदर टाँगन, सुख ठाट-बाट के सारे सामान उपस्थित। किंतु इस प्रकार की सजावट और विलास की सामग्री देख कर उन्हें उतनी प्रसन्नता न हुई। क्योंकि इसी सजे हुए बँगले के चारों ओर किसानों के झोपड़े थे। फूस के घरों में मिट्टी के बर्तनों के सिवा और सामान ही क्या था ! वहाँ के लोगों में वह बँगला कोट के नाम से विख्यात था। लड़के उसे भय की दृष्टि से देखते। उसके चबूतरे पर पैर रखने का उन्हें साहस न पड़ता। इस दीनता के बीच में इतना बड़ा ऐश्वर्ययुक्त दृश्य उनके लिए अत्यंत हृदय-विदारक था। किसानों की यह दशा थी कि सामने आते हुए थर-थर काँपते थे। चपरासी लोग उनसे ऐसा बर्ताव करते थे कि पशुओं के साथ भी वैसा नहीं होता।

पहले ही दिन कई सौ किसानों ने पंडित जी को अनेक प्रकार के पदार्थ भेंट के रूप में उपस्थित किये, किंतु जब वे सब लौटा दिये गये तो उन्हें बहुत आश्चर्य हुआ। किसान प्रसन्न हुए, किंतु चपरासियों का रक्त उबलने लगा। नाई और कहार खिदमत को आये, किंतु लौटा दिये गये। अहीरों के घरों से दूध से भरा हुआ मटका आया, वह भी वापस हुआ। तमोली एक ढोली पान लाया, किंतु वह भी स्वीकार न हुआ। असामी आपस में कहने लगे कि कोई धर्मात्मा पुरुष आये हैं। परंतु चपरासियों को तो ये नयी बातें असह्य हो गयीं। उन्होंने कहा–हुजूर, अगर आपको ये चीजें पसंद न हों तो न लें, मगर रस्म को तो न मिटायें। अगर कोई दूसरा आदमी यहाँ आयेगा तो उसे नये सिरे से यह रस्म बाँधने में कितनी दिक्कत होगी ? यह सब सुन कर पंडित जी ने केवल यही उत्तर दिया–जिसके सिर पर पड़ेगा वह भुगत लेगा। मुझे इसकी चिन्ता करने की क्या आवश्यकता ? एक चपरासी ने साहस बाँध कर कहा–इन असामियों को आप जितना गरीब समझते हैं उतने गरीब ये नहीं हैं। इनका ढंग ही ऐसा है। भेष बनाये रहते हैं। देखने में ऐसे सीधे-सादे मानो बेसींग की गाय हैं, लेकिन सच मानिए, इनमें का एक-एक आदमी हाईकोर्ट का वकील है।

चपरासियों के इस वाद-विवाद का प्रभाव पंडित जी पर कुछ न हुआ। उन्होंने प्रत्येक गृहस्थ से दयालुता और भाईचारे का आचरण करना आरम्भ किया। सबेरे से

आठ बजे तक तो गरीबों को बिना दाम औषधियाँ देते, फिर हिसाब-किताब का काम देखते। उनके सदाचरण ने असामियों को मोह लिया। मालगुजारी का रुपया, जिसके लिए प्रति वर्ष कुरकी तथा नीलामी की आवश्यकता होती थी, इस वर्ष एक इशारे पर वसूल हो गया। किसानों ने अपने भाग सराहे और वे मनाने लगे कि हमारे सरकार की दिनोंदिन बढ़ती हो।

3

कुँवर विशालसिंह अपनी प्रजा के पालन-पोषण पर बहुत ध्यान रखते थे। वे बीज के लिए अनाज देते और मजूरी और बैलों के लिए रुपये। फसल कटने पर एक का डेढ़ वसूल कर लेते ! चाँदपार के कितने ही असामी इनके ऋणी थे। चैत का महीना था। फसल कट-कट कर खलियानों में आ रही थी। खलियान में से कुछ अनाज घर में आने लगा था। इसी अवसर पर कुँवर साहब ने चाँदपारवालों को बुलाया और कहा—हमारा अनाज और रुपया बेबाक कर दो। यह चैत का महीना है। जब तक कड़ाई न की जाय, तुम लोग डकार नहीं लेते। इस तरह काम नहीं चलेगा। बूढ़े मलूका ने कहा—सरकार, भला असामी कभी अपने मालिक से बेबाक हो सकता है ! कुछ अभी ले लिया जाय, कुछ फिर दे देंगे। हमारी गर्दन तो सरकार की मुट्ठी में है।

कुँवर साहब—आज कौड़ी-कौड़ी चुका कर यहाँ से उठने पाओगे। तुम लोग हमेशा इसी तरह हीला-हवाला किया करते हो।

मलूका (विनय के साथ)—हमारा पेट है, सरकार की रोटियाँ हैं, हमको और क्या चाहिए ? जो कुछ उपज है वह सब सरकार ही की है।

कुँवर साहब से मलूका की यह वाचालता सही न गयी। उन्हें इस पर क्रोध आ गया; राजा-रईस ठहरे। उन्होंने बहुत कुछ खरी-खोटी सुनायी और कहा—कोई है ? जरा इस बुड्ढे का कान तो गरम करो, वह बहुत बढ़-बढ़ कर बातें करता है। उन्होंने तो कदाचित् धमकाने की इच्छा से कहा, किन्तु चपरासी कादिर खाँ ने लपक कर बूढ़े की गर्दन पकड़ी और ऐसा धक्का दिया कि बेचारा जमीन पर जा गिरा। मलूका के दो जवान बेटे वहाँ चुपचाप खड़े थे। बाप की ऐसी दशा देख कर उनका रक्त गरम हो उठा। वे दोनों झपटे और कादिर खाँ पर टूट पड़े। धमाधम शब्द सुनायी पड़ने लगा। खाँ साहब का पानी उतर गया, साफा अलग जा गिरा। अचकन के टुकड़े-टुकड़े हो गये। किन्तु जबान चलती रही।

मलूका ने देखा, बात बिगड़ गयी। वह उठा और कादिर खाँ को छुड़ा कर अपने लड़कों को गालियाँ देने लगा। जब लड़कों ने उसी को डाँटा तब दौड़ कर कुँवर साहब के चरणों पर गिर पड़ा। पर बात यथार्थ में बिगड़ गयी थी। बूढ़े के इस विनीत भाव का कुछ प्रभाव न हुआ। कुँवर साहब की आँखों से मानो आग के अंगारे निकल रहे थे। वे बोले—बेईमान, आँखों के सामने से दूर हो जा। नहीं तो तेरा खून पी जाऊँगा।

बूढ़े के शरीर में रक्त तो अब वैसा न रहा था, किन्तु कुछ गर्मी अवश्य थी।

समझता था कि ये कुछ न्याय करेंगे, परंतु यह फटकार सुन कर बोला–सरकार, बुढ़ापे में आपके दरवाजे पर पानी उतर गया और तिस पर सरकार हमी को डाँटते हैं। कुँवर साहब ने कहा–तुम्हारी इज्जत अभी क्या उतरी है, अब उतरेगी।

दोनों लड़के सरोष बोले–सरकार अपना रुपया लेंगे कि किसी की इज्जत लेंगे ?

कुँवर साहब (ऐंठ कर)–रुपया पीछे लेंगे, पहले देखेंगे कि तुम्हारी इज्जत कितनी है!

4

चाँदपार के किसान अपने गाँव पर पहुँच कर पंडित दुर्गानाथ से अपनी रामकहानी कह ही रहे थे कि कुँवर साहब का दूत पहुँचा और खबर दी कि सरकार ने आपको अभी-अभी बुलाया है।

दुर्गानाथ ने असामियों को परितोष दिया और आप घोड़े पर सवार हो कर दरबार में हाजिर हुए।

कुँवर साहब की आँखें लाल थीं। मुख की आकृति भयंकर हो रही थी। कई मुख्तार और चपरासी बैठे हुए आग पर तेल डाल रहे थे। पंडित जी को देखते ही कुँवर साहब बोले–चाँदपारवालों की हरकत आपने देखी ?

पंडित जी ने नम्र भाव से कहा–जी हाँ, सुन कर बहुत शोक हुआ। ये तो ऐसे सरकश न थे।

कुँवर साहब–यह सब आप ही के आगमन का फल है। आप अभी स्कूल के लड़के हैं। आप क्या जाने कि संसार में कैसे रहना होता है। यदि आपका बर्ताव असामियों के साथ ऐसा ही रहा तो फिर मैं जमींदारी कर चुका। यह सब आपकी करनी है। मैंने इसी दरवाजे पर असामियों को बाँध-बाँध कर उलटे लटका दिया है और किसी ने चूँ तक न की। आज उनका यह साहस मेरे ही आदमी पर हाथ चलायें।

दुर्गानाथ (कुछ दबते हुए)–महाशय, इसमें मेरा क्या अपराध ? मैंने तो जब से सुना है तभी से स्वयं सोच में पड़ा हूँ।

कुँवर साहब–आपका अपराध नहीं तो किसका है ? आप ही ने तो इनको सिर चढ़ाया। बेगार बन्द कर दी, आप ही उनके साथ भाईचारे का बर्ताव करते हैं, उनके साथ हँसी-मजाक करते हैं। ये छोटे आदमी इस बर्ताव की कदर क्या जानें, किताबी बातें स्कूलों ही के लिए हैं। दुनिया के व्यवहार का कानून दूसरा है। अच्छा, जो हुआ सो हुआ। अब मैं चाहता हूँ कि इन बदमाशों को इस सरकशी का मजा चखाया जाय। असामियों को आपने मालगुजारी की रसीदें तो नहीं दी हैं ?

दुर्गानाथ (कुछ डरते हुए)–जी नहीं, रसीदें तैयार हैं, लेकिन आपके हस्ताक्षरों की देर है।

कुँवर साहब (कुछ संतुष्ट हो कर)–यह बहुत अच्छा हुआ। शकुन अच्छे हैं। अब आप इन रसीदों को चिरागअली के सिपुर्द कीजिए। इन लोगों पर बकाया लगान की

नालिश की जायगी, फसल नीलाम कर लूँगा। जब भूखे मरेंगे तब सूझेगी। जो रुपया अब तक वसूल हो चुका है, वह बीज और ऋण के खाते में चढ़ा लीजिए। आपको केवल यह गवाही देनी होगी कि यह रुपया मालगुजारी के मद में नहीं, कर्ज में वसूल हुआ है। बस !

दुर्गानाथ चिंतित हो गये। सोचने लगे कि क्या यहाँ भी उसी आपत्ति का सामना करना पड़ेगा जिससे बचने के लिए इतने सोच-विचार के बाद, इस शांति-कुटीर को ग्रहण किया था ? क्या जान-बूझ कर इन गरीबों की गर्दन पर छुरी फेरूँ, इसलिए कि मेरी नौकरी बनी रहे ? नहीं, यह मुझसे न होगा। बोले—क्या मेरी शहादत बिना काम न चलेगा ?

कुँवर साहब (क्रोध से)—क्या इतना कहने में भी आपको कोई उज्र है ?

दुर्गानाथ (द्विविधा में पड़े हुए)—जी, यों तो मैंने आपका नमक खाया है। आपकी प्रत्येक आज्ञा का पालन करना मुझे उचित है, किंतु न्यायालय में मैंने गवाही नहीं दी है। संभव है कि यह कार्य मुझसे न हो सके, अतः मुझे तो क्षमा ही कर दिया जाय।

कुँवर साहब (शासन के ढंग से)—यह काम आपको करना पड़ेगा, इसमें 'हाँ-नहीं' की कोई आवश्यकता नहीं। आग आपने लगायी है। बुझायेगा कौन ?

दुर्गानाथ (दृढ़ता के साथ)—मैं झूठ कदापि नहीं बोल सकता, और न इस प्रकार की शहादत दे सकता हूँ !

कुँवर साहब (कोमल शब्दों में)—कृपानिधान, यह झूठ नहीं है। मैंने झूठ का व्यापार नहीं किया है। मैं यह नहीं कहता कि आप रुपये का वसूल होना अस्वीकार कर दीजिए। अब असामी मेरे ऋणी हैं, तो मुझे अधिकार है कि चाहे रुपया ऋण की मद में वसूल करूँ या मालगुजारी की मद में। यदि इतनी-सी बात को आप झूठ समझते हैं तो आपकी जबरदस्ती है। अभी आपने संसार देखा नहीं। ऐसी सच्चाई के लिए संसार में स्थान नहीं। आप मेरे यहाँ नौकरी कर रहे हैं। इस सेवक-धर्म पर विचार कीजिए। आप शिक्षित और होनहार पुरुष हैं। अभी आपको संसार में बहुत दिन तक रहना है और बहुत काम करना है। अभी से आप यह धर्म और सत्यता धारण करेंगे तो अपने जीवन में आपको आपत्ति और निराशा के सिवा और कुछ प्राप्त न होगा। सत्यप्रियता अवश्य उत्तम वस्तु है, किंतु उसकी भी सीमा है, 'अति सर्वत्रवर्जयेत् !' अब अधिक सोच-विचार की आवश्यकता नहीं। यह अवसर ऐसा ही है।

कुँवर साहब पुराने खुर्राट थे। इस फैंकनैत से युवक खिलाड़ी हार गया।

5

इस घटना के तीसरे दिन चाँदपार के असामियों पर बकाया लगान की नालिश हुई। सम्मन आये। घर-घर उदासी छा गयी। सम्मन क्या थे, यम के दूत थे। देवी-देवताओं की मिन्नतें होने लगीं। स्त्रियाँ अपने घरवालों को कोसने लगीं और पुरुष अपने भाग्य को। नियत तारीख के दिन गाँव के गँवार कंधे पर लोटा-डोर रखे और अँगोछे में चबेना

बाँधे कचहरी को चले। सैकड़ों स्त्रियाँ और बालक रोते हुए उनके पीछे-पीछे जाते थे। मानो अब वे फिर उनसे न मिलेंगे।

पंडित दुर्गानाथ के तीन दिन कठिन परीक्षा के थे। एक ओर कुँवर साहब की प्रभावशालिनी बातें, दूसरी ओर किसानों की हाय-हाय; परन्तु विचार-सागर में तीन दिन निमग्न रहने के पश्चात् उन्हें धरती का सहारा मिल गया। उनकी आत्मा ने कहा—यह पहली परीक्षा है। यदि इसमें अनुत्तीर्ण रहे तो फिर आत्मिक दुर्बलता ही हाथ रह जायगी। निदान निश्चय हो गया कि मैं अपने लाभ के लिए इतने गरीबों को हानि न पहुँचाऊँगा।

दस बजे दिन का समय था। न्यायालय के सामने मेला-सा लगा हुआ था। जहाँ-तहाँ श्यामवस्त्राच्छादित देवताओं की पूजा हो रही थी। चाँदपार के किसान झुंड के झुंड एक पेड़ के नीचे आकर बैठे। उनसे कुछ दूर पर कुँवर साहब के मुख्तारआम, सिपाहियों और गवाहों की भीड़ थी। ये लोग अत्यंत विनोद में थे। जिस प्रकार मछलियाँ पानी में पहुँच कर किलोलें करती हैं, उसी भाँति ये लोग भी आनंद में चूर थे। कोई पान खा रहा था। कोई हलवाई की दूकान से पूरियों की पत्तल लिये चला आता था। उधर बेचारे किसान पेड़ के नीचे चुपचाप उदास बैठे थे कि आज न जाने क्या होगा, कौन आफत आयेगी ! भगवान का भरोसा है। मुकदमे की पेशी हुई। कुँवर साहब की ओर के गवाह गवाही देने लगे कि असामी बड़े सरकश हैं। जब लगान माँगा जाता है तो लड़ाई-झगड़े पर तैयार हो जाते हैं। अबकी इन्होंने एक कौड़ी भी नहीं दी।

कादिर खाँ ने रो कर अपने सिर की चोट दिखायी। सबसे पीछे पंडित दुर्गानाथ की पुकार हुई। उन्हीं के बयान पर निपटारा होना था। वकील साहब ने उन्हें खूब तोते की भाँति पढ़ा रखा था, किंतु उनके मुख से पहला वाक्य निकला ही था कि मजिस्ट्रेट ने उनकी ओर तीव्र दृष्टि से देखा। वकील साहब बगलें झाँकने लगे। मुख्तारआम ने उनकी ओर घूर कर देखा। अहलमदपेशकार आदि सब के सब उनकी ओर आश्चर्य की दृष्टि से देखने लगे।

न्यायाधीश ने तीव्र स्वर से कहा—तुम जानते हो कि मैजिस्ट्रेट के सामने खड़े हो ?

दुर्गानाथ (दृढ़तापूर्वक)—जी हाँ, भली-भाँति जानता हूँ।

न्याया.—तुम्हारे ऊपर असत्य भाषण का अभियोग लगाया जा सकता है।

दुर्गानाथ—अवश्य, यदि मेरा कथन झूठा हो।

वकील ने कहा जान पड़ता है, किसानों के दूध, घी और भेंट आदि ने यह काया-पलट कर दी है। और न्यायाधीश की ओर सार्थक दृष्टि से देखा।

दुर्गानाथ—आपको इन वस्तुओं का अधिक तजुर्बा होगा। मुझे तो अपनी रूखी रोटियाँ ही अधिक प्यारी हैं।

न्यायाधीश—तो इन असामियों ने सब रुपया बेबाक कर दिया है ?

दुर्गानाथ—जी हाँ, इनके जिम्मे लगान की एक कौड़ी भी बाकी नहीं है।

न्यायाधीश–रसीदें क्यों नहीं दीं ?

दुर्गानाथ–मेरे मालिक की आज्ञा।

6

मैजिस्ट्रेट ने नालिशें डिसमिस कर दीं। कुँवर साहब को ज्यों ही इस पराजय की खबर मिली, उनके कोप की मात्रा सीमा से बाहर हो गयी। उन्होंने पंडित दुर्गानाथ को सैकड़ों कुवाक्य कहे–नमकहराम, विश्वासघाती, दुष्ट। मैंने उसका कितना आदर किया, किंतु कुत्ते की पूँछ कहीं सीधी हो सकती है ! अंत में विश्वासघात कर ही गया। यह अच्छा हुआ कि पं. दुर्गानाथ मैजिस्ट्रेट का फैसला सुनते ही मुख्तारआम को कुंजियाँ और कागजपत्र सुपुर्द कर चलते हुए। नहीं तो उन्हें इस कार्य के फल में कुछ दिन हल्दी और गुड़ पीने की आवश्यकता पड़ती।

कुँवर साहब का लेन-देन विशेष अधिक था। चाँदपार बहुत बड़ा इलाका था। वहाँ के असामियों पर कई सौ रुपये बाकी थे। उन्हें विश्वास हो गया कि अब रुपया डूब जायगा। वसूल होने की कोई आशा नहीं। इस पंडित ने असामियों को बिलकुल बिगाड़ दिया। अब उन्हें मेरा क्या डर ? अपने कारिंदों और मंत्रियों से सम्मति ली। उन्होंने भी यही कहा–अब वसूल होने की कोई सूरत नहीं। कागजात न्यायालय में पेश किये जायँ तो इनकम टैक्स लग जायगा। किंतु रुपया वसूल होना कठिन है। उजरदारियाँ होंगी। कहीं हिसाब में कोई भूल निकल आयी तो रही-सही साख भी जाती रहेगी और दूसरे इलाकों का रुपया भी मारा जायगा।

दूसरे दिन कुँवर साहब पूजा-पाठ से निश्चिंत हो अपने चौपाल में बैठे, तो क्या देखते हैं कि चाँदपार के असामी झुंड के झुंड चले आ रहे हैं। उन्हें यह देख कर भय हुआ कि कहीं ये सब कुछ उपद्रव तो न करेंगे, किंतु किसी के हाथ में एक छड़ी तक न थी। मलूका आगे-आगे आता था। उसने दूर ही से झुक कर वंदना की। ठाकुर साहब को ऐसा आश्चर्य हुआ, मानो वे कोई स्वप्न देख रहे हों।

7

मलूका ने सामने आ कर विनयपूर्वक कहा–सरकार, हम लोगों से जो कुछ भूल-चूक हुई हो उसे क्षमा किया जाय। हम लोग सब हुजूर के चाकर हैं; सरकार ने हमको पाला-पोसा है। अब भी हमारे ऊपर यही निगाह रहे।

कुँवर साहब का उत्साह बढ़ा। समझे कि पंडित के चले जाने से इन सबों के होश ठिकाने हुए हैं। आज किसका सहारा लेंगे। उसी खुर्राट ने इन सबों को बहका दिया था। कड़क कर बोले–वे तुम्हारे सहायक पंडित कहाँ गये ? वे आ जाते तो जरा उनकी खबर ली जाती।

यह सुन कर मलूका की आँखों में आँसू भर आये। वह बोला–सरकार, उनको कुछ न कहें। वे आदमी नहीं देवता थे। जवानी की सौगंध है, जो उन्होंने आपकी कोई

निंदा की हो। वे बेचारे तो हम लोगों को बार-बार समझाते थे कि देखो, मालिक से बिगाड़ करना अच्छी बात नहीं। हमसे कभी एक लोटा पानी के रवादार नहीं हुए। चलते-चलते हमसे कह गये कि मालिक का जो कुछ तुम्हारे जिम्मे निकले, चुका देना। आप हमारे मालिक हैं। हमने आपका बहुत खाया-पिया है। अब हमारी यही विनती सरकार से है कि हमारा हिसाब-किताब देख कर जो कुछ हमारे ऊपर निकले बताया जाय। हम एक-एक कौड़ी चुका देंगे, तब पानी पियेंगे।

कुँवर साहब प्रसन्न हो गये। इन्हीं रुपयों के लिए कई बार खेत कटवाने पड़े थे। कितनी बार घरों में आग लगवायी। अनेक बार मार-पीट की। कैसे-कैसे दंड दिये। आज ये सब आप से आप सारा हिसाब-किताब साफ करने आये हैं। यह क्या जादू है।

मुख्तारआम साहब ने कागजात खोले और असामियों ने अपनी-अपनी पोटलियाँ। जिसके जिम्मे जितना निकला, बे-कान-पूँछ हिलाये उतना द्रव्य सामने रख दिया। देखते-देखते सामने रुपयों का ढेर लग गया। छः सौ रुपया बात की बात में वसूल हो गया। किसी के जिम्मे कुछ बाकी न रहा। यह सत्यता और न्याय की विजय थी। कठोरता और निर्दयता से जो काम कभी न हुआ, वह धर्म और न्याय ने पूरा कर दिखाया।

जब से ये लोग मुकदमा जीत आये तभी से उनको रुपया चुकाने की धुन सवार थी। पंडित जी को वे यथार्थ में देवता समझते थे। रुपया चुका देने के लिये उनकी विशेष आज्ञा थी। किसी ने बैल, किसी ने गहने बंधक रखे। यह सब कुछ सहन किया, परंतु पंडित जी की बात न टाली। कुँवर साहब के मन में पंडित जी के प्रति जो बुरे विचार थे, सब मिट गये। उन्होंने सदा से कठोरता से काम लेना सीखा था। उन्हीं नियमों पर वे चलते थे। न्याय तथा सत्यता पर उनका विश्वास न था। किंतु आज उन्हें प्रत्यक्ष देख पड़ा कि सत्यता और कोमलता में बहुत बड़ी शक्ति है।

ये असामी मेरे हाथ से निकल गये थे। मैं इनका क्या बिगाड़ सकता था ? अवश्य वह पंडित सच्चा और धर्मात्मा पुरुष था। उसमें दूरदर्शिता न हो, काल-ज्ञान न हो, किंतु इसमें संदेह नहीं कि वह निःस्पृह और सच्चा पुरुष था।

8

कैसी ही अच्छी वस्तु क्यों न हो, जब तक हमको उसकी आवश्यकता नहीं होती तब तक हमारी दृष्टि में उसका गौरव नहीं होता। हरी दूब भी किसी समय अशर्फियों के मोल बिक जाती है। कुँवर साहब का काम एक निःस्पृह मनुष्य के बिना नहीं रुक सकता था। अतएव पंडित जी के इस सर्वोत्तम कार्य की प्रशंसा किसी कवि की कविता से अधिक न हुई। चाँदपार के असामियों ने तो अपने मालिक को कभी किसी प्रकार का कष्ट न पहुँचाया, किंतु अन्य इलाकोंवाले असामी उसी पुराने ढंग से चलते थे। उन इलाकों में रगड़-झगड़ सदैव मची रहती थी। अदालत, मार-पीट, डाँट-डपट सदा लगी रहती थी। किंतु ये सब तो जमींदार के शृंगार हैं। बिना इन सब बातों के जमींदारी

कैसी ? क्या दिन भर बैठे-बैठे वे मक्खियाँ मारें ?

कुँवर साहब इसी प्रकार पुराने ढंग से अपना प्रबंध सँभालते जाते थे। कई वर्ष व्यतीत हो गये। कुँवर साहब का कारोबार दिनोंदिन चमकता ही गया। यद्यपि उन्होंने पाँच लड़कियों के विवाह बड़ी धूम-धाम के साथ किये, परंतु तिस पर भी उनकी बढ़ती में किसी प्रकार की कमी न हुई। हाँ, शारीरिक शक्तियाँ अवश्य कुछ-कुछ ढीली पड़ती गयीं। बड़ी भारी चिंता यही थी कि इतनी बड़ी सम्पत्ति और ऐश्वर्य का भोगनेवाला कोई उत्पन्न न हुआ। भानजे, भतीजे और नवासे इस रियासत पर दाँत लगाये हुए थे।

कुँवर साहब का मन अब इन सांसारिक झगड़ों से फिरता जाता था। आखिर यह रोना-धोना किसके लिए ? अब उनके जीवन-नियम में एक परिवर्तन हुआ। द्वार पर कभी-कभी साधु-संत धूनी रमाये हुए देख पड़ते। स्वयं भगवद्गीता और विष्णुसहस्रनाम पढ़ते थे। पारलौकिक चिंता अब नित्य रहने लगी। परमात्मा की कृपा और साधु-संतों के आशीर्वाद से बुढ़ापे में उनको एक लड़का पैदा हुआ। जीवन की आशाएँ सफल हुईं; पर दुर्भाग्यवश पुत्र के जन्म ही से कुँवर साहब शारीरिक व्याधियों से ग्रस्त रहने लगे। सदा वैद्यों और डाक्टरों का ताँता लगा रहता था; लेकिन दवाओं का उल्टा प्रभाव पड़ता। ज्यों-त्यों करके उन्होंने ढाई वर्ष बिताये। अंत में उनकी शक्तियों ने जवाब दे दिया। उन्हें मालूम हो गया कि अब संसार से नाता टूट जायगा। अब चिंता ने और धर दबाया, यह सारा माल-असबाब, इतनी बड़ी सम्पत्ति किस पर छोड़ जाऊँ ? मन की इच्छाएँ मन ही मन रह गयीं। लड़के का विवाह भी न देख सका। उसकी तोतली बातें सुनने का भी सौभाग्य न हुआ। हाय, अब इस कलेजे के टुकड़े को किसे सौंपूँ, जो इसे अपना पुत्र समझे। लड़के की माँ स्त्री-जाति, न कुछ जाने, न समझे। उससे कारबार सँभलना कठिन है। मुख्तारआम, गुमाश्ते, कारिंदे कितने हैं, परन्तु सब के सब स्वार्थी–विश्वासघाती। एक भी ऐसा पुरुष नहीं जिस पर मेरा विश्वास जमे ! कोर्ट आफ् वार्डस के सुपुर्द करूँ तो वहाँ भी वे ही सब आपत्तियाँ। कोई इधर दबायेगा, कोई उधर। अनाथ बालक को कौन पूछेगा ? हाय, मैंने आदमी नहीं पहचाना। मुझे हीरा मिल गया था, मैंने उसे ठीकरा समझा ! कैसा सच्चा, कैसा वीर, दृढ़प्रतिज्ञ पुरुष था ! यदि वह कहीं मिल जाये तो इस अनाथ बालक के दिन फिर जायँ। उसके हृदय में करुणा है, दया है। वह अनाथ बालक पर तरस खायगा। हाँ ! क्या मुझे उसके दर्शन मिलेंगे ? मैं उस देवता के चरण धो कर माथे पर चढ़ाता। आँसुओं से उसके चरण धोता। वही यदि हाथ लगाये तो यह मेरी डूबती नाव पार लगे।

9

ठाकुर साहब की दशा दिन पर दिन बिगड़ती गयी। अब अंतकाल आ पहुँचा। उन्हें पंडित दुर्गानाथ की रट लगी हुई थी। बच्चे का मुँह देखते और कलेजे से एक आह निकल जाती। बार-बार पछताते और हाथ मलते। हाय ! उस देवता को कहाँ पाऊँ ? जो कोई उसके दर्शन करा दे, आधी जायदाद उस पर न्योछावर कर दूँ—प्यारे पंडित ! मेरे

अपराध क्षमा करो। मैं अंधा था, अज्ञान था। अब मेरी बाँह पकड़ो। मुझे डूबने से बचाओ। इस अनाथ बालक पर तरस खाओ।

हितार्थी और सम्बन्धियों का समूह सामने खड़ा था। कुँवर साहब ने उनकी ओर अधखुली आँखों से देखा। सच्चा हितैषी कहीं देख न पड़ा। सबके चेहरे पर स्वार्थ की झलक थी। निराशा से आँखें मूँद लीं। उनकी स्त्री फूट-फूटकर रो रही थी। निदान उसे लज्जा त्यागनी पड़ी। वह रोती हुई पास जा कर बोली—प्राणनाथ, मुझे और इस असहाय बालक को किस पर छोड़े जाते हो ?

कुँवर साहब ने धीरे से कहा—पंडित दुर्गानाथ पर। वे जल्द आयेंगे। उनसे कह देना कि मैंने सब कुछ उनको भेंट कर दिया। यह अंतिम वसीयत है।

आप-बीती

प्रायः अधिकांश साहित्य-सेवियों के जीवन में एक ऐसा समय आता है, जब पाठकगण उनके पास श्रद्धा-पूर्ण पत्र भेजने लगते हैं। कोई उनकी रचना-शैली की प्रशंसा करता है, कोई उनके सद्विचारों पर मुग्ध हो जाता है। लेखक को भी कुछ दिनों से यह सौभाग्य प्राप्त है। ऐसे पत्रों को पढ़ कर उसका हृदय कितना गद्गद हो जाता है, इसे किसी साहित्य-सेवी ही से पूछना चाहिए। अपने फटे कंबल पर बैठा हुआ वह गर्व और आत्मगौरव की लहरों में डूब जाता है। भूल जाता है कि रात को गीली लकड़ी से भोजन पकाने के कारण सिर में कितना दर्द हो रहा था, खटमलों और मच्छरों ने रात भर कैसे नींद हराम कर दी थी। 'मैं भी कुछ हूँ' यह अहंकार उसे एक क्षण के लिए उन्मत्त बना देता है। पिछले साल सावन के महीने में मुझे एक ऐसा ही पत्र मिला। उसमें मेरी क्षुद्र रचनाओं की दिल खोल कर दाद दी गयी थी।

पत्र-प्रेषक महोदय स्वयं एक अच्छे कवि थे। मैं उनकी कविताएँ पत्रिकाओं में अक्सर देखा करता था। यह पत्र पढ़ कर फूला न समाया। उसी वक्त जवाब लिखने बैठा। उस तरंग में जो कुछ लिख गया, इस समय याद नहीं। इतना जरूर याद है कि पत्र आदि से अंत तक प्रेम के उद्गारों से भरा हुआ था। मैंने कभी कविता नहीं की और न कोई गद्य-काव्य ही लिखा; पर भाषा को जितना सँवार सकता था, उतना सँवारा। यहाँ तक कि जब पत्र समाप्त करके दुबारा पढ़ा तो कविता का आनंद आया। सारा पत्र भाव-लालित्य से परिपूर्ण था। पाँचवें दिन कवि महोदय का दूसरा पत्र आ पहुँचा। वह पहले पत्र से भी कहीं अधिक मर्मस्पर्शी था। 'प्यारे भैया !' कह कर मुझे सम्बोधित किया गया था; मेरी रचनाओं की सूची और प्रकाशकों के नाम-ठिकाने पूछे गये थे। अंत में यह शुभ समाचार है कि "मेरी पत्नी जी को आपके ऊपर बड़ी श्रद्धा है। वह बड़े प्रेम से आपकी रचनाओं को पढ़ती हैं। वही पूछ रही हैं कि आपका विवाह कहाँ हुआ है। आपकी संतानें कितनी हैं तथा आपका कोई फोटो भी है ? हो तो कृपया भेज दीजिए।"

मेरी जन्म-भूमि और वंशावली का पता भी पूछा गया था। इस पत्र, विशेषतः उसके अंतिम समाचार ने मुझे पुलकित कर दिया।

यह पहला ही अवसर था कि मुझे किसी महिला के मुख से, चाहे वह प्रतिनिधि द्वारा ही क्यों न हो, अपनी प्रशंसा सुनने का सौभाग्य प्राप्त हुआ। गरूर का नशा छा गया। धन्य है भगवान ! अब रमणियाँ भी मेरे कृत्य की सराहना करने लगीं ! मैंने तुरंत उत्तर लिखा। जितने कर्णप्रिय शब्द मेरी स्मृति के कोष में थे, सब खर्च कर दिये। मैत्री और बंधुत्व से सारा पत्र भरा हुआ था। अपनी वंशावली का वर्णन किया। कदाचित् मेरे पूर्वजों का ऐसा कीर्ति-गान किसी भाट ने भी न किया होगा। मेरे दादा एक जमींदार के कारिंदे थे, मैंने उन्हें एक बड़ी रियासत का मैनेजर बतलाया। अपने पिता को, जो एक दफ्तर में क्लर्क थे, उस दफ्तर का प्रधानाध्यक्ष बना दिया। और काश्तकारी को जमींदारी बना देना तो साधारण बात थी। अपनी रचनाओं की संख्या तो न बढ़ा सका, पर उनके महत्त्व, आदर और प्रचार का उल्लेख ऐसे शब्दों में किया, जो नम्रता की ओट में अपने गर्व को छिपाते हैं। कौन नहीं जानता कि बहुधा 'तुच्छ' का अर्थ उससे विपरीत होता है, और 'दीन' के माने कुछ और ही समझे जाते हैं। स्पष्ट से अपनी बड़ाई करना उच्छृंखलता है; मगर सांकेतिक शब्दों से आप इसी काम को बड़ी आसानी से पूरा कर सकते हैं। खैर, मेरा पत्र समाप्त हो गया और तत्क्षण लेटरबक्स के पेट में पहुँच गया।

इसके बाद दो सप्ताह तक कोई पत्र न आया। मैंने उस पत्र में अपनी गृहणी की ओर से भी दो-चार समयोचित बातें लिख दी थीं। आशा थी, घनिष्ठता और भी घनिष्ठ होगी। कहीं कविता में मेरी प्रशंसा हो जाय, तो क्या पूछना ! फिर तो साहित्य-संसार में मैं ही नजर आऊँ ! इस चुप्पी से कुछ निराशा होने लगी; लेकिन इस डर से कि कहीं कवि जी मुझे मतलबी अथवा सेंटिमैंटल न समझ लें, कोई पत्र न लिख सका।

आश्विन का महीना था, और तीसरा पहर। रामलीला की धूम मची हुई थी। मैं अपने एक मित्र के घर चला गया था। ताश की बाजी हो रही थी। सहसा एक महाशय मेरा नाम पूछते हुए आये और मेरे पास की कुरसी पर बैठ गये। और मेरा उनसे कभी का परिचय न था। सोच रहा था, वह कौन आदमी है और यहाँ कैसे आया ? यार लोग उन महाशय की ओर देख कर आपस में इशारेबाजियाँ कर रहे थे। उनके आकार-प्रकार में कुछ नवीनता अवश्य थी। श्यामवर्ण, नाटा डील, मुख पर चेचक के दाग, नंगा सिर, बाल सँवारे हुए, सिर्फ सादी कमीज, गले में फूलों की एक माला, पैर में फुल-बूट और हाथ में एक मोटी-सी पुस्तक !

मैंने विस्मित हो कर नाम पूछा।

उत्तर मिला—मुझे उमापतिनारायण कहते हैं।

मैं उठ कर उनके गले से लिपट गया। यह वही कवि महोदय थे, जिनके कई प्रेम-पत्र मुझे मिल चुके थे। कुशल-समाचार पूछा। पान-इलायची से खातिर की। फिर पूछा—आपका आना कैसे हुआ ?

उन्होंने कहा—मकान पर चलिए, तो सब वृत्तांत कहूँगा। मैं आपके घर गया था।

वहाँ मालूम हुआ, आप यहाँ हैं। पूछता हुआ चला आया।

मैं उमापति जी के साथ घर चलने को उठ खड़ा हुआ ! जब वह कमरे के बाहर निकल गये, तो मेरे मित्र ने पूछा—यह कौन साहब हैं ?

मैं—मेरे एक नये दोस्त हैं।

मित्र—जरा इनसे होशियार रहिएगा। मुझे तो उच्चके से मालूम होते हैं।

मैं—आपका अनुमान गलत है। आप हमेशा आदमी को उसकी सजधज से परखा करते हैं। पर मनुष्य कपड़ों में नहीं, हृदय में रहता है।

मित्र—खैर ये रहस्य की बातें तो आप जानें; मैं आपको आगाह किये देता हूँ।

मैंने इसका कुछ जवाब नहीं दिया। उमापति जी के साथ घर पर आया। बाजार से भोजन मँगवाया। फिर बातें होने लगीं। उन्होंने मुझे अपनी कई कविताएँ सुनायीं। स्वर बहुत सरस और मधुर था।

कविताएँ तो मेरी समझ में खाक न आयीं, पर मैंने तारीफों के पुल बाँध दिये। झूम-झूम कर वाह, वाह करने लगा; जैसे मुझसे बढ़ कर कोई काव्य रसिक संसार में न होगा। संध्या को हम रामलीला देखने गये। लौटकर उन्हें फिर भोजन कराया। अब उन्होंने अपना वृत्तांत सुनाना शुरू किया। इस समय वह अपनी पत्नी को लेने के लिए कानपुर जा रहे हैं। उसका मकान कानपुर ही में है। उनका विचार है कि एक मासिक पत्रिका निकालें। उनकी कविताओं के लिए एक प्रकाशक 1,000 रु. देता है; पर उनकी इच्छा तो यह है कि उन्हें पहले पत्रिका में क्रमशः निकाल कर फिर अपनी ही लागत से पुस्तकाकार छपवायें। कानपुर में उनकी जमींदारी भी है; पर वह साहित्यिक जीवन व्यतीत करना चाहते हैं। जमींदारी से उन्हें घृणा है। उनकी स्त्री एक कन्या-विद्यालय में प्रधानाध्यापिका है। आधी रात तक बातें होती रहीं। अब उनमें से अधिकांश याद नहीं हैं। हाँ ! इतना याद है कि हम दोनों ने मिल कर अपने भावी जीवन का एक कार्यक्रम तैयार कर लिया था। मैं अपने भाग्य को सराहता था कि भगवान् ने बैठे-बैठाये ऐसा सच्चा मित्र भेज दिया। आधी रात बीत गयी, तो सोये। उन्हें दूसरे दिन 8 बजे की गाड़ी से जाना था। मैं जब सो कर उठा, तब 7 बज चुके थे। उमापति जी हाथ-मुँह धोये तैयार बैठे थे। बोले—अब आज्ञा दीजिए; लौटते समय इधर ही से जाऊँगा। इस समय आपको कुछ कष्ट दे रहा हूँ। क्षमा कीजिएगा। मैं कल चला, तो प्रातःकाल के 4 बजे थे। दो बजे रात से पड़ा जाग रहा था कि कहीं नींद न आ जाये। बल्कि यों समझिए कि सारी रात जागना पड़ा; क्योंकि चलने की चिंता लगी हुई थी। गाड़ी में बैठा तो झपकियाँ आने लगीं। कोट उतार कर रख दिया और लेट गया, तुरंत नींद आ गयी। मुगलसराय में नींद खुली। कोट गायब ! नीचे-ऊपर चारों तरफ देखा, कहीं पता नहीं। समझ गया, किसी महाशय ने उड़ा दिया। सोने की सजा मिल गयी। कोट में 50 रु० खर्च के लिए रखे थे; वे भी उसके साथ उड़ गये।आप मुझे 50 रु. दें। पत्नी को मैके से लाना है; कुछ कपड़े वगैरह ले जाने पड़ेंगे। फिर ससुराल में सैकड़ों तरह के नेग-जोग लगने हैं। कदम-कदम पर रुपये खर्च होते हैं। न खर्च कीजिए तो हँसी हो। मैं इधर से

लौटूँगा तो देता जाऊँगा।

मैं बड़े संकोच में पड़ गया। एक बार पहले भी धोखा खा चुका था। तुरंत भ्रम हुआ कहीं अबकी फिर वही दशा न हो। लेकिन शीघ्र ही मन के इस अविश्वास पर लज्जित हुआ। संसार में सभी मनुष्य एक-से नहीं होते। यह बेचारे इतने सज्जन हैं। इस समय संकट में पड़ गये हैं। और मिथ्या संदेह में पड़ा हुआ हूँ। घर में आकर पत्नी से कहा–तुम्हारे पास कुछ रुपये तो नहीं हैं ?

स्त्री–क्या करोगे।

मैं–मेरे मित्र जो कल आये हैं, उनके रुपये किसी ने गाड़ी में चुरा लिये। उन्हें बीवी को बिदा कराने ससुराल जाना है। लौटती बार देते जायँगे।

पत्नी ने व्यंग्य करके कहा–तुम्हारे याँ जितने मित्र आते हैं, सब तुम्हें ठगने ही आते हैं, सभी संकट में पड़े रहते हैं। मेरे पास रुपये नहीं हैं।

मैंने खुशामद करते हुए कहा–लाओ दे दो, बेचारे तैयार खड़े हैं। गाड़ी छूट जायगी।

स्त्री–कह दो, इस समय घर में रुपये नहीं हैं।

मैं–यह कह देना आसान नहीं है। इसका अर्थ तो यह है कि मैं दरिद्र ही नहीं, मित्र-हीन भी हूँ; नहीं तो क्या मेरे लिये 50 रु. का इंतजाम न हो सकता। उमापति को कभी विश्वास न आयेगा कि मेरे पास रुपये नहीं हैं। इससे तो कहीं अच्छा हो कि साफ-साफ यह कह दिया जाय कि 'हमको आप पर भरोसा नहीं है, हम आपको रुपये नहीं दे सकते।' कम से कम अपना पर्दा तो ढका रह जायगा।

श्रीमती ने झुँझला कर संदूक की कुंजी मेरे आगे फेंक दी और कहा–तुम्हें जितना बहस करना आता है, उतना कहीं आदमियों को परखना आता, तो अब तक आदमी हो गये होते ! ले जाओ, दे दो। किसी तरह तुम्हारी मरजाद तो बनी रहे। लेकिन उधार समझ कर मत दो, यह समझ लो कि पानी में फेंके देते हैं।

मुझे आम खाने से काम था, पेड़ गिनने से नहीं। चुपके से रुपये निकाले और ला कर उमापति को दे दिये। फिर लौटती बार आकर रुपये दे जाने का आश्वासन दे कर वह चल दिये।

सातवें दिन शाम को वह घर से लौट आये। उनकी पत्नी और पुत्री भी साथ थीं। मेरी पत्नी ने शक्कर और दही खिला कर उनका स्वागत किया। मुँह-दिखायी के 20 रु. दिये। उनकी पुत्री को भी मिठाई खाने को 2 रु. दिये। मैंने समझा था, उमापति आते ही आते मेरे रुपये गिनने लगेंगे; लेकिन उन्होंने पहर रात गये तक रुपयों का नाम भी नहीं लिया। जब मैं घर में सोने गया, तो बीवी से कहा–इन्होंने तो रुपये नहीं दिये जी !

पत्नी ने व्यंग्य से हँस कर कहा–तो क्या सचमुच तुम्हें आशा थी कि वह आते ही आते तुम्हारे हाथ में रुपये रख देंगे ? मैंने तो तुमसे पहले ही कह दिया था कि फिर पाने की आशा से रुपये मत दो; यही समझ लो कि किसी मित्र को सहायतार्थ दे दिये। लेकिन तुम भी विचित्र आदमी हो।

मैं लज्जित और चुप हो रहा। उमापति जी दो दिन रहे। मेरी पत्नी उनका यथोचित आदर-सत्कार करती रही। लेकिन मुझे उतना संतोष न था। मैं समझता था, इन्होंने मुझे धोखा दिया।

तीसरे दिन प्रातःकाल वह चलने को तैयार हुए। मुझे अब भी आशा थी कि वह रुपये दे कर जायेंगे। लेकिन जब उनकी नयी रामकहानी सुनी, तो सन्नाटे में आ गया। वह अपना बिस्तर बाँधते हुए बोले—बड़ा ही खेद है कि मैं अबकी बार आपके रुपये न दे सका। बात यह है कि मकान पर पिता जी से भेंट ही नहीं हुई। वह तहसील-वसूल करने गाँव चले गये थे। और मुझे इतना अवकाश न था कि गाँव तक जाता। रेल का रास्ता नहीं है। बैलगाड़ियों पर जाना पड़ता है। इसीलिए मैं एक दिन मकान पर रहकर ससुराल चला गया। वहाँ सब रुपये खर्च हो गये। बिदाई के रुपये न मिल जाते, तो यहाँ तक आना कठिन था। अब मेरे पास रेल का किराया तक नहीं है। आप मुझे 25 रु. और दे दें। मैं वहाँ जाते ही भेज दूँगा। मेरे पास इक्के तक का किराया नहीं है।

जी में तो आया कि टका-सा जवाब दे दूँ; पर इतनी अशिष्टता न हो सकी। फिर पत्नी के पास गया और रुपये माँगे। अबकी उन्होंने बिना कुछ कहे-सुने रुपये निकाल कर मेरे हवाले कर दिये। मैंने उदासीन भाव से रुपये उमापति जी को दिये। जब उनकी पुत्री और अर्धांगिनी जीने से उतर गयीं, तो उन्होंने बिस्तर उठाया और मुझे प्रणाम किया। मैंने बैठे-बैठे सर हिला कर जवाब दिया। उन्हें सड़क तक पहुँचाने भी न गया।

एक सप्ताह के बाद उमापति जी ने लिखा—मैं कार्यवश बरार जा रहा हूँ। लौट कर रुपये भेजूँगा।

15 दिन के बाद एक पत्र लिख कर कुशल-समाचार पूछे। कोई उत्तर न आया। 15 दिन के बाद फिर रुपयों का तकाजा किया। उसका भी कुछ जवाब न मिला। एक महीने के बाद फिर तकाजा किया। उसका भी यही हाल ! एक रजिस्टरी पत्र भेजा। वह पहुँच गया, इसमें संदेह नहीं; लेकिन जवाब उसका भी न आया। समझ गया, समझदार जोरू ने जो कुछ कहा था, वह अक्षरशः सत्य था ! निराश हो कर चुप हो रहा।

इन पत्रों की मैंने पत्नी से चर्चा भी नहीं की और न उसी ने कुछ इस बारे में पूछा।

2

इस कपट-व्यवहार का मुझ पर वही असर पड़ा जो साधारणतः स्वाभाविक रूप से पड़ना चाहिए। कोई ऊँची और पवित्र आत्मा इस छल पर भी अटल रह सकती थी। उसे यह समझ कर संतोष हो सकता था कि मैंने अपने कर्त्तव्य को पूरा कर दिया। यदि ऋणी ने ऋण नहीं चुकाया, तो मेरा क्या अपराध। पर मैं इतना उदार नहीं हूँ। यहाँ तो महीनों सिर खपाता हूँ, कलम घिसता हूँ, तब जा कर नगद-नारायण के दर्शन होते हैं।

इसी महीने की बात है। मेरे यंत्रालय में एक नया कंपोजीटर बिहार-प्रांत से

आया। काम में चतुर जान पड़ता था। मैंने उसे 15 रु. मासिक पर नौकर रख लिया। पहले किसी अँग्रेजी स्कूल में पढ़ता था। असहयोग के कारण पढ़ना छोड़ बैठा था। घरवालों ने किसी प्रकार की सहायता देने से इनकार किया। विवश होकर उसने जीविका के लिए यह पेशा अख्तियार कर लिया। कोई 17-18 वर्ष की उम्र थी। स्वभाव में गंभीरता थी। बातचीत बहुत सलीके से करता था। यहाँ आने के तीसरे दिन बुखार आने लगा। दो-चार दिन तो ज्यों-त्यों करके काटे, लेकिन जब बुखार न छूटा, तो घबरा गया। घर की याद आयी। और कुछ न सही, घरवाले क्या दवा-दरपन भी न करेंगे। मेरे पास आकर बोला–महाशय, मैं बीमार हो गया हूँ। आप कुछ रुपये दे दें तो घर चला जाऊँ। वहाँ जाते ही रुपयों का प्रबंध करके भेज दूँगा। वह वास्तव में बीमार था। मैं उससे भली-भाँति परिचित था। यह भी जानता था कि यहाँ रहकर वह कभी स्वास्थ्य-लाभ नहीं कर सकता। उसे सचमुच सहायता की जरूरत थी। पर मुझे शंका हुई कि कहीं यह भी रुपये हजम न कर जाय। जब एक विचारशील, सुयोग्य विद्वान् पुरुष धोखा दे सकता है, तो ऐसे अर्द्धशिक्षित नवयुवक से कैसे यह आशा की जाय कि वह अपने बचन का पालन करेगा ?

मैं कई मिनट तक घोर संकट में पड़ा रहा। अंत में बोला–भई, मुझे तुम्हारी दशा पर बहुत दुःख है। मगर मैं इस समय कुछ न कर सकूँगा। बिलकुल खाली हाथ हूँ। खेद है।

यह कोरा जवाब सुन कर उसकी आँखों से आँसू गिरने लगे। वह बोला–आप चाहें तो कुछ न कुछ प्रबंध अवश्य कर सकते हैं। मैं जाते ही आपके रुपये भेज दूँगा।

मैंने दिल में कहा–यहाँ तुम्हारी नीयत साफ है, लेकिन घर पहुँच कर भी यही नीयत रहेगी, इसका क्या प्रमाण है ? नीयत साफ रहने पर भी मेरे रुपये दे सकोगे या नहीं यही कौन जाने ? कम से कम तुमसे वसूल करने का मेरे पास कोई साधन नहीं है। प्रकट में कहा–इसमें मुझे कोई संदेह नहीं है, लेकिन खेद है कि मेरे पास रुपये नहीं हैं। हाँ, तुम्हारी जितनी तनख्वाह निकलती हो वह ले सकते हो।

उसने कुछ जवाब नहीं दिया, किंकर्तव्यविमूढ़ की तरह एक बार आकाश की ओर देखा और चला गया। मेरे हृदय में कठिन वेदना हुई। अपनी स्वार्थपरता पर ग्लानि हुई। पर अंत को मैंने जो निश्चय किया था उसी पर स्थिर रहा। इस विचार से मन को संतोष हो गया कि मैं ऐसा कहाँ का धनी हूँ जो यों रुपये पानी में फेंकता फिरूँ।

यह है उस कपट का परिणाम, जो मेरे कवि मित्र ने मेरे साथ किया।

मालूम नहीं, आगे चल कर इस निर्बलता का क्या कुफल निकलता, पर सौभाग्य से उसकी नौबत न आयी। ईश्वर को मुझे इस अपयश से बचाना मंजूर था। जब वह आँखों में आँसू-भरे मेरे पास से चला, तो कार्यालय के एक क्लर्क, पं. पृथ्वीनाथ से उसकी भेंट हो गयी। पंडित जी ने उससे हाल पूछा। पूरा वृत्तांत सुन लेने पर बिना किसी आगे-पीछे के उन्होंने 15 रु. निकाल कर उसे दे दिये। ये रुपये उन्हें कार्यालय के मुनीम से उधार लेने पड़े। मुझे यह हाल मालूम हुआ, तो हृदय के ऊपर से एक

बोझ-सा उतर गया। अब वह बेचारा मजे से अपने घर पहुँच जायगा। यह संतोष मुफ्त ही में प्राप्त हो गया। कुछ अपनी नीचता पर लज्जा भी आयी। मैं लंबे-लंबे लेखों में दया, मनुष्यता और सद्व्यवहार का उपदेश किया करता था; पर अवसर पड़ने पर साफ जान बचा कर निकल गया ! और, यह बेचारा क्लर्क, जो मेरे लेखों का भक्त था, इतना उदार और दयाशील निकला ! गुरु गुड़ ही रहे, चेला शक्कर हो गये। खैर, उसमें भी एक व्यंग्य-पूर्ण संतोष था कि मेरे उपदेशों का असर मुझ पर न हुआ, न सही; दूसरों पर तो हुआ! चिराग के तले अँधेरा रहा तो क्या हुआ, उसका प्रकाश तो फैल रहा है ! पर, कहीं बेचारे को रुपये न मिले (और शायद ही मिलें, इसकी बहुत कम आशा है) तो खूब छकेंगे। हजरत को आड़े हाथों लूँगा। किंतु मेरी यह अभिलाषा न पूरी हुई। पाँचवें दिन रुपये आ गये। ऐसी और आँखें खोल देनेवाली यातना मुझे और कभी नहीं मिली थी। खैरियत यही थी कि मैंने इस घटना की चर्चा स्त्री से नहीं की थी; नहीं तो मुझे घर में रहना भी मुश्किल हो जाता।

3

उपर्युक्त वृत्तांत लिख कर मैंने एक पत्रिका में भेज दिया। मेरा उद्देश्य केवल यह था कि जनता के सामने कपट-व्यवहार के कुपरिणाम का एक दृश्य रखूँ। मुझे स्वप्न में भी आशा न थी कोई प्रत्यक्ष फल निकलेगा। इसी से जब चौथे दिन अनायास मेरे पास 75 रु. का मनीआर्डर पहुँचा, तो मेरे आनंद की सीमा न रही। प्रेषक वही महाशय थे—उमापति। कूपन पर केवल "क्षमा" लिखा हुआ था। मैंने रुपये ले जाकर पत्नी के हाथों में रख दिये और कूपन दिखलाया।

उसने अनमने भाव से कहा—इन्हें ले जा कर यत्न से अपने संदूक में रखो। तुम ऐसे लोभी प्रकृति के मनुष्य हो, यह मुझे आज ज्ञात हुआ। थोड़े-से रुपयों के लिए किसी के पीछे पंजे झाड़ कर पड़ जाना सज्जनता नहीं है। जब कोई शिक्षित और विनयशील मनुष्य अपने वचन का पालन न करे, तो यही समझना चाहिए कि वह विवश है। विवश मनुष्य को बार-बार तकाजों से लज्जित करना भलमंसी नहीं है। कोई मनुष्य, जिसका सर्वथा नैतिक पतन नहीं हो गया है, यथाशक्ति किसी को धोखा नहीं देता। इन रुपयों को मैं तब तक अपने पास नहीं रखूँगी, जब तक उमापति का कोई पत्र नहीं आ जायगा कि क्यों रुपये भेजने में इतना विलंब हुआ।

पर इस समय मैं ऐसी उदार बातें सुनने को तैयार न था। डूबा हुआ धन मिल गया, इसकी खुशी से फूला नहीं समाता था।

राज्य-भक्त

संध्या का समय था। लखनऊ के बादशाह नासिरुद्दीन अपने मुसाहबों और दरबारियों के साथ बाग की सैर कर रहे थे। उनके सिर पर रत्नजटित मुकुट की जगह अँग्रेजी

टोपी थी। वस्त्र भी अँग्रेजी ही थे। मुसाहबों में पाँच अँग्रेज थे। उनमें से एक के कन्धे पर सिर रख कर बादशाह चल रहे थे। तीन-चार हिंदुस्तानी भी थे। उनमें से एक राजा बख्तावरसिंह थे। वह बादशाही सेना के अध्यक्ष थे। उन्हें सब लोग "जेनरल" कहा करते थे। वह अधेड़ आदमी थे। शरीर खूब गठा हुआ था। लखनवी पहनावा उन पर बहुत सजता था। मुख से विचारशीलता झलक रही थी। दूसरे महाशय का नाम रोशनुद्दौला था। यह राज्य के प्रधानमंत्री थे। बड़ी-बड़ी मूँछें और नाटा डील था, जिसे ऊँचा करने के लिए वह तन कर चलते थे। नेत्रों से गर्व टपक रहा था। शेष लोगों में एक कोतवाल था और दो बादशाह के रक्षक। यद्यपि अभी 19वीं शताब्दी का आरंभ ही था, पर बादशाह ने अँग्रेजी रहन-सहन अख्तियार कर ली थी। भोजन भी प्रायः अँग्रेजी ही करते थे। अँग्रेजों पर उनका असीम विश्वास था। वह सदैव उनका पक्ष लिया करते थे। मजाल न थी कि कोई बड़े-से-बड़ा राजा या राजकर्मचारी किसी अँग्रेज से बराबरी करने का साहस कर सके।

अगर किसी में यह हिम्मत थी, तो वह राजा बख्तावरसिंह थे। उनसे कंपनी का बढ़ता हुआ अधिकार न देखा जाता था; कंपनी की उस सेना की संख्या जो उसने अवध के राज्य की रक्षा के लिए लखनऊ में नियुक्त की थी, दिन-दिन बढ़ती जाती थी। उसी परिणाम से सेना का व्यय भी बढ़ रहा था। राज-दरबार उसे चुका न सकने के कारण कंपनी का ऋणी होता जाता था। बादशाही सेना की दशा हीन से हीनतर होती जाती थी। उसमें न संगठन था, न बल। बरसों तक सिपाहियों का वेतन न मिलता था। शस्त्र सभी पुराने थे। वर्दी फटी हुई। कवायद का नाम नहीं। कोई उनका पूछनेवाला न था। अगर राजा बख्तावरसिंह वेतन-वृद्धि या नये शस्त्रों के सम्बन्ध में कोई प्रयत्न करते तो कम्पनी का रेजीडेंट उसका घोर विरोध और राज्य पर विद्रोहात्मक शक्ति-संचार का दोषारोपण करता था। उधर से डाँट पड़ती तो बादशाह अपना गुस्सा राजा साहब पर उतारते। बादशाह के सभी अँग्रेज मुसाहब राजासाहब से शंकित रहते और उनकी जड़ खोदने का प्रयास किया करते थे। पर वह राज्य का सेवक एक ओर अवहेलना और दूसरी ओर से घोर विरोध सहते हुए भी अपने कर्तव्य का पालन करता जाता था। मजा यह कि सेना भी उनसे संतुष्ट न थी। सेना में अधिकांश लखनऊ के शोहदे और गुंडे भरे हुए थे। राजा साहब जब उन्हें हटा कर अच्छे-अच्छे जवानों की भरती करने की चेष्टा करते, तो सारी सेना में हाहाकार मच जाता। लोगों को शंका होती कि यह राजपूतों की सेना बना कर कहीं राज्य ही पर तो हाथ नहीं बढ़ाना चाहते ? इसलिए मुसलमान भी उनसे बदगुमान रहते थे। राजा साहब के मन में बार-बार प्रेरणा होती कि इस पद को त्याग कर चले जायँ; पर यह भय उन्हें रोकता था कि मेरे हटते ही अँग्रेजों की बन आयेगी और बादशाह उनके हाथों में कठपुतली बन जायँगे, रही-सही सेना के हाथ अवध-राज्य का अस्तित्त्व भी मिट जायगा। अतएव इतनी कठिनाइयों के होते हुए भी चारों ओर बैर-विरोध से घिरे होने पर भी, वह अपने पद से हटने का निश्चय न कर सकते थे। सबसे कठिन समस्या यह थी कि रोशनुद्दौला भी राजा साहब से खार खाता

था। उसे सदैव शंका रहती कि यह मराठों से मैत्री करके अवध-राज्य को मिटाना चाहते हैं। इसलिए वह राजा साहब के प्रत्येक कार्य में बाधा डालता रहता था। उसे अब भी आशा थी कि अवध का मुसलमानी राज्य अगर जीवित रह सकता है, तो अँग्रेजों के संरक्षण में, अन्यथा वह अवश्य हिंदुओं की बढ़ती हुई शक्ति का ग्रास बन जायगा।

वास्तव में बख्तावरसिंह की दशा अत्यंत करुण थी। वह अपनी चतुराई से जिह्वा की भाँति दाँतों के बीच में पड़े हुए अपना काम किये जाते थे। यों तो वह स्वभाव के अक्खड़ थे, अपना काम निकालने के लिए मधुरता और मृदुलता, शील और विनय का आवाहन करते रहते थे। इससे उनके व्यवहार में कृत्रिमता आ जाती थी और वह शत्रुओं को उनकी ओर से और भी सशंक बना देती थी।

बादशाह ने एक अँग्रेज मुसाहब से पूछा–तुमको मालूम है, मैं तुम्हारी कितनी खातिर करता हूँ ? मेरी सल्तनत में किसी की मजाल नहीं कि वह किसी अँग्रेज को कड़ी निगाहों से देख सके।

अँग्रेज मुसाहब ने सिर झुका कर कहा–हम हुजूर की इस मिहरबानी को कभी नहीं भूल सकते।

बा.–इमामहुसैन की कसम, अगर यहाँ कोई आदमी तुम्हें तकलीफ दे, तो मैं उसे फौरन जिंदा दीवार में चुनवा दूँ।

बादशाह की आदत थी कि वह बहुधा अपनी अँग्रेजी टोपी हाथ में ले कर उसे उँगली पर नचाने लगते थे। रोज-रोज नचाते-नचाते टोपी में उँगली का घर हो गया था। इस समय जो उन्होंने टोपी उठा कर उँगली पर रखी तो टोपी में छेद हो गया। बादशाह का ध्यान अँग्रेजों की तरफ था। बख्तावरसिंह बादशाह के मुँह से ऐसी बात सुन कर कबाब हुए जाते थे। उक्त कथन में कितनी खुशामद, कितनी नीचता और अवध की प्रजा तथा राजों का कितना अपमान था ! और लोग तो टोपी का छिद्र देख कर हँसने लगे, पर राजा बख्तावरसिंह के मुँह से अनायास निकल गया–हुजूर, ताज में सुराख हो गया।

राजा साहब के शत्रुओं ने तुरंत कानों पर उँगलियाँ रख लीं। बादशाह को भी ऐसा मालूम हुआ कि राजा ने मुझ पर व्यंग्य किया। उनके तेवर बदल गये। अँग्रेजों और अन्य सभासदों ने इस प्रकार कानाफूसी शुरू की, जैसे कोई महान् अनर्थ हो गया। राजा साहब के मुँह से अनर्गल शब्द अवश्य निकले। इसमें कोई संदेह नहीं था। संभव है, उन्होंने जान-बूझ कर व्यंग्य न किया हो, उनके दुःखी हृदय ने साधारण चेतावनी को यह तीव्र रूप दे दिया; पर बात बिगड़ जरूर गयी थी। अब उनके शत्रु उन्हें कुचलने के ऐसे सुन्दर अवसर को हाथ से क्यों जाने देते ?

राजा साहब ने सभा का यह रंग देखा, तो खून सर्द हो गया। समझ गये, आज शत्रुओं के पंजे में फँस गया और ऐसा बुरा फँसा कि भगवान् ही निकालें, तो निकल सकता हूँ।

बादशाह ने कोतवाल से लाल आँखें करके कहा–इस नमकहराम को कैद कर लो

और इसी वक्त इसका सिर उड़ा दो। इसे मालूम हो जाय कि बादशाहों से बेअदबी करने का क्या नतीजा होता है।

कोतवाल को सहसा 'जेनरल' पर हाथ बढ़ाने की हिम्मत न पड़ी। रोशनुद्दौला ने उससे इशारे से कहा–खड़े सोचते क्या हो, पकड़ लो, नहीं तो तुम भी इसी आग में जल जाओगे।

तब कोतवाल ने आगे बढ़ कर बख्तावरसिंह को गिरफ्तार कर लिया। एक क्षण में उनकी मुश्कें कस दी गयीं। लोग उन्हें चारों ओर से घेर कर कत्ल करने ले चले।

बादशाह ने मुसाहबों से कहा–मैं भी वहीं चलता हूँ। जरा देखूँगा कि नमकहरामों की लाश क्योंकर तड़पती है।

कितनी घोर पशुता थी ! यही प्राण जरा देर पहले बादशाह का विश्वासपात्र था !

एकाएक बादशाह ने कहा–पहले इस नमकहराम की खिलअत उतार लो। मैं नहीं चाहता कि मेरी खिलअत की बेइज्जती हो।

किसकी मजाल थी, जो जरा भी जबान हिला सके। सिपाहियों ने राजा साहब के वस्त्र उतारने शुरू किये। दुर्भाग्यवश उनके एक जेब से पिस्तौल निकल आयी। उसकी दोनों नालियाँ भरी हुई थीं। पिस्तौल देखते ही बादशाह की आँखों से चिनगारियाँ निकलने लगीं। बोले–कसम है हजरत इमामहुसैन की, अब इसकी जाँबख्शी नहीं करूँगा। मेरे साथ भरी हुई पिस्तौल की क्या जरूरत ! जरूर इसकी नीयत में फितूर था। अब मैं इसे कुत्तों से नुचवाऊँगा। (मुसाहबों की तरफ देख कर) देखा तुम लोगों ने इसकी नीयत ! मैं अपनी आस्तीन में साँप पाले हुए था। आप लोगों के खयाल में इसके पास भरी हुई पिस्तौल का निकलना क्या माने रखता है।

अँग्रेजों को केवल राजा साहब को नीचा दिखाना मंजूर था। वे उन्हें अपना मित्र बना कर जितना काम निकाल सकते थे उतना उनके मारे जाने से नहीं। इसी से एक अँग्रेज मुसाहब ने कहा–मुझे तो इसमें कोई गैरमुनासिब बात नहीं मालूम होती। जेनरल आपका बाडीगार्ड (रक्षक है)। उसे हमेशा हथियारबन्द रहना चाहिए। खासकर जब आपकी खिदमत में हो। नहीं मालूम, किस वक्त इसकी जरूरत आ पड़े।

दूसरे अंग्रेज मुसाहबों ने भी इस विचार की पुष्टि की। बादशाह के क्रोध की ज्वाला कुछ शांत हुई। अगर ये ही बातें किसी हिंदुस्तानी मुसाहब की जबान से निकली होतीं, तो उनकी जान की खैरियत न थी। कदाचित् अँग्रेजों को अपनी न्याय-परता का नमूना दिखाने ही के लिए उन्होंने यह प्रश्न किया था। बोले–कसम हजरत इमाम की, तुम सब के सब शेर के मुँह से उसका शिकार छीनना चाहते हो ! पर मैं एक न मानूँगा, बुलाओ कप्तान साहब को। मैं उनसे यही सवाल करता हूँ। अगर उन्होंने भी तुम लोगों के खयाल की ताईद की, तो इसकी जान न लूँगा। और अगर उनकी राय इसके खिलाफ हुई, तो इस मक्कार को इसी वक्त जहन्नुम भेज दूँगा। मगर खबरदार, कोई उनकी तरफ किसी तरह का इशारा न करे। वर्ना मैं जरा भी रू-रिआयत न करूँगा। सब के सब सिर झुकाये बैठे रहें।

कप्तान साहब थे तो राजा साहब के आउरदे, पर इन दिनों बादशाहों की उन पर विशेष कृपा थी। वह उन सच्चे राज-भक्तों में थे, जो अपने को राजा का नहीं, राज्य का सेवक समझते हैं। वह दरबार से अलग रहते थे। बादशाह उनके कामों से बहुत संतुष्ट थे। एक आदमी तुरन्त कप्तान साहब को बुला लाया। राजा साहब की जान उनकी मुट्ठी में थी। रोशनुद्दौला को छोड़ कर ऐसा शायद एक व्यक्ति भी न था, जिसका हृदय आशा और निराशा से न धड़क रहा हो। सब मन में भगवान् से यही प्रार्थना कर रहे थे कि कप्तान साहब किसी तरह से इस समस्या को समझ जायँ। कप्तान साहब आये, और उड़ती हुई दृष्टि से सभा की ओर देखा। सभी की आँखें नीचे झुकी हुई थीं। वह कुछ अनिश्चित भाव से सिर झुका कर खड़े हो गये।

बादशाह ने पूछा–मेरे मुसाहबों को अपनी जेब में भरी हुई पिस्तौल रखना मुनासिब है या नहीं ?

दरबारियों की नीरवता, उनके आशंकित चेहरे और उनकी चिंतायुक्त अधीरता देख कर कप्तान साहब को वर्तमान समस्या की कुछ टोह मिल गयी। वह निर्भीक भाव से बोले–हुजूर, मेरे खयाल में तो यह उनका फर्ज है। बादशाह के दोस्त-दुश्मन सभी होते हैं। अगर मुसाहब लोग उनकी रक्षा का भार न लेंगे, तो कौन लेगा ? उन्हें सर्फ पिस्तौल ही नहीं, और भी छिपे हुए हथियारों से लैस रहना चाहिए। न जाने कब हथियारों की जरूरत आ पड़े, तो वह ऐन वक्त पर कहाँ दौड़ते फिरेंगे ?

राजा साहब के जीवन के दिन बाकी थे। बादशाह ने निराश होकर कहा–रोशन, इसे कत्ल मत करना, काल कोठरी में कैद कर दो। मुझसे पूछे बगैर इसे दाना-पानी कुछ न दिया जाय। जा कर इसके घर का सारा माल-असबाब जब्त कर लो और सारे खानदान को जेल में बंद कर दो। इसके मकान की दीवारें जमीं-दोज करा देना। घर में एक फूटी हाँडी भी न रहने पाये।

इससे तो यही कहीं अच्छा था कि राजा साहब ही की जान जाती। खानदान की बेइज्जती तो न होती, महिलाओं का अपमान तो न होता, दरिद्रता की चोटें तो न सहनी पड़तीं ! विकार को निकलने का मार्ग नहीं मिलता, तो वह सारे शरीर में फैल जाता है। राजा के प्राण तो बचे, पर सारे खानदान को विपत्ति में डाल कर !

रोशनुद्दौला को मुँहमाँगी मुराद मिली। उसकी ईर्ष्या कभी इतनी संतुष्ट न हुई थी। वह मगन था कि आज वह काँटा निकल गया, जो बरसों से हृदय में चुभा हुआ था। आज हिन्दू-राज्य का अंत हुआ। अब मेरा सिक्का चलेगा। अब मैं समस्त राज्य का विधाता हूँगा। संध्या से पहले ही राजा साहब की सारी स्थावर और जंगम संपत्ति कुर्क हो गयी। वृद्ध माता-पिता, सुकोमल रमणियाँ, छोटे-छोटे बालक, सब के सब जेल में कैद कर दिये गये। कितनी करुण दशा थी। वे महिलाएँ, जिन पर कभी देवताओं की भी निगाह न पड़ी थी, खुले मुँह, नंगे पैर, पाँव घसीटती, शहर की भरी हुई सड़कों और गलियों से होती हुईं, सिर झुकाये, शोक-चित्रों की भाँति, जेल की तरफ चली जाती थीं। सशस्त्र सिपाहियों का एक बड़ा दल साथ था। जिस पुरुष के एक इशारे पर कई घंटे

पहले सारे शहर में हलचल मच जाती, उसी के खानदान की यह दुर्दशा !

2

राजा बख्तावरसिंह को बंदी-गृह में रहते हुए एक मास बीत गया। वहाँ उन्हें सभी प्रकार के कष्ट दिये जाते थे। यहाँ तक कि भोजन भी यथासमय न मिलता था। उनके परिवार को भी असह्य यातनाएँ दी जाती थीं। लेकिन राजा साहब को बंदी-गृह में एक प्रकार की शांति का अनुभव होता था। वहाँ प्रति-क्षण यह खटका तो न रहता था कि बादशाह मेरी किसी बात से नाराज न हो जायँ; मुसाहब लोग कहीं मेरी शिकायत तो नहीं कर रहे हैं। शारीरिक कष्टों का सहना उतना कठिन नहीं, जितना कि मानसिक कष्टों का। यहाँ सब तकलीफें थीं, पर सिर पर तलवार तो नहीं लटक रही थी। उन्होंने मन में निश्चय किया कि अब चाहे बादशाह मुझे मुक्त भी कर दें, मगर मैं राज-काज से अलग ही रहूँगा। इस राज्य का सूर्य अस्त होनेवाला है; कोई मानवी-शक्ति उसे विनाश-दिशा में लीन होने से नहीं रोक सकती। ये उसी पतन के लक्षण हैं। नहीं तो क्या मेरी राज-भक्ति का यही पुरस्कार मिलना चाहिए था ? मैंने अब तक कितनी कठिनाइयों से राज्य की रक्षा की है, यह भगवान् ही जानते हैं। एक ओर तो बादशाह की निरंकुशता, दूसरी ओर बलवान् और युक्ति-संपन्न शत्रुओं की कूटनीति–इस शिला और भँवर के बीच में राज्य की नौका को चलाते रहना कितना कष्टसाध्य था ! शायद ही ऐसा कोई दिन गुजरा होगा, जिस दिन मेरा चित्त प्राण-शंका से आंदोलित न हुआ हो। इस सेवा, भक्ति और तल्लीनता का यह पुरस्कार है। मेरे मुख से व्यंग्य-शब्द अवश्य निकले, लेकिन उनके लिए इतना कठोर दंड ? इससे तो यह कहीं अच्छा था कि मैं कत्ल कर दिया गया होता, अपनी आँखों से अपने परिवार की यह दुर्गति तो न देखता ? सुनता हूँ पिता जी को सोने के लिए चटाई नहीं दी गयी है ! न जाने स्त्रियों पर कैसे-कैसे अत्याचार हो रहे होंगे। लेकिन इतना जानता हूँ कि प्यारी सुखदा अंत तक अपने सतीत्व की रक्षा करेगी; अन्यथा प्राण त्याग देगी। मुझे बेड़ियों की परवाह नहीं। पर सुनता हूँ लड़कों के पैरों में भी बेड़ियाँ डाली गयी हैं। यह सब इसी कुटिल रोशनुद्दौला की शरारत है। जिसका जी चाहे, इस समय सता ले, कुचल ले, मुझे किसी से कोई शिकायत नहीं। भगवान् से यही प्रार्थना है कि अब संसार से उठा ले। मुझे अपने जीवन में जो कुछ करना था, कर चुका, और उसका खूब फल पा चुका। मेरे-जैसे आदमी के लिए संसार में स्थान नहीं है।

राजा इन्हीं विचारों में डूबे थे। सहसा उन्हें अपनी काल कोठरी की ओर किसी के आने की आहट मिली। रात बहुत जा चुकी थी। चारों ओर सन्नाटा छाया था, और उस अंधकारमय सन्नाटे में किसी के पैरों की चाप स्पष्ट सुनायी देती थी। कोई बहुत पाँव दबा-दबा कर चला आ रहा था। राजा साहब का कलेजा धक्-धक् करने लगा। वह उठ कर खड़े हो गये। हम निःशस्त्र और प्रतिकार के लिए असमर्थ होने पर भी बैठे-बैठे वारों का निशाना नहीं बनना चाहते। खड़े हो जाना आत्मरक्षा का अंतिम प्रयत्न है। कोठरी में

ऐसी कोई वस्तु न थी, जिससे वह अपनी रक्षा कर सकते। समझ गये अंतिम समय आ गया। शत्रुओं ने इस तरह मेरे प्राण लेने की ठानी है। अच्छा है, जीवन के साथ इस विपत्ति का भी अंत हो जायगा।

एक क्षण में उनके सम्मुख एक आदमी आ कर खड़ा हो गया। राजा साहब ने पूछा–कौन है ?

उत्तर मिला–मैं हूँ, आपका सेवक।

राजा–ओ हो, तुम हो कप्तान ! मैं शंका में पड़ा हुआ था कि कहीं शत्रुओं ने मेरा वध करने के लिए कोई दूत न भेजा हो !

कप्तान–शत्रुओं ने कुछ और ही ठानी है। आज बादशाह-सलामत की जान बचती नहीं नजर आती।

राजा–अरे ! यह क्योंकर !

कप्तान–जब से आपको यहाँ नजरबंद किया गया है, सारे राज्य में हाहाकार मचा हुआ है। स्वार्थी कर्मचारियों ने लूट मचा रखी है। अँग्रेजों की खुदाई फिर रही है। जो जी में आता है, करते हैं; किसी को मजाल नहीं कि चूँ कर सके। इस एक महीने में शहर के सैकड़ों बड़े-बड़े रईस मिट गये। रोशनुद्दौला की बादशाही है। बाजारों का भाव चढ़ता जाता है। बाहर से व्यापारी लोग डर के मारे कोई चीज ही नहीं लाते। दूकानदारों से मनमानी रकमें महसूल के नाम पर वसूल की जा रही हैं। गल्ले का भाव इतना चढ़ गया है कि कितने ही घरों में चूल्हा जलने की नौबत नहीं आती। सिपाहियों को अभी तक तनख्वाह नहीं मिली। वे जा कर दूकानदारों को लूटते हैं। सारे राज्य में बदअमनी हो रही है। मैंने कई बार यह कैफियत बादशाह-सलामत के कानों तक पहुँचाने की कोशिश की; मगर वह यह तो कह देते हैं कि मैं इसकी तहकीकात करूँगा, और फिर बेखबर हो जाते हैं। आज शहर के बहुत से दूकानदार फरियाद ले कर आये थे कि हमारे हाल पर निगाह न की गयी, तो हम शहर छोड़ कर कहीं और चले जायँगे। क्रिस्तानों ने उनको सख्त कहा, धमकाया, लेकिन उन्होंने जब तक अपनी सारी मुसीबत न बयान कर ली, वहाँ से न हटे। आखिर बादशाह-सलामत ने उनको दिलासा दिया, तो चले गये।

राजा–बादशाह पर इतना असर हुआ, मुझे तो यही ताज्जुब है !

कप्तान–असर-वसर कुछ नहीं हुआ। यह भी उनकी एक दिल्लगी है। शाम को खास मुसाहबों को बुला कर हुक्म दिया है कि आज मैं भेष बदल कर शहर का गश्त करूँगा; तुम लोग भी भेष बदले हुए मेरे साथ रहना। मैं देखना चाहता हूँ कि रिआया क्यों इतनी घबरायी हुई है। सब लोग मुझसे दूर रहें; किसी को न मालूम हो कि मैं कौन हूँ। रोशनुद्दौला और पाँचों अँग्रेज-मुसाहिब साथ रहेंगे।

राजा–तुम्हें क्योंकर यह बात मालूम हो गयी ?

कप्तान–मैंने उसी अँग्रेज हज्जाम को मिला रखा है। दरबार में जो कुछ होता है, उसका पता मुझे मिल जाता है। उसी की सिफारिश से आपकी खिदमत में हाजिर होने

का मौका मिला। (घड़ियाल में 10 बजते हैं) ग्यारह बजे चलने की तैयारी है। बारह बजते-बजते लखनऊ का तख्त खाली हो जायगा।

राजा (घबरा कर)–क्या इन सबों ने उन्हें कत्ल करने की साजिश कर रखी है ?

कप्तान–जी नहीं; कत्ल करने से उनका मंशा पूरा न होगा। बादशाह को बाजार की सैर कराते हुए गोमती की तरफ ले जायेंगे। वहाँ अँग्रेज सिपाहियों का एक दस्ता तैयार रहेगा। वह बादशाह को फौरन एक गाड़ी में बिठा कर रेजिडेंसी में ले जायगा। वहाँ रेजिडेंट साहब बादशाह-सलामत को सल्तनत से इस्तीफा देने पर मजबूर करेंगे। उसी वक्त उनसे इस्तीफा लिखा लिया जायगा और इसके बाद रातों-रात उन्हें कलकत्ते भेज दिया जायगा।

राजा–बड़ा गजब हो गया। अब तो वक्त बहुत कम है, बादशाह-सलामत निकल पड़े होंगे ?

कप्तान–गजब क्या हो गया ? इनकी जात से किसे आराम था। दूसरी हुकूमत चाहे कितनी ही खराब हो, इससे अच्छी ही होगी।

राजा–अँग्रेजों की हुकूमत होगी ?

कप्तान–अँग्रेज इनसे कहीं बेहतर इंतजाम करेंगे।

राजा–(करुण स्वर से)–कप्तान ! ईश्वर के लिए ऐसी बातें न करो। तुमने मुझसे जरा देर पहले क्यों न यह कैफियत बयान की ?

कप्तान (आश्चर्य से)–आपके साथ तो बादशाह ने कोई अच्छा सलूक नहीं किया !

राजा–मेरे साथ कितना ही बुरा सलूक किया हो, लेकिन एक राज्य की कीमत एक आदमी या एक खानदान की जान से कहीं ज्यादा होती है। तुम मेरे पैरों की बेड़ियाँ खुलवा सकते हो ?

कप्तान–सारे अवध-राज्य में एक भी ऐसा आदमी न निकलेगा, जो बादशाह को सच्चे दिल से दुआ देता हो। दुनिया उनके जुल्म से तंग आ गयी है।

राजा–मैं अपनों के जुल्म को गैरों की बंदगी से कहीं बेहतर खयाल करता हूँ। बादशाह की यह हालत गैरों ही के भरोसे पर हुई है। वह इसीलिए किसी की परवाह नहीं करते कि अँग्रेजों की मदद का यकीन है। मैं इन फिरंगियों की चालों को गौर से देखता आया हूँ। बादशाह के मिजाज को उन्होंने बिगाड़ा है। उनकी मंशा यही थी, जो हुआ। रिआया के दिल से बादशाह की इज्जत और मुहब्बत उठ गयी। आज सारा मुल्क बगावत करने पर आमादा है। ये लोग इसी मौके का इंतजार कर रहे थे। वह जानते हैं कि बादशाह की माजूली (गद्दी से हटाये जाने) पर एक आदमी भी आँसू न बहावेगा। लेकिन मैं जताये देता हूँ कि अगर इस वक्त तुमने बादशाह को दुश्मनों के हाथों से न बचाया, तो तुम हमेशा के लिए अपने ही वतन में गुलामी की जंजीरों में बँध जाओगे। किसी गैर कौम के चाकर बन कर अगर तुम्हें आफियत (शांति) भी मिली, तो वह आफियत न होगी, मौत होगी। गैरों के बेरहम पैरों के नीचे पड़ कर तुम हाथ भी न

हिला सकोगे, और यह उम्मीद कि कभी हमारे मुल्क में आईनी सल्तनत (वैध शासन) कायम होगी, हसरत का दाग बन कर रह जायगी। नहीं, मुझमें अभी मुल्क की मुहब्बत बाकी है। मैं अभी इतना बेजान नहीं हुआ हूँ। मैं इतनी आसानी से सल्तनत को हाथ से न जाने दूँगा, अपने को इतने सस्ते दामों गैर के हाथों न बेचूँगा, मुल्क की इज्जत को न मिटने दूँगा, चाहे इस कोशिश में मेरी जान ही क्यों न जाय। कुछ और नहीं कर सकता, तो अपनी जान तो दे ही सकता हूँ। मेरी बेड़ियाँ खोल दो।

कप्तान–मैं आपका खादिम हूँ, मगर मुझे यह मजाज नहीं है।

राजा–(जोश में आ कर) जालिम, यह इन बातों का वक्त नहीं है। एक-एक पल हमें तबाही की तरफ लिये जा रहा है। खोल दे ये बेड़ियाँ। जिस घर में आग लगी है, उसके आदमी खुदा को नहीं याद करते, कुएँ की तरफ दौड़ते हैं।

कप्तान–आप मेरे मुहसिन हैं। आपके हुक्म से मुँह नहीं मोड़ सकता। लेकिन–

राजा–जल्दी करो, जल्दी करो। अपनी तलवार मुझे दे दो। अब इन तकल्लुफ की बातों का मौका नहीं है।

कप्तान साहब निरुत्तर हो गये। सजीव उत्साह में बड़ी संक्रामक शक्ति होती है। यद्यपि राजा साहब के नीतिपूर्ण वार्तालाप ने उन्हें माकूल नहीं किया, तथापि वह अनिवार्य रूप से उनकी बेड़ियाँ खोलने पर तत्पर हो गये। उसी वक्त जेल के दारोगा को बुला कर कहा–साहब ने हुक्म दिया है कि राजा साहब को फौरन आजाद कर दिया जाय। इसमें एक पल की भी ताखीर (विलंब) हुई, तो तुम्हारे हक में अच्छा न होगा।

दारोगा को मालूम था कि कप्तान साहब और मि....में गाढ़ी मैत्री है। अगर साहब नाराज हो जायेंगे, तो रोशनुद्दौला की कोई सिफारिश मेरी रक्षा न कर सकेगी। उसने राजा साहब की बेड़ियाँ खोल दीं।

राजा साहब जब तलवार हाथ में ले कर जेल से निकले, तो उनका हृदय राज्य-भक्ति की तरंगों से आंदोलित हो रहा था। उसी वक्त घड़ियाल ने 11 बजाये।

3

आधी रात का समय था। मगर लखनऊ की तंग गलियों में खूब चहल-पहल थी। ऐसा मालूम होता था कि अभी 9 बजे होंगे। सराफे में सबसे ज्यादा रौनक थी। मगर आश्चर्य यह था कि किसी दूकान पर जवाहरात या गहने नहीं दिखायी देते थे। केवल आदमियों के आने-जाने की भीड़ थी। जिसे देखो, पाँचों शस्त्रों से सुसज्जित, मूँछें खड़ी किये, ऐंठता हुआ चला जाता था। बाजार के मामूली दूकानदार भी निःशस्त्र न थे।

सहसा एक आदमी भारी साफा बाँधे, पैर की घुटनियों तक नीची कबा पहने, कमर में पटका बाँधे, आ कर एक सराफ की दूकान पर खड़ा हो गया। जान पड़ता था कोई ईरानी सौदागर है। उन दिनों ईरान के व्यापारी लखनऊ में बहुत आते-जाते थे। इस समय ऐसे आदमी का आ जाना असाधारण बात न थी।

सराफ का नाम माधोदास था। बोला–कहिए मीर साहब, कुछ दिखाऊँ ?

सौदागर–सोने का क्या निर्ख है ?

माधो–(सौदागर के कान के पास मुँह ले जाकर) निर्ख की कुछ न पूछिए। आज करीब एक महीना से बाजार का निर्ख बिगड़ा हुआ है। माल बाजार में आता ही नहीं। लोग दबाये हुए हैं। बाजार में खौफ के मारे नहीं लाते। अगर आपको ज्यादा माल की दरकार हो तो मेरे साथ गरीबखाने तक तकलीफ कीजिए। जैसा माल चाहिए, लीजिए। निर्ख मुनासिब ही होगा। इसका इतमीनान रखिए।

सौदागर–आजकल बाजार का निर्ख क्यों बिगड़ा हुआ है ?

माधो–क्या आप हाल ही में वारिद हुए हैं ?

सौदागर–हाँ, मैं आज ही आया हूँ। कहीं पहले की-सी रौनक नहीं नजर आती। कपड़े का बाजार भी सुस्त था। ढाके का एक कीमती थान बहुत तलाश करने पर भी न मिला।

माधो–इसके बड़े किस्से हैं; कुछ ऐसा ही मुआमला है।

सौदागर–डाकुओं का जोर तो नहीं है ? पहले तो यहाँ इस किस्म की वारदातें न होती थीं।

माधो–अब वह कैफियत नहीं है। दिनदहाड़े डाके पड़ते हैं। उन्हें कोतवाल क्या, बादशाह-सलामत भी गिरफ्तार नहीं कर सकते। अब और क्या कहूँ। दीवार के भी कान होते हैं। कहीं कोई सुन ले तो लेने के देने पड़ जायँ।

सौदागर–सेठ जी, आप तो पहेलियाँ बुझवाने लगे। मैं परदेसी आदमी हूँ, यहाँ किससे कहने जाऊँगा। आखिर बात क्या है ? बाजार क्यों इतना बिगड़ा हुआ है ? नाज की मंडी की तरफ गया था। सन्नाटा छाया हुआ है। मोटी जिंस भी दूने दामों पर बिक रही थी।

माधो (इधर-उधर चौकन्नी आँखों से देख कर)–एक महीना हुआ; रोशनुद्दौला के हाथ में सियाह-सफेद का अख्तियार आ गया है। यह सब उन्हीं की बदइंतजामी का फल है। उनके पहले राजा बख्तावरसिंह हमारे मालिक थे। उनके वक्त में किसी की मजाल न थी कि व्यापारियों को टेढ़ी आँख से देख सके। उनका रोब सभी पर छाया हुआ था। फिरंगियों पर उनकी कड़ी निगाह रहती थी। हुक्म था कि कोई फिरंगी बाजार में आवे, तो थाने का सिपाही उनकी देखभाल करता रहे। इसी वजह से फिरंगी उनसे जला करते थे। आखिर सबों ने रोशनुद्दौला को मिला कर बख्तावरसिंह को बेकसूर कैद करा दिया। बस तब से बाजार में लूट मची हुई है। सरकारी अमले अलग लूटते हैं। फिरंगी अलग नोचते-खसोटते हैं। जो चीज चाहते हैं उठा ले जाते हैं। दाम माँगों तो धमकियाँ देते हैं। शाही दरबार में फरियाद करो, तो उलटे सजा होती है। अभी हाल ही में हम-सब मिल कर बादशाह-सलामत की खिदमत में हाजिर हुए थे। पहले तो वह बहुत नाराज हुए, पर आखिर रहम आ गया। बादशाहों का मिजाज ही तो है। हमारी सब शिकायतें सुनीं और तसकीन दी कि हम तहकीकात करेंगे। मगर अभी तक वही

लूट-खसोट जारी है।

इतने में तीन आदमी राजपूती ढंग की मिर्जई पहने आ कर दूकान के सामने खड़े हो गये। माधोदास उनका रंग-ढंग देख कर चौंका। शाही फौज के सिपाही बहुधा इसी सज-धज से निकलते थे। तीनों आदमी सौदागर को देख कर ठिठके; पर उसने उन्हें कुछ ऐसी निगाहों से देखा कि तीनों आगे चले गये। तब सौदागर ने माधोदास से पूछा—इन्हें देख कर तुम क्यों चौंके ?

माधोदास ने कहा—ये फौज के सिपाही हैं। जब से राजा बख्तावरसिंह नजरबंद हुए हैं, इन पर किसी की दाब ही नहीं रही। खुले साँड़ की तरह बाजारों में चक्कर लगाया करते हैं। सरकार से तलब मिलने का कुछ ठीक तो नहीं है। बस, नोच-खसोट करके गुजर करते हैं। —हाँ तो फिर अगर मरजी हो, तो मेरे साथ घर तक चलिए, आपको माल दिखाऊँ।

सौदागर—नहीं भाई, इस वक्त नहीं। सुबह आऊँगा। देर हो गयी है, और मुझे भी यहाँ की हालत देख कर खौफ मालूम होने लगा है।

यह कह कर सौदागर उसी तरफ चला गया, जिधर वे तीनों राजपूत गये थे। थोड़ी देर में तीन आदमी और सराफे में आये। एक तो पंडितों की तरह नीची चपकन पहने हुए था, सिर पर गोल पगिया थी और कंधे पर जरी के काम का शाल। उसके दोनों साथी खिदमतगारों के-से कपड़े पहने हुए थे। तीनों इस तरह इधर-उधर ताक रहे थे, मानो किसी को खोज रहे हों। यों ताकते हुए तीनों आगे चले गये। ईरानी सौदागर तीव्र नेत्रों से इधर-उधर देखता हुआ एक मील चला गया। वहाँ एक छोटा-सा बाग था। एक पुरानी मसजिद भी थी। सौदागर वहाँ ठहर गया। एकाएक तीनों राजपूत मसजिद से बाहर निकल आये और बोले—हुजूर तो बहुत देर तक सराफ की दूकान पर बैठे रहे। क्या बातें हुईं।

सौदागर ने अभी कुछ जवाब न दिया था कि पीछे से पंडित और उनके दोनों खिदमतगार भी आ पहुँचे। सौदागर ने पंडित को देखते ही भर्त्सनापूर्ण शब्दों में कहा—मियाँ रोशनुद्दौला, मुझे इस वक्त तुम्हारे ऊपर इतना गुस्सा आ रहा है कि तुम्हें कुत्तों से नुचवा दूँ। नमकहराम कहीं का ! दगाबाज ! तूने मेरी सल्तनत को तबाह कर दिया ! सारा शहर तेरे जुल्म का रोना रो रहा है ! मुझे आज मालूम हुआ कि तूने क्यों राजा बख्तावरसिंह को कैद कराया। मेरी अकल पर न जाने क्यों पत्थर पड़ गये थे कि मैं तेरी चिकनी-चुपड़ी बातों में आ गया। इस नमकहरामी की तुझे वह सजा दूँगा कि देखनेवालों को भी इबरत (शिक्षा) हो।

रोशनुद्दौला ने निर्भीकता से उत्तर दिया—आप मेरे बादशाह हैं; इसलिए आपका अदब करता हूँ, वर्ना इसी वक्त बद-जबानी का मजा चखा देता। खुद आप तो महल में हसीनों के साथ ऐश किया करते हैं, दूसरों को क्या गरज पड़ी है कि सल्तनत की फिक्र से दुबले हों ? खूब, हम अपना खून जलायें और आप जशन मनायें ! ऐसे अहमक कहीं और रहते होंगे।

बादशाह (क्रोध से काँपते हुए)–मि....मैं तुम्हें हुक्म देता हूँ कि इस नमकहराम को अभी गोली मार दो। मैं इसकी सूरत नहीं देखना चाहता। और, इसी वक्त जा कर इसकी सारी जायदाद जब्त कर लो। इसके खानदान का एक बच्चा भी जिंदा न रहने पाये।

रोशन–मि....मैं तुमको हुक्म देता हूँ कि इस मुल्क और कौम के दुश्मन, रैयत के कातिल और बदकार आदमी को फौरन गिरफ्तार कर लो। यह इस काबिल नहीं कि ताज और तख्त का मालिक बने।

इतना सुनते ही पाँचों अँग्रेज-मुसाहबों ने, जो भेष बदले हुए साथ थे, बादशाह के दोनों हाथ पकड़ लिये और खींचते हुए गोमती नदी की तरफ ले चले। तब बादशाह की आँखें खुलीं। समझ गये कि पहले ही से यह षड्यंत्र रचा गया था। इधर-उधर देखा, कोई आदमी नहीं। शोर मचाना व्यर्थ था। बादशाही का नशा उतर गया। दुरवस्था ही वह परीक्षाग्नि है, जो मुलम्मे और रोगन को उतार कर मनुष्य का यथार्थ रूप दिखा देती है। ऐसे ही अवसरों पर विदित होता है कि मानव-हृदय पर कृत्रिम भावों का कितना गहरा रंग चढ़ा होता है। एक क्षण में बादशाह की उद्दंडता और घमंड ने दीनता और विनयशीलता का आश्रय लिया। बोले–मैंने तो आप लोगों की मरजी के खिलाफ ऐसा कोई काम नहीं किया, जिसकी यह सजा मिले। मैंने आप लोगों को हमेशा अपना दोस्त समझा है।

रोशन–तो हम लोग जो कुछ कर रहे हैं, वह भी आपके फायदे ही के लिए कर रहे हैं। हम आपके सिर से सल्तनत का बोझ उतार कर आपको आजाद कर देंगे। तब आपके ऐश में खलल न पड़ेगा। आप बेफिक्र हो कर हसीनों के साथ जिंदगी की बहार लूटिएगा।

बादशाह–तो क्या आप लोग मुझे तख्त से उतारना चाहते हैं ?

रोशन–नहीं, आपको बादशाही की जिम्मेदारियों से आजाद कर देना चाहते हैं।

बादशाह–हजरत इमाम की कसम, मैं यह जिल्लत न बर्दाश्त करूँगा। मैं अपने बुजुर्गों का नाम न डुबाऊँगा।

रोशन–आपके बुजुर्गों के नाम की फिक्र हमें आपसे ज्यादा है। आपकी ऐश-परस्ती बुजुर्गों का नाम रोशन नहीं कर रही है।

बादशाह (दीनता से)–वादा करता हूँ कि आइंदा से आप लोगों को शिकायत का कोई मौका न दूँगा।

रोशन–नशेबाजों के वादों पर कोई दीवाना ही यकीन कर सकता है।

बादशाह–तुम मुझे जबरदस्ती तख्त से नहीं उतार सकते।

रोशन–इन धमकियों की जरूरत नहीं। चुपचाप चले चलिए; आगे आपको सेजगाड़ी मिल जायगी। हम आपको इज्जत के साथ रुखसत करेंगे।

बादशाह–आप जानते हैं, रिआया पर इसका क्या असर होगा ?

रोशन–खूब जानता हूँ ! आपकी हिमायत में एक उँगली भी न उठेगी। कल सारी

सल्तनत में घी के चिराग जलेंगे।

इतनी देर में सब लोग उस स्थान पर आ पहुँचे, जहाँ बादशाह को ले जाने के लिए सवारी तैयार खड़ी थी। लगभग 25 सशस्त्र गोरे सिपाही भी खड़े थे। बादशाह सेजगाड़ी को देखकर मचल गये। उनके रुधिर की गति तीव्र हो गयी, भोग और विलास के नीचे दबी हुई मर्यादा सजग हो गयी। उन्होंने जोर से झटका दे कर अपना हाथ छुड़ा लिया और नैराश्यपूर्ण दुस्साहस के साथ, परिणाम-भय को त्याग कर, उच्च स्वर से बोले–ऐ लखनऊ के बसनेवालो ! तुम्हारा बादशाह यहाँ दुश्मनों के हाथों कत्ल किया जा रहा है। उसे इनके हाथ से बचाओ, दौड़ो वर्ना पछताओगे !

यह आर्त पुकार आकाश की नीरवता को चीरती हुई गोमती की लहरों में विलीन नहीं हुई बल्कि लखनऊवालों के हृदयों में जा पहुँची। राजा बख्तावरसिंह बंदी-गृह से निकल कर नगर-निवासियों को उत्तेजित करते और प्रतिक्षण रक्षाकारियों के दल को बढ़ाते, बड़े वेग से दौड़े चले आ रहे थे। एक पल का विलम्ब भी षड्यंत्रकारियों के घातक विरोध को सफल कर सकता था। देखते-देखते उनके साथ दो-तीन हजार सशस्त्र मनुष्यों का दल हो गया था। यह सामूहिक शक्ति बादशाह का और लखनऊ-राज्य का उद्धार कर सकती थी। समय सब कुछ था। बादशाह गोरी सेना के पंजे में फँस गये, तो फिर समस्त लखनऊ भी उन्हें मुक्त न कर सकता था। राजा साहब ज्यों-ज्यों आगे बढ़ते जाते थे, नैराश्य से दिल बैठा जाता था। विफल मनोरथ होने की शंका से उत्साह भंग हुआ जाता था। अब तक कहीं उन लोगों का पता नहीं ! अवश्य हम देर में पहुँचे। विद्रोहियों ने अपना काम पूरा कर लिया। लखनऊ राज्य की स्वाधीनता सदा के लिए विसर्जित हो गयी !

ये लोग निराश हो कर लौटना ही चाहते थे कि अचानक बादशाह का आर्तनाद सुनायी दिया। कई हजार कंठों से आकाश-भेदी ध्वनि निकली–हुजूर को खुदा सलामत रखे। हम फिदा होने को आ पहुँचे !

समस्त दल एक ही प्रबल इच्छा से प्रेरित हो कर, वेगवती जलधारा की भाँति, घटनास्थल की ओर दौड़ा। अशक्त लोग भी सशक्त हो गये। पिछड़े हुए लोग आगे निकल जाना चाहते थे। आगे के लोग चाहते थे कि उड़ कर जा पहुँचें !

इन आदमियों की आहट पाते ही गोरों ने बंदूकें भरीं और 25 बंदूकों की बाढ़ सर हो गयी। रक्षाकारियों में कितने ही लोग गिर पड़े; मगर कदम पीछे न हटे। वीर मद ने और भी मतवाला कर दिया। एक क्षण में दूसरी बाढ़ आयी; कुछ लोग फिर वीर-गति को प्राप्त हुए लेकिन कदम आगे बढ़ते ही गये। तीसरी बाढ़ छूटने ही वाली थी कि लोगों ने विद्रोहियों को पा लिया। गोरे भागे।

जब लोग बादशाह के पास पहुँचे, तो अद्भुत दृश्य देखा। बादशाह रोशनुद्दौला की छाती पर सवार थे। जब गोरे जान ले कर भागे, तो बादशाह ने इस नरपिशाच को पकड़ लिया और उसे बलपूर्वक भूमि पर गिरा कर उसकी छाती पर बैठ गये। अगर उनके हाथों में हथियार होता, तो इस वक्त रोशन की लाश तड़फती हुई दिखायी देती।

राजा बख्तावरसिंह आगे बढ़ कर बादशाह को आदाब बजा लाये। लोगों की जय-ध्वनि से आकाश हिल उठा। कोई बादशाह के पैरों को चूमता था। कोई उन्हें आशीर्वाद देता था, और रोशनुद्दौला का शरीर तो लातों और घूसों का लक्ष्य बना हुआ था। कुछ बिगड़े दिल ऐसे भी थे, जो उसके मुँह पर थूकने में भी संकोच न करते थे।

4

प्रातःकाल था। लखनऊ में आनन्दोत्सव मनाया जा रहा था। बादशाही महल के सामने लाखों आदमी जमा थे। सब लोग बादशाह को यथायोग्य नजर देने आये थे। जगह-जगह गरीबों को भोजन कराया जा रहा था। शाही नौबतखाने में नौबत झड़ रही थी।

दरबार सजा। बादशाह हीरे और जवाहर से जगमाते, रत्नजटित आभूषणों से सजे हुए, सिंहासन पर बिराजे। रईसों और अमीरों से नजरें गुजारीं। कविजनों ने कसीदे पढ़े। एकाएक बादशाह ने पूछा–राजा बख्तावरसिंह कहाँ हैं ? कप्तान ने जवाब दिया–कैदखाने में।

बादशाह ने उसी वक्त कई कर्मचारियों को भेजा कि राजा साहब को जेलखाने से इज्जत के साथ लायें। जब थोड़ी देर के बाद राजा ने आ कर बादशाह को सलाम किया, तो वे तख्त से उतर कर उनसे गले मिले और उन्हें अपनी दाहिनी ओर सिंहासन पर बैठाया। फिर दरबार में खड़े होकर उनकी सुकीर्ति और राज-भक्ति की प्रशंसा करने के उपरांत अपने ही हाथों से उन्हें खिलअत पहनायी। राजा साहब के कुटुम्ब के प्राणी आदर और सम्मान के साथ बिदा किये गये।

अन्त को जब दोपहर के समय दरबार बर्खास्त होने लगा तो बादशाह ने राजा साहब से कहा–आपने मुझ पर और मेरी सल्तनत पर जो एहसान किया है, उसका सिला (पुरस्कार) देना मेरे इमकान से बाहर है। मेरी आपसे यही इल्तिजा (अनुरोध) है कि आप वजरत का कलमदान अपने हाथ में लीजिए और सल्तनत का, जिस तरह मुनासिब समझिए, इन्तजाम कीजिए। मैं आपके किसी काम में दखल न दूँगा। मुझे एक गोशे में पड़ा रहने दीजिए। नमकहराम रोशन को भी मैं आपके सुपुर्द किये देता हूँ। आप इसे जो सजा चाहें, दें। मैं इसे कब का जहन्नुम भेज चुका होता; पर यह समझ कर कि यह आपका शिकार है, इसे छोड़े हुए हूँ।

लेकिन बख्तावरसिंह बादशाह के उच्छृंखल स्वभाव से भली-भाँति परिचित थे, वह जानते थे, बादशाह की ये सदिच्छाएँ थोड़े ही दिनों की मेहमान हैं ! मानवचरित्र में आकस्मिक परिवर्तन बहुत कम हुआ करते हैं। दो-चार महीने में दरबार का फिर वही रंग हो जायगा, इसलिए मेरा तटस्थ रहना ही अच्छा है। राज्य के प्रति मेरा जो कुछ कर्तव्य था, वह मैंने पूरा कर दिया। मैं दरबार से अलग रह कर निष्काम भाव से जितनी सेवा कर सकता हूँ, उतनी दरबार में रह कर कदापि नहीं कर सकता। हितैषी मित्र का जितना सम्मान होता है, स्वामिभक्त सेवक का उतना नहीं हो सकता।

वह विनीत भाव से बोले–हुजूर, मुझे इस ओहदे से मुआफ रखें। मैं यों ही

आपका खादिम हूँ। इस मंसब पर किसी लायक आदमी को माशूर फरमाइए (नियुक्त कीजिए)। मैं अक्खड़ राजपूत हूँ। मुल्की इन्तजाम करना क्या जानूँ।

बादशाह–मुझे तो आपसे ज्यादा लायक और वफादार आदमी नजर नहीं आता।

मगर राजा साहब उनकी बातों में न आये। आखिर मजबूर होकर बादशाह ने उन्हें ज्यादा न दबाया। क्षण भर बाद जब रोशनुद्दौला को सजा देने का प्रश्न उठा, तब दोनों आदमियों में इतना मतभेद हुआ कि वाद-विवाद की नौबत आ गयी। बादशाह आग्रह करते थे कि इसे कुत्तों से नुचवा दिया जाय। राजा साहब इस बात पर अड़े हुए थे कि इसे जान से न मारा जाय, केवल नजरबन्द कर दिया जाय। अन्त में बादशाह ने क्रुद्ध होकर कहा–यह एक दिन आपको जरूर दगा देगा !

राजा–इस खौफ से मैं इसकी जान न लूँगा।

बादशाह–तो जनाब, आप चाहे इसे मुआफ कर दें, मैं कभी मुआफ नहीं कर सकता।

राजा–आपने तो इसे मेरे सुपुर्द कर दिया था। दी हुई चीज को आप वापस कैसे लेंगे ?

बादशाह ने कहा–तुमने मेरे निकलने का कहीं रास्ता ही नहीं रखा।

रोशनुद्दौला की जान बच गयी। वजारत का पद कप्तान साहब को मिला। मगर सबसे विचित्र बात यह थी कि रेजिडेंट ने इस षड्यन्त्र से पूर्ण अनभिज्ञता प्रकट की और साफ लिख दिया कि बादशाह-सलामत अपने अँग्रेज मुसाहबों को जो सजा चाहें दें; कोई आपत्ति न होगी। मैं उन्हें पाता, तो स्वयं बादशाह की खिदमत में भेज देता; लेकिन पाँचों महानुभावों में से एक का भी पता न चला। शायद वे सब के सब रातों-रात कलकत्ते भाग गये। इतिहास में उक्त घटना का कहीं उल्लेख नहीं किया गया, लेकिन किंवदंतियाँ, जो इतिहास से अधिक विश्वसनीय हैं, उसकी सत्यता की साक्षी हैं।

अधिकार-चिन्ता

टामी यों देखने में तो बहुत तगड़ा था। भूँकता तो सुननेवाले के कानों के परदे फट जाते। डील-डौल भी ऐसा कि अँधेरी रात में उस पर गधे का भ्रम हो जाता। लेकिन उसकी श्वानोचित वीरता किसी संग्रामक्षेत्र में प्रमाणित न होती थी। दो-चार दफे जब बाजार के लेडियों ने उसे चुनौती दी, तो वह उनका गर्व-मर्दन करने के लिए मैदान में आया; और देखनेवालों का कहना है कि जब तक लड़ा, जीवट से लड़ा, नखों और दाँतों से ज्यादा चोटें उसकी दुम ने की। निश्चित रूप से नहीं कहा जा सकता कि मैदान किसके हाथ रहा, किंतु जब उस दल को कुमक मँगानी पड़ी, तो रण-शास्त्र के नियमों के अनुसार विजय का श्रेय टामी ही को देना उचित न्यायानुकूल जान पड़ता है। टामी ने उस अवसर पर कौशल से काम लिया और दाँत निकाल दिये; जो संधि की याचना थी। किंतु तब से उसने ऐसे सन्नीति-विहीन प्रतिद्वंद्वियों के मुँह लगना उचित न

समझा।

इतना शांति-प्रिय होने पर भी टामी के शत्रुओं की संख्या दिनोंदिन बढ़ती जाती थी। उसके बराबरवाले उससे इसलिए जलते कि वह इतना मोटा-ताजा हो कर इतना भीरु क्यों है। बाजारी दल इसलिए जलता कि टामी के मारे घूरों पर की हड्डियाँ भी न बचने पाती थीं। वह घड़ी-रात रहे उठता और हलवाइयों की दूकानों के सामने के दोने और पत्तल, कसाईखाने के सामने की हड्डियाँ और छीछड़े चबा डालता। अतएव इतने शत्रुओं के बीच में रह कर टामी का जीवन संकटमय होता जाता था। महीनों बीत जाते और पेट भर भोजन न मिलता। दो-तीन बार उसे मनमाने भोजन करने की ऐसी प्रबल उत्कंठा हुई कि उसने संदिग्ध साधनों द्वारा उसको पूरा करने की चेष्टा की; पर जब परिणाम आशा के प्रतिकूल हुआ और स्वादिष्ट पदार्थों के बदले अरुचिकर दुर्ग्राह्य वस्तुएँ भरपेट खाने को मिलीं—जिससे पेट के बदले कई दिन तक पीठ में विषम वेदना होती रही—तो उसने विवश हो कर फिर सन्मार्ग का आश्रय लिया। पर डंडों से पेट चाहे भर गया हो, वह उत्कंठा शांत न हुई। वह किसी ऐसी जगह जाना चाहता था, जहाँ खूब शिकार मिले; खरगोश, हिरन, भेड़ों के बच्चे मैदानों में विचर रहे हों और उनका कोई मालिक न हो, जहाँ किसी प्रतिद्वंद्वी की गंध तक न हो; आराम करने को सघन वृक्षों की छाया हो, पीने को नदी का पवित्र जल। वहाँ मनमाना शिकार करूँ, खाऊँ और मीठी नींद सोऊँ। वहाँ चारों ओर मेरी धाक बैठ जाय; सब पर ऐसा रोब छा जाय कि मुझी को अपना राजा समझने लगें और धीरे-धीरे मेरा ऐसा सिक्का बैठ जाय कि किसी द्वेषी को वहाँ पैर रखने का साहस ही न हो।

संयोगवश एक दिन वह इन्हीं कल्पनाओं के सुख स्वप्न देखता हुआ सिर झुकाये सड़क छोड़ कर गलियों से चला जा रहा था कि सहसा एक सज्जन से उसकी मुठभेड़ हो गयी। टामी ने चाहा कि बच कर निकल जाऊँ, पर वह दुष्ट इतना शांतिप्रिय न था। उसने तुरंत झपट कर टामी का टेटुआ पकड़ लिया। टामी ने बहुत अनुनय-विनय की, गिड़गिड़ा कर कहा—ईश्वर के लिए मुझे यहाँ से चले जाने दो; कसम ले लो, जो इधर पैर रखूँ। मेरी शामत आयी थी कि तुम्हारे अधिकार क्षेत्र में चला आया। पर उस मदांध और निर्दय प्राणी ने जरा भी रिआयत न की। अंत में हार कर टामी ने गर्दभ स्वर में फरियाद करनी शुरू की। यह कोलाहल सुन कर मोहल्ले के दो-चार नेता लोग एकत्र हो गये; पर उन्होंने भी दीन पर दया करने के बदले उलटे उसी पर दंत-प्रहार करना शुरू किया। इस अन्यायपूर्ण व्यवहार ने टामी का दिलतोड़ दिया। वह जान छुड़ा कर भागा। उन अत्याचारी पशुओं ने बहुत दूर तक उसका पीछा किया, यहाँ तक कि मार्ग में एक नदी पड़ गयी और टामी ने उसमें कूद कर अपनी जान बचायी।

कहते हैं, एक दिन सबके दिन फिरते हैं। टामी के दिन भी नदी में कूदते ही फिर गये। कूदा था जान बचाने के लिए, हाथ लग गये मोती। तैरता हुआ उस पार पहुँचा, तो वहाँ उसकी चिर-संचित अभिलाषाएँ मूर्तिमती हो रही थीं।

2

यह एक विस्तृत मैदान था। जहाँ तक निगाह जाती थी, हरियाली की छटा दिखायी देती थी। कहीं नालों का मधुर कलरव था, कहीं झरनों का मंद गान; कहीं वृक्षों के सुखद पुंज थे, कहीं रेत के सपाट मैदान। बड़ा सुरम्य मनोहर दृश्य था।

यहाँ बड़े तेज नखोंवाले पशु थे, जिनकी सूरत देख कर टामी का कलेजा दहल उठता था, पर उन्होंने टामी की कुछ परवा न की। वे आपस में नित्य लड़ा करते थे; नित्य खून की नदी बहा करती थी। टामी ने देखा, यहाँ इन भयंकर जंतुओं से पेश न पा सकूँगा। उसने कौशल से काम लेना शुरू किया। जब दो लड़नेवाले पशुओं में एक घायल और मुर्दा होकर गिर पड़ता, तो टामी लपक कर मांस का कोई टुकड़ा ले भागता और एकांत में बैठ कर खाता। विजयी पशु विजय के उन्माद में उसे तुच्छ समझ कर कुछ न बोलता।

अब क्या था, टामी के पौ-बारह हो गये। सदा दीवाली रहने लगी। न गुड़ की कमी थी, न गेहूँ की। नित्य नये पदार्थ उड़ाता और वृक्षों के नीचे आनंद से सोता। उसने ऐसे सुख स्वर्ग की कल्पना भी न की थी। वह मर कर नहीं, जीते जी स्वर्ग पा गया।

थोड़े ही दिनों में पौष्टिक पदार्थों के सेवन से टामी की चेष्टा ही कुछ और हो गयी। उसका शरीर तेजस्वी और सुगठित हो गया। अब वह छोटे-मोटे जीवों पर स्वयं हाथ साफ करने लगा। जंगल के जंतु अब चौंके और उसे वहाँ से भगा देने का यत्न करने लगे। टामी ने एक नयी चाल चली। वह कभी किसी पशु से कहता, तुम्हारा फलाँ शत्रु तुम्हें मार डालने की तैयारी कर रहा है; किसी से कहता, फलाँ तुमको गाली देता था। जंगल के जंतु उसके चकमे में आ कर आपस में लड़ जाते और टामी की चाँदी हो जाती। अंत में यहाँ तक नौबत पहुँची कि बड़े-बड़े जंतुओं का नाश हो गया। छोटे-मोटे पशुओं का उससे मुकाबला करने का साहस न होता था। उसकी उन्नति और शक्ति देख कर उन्हें ऐसा प्रतीत होने लगा, मानो यह विचित्र जीव आकाश से हमारे ऊपर शासन करने के लिए भेजा गया है। टामी भी अब अपनी शिकारबाजी के जौहर दिखा कर उनकी इस भ्रांति को पुष्ट किया करता था। बड़े गर्व से कहता—"परमात्मा ने मुझे तुम्हारे ऊपर राज्य करने के लिए भेजा है। यह ईश्वर की इच्छा हैं। तुम आराम से अपने घर में पड़े रहो। मैं तुमसे कुछ न बोलूँगा, केवल तुम्हारी सेवा करने के पुरस्कारस्वरूप तुममें से एकाध का शिकार कर लिया करूँगा। आखिर मेरे भी तो पेट है; बिना आहार के कैसे जीवित रहूँगा और कैसे तुम्हारी रक्षा करूँगा।" वह अब बड़ी शान से जंगल में चारों ओर गौरवान्वित दृष्टि से ताकता हुआ विचरा करता।

टामी को अब कोई चिंता थी तो यह कि इस देश में मेरा कोई मुद्दई न उठ खड़ा हो। वह सजग और सशस्त्र रहने लगा। ज्यों-ज्यों दिन गुजरते थे और सुख-भोग का चसका बढ़ता जाता था, त्यों-त्यों उसकी चिंता भी बढ़ती जाती थी। बस अब बहुधा रात

को चौंक पड़ता और किसी अज्ञात शत्रु के पीछे दौड़ता। अक्सर "अंधा कूकुर बात से भूँके" वाली लोकोक्ति को चरितार्थ करता। वन के पशुओं से कहता—"ईश्वर न करे कि तुम किसी दूसरे शासक के पंजे में फँस जाओ। वह तुम्हें पीस डालेगा। मैं तुम्हारा हितैषी हूँ; सदैव तुम्हारी शुभ-कामना में मग्न रहता हूँ। किसी दूसरे से यह आशा मत रखो।" पशु एक स्वर में कहते, जब तक हम जियेंगे, आप ही के अधीन रहेंगे।"

आखिरकार यह हुआ कि टामी को क्षण भर भी शांति से बैठना दुर्लभ हो गया। वह रात-रात दिन-दिन भर नदी के किनारे इधर से उधर चक्कर लगाया करता। दौड़ते-दौड़ते हाँफने लगता, बेदम हो जाता; मगर चित्त को शांति न मिलती। कहीं कोई शत्रु न घुस आये।

लेकिन क्वार का महीना आया तो टामी का चित्त एक बार फिर अपने पुराने सहचरी से मिलने के लिए लालायित होने लगा। वह अपने मन को किसी भाँति रोक न सका। वह दिन याद आया जब वह दो-चार मित्रों के साथ किसी प्रेमिका के पीछे गली-गली और कूचे-कूचे में चक्कर लगाता था। दो-चार दिन तो उसने सब्र किया, पर अन्त में आवेग इतना प्रबल हुआ कि वह तकदीर ठोंक कर खड़ा हुआ। उसे अब अपने तेज और बल पर अभिमान भी था। दो-चार को तो वही मजा चखा सकता था।

किन्तु नदी के इस पार आते ही उसका आत्मविश्वास प्रातःकाल के तम के समान फटने लगा। उसकी चाल मन्द पड़ गयी, आप ही आप सिर झुक गया, दुम सिकुड़ गयी। मगर एक प्रेमिका को आते देख कर वह विह्वल हो उठा; उसके पीछे हो लिया। प्रेमिका को उसकी वह कुचेष्टा अप्रिय लगी। उसने तीव्र स्वर से उसकी अवहेलना की। उसकी आवाज सुनते ही उसके कई प्रेमी आ पहुँचे और टामी को वहाँ देखते ही जामे से बाहर हो गये। टामी सिटपिटा गया। अभी निश्चय न कर सका था कि क्या करूँ कि चारों ओर से उस पर दाँतों और नखों की वर्षा होने लगी। भागते ही न बन पड़ा। देह लहूलुहान हो गयी। भागा भी, तो शैतानों का एक दल पीछे था।

उस दिन से उसके दिल में शंका-सी समा गयी। हर घड़ी यह भय लगा रहता कि आक्रमणकारियों का दल मेरे सुख और शांति में बाधा डालने के लिए मेरे स्वर्ग को विध्वंस करने के लिये आ रहा है। यह शंका पहले भी कम न थी; अब और भी बढ़ गयी।

एक दिन उसका चित्त भय से इतना व्याकुल हुआ कि उसे जान पड़ा, शत्रु-दल आ पहुँचा। वह बड़े वेग से नदी के किनारे आया और इधर से उधर दौड़ने लगा।

दिन बीत गया, रात बीत गयी; पर उसने विश्राम न लिया। दूसरा दिन आया और गया, पर टामी निराहार, निर्जल नदी के किनारे चक्कर लगाता रहा।

इस तरह पाँच दिन बीत गये। टामी के पैर लड़खड़ाने लगे, आँखों-तले अँधेरा छाने लगा। क्षुधा से व्याकुल हो कर गिर पड़ता, पर वह शंका किसी भाँति शांत न हुई।

अन्त में सातवें दिन अभागा टामी अधिकार-चिन्ता से ग्रस्त, जर्जर और शिथिल हो कर परलोक सिधारा। वन का कोई पशु उसके निकट न गया। किसी ने उसकी

चर्चा तक न की; किसी ने उसकी लाश पर आँसू तक न बहाये। कई दिनों तक उस पर गिद्ध और कौए मँडराते रहे; अन्त में अस्थिपंजरों के सिवा और कुछ न रह गया।

दुराशा

(प्रहसन)

पात्र

दयाशंकर–कार्यालय के एक साधारण लेखक।

आनंदमोहन–कालेज का एक विद्यार्थी तथा दयाशंकर का मित्र।

ज्योतिस्वरूप–दयाशंकर का एक सुदूर-सम्बन्धी।

सेवती–दयाशंकर की पत्नी।

(होली का दिन)

(समय–9 बजे रात्रि, आनंदमोहन तथा दयाशंकर वार्तालाप करते जा रहे हैं।)

आ.–हम लोगों को देर तो न हुई। अभी तो नौ बजे होंगे !

द.–नहीं, अभी क्या देर होगी !

आ.–वहाँ बहुत इंतजार न कराना। क्योंकि एक तो दिन भर गली-गली घूमने के पश्चात् मुझमें इंतजार करने की शक्ति ही नहीं, दूसरे ठीक ग्यारह बजे बोर्डिंग हाउस का दरवाजा बंद हो जाता है।

द.–अजी, चलते-चलते थाली सामने आवेगी। मैंने तो सेवती से पहले ही कह दिया है कि नौ बजे तक सामान तैयार रखना।

आ.–तुम्हारा घर तो अभी दूर है। यहाँ मेरे पैरों में चलने की शक्ति ही नहीं। आओ कुछ बातचीत करते चलें। भला यह तो बताओ कि परदे के सम्बन्ध में तुम्हारा क्या विचार है ? भाभी जी मेरे सामने आयेंगी या नहीं, क्या मैं उनके चंद्रमुख का दर्शन कर सकूँगा ? सच कहो।

द.–तुम्हारे और मेरे बीच में तो भाईचारे का सम्बन्ध है। यदि सेवती मुँह खोले हुए भी तुम्हारे सम्मुख आ जाय तो मुझे कोई म्लान नहीं। किंतु साधारणतः मैं परदे की प्रथा का सहायक और समर्थक हूँ। क्योंकि हम लोगों की सामाजिक नीति इतनी पवित्र नहीं है कि कोई स्त्री अपने लज्जा-भाव को चोट पहुँचाये बिना अपने घर से बाहर निकले।

आ.–मेरे विचार में तो पर्दा ही कुचेष्टाओं का मूल कारण है। पर्दे से स्वभावतः पुरुषों के चित्त में उत्सुकता उत्पन्न होती है और वह भाव कभी तो बोली-ठोली में प्रकट होता है और कभी नेत्रों के कटाक्षों में।

द.–जब तक हम लोग इतने दृढ़प्रतिज्ञ न हो जायँ कि सतीत्वरक्षा के पीछे प्राण भी बलिदान कर दें तब तक परदे की प्रथा को तोड़ना समाज के मार्ग में विष बोना है।

अ.—आपके विचार से तो यही सिद्ध होता है कि यूरोप में सतीत्व-रक्षा के लिए रात-दिन रुधिर की नदियाँ बहा करती हैं।

द.—वहाँ इसी बेपर्दगी ने तो सतीत्वधर्म को निर्मूल कर दिया है। अभी मैंने किसी समाचारपत्र में पढ़ा था कि एक स्त्री ने किसी पुरुष पर इस प्रकार का अभियोग चलाया था कि उसने मुझे निर्भीकतापूर्वक कुदृष्टि से घूरा था, किन्तु विचारक ने उस स्त्री को नख-शिख से देख कर यह कह कर मुकदमा खारिज कर दिया कि प्रत्येक मनुष्य को अधिकार है कि हाट-बाट में नवजवान स्त्री को घूर कर देखे। मुझे तो यह अभियोग और यह फैसला सर्वथा हास्यास्पद जान पड़ते हैं और किसी भी समाज को निंदित करनेवाले हैं।

आ.—इस विषय को छोड़ो। यह तो बताओ कि इस समय क्या-क्या खिलाओगे ? मित्र नहीं तो मित्र की चर्चा ही हो।

द.—यह तो सेवती की पाक-कला-कुशलता पर निर्भर है। पूरियाँ और कचौरियाँ तो होंगी ही। यथासंभव खूब खरी भी होंगी। यथाशक्ति खस्ते और समोसे भी आयेंगे। खीर आदि के बारे में भविष्यवाणी की जा सकती है। आलू और गोभी की शोरबेदार तरकारी और मटर, दालमोट भी मिलेंगे। फीरिनी के लिए भी कह आया था। गूलर के कोफते और आलू के कबाब, यह दोनों सेवती खूब पकाती है। इनके सिवा दही-बड़े और चटनी-अचार की चर्चा तो व्यर्थ ही है। हाँ, शायद किशमिश का रायता भी मिले। जिसमें केसर की सुगंध उड़ती होगी।

आ.—मित्र, मेरे मुँह में तो पानी भर आया। तुम्हारी बातों ने तो मेरे पैरों में जान डाल दी। शायद पर होते तो उड़ कर पहुँच जाता।

द.—लो, अब तो आ ही जाते हैं। यह तम्बाकूवाले की दूकान है, इसके बाद चौथा मकान मेरा ही है।

आ.—मेरे साथ बैठ कर एक ही थाली में खाना। कहीं ऐसा न हो कि अधिक खाने के लिए मुझे भाभी जी के सामने लज्जित होना पड़े।

द.—इससे तुम निश्शंक रहो। उन्हें मिताहारी आदमी से चिढ़ है, वे कहती हैं—"जो खायेगा ही नहीं दुनिया में काम क्या करेगा ?" आज शायद तुम्हारी बदौलत मुझे भी काम करनेवालों की पंक्ति में स्थान मिल जावे। कम से कम कोशिश तो ऐसी ही करना।

आ.—भई, यथाशक्ति चेष्टा करूँगा। शायद तुम्हें ही प्रधानपद मिल जाये।

द.—यह लो, आ गये। देखना सीढ़ियों पर अँधेरा है। शायद चिराग जलाना भूल गयी।

आ.—कोई हर्ज नहीं। तिमिरलोक ही में तो सिकंदर को अमृत मिला था।

द.—अंतर इतना ही है कि तिमिरलोक में पैर फिसले तो पानी में गिरोगे और यहाँ फिसला तो पथरीली सड़क पर।

(ज्योतिस्वरूप आते हैं)

ज्योति.–सेवक भी उपस्थित हो गया। देर तो नहीं हुई ? डबल मार्च करता आया हूँ।

द.–नहीं, अभी तो देर नहीं हुई। शायद आपकी भोजनाभिलाषा आपको समय से पहले खींच लायी।

आ.–आपका परिचय कराइए। मुझे आपसे देखा-देखी नहीं है।

द.–(**अँगरेजी में**) मेरे सुदूर के सम्बन्ध में साले होते हैं। एक वकील के मुहर्रिर हैं। जबरदस्ती नाता जोड़ रहे हैं। सेवती ने निमंत्रण दिया होगा; मुझे कुछ भी ज्ञात नहीं। ये अँगरेजी नहीं जानते।

आ.–इतना तो अच्छा है। अँगरेजी में ही बातें करेंगे।

द.–सारा मजा किरकिरा हो गया। कुमानुषों के साथ बैठ कर खाना फोड़े के आप्रेशन के बराबर है।

आ.–किसी उपाय से इन्हें विदा कर देना चाहिए।

द.–मुझे तो चिंता यह है कि अब संसार के कार्यकर्त्ताओं में हमारी और तुम्हारी गणना ही न होगी। पाला इसके हाथ रहेगा।

आ.–खैर ऊपर चलो। आनंद तो जब आवे कि इन महाशय को आधे पेट ही उठना पड़े।

(तीनों आदमी ऊपर जाते हैं)

द.–अरे ! कमरे में भी रोशनी नहीं, घुप अँधेरा है। लाला ज्योतिस्वरूप, देखिएगा, कहीं ठोकर खा कर न गिर पडियेगा।

आ.–अरे गजब...(आलमारी से टकरा कर धम् से गिर पड़ता है)।

द.–लाला ज्योतिस्वरूप, क्या आप गिरे ? चोट तो नहीं आयी ?

आ.–अजी, मैं गिर पड़ा। कमर टूट गयी। तुमने अच्छी दावत की।

द.–भले आदमी, सैकड़ों बार तो आये हो। मालूम नहीं था कि सामने आलमारी रखी हुई है। क्या ज्यादा चोट लगी ?

आ.–भीतर जाओ। थालियाँ लाओ और भाभी जी से कह देना के थोड़ा-सा तेल गर्म कर लें। मालिश कर लूँगा।

ज्योति.–महाशय, यह आपने क्या रख छोड़ा है। जमीन पर गिर पड़ा।

द.–उगालदान तो नहीं लुढ़का दिया ? हाँ, वही तो है। सारा फर्श खराब हो गया।

आ.–बन्धुवर, जा कर लालटेन जला लाओ। कहाँ ला कर काल कोठरी में डाल दिया।

द.–(घर में जा कर) अरे ! यहाँ भी अँधेरा है ! चिराग तक नहीं। सेवती, कहाँ हो?

से.–बैठी तो हूँ।

द.–यह बात क्या है ? चिराग क्यों नहीं जले ! तबीयत तो अच्छी है ?

से.–बहुत अच्छी है। बारे, तुम आ तो गये ! मैंने समझा था कि आज आपका दर्शन ही न होगा।

द.–ज्वर है क्या ? कब से आया है ?

से.–नहीं, ज्वर-स्वर कुछ नहीं, चैन से बैठी हूँ।

द.–तुम्हारा पुराना बायगोला तो नहीं उभर आया ?

से.–(व्यंग्य से) हाँ, बायगोला ही तो है। लाओ, कोई दवा है ?

द.–अभी डाक्टर के यहाँ से मँगवाता हूँ।

से.–कुछ मुफ्त की रकम हाथ आ गयी है क्या ? लाओ, मुझे दे दो, अच्छी हो जाऊँ।

द.–तुम तो हँसी कर रही हो। साफ-साफ कोई बात नहीं कहती। क्या मेरे देर से आने का यही दंड है ? मैंने नौ बजे आने का वचन दिया था। शायद दो-चार मिनट अधिक हुए हों। सब चीजें तैयार हैं न ?

से.–हाँ, बहुत ही खस्ता आधो-आध मक्खन डाला था।

द.–आनंदमोहन से मैंने तुम्हारी खूब प्रशंसा की है।

से.–ईश्वर ने चाहा तो वे भी प्रशंसा ही करेंगे। पानी रख आओ, हाथ-वाथ तो धोयें।

द.–चटनियाँ भी बनवा ली हैं न ? आनंदमोहन को चटनियों से बहुत प्रेम है।

से.–खूब चटनी खिलाओ। सेरों बना रखी है।

द.–पानी में केवड़ा डाल दिया है ?

से.–हाँ, ले जा कर पानी रख आओ। पानी आरम्भ करें, प्यास लगी होगी।

आ.–**(बाहर से)** मित्र, शीघ्र आओ। अब इन्तजार करने की शक्ति नहीं है।

द.–जल्दी मचा रहा है। लाओ, थालियाँ परसो।

से.–पहले चटनी और पानी तो रख आओ।

द.–(रसाई में जा कर) अरे ! यहाँ तो चूल्हा बिलकुल ठंडा पड़ गया है। महरी आज सबेरे ही काम कर गयी क्या ?

से.–हाँ, खाना पकने से पहले ही आ गयी थी।

द.–बर्तन सब मँजे हुए हैं। क्या कुछ पकाया ही नहीं ?

से.–भूत-प्रेत आ कर खा गये होंगे।

द.–क्या–चूल्हा ही नहीं जलाया ? गजब कर दिया।

से.–गजब मैंने कर दिया या तुमने ?

द.–मैंने तो सब सामान ला कर रख दिया था। तुमसे बार-बार पूछ लिया था कि किसी चीज की कमी हो तो बतलाओ। फिर खाना क्यों न पका ? क्या विचित्र रहस्य है ! भला मैं इन दोनों को क्या मुँह दिखाऊँगा।

आ.–मित्र, क्या तुम अकेले ही सब सामग्री चट कर रहे हो ? इधर भी लोग आशा लगाये बैठे हैं। इन्तजार दम तोड़ रहा है।

से.–यदि सब सामग्री ला कर रख ही देते तो मुझे बनाने में क्या आपत्ति थी ?

द.–अच्छा, यदि दो-एक वस्तुओं की कमी ही रह गयी थी; तो इसका क्या अभिप्राय कि चूल्हा ही न जले ? यह तो किसी अपराध का दंड दिया है। आज होली का दिन और यहाँ आग ही न जली ?

से.–जब तक ऐसे चरके न खाओगे, तुम्हारी आँखें न खुलेंगी।

द.–तुम तो पहेलियों से बातें कर रही हो। आखिर किस बात पर अप्रसन्न हो ? मैंने कौन-सा अपराध किया ? जब मैं यहाँ से जाने लगा था, तुम प्रसन्नमुख थीं और इसके पहले भी मैंने तुम्हें दुखी नहीं देखा था। तो मेरी अनुपस्थिति में कौन ऐसी बात हो गयी कि तुम इतनी रूठ गयीं ?

से.–घर में स्त्रियों को कैद करने का यह दंड है।

द.–अच्छा तो यह इस अपराध का दंड है ? मगर तुमने मुझसे परदे की निन्दा नहीं की। बल्कि इस विषय पर जब कोई बात छिड़ती थी तो तुम मेरे विचारों से सहमत ही रहती थी। मुझे आज ही ज्ञात हुआ कि तुम्हें परदे से कितनी घृणा है ! क्या दोनों अथितियों से यह कह दूँ कि परदे की सहायता के दंड में मेरे यहाँ अनशन व्रत है, आप लोग ठंडी-ठंडी हवा खायें ?

से.–जो चीजें तैयार हैं वह जा कर खिलाओ और जो नहीं हैं, उसके लिए क्षमा माँगो।

द.–मैं तो कोई चीज तैयार नहीं देखता ?

से.–हैं क्यों नहीं, चटनी बना ही डाली है और पानी भी पहले से तैयार है।

द.–यह दिल्लगी तो हो चुकी। सचमुच बताओ खाना क्यों नही पकाया ? क्या तबीयत खराब हो गयी थी, अथवा किसी कुत्ते ने आ कर रसोई अपवित्र कर दी थी ?

आ.–बाहर क्यों नहीं आते हो भाई, भीतर ही भीतर क्या मिसकौट कर रहे हो ? अब सब चीजें नहीं तैयार हैं, नहीं सही, जो कुछ तैयार हो वही लाओ। इस समय तो सादी पूरियाँ भी खस्ते से अधिक स्वादिष्ट जान पड़ेंगी। कुछ लाओ, भला श्रीगणेश तो हो। मुझसे अधिक उत्सुक मेरे मित्र मुंशी ज्योतिस्वरूप हैं।

से.–भैया ने दावत के इंतजार में आज दोपहर को भी न खाया होगा।

द.–बात क्यों टालती हो, मेरी बातों का जवाब क्यों नहीं देती ?

से.–नहीं जवाब देती, क्या कुछ आपका कर्ज खाया है या रसोई बनाने के लिए लौंडी हूँ ?

द.–यदि मैं पर का काम करके अपने को दास नहीं समझता तो तुम घर का काम करके अपने को दासी क्यों समझती हो !

से.–मैं नहीं समझती, तुम समझते हो !

द.–क्रोध मुझे आना चाहिए, उल्टी तुम बिगड़ रही हो।

से.–तुम्हें क्यों मुझ पर क्रोध आना चाहिए ? इसलिए कि तुम पुरुष हो ?

द.–नहीं, इसलिए कि तुमने आज मुझे मेरे मित्रों तथा सम्बन्धियों के सम्मुख

नीचा दिखाया।

से.–नीचा दिखाया तुमने मुझे कि मैंने तुम्हें ? तुम तो किसी प्रकार क्षमा करा लोगे, किंतु कालिमा तो मेरे मुख लगेगी।

आ.–भई, अपराध क्षमा हो, मैं भी वहीं आता हूँ। यहाँ तो किसी पदार्थ की सुगंध तक नहीं आती।

द.–क्षमा क्या करा लूँगा, लाचार हो कर बहाना करना पड़ेगा।

से.–चटनी खिला कर पानी पिलाओ। इतना सत्कार बहुत है। होली का दिन है, यह भी एक प्रहसन रहेगा।

द.–प्रहसन क्या रहेगा, कहीं मुख दिखाने योग्य न रहूँगा। आखिर तुम्हें यह क्या शरारत सूझी ?

से.–फिर वही बात ! शरारत क्यों सूझती ! क्या तुमसे और तुम्हारें मित्रों से कोई बदला लेना था ? लेकिन जब लाचार हो गयी तो क्या करती ? तुम तो दस मिनट पछता कर और मुझ पर क्रोध मिटा कर आनंद से सोओगे। यहाँ तो में तीन बजे से बैठीं झींक रही हूँ। और यह सब तुम्हारी करतूत है ?

द.–यही तो पूछता हूँ कि मैंने क्या किया ?

से.–तुमने मुझे पिंजरे में बंद कर दिया, पर काट दिये ! मेरे सामने दाना रख दो तो खाऊँ, मुधिया में पानी डाल दो तो पीऊँ, यह किसका कसूर है ?

द.–भाई छिपी-छिपी बातें न करो। साफ-साफ क्यों नहीं कहती !

आ.–विदा होता हूँ, मौज उड़ाइए। नहीं, बाजार की दुकाने भी बंद हो जायँगी। खूब चकमा दिये मित्र, फिर समझेंगे। लाला ज्योतिस्वरूप तो बैठे-बैठे अपनी निराशा को खुर्राटों से भुला रहे है। मुझे यह संतोष कहाँ ! तारे भी नहीं हैं कि बैठ कर उन्हें ही गिनूँ। इस समय तो स्वादिष्ट पदार्थों का स्मरण कर रहा हूँ।

द.–बंधुवर, दो मिनट और संतोष करो। आया। हाँ ! लाला ज्योतिस्वरूप से कह दो कि किसी हलवाई की दूकान से पूरियाँ ले आयें। यहाँ कम पड़ गयी हैं। आज दोपहर ही से इनकी तबीयत खराब हो गयी है। मेरे मेज की दराज में रुपये रखे हैं।

से.–साफ-साफ तो यही है कि तुम्हारे परदे ने मुझे पंगु बना दिया है। कोई मेरा गला भी घोंट जाय तो फरियाद नहीं कर सकती।

द.–फिर भी वही अन्योक्ति ! इस विषय का अंत भी होगा या नहीं !

से.–दियासलाई तो थी ही नहीं, फिर आग कैसे जलाती !

द.–अहा ! मैंने जाते समय दियासलाई की डिबिया जेब में रख ली थी...जरा सी बात का तुमने इतना बतंगड़ बना दिया। शायद मुझे तंग करने के लिए अवसर ढूँढ़ रही थी। कम-से-कम मुझे तो ऐसा ही जान पड़ता है।

से.–यह तुम्हारी ज्यादती है। ज्यों ही तुम सीढ़ी से उतरे, मेरी दृष्टि डिबिया की तरफ गयी, किंतु वह लापता थी। ताड़ गयी कि तुम ले गये तुम मुश्किल से दरवाजे तक पहुँचे होंगे। अगर जोर से पुकारती तो तुम सुन लेते। लेकिन नीचे

दूकानदारों के कान में भी आवाज जाती तो सुन कर तुम न जाने मेरी कौन-कौन दुर्दशा करते। हाथ मल कर रह गयी। उसी समय से बहुत व्याकुल हो रही हूँ कि किसी प्रकार भी दियासलाई मिल जाती तो अच्छा होता। मगर कोई वश न चलता था। अंत में लाचार हो कर बैठ रही।

द.–यह कहो कि तुम मुझे तंग करना चाहती थी। नहीं तो क्या आग या दियासलाई न मिल जाती ?

से.–अच्छा, तुम मेरी जगह होते तो क्या करते ? नीचे सब के सब दूकानदार हैं। और तुम्हारी जान-पहचान के हैं। घर के एक ओर पंडित जी रहते हैं। उनके घर में कोई स्त्री नहीं। सारे दिन फाग हुई है। बाहर के सैकड़ों आदमी जमा थें दूसरी ओर बंगाली बाबू रहते हैं। उनके घर की स्त्रियाँ किसी सम्बन्धी से मिलने गयी हैं और अब तक नहीं आयीं। इन दोनों से भी बिना छज्जे पर आये चीज न मिल सकती थी। लेकिन शायद तुम इतनी बेपर्दगी को क्षमा न करते। और कौन ऐसा था जिससे कहती कि कहीं से आग ला दो। महरी तुम्हारे सामने ही चौका-बर्तन करके चली गयी थी। रह-रह कर तुम्हारे ऊपर क्रोध आता था।

द.–तुम्हारी लाचारी का कुछ अनुमान कर सकता हूँ, पर मुझे अब भी यह मानने में आपत्ति है कि दियासलाई का न होना चूल्हा न जलने का वास्तविक कारण हो सकता है।

से.–तुम्हीं से पूछती हूँ कि बतलाओ, क्या करती ?

द.–मेरा मन इस समय स्थिर नहीं, किंतु मुझे विश्वास है कि यदि मैं तुम्हारे स्थान पर होता तो होली के दिन ओर खास कर जब अतिथि भी उपस्थित हों, चूल्हा ठंडा न रहता। कोई-न-कोई उपाय अवश्य ही निकालता।

से.–जैसे ?

द.–एक रुक्का लिख किर किसी दूकानदार के सामने फेंक देता।

से.–यदि मैं ऐसा करती तो शायद तुम आँख मिलाने का मुझ पर कलंक लगाते।

द.–अँधेरा हो जाने पर सिर से पैर तक चादर ओढ़ कर बाहर निकल जाता और दियासलाई ले आता। घंटे दो घंटे में अवश्य ही कुछ-न-कुछ तैयार हो जाता। ऐसा उपवास तो न पड़ता।

से.–बाजार जाने से मुझे तुम गली-गली घूमनेवाली कहते और गला काटने पर उतारू हो जाते। तुमने मुझे कभी इतनी स्वतंत्रता नहीं दी। यदि कभी स्नान करने जाती हूँ तो गाड़ी का पट बंद रहता है।

द.–अच्छा, तुम जीती और मैं हारा। सदैव के लिए उपदेश मिल गया कि ऐसे अत्यावश्यक समय पर तुम्हें घर से बाहर निकलने की स्वतंत्रता है।

से.–मैं तो इसे आकस्मिक समय नहीं कहती। आकस्मिक समय तो वह है कि दैवात् घर में कोई बीमार हो जाय और उसे डाक्टर के यहाँ ले जाना आवश्यक हो।

द.–निस्संदेह वह समय आकस्मिक है। इस दशा में तुम्हारे जाने में कोई हस्तक्षेप

नहीं

से.—और भी आकस्मिक समय गिनाऊँ ?

द.—नहीं भाई, इसका फैसला तुम्हारी बुद्धि पर निर्भर है।

आ.—मित्र, संतोष की सीमा तो अंत हो गयी; अब प्राण-पीड़ा हो रही है। ईश्वर करे, घर आबाद रहे, बिदा होता हूँ।

द.—बस, एक मिनट और। उपस्थित हुआ।

से.—चटनी और पानी लेते जाओ और पूरियाँ बाजार से मँगवा लो। इसके सिवा इस समय हो ही क्या सकता है ?

द.—(मरदाने कमरे में आकर) पानी लाया हूँ, प्यालियों में चटनी है। आप लोग जब तक भोग लगावें। मैं अभी आता हूँ।

आ.—धन्य है ईश्वर ! भला तुम बाहर तो निकले ! मैंने तो समझा था कि एकांतवास करने लगे। मगर निकले भी तो चटनियाँ ले कर। वह स्वादिष्ट वस्तुएँ क्या हुईं जिनका आपने वादा किया था और जिनका स्मरण मैं प्रेमानुरक्त भाव से कर रहा हूँ ?

द.—ज्योतिस्वरूप कहाँ गये ?

से.—ऊद्धर्व संसार में भ्रमण कर रहे हैं। बड़ा ही अद्भुत उदासीन मनुष्य है कि आते ही आते सो गया और अभी तक नहीं चौंका।

द.—मेरे यहाँ एक दुर्घटना हो गयी। उसे और क्या कहूँ। सब सामान मौजूद और चूल्हे में आग न जली।

आ.—खूब ! यह एक ही रही। लकड़ियाँ न रही होंगी।

द.—घर में तो लकड़ियों का पहाड़ लगा है। अभी थोड़े ही दिन हुए कि गाँव से एक गाड़ी लकड़ी आ गयी थी। दियासलाई न थी।

आ.—(अट्टहास कर) वाह ! यह अच्छा प्रहसन हुआ। थोड़ी-सी भूल ने सारा स्वप्न ही नष्ट कर दिया। कम से कम मेरी तो बधिया बैठ गयी।

द.—क्या कहूँ मित्र, लज्जित हूँ। तुमसे सत्य कहता हूँ। आज से मैं परदे का शत्रु हो गया। इस निगोड़ी प्रथा के बन्धन ने ठीक होली के दिन ऐसा विश्वासघात किया कि जिसकी कभी भी संभावना न थी। अच्छा अब बतलाओ, बाजार से लाऊँ पूरियाँ ? अभी तो ताजी मिल जायँगी।

आ.—बाजार का रास्ता तो मैंने भी देखा है। कष्ट न करो। जा कर बोर्डिंग हाउस में खा लूँगा। रहे ये महाशय, मेरे विचार में तो इन्हें छेड़ना ठीक नहीं। पड़े-पड़े खर्राटे लेने दो। प्रातःकाल चौंकेंगे तो घर का मार्ग पकड़ेंगे।

द.—तुम्हारा यों वापस जाना मुझे खल रहा है। क्या सोचा था, क्या हुआ ! मजे ले-ले कर समोसे और कोफ्ते खाते और गपड़चौथ मचाते। सभी आशाएँ मिट्टी में मिल गयीं। ईश्वर ने चाहा तो शीघ्र ही इसका प्रायश्चित करूँगा।

आ.—मुझे इस बात की प्रसन्नता है कि तुम्हारा सिद्धान्त टूट गया। अब इतनी

आज्ञा दो कि भाभी जी को धन्यवाद दे आऊँ।

द.–शौक से जाओ।

आ.–(भीतर जा कर) भाभी जी को साष्टांग प्रणाम कर रहा हूँ। यद्यपि आज के आकाशी भोज से मुझे दुराशा तो अवश्य हुई, किन्तु वह उस आनन्द के सामने शून्य है जो भाई साहब के विचार-परिवर्तन से हुआ है। आज एक दियासलाई ने जो शिक्षा प्रदान की है वह लाखों प्रामाणिक प्रमाणों से भी संभव नहीं है। इसके लिये मैं आपको सहर्ष धन्यवाद देता हूँ। अब से बन्धुवर परदे के पक्षपाती न होंगे, यह मेरा अटल विश्वास है।

(पटाक्षेप)

●●●